行政领导学

第三版

Administrative Leadership

主　编　朱立言　李国梁

中国人民大学出版社
·北京·

作者简介

朱立言 中国人民大学公共管理学院教授、博士生导师，中山大学、国家行政学院等十多所知名院校兼职教授。曾任中国人民大学行政管理学系系主任、行政管理学研究所所长、组织与人力资源研究所所长，全国公共管理专业学位研究生（MPA）教育指导委员会委员兼秘书长，国务院学位委员会公共管理学科评议组成员，全国哲学社会科学（政治学）学科规划组成员，中国领导科学研究会常务理事兼学术委员会副主任等职。主要研究领域为公共部门人力资源开发、领导科学理论与实践等。主持国家社会科学基金项目“中青年领导干部成长道路及培养、选拔机制、程序研究”、国家软科学研究项目“信息时代的公共行政管理与运行机制研究”、教育部人文社会科学研究项目“政府组织规模适度研究”等多项研究课题。在《中国行政管理》、《管理世界》、《中国人民大学学报》、《公共管理学报》等期刊上发表学术论文数十篇。主要著作有《行政领导学》、《领导科学与领导艺术》、《公共管理概论》、《管理学》、《政府组织适度规模研究》、《智慧、尊严、方略：领导者成功的理论与实践》等。

李国梁 广西大学公共管理学院副教授、硕士生导师。主要研究领域为组织理论、人力资源开发、领导科学理论与实践。参与《行政领导学》、《公共部门人力资源管理与开发》、《公共组织绩效管理案例精选》、《社会管理》等多部教材的编写工作，在《人民日报》、《理论与改革》等报纸杂志发表学术论文20余篇。

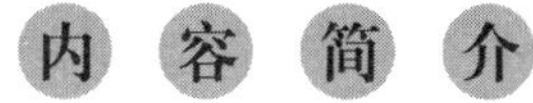

内容简介

本书是一部经典的领导学入门教材，出版十多年来深受广大读者的好评。全书系统地阐述了行政领导学的理论、实践、方法和艺术，重点阐述了领导主体、领导客体、领导体制、领导过程、领导方法、领导艺术、领导素质、领导沟通、领导形象、领导发展、领导绩效、领导者修养等内容，并试图运用新的理论知识和分析工具予以论证说明。作为一部优秀的领导学教材，本书具有三大特色，即理论上的创新性、实践中的针对性和写作中的通俗性。为了进一步提升作为大学教材的适用性，本书第三版增加了名人名言、引导案例、延伸阅读、关键术语、本章阅读书目等内容，使得教材内容更加丰富，更具可读性。

本书适合作为行政管理、公共事业管理、公共管理硕士（MPA）及相关专业行政领导学、领导理论与实践及相关课程的教材，同时也是党政领导干部系统学习领导学理论知识、提升自身领导水平和艺术的理想读物。

出版说明

现代意义上的公共行政与公共管理研究和教育始于20世纪初的西方。时至今日，随着公共管理职业化的发展，公共行政与公共管理的研究和教育事业在西方发达国家方兴未艾。自20世纪80年代起，为了适应政府改革与公共管理人才培养的需要，我国的公共行政与公共管理研究和教育在经历了发展的挫折之后，开始了恢复和重建的工作。经过多年的发展，特别是公共管理一级学科的设置和我国公共管理硕士（MPA）教育的启动以及高校公共管理类本科专业的大量开设，公共管理已成为当代中国社会科学和管理科学领域的一个充满生机活力、具有远大发展前景的学科。

为了满足广大高校公共管理类专业的教学需要，在历届教育部高等学校公共管理类学科专业教学指导委员会的指导和支持下，中国人民大学出版社自1999年起，陆续出版了“21世纪公共行政系列教材”、“21世纪公共管理系列教材”、“21世纪公共事业管理系列教材”、“公共管理系列教材”、“公共管理核心课程系列教材”、“21世纪劳动与社会保障系列教材”、“21世纪土地资源管理系列教材”、“21世纪城市规划与管理系列教材”等多个本科系列教材。这些教材被国内高校公共管理类专业广泛选用，并得到了公共管理学界的支持和认可，数十种教材被评为“十五”、“十一五”、“十二五”国家级规划教材，普通高等教育精品教材，以及各省市精品教材，为我国公共管理学科发展和人才培养作出了积极的贡献。

我国高等教育改革的进一步深化，以及新技术和新媒体的不断发展，对高校教材提出了更高的要求。为了回应这种要求，我们在广泛调研的基础上，拟对上述系列教材进行整合和提升，推出“新编21世纪公共管理系列教材”，以满足国内高校公共管理一级学科下设的行政管理、公共事业管理、劳动与社会保障、土地资源管理、城市管理、海关管理、交通管理、海事管理、公共关系学等本科专业的教学需要。

“新编21世纪公共管理系列教材”将秉承中国人民大学出版社“出教材学术精品，育人文社科英才”的宗旨，从本科教育的特点出发，从公共管理教育的特点出发，为广大高校公共管理类专业师生提供一套高质量的本科教材。在教材编写和内容安排上，“新编 21 世纪公共管理系列教材”强调基础知识、基本理论和基本技能，同时，也尽可能地体现创新性和前沿性，反映相关领域理论与实践的最新发展情况。

“新编 21 世纪公共管理系列教材”由中国人民大学、中山大学、北京大学、清华大学、复旦大学、厦门大学、武汉大学、浙江大学、吉林大学、东北大学、北京师范大学、山东大学、四川大学、西北大学等数十所国内著名大学的知名学者领衔著述，我们期望通过这种强强联合、优势互补、资源共享的方式，为国内公共管理学界奉上一套体现系统性、权威性、通用性，并兼具创新性、前沿性、启发性的精品教材。

公共管理的实践是不断发展和变化的。随着公共管理实践的不断发展，公共管理学科研究的范围、主题和内容也在不断地发展和变化。我们将紧跟公共管理学科的发展，与所有作者一起，不断对本套教材进行修订和完善。望广大读者给我们反馈信息，对本套教材提出批评和建议，以使我们能够在所有读者和作者的帮助下，与中国公共管理学科共同成长。

中国人民大学出版社

第三版前言

行政领导学是公共管理、行政管理学科的主干课程之一，主要研究和阐述公共行政管理中领导活动的规律、特点和艺术。近年来，领导环境发生了深刻的变化，新的领导问题不断涌现，组织和社会公众对行政领导者也有了更高的期望和要求。只有运用行政领导学的知识来开发领导能力，提高领导绩效，才能适应环境挑战与组织变革。学习和研究行政领导学不仅对培养未来的领导者、造就优秀公共行政领导人才有重要意义，而且还可以丰富和完善人生，对个人生活也有重要意义。

2004年，应中国人民大学出版社之邀，我们编写了《行政领导学》这本教材，并于2010年对其进行了第一次修订。十多年来，本教材得到广大教师和学生的好评，除作为高校教材，还在党校、行政学院及干部培训中使用，影响较为广泛，曾多次印刷。本次修订，根据课堂教学需求的新变化及读者的反馈意见，对第一次修订版内容的部分文字进行了校正，增加了名人名言、引导案例、延伸阅读、关键术语、本章阅读书目五个特色专栏，丰富了教材内容。全书主要对领导主体、领导客体、领导体制、领导过程、领导方法、领导艺术、领导素质、领导沟通、领导形象、领导发展、领导绩效、领导者修养等实践中较为迫切的问题加以阐述，并试图运用新的理论知识和分析工具予以论证说明。在编写过程中，我们力求体现三大特色，即理论上的创新性、实践中的针对性和写作中的通俗性。

参加本版编写的有朱立言、李国梁、刘兰华、孙健、雷强、高慧军、薛博、张宏天，最后由朱立言、李国梁统改、定稿。中国人民大学出版社的朱海燕与李俊峰同志为本书付出了辛勤的劳动，谨致以诚挚的谢意。

朱立言　李国梁

2015年3月28日

修订版前言

公共管理实践的蓬勃发展，推动着行政领导学知识的更新。行政领导学作为新兴的、应用型的专业知识，正日益显示出旺盛的生命力，因而也成为人们学习、研究的重要领域。

作为公共管理、行政管理学科的主干课程之一，行政领导学主要研究和阐述公共行政管理中领导活动的规律、特点和艺术，从而形成新的知识。其目的是运用这类知识开发领导能力，提高领导绩效，培养未来的领导者。学习和研究行政领导学不仅对培养造就优秀公共行政领导人才有重要意义，而且可以丰富和完善人生，对个人生活也有重要意义。

2004年，应中国人民大学出版社之邀，我们编写了《行政领导学》这本教材，对领导主体、领导客体、领导体制、领导过程、领导方法、领导艺术、领导发展、领导绩效、领导者修养等实践中较为迫切的问题加以阐述，并试图运用新的理论知识和分析工具予以论证说明。在编写过程中，我们力求体现三大特色，即理论上的创新性、实践中的针对性和写作中的通俗性。

教材出版后，得到广大一线教师的好评，除作为高校教材，还在党校、行政学院及干部培训中使用，影响较为广泛，曾多次印刷。本次修订，根据时代的发展和最新研究成果，对全书内容文字做了必要的调整修改，删除了每章前原有的案例，增写了两章新内容，总字数大体不变。参加本版编写的有朱立言、刘兰华、孙健、雷强、李传军、孔昭林、高慧军、薛博、张宏天、张文灿、陈彬，最后由朱立言、刘兰华统改、定稿。中国人民大学出版社的刘晶、朱海燕同志为本书付出了辛勤的劳动，谨致以诚挚的谢意。

朱立言　刘兰华

2010年6月3日

第一版前言

行政领导学是公共管理、行政管理学科的主干课程之一，主要研究和阐述公共行政管理中领导活动的规律、特点和艺术，因而形成新的知识。目的是运用这类知识开发领导能力，提高领导绩效，培养未来的领导者。学习和研究行政领导学不仅对培养造就优秀公共行政领导人才有重要意义，而且可以丰富和完善人生，对个人生活也有重要意义。

行政领导学是行政学和领导科学的交叉研究领域，其研究对象和范围将在导论中进行探讨。全书重点阐述了领导主体、领导客体、领导体制、领导过程、领导方法、领导艺术、领导发展、领导绩效、领导者修养等实践中迫切的问题，并试图运用新的理论知识和分析工具予以论证说明。全书追求三点特色：一是理论上的创新性。基本概念和一些基本理论都努力体现时代精神，吸纳最新的科研成果和实践经验。二是实践中的针对性。注重人们关注的现实问题，回应现实需要，而不是建构体系或追求内容的全面，这也避免了与其他课程的重复。三是写作中的通俗性。文风追求简洁明快，便于与采用案例教学、研讨、模拟训练、社会调查等方法统一起来。通俗性其实是很高的境界，康德说，科学研究是深奥的，但它的表述应该是通俗的。上述三点是作者努力追求的目标。

本书除主编外，参加编写的还有雷强、李传军、孔昭林、张文灿、陈彬、刘兰华等同志，最后由主编统改定稿。具体分工是：导论（朱立言）；第一章（朱立言）；第二章（朱立言，雷强）；第三章（朱立言，雷强）；第四章（孔昭林，李传军）；第五章（雷强）；第六章（朱立言，雷强）；第七章（雷强）；第八章（朱立言）；第九章（朱立言，雷强）；第十章（朱立言，李传军）；第十一章（雷强）；第十二章（朱立言）；附录（张文灿）。陈彬、刘兰华参加了部分书稿的文字整理工作。中国人民大学出版社的刘晶同志为本书付出了辛勤的劳动，谨致以诚挚的谢意。

朱立言

2004 年 2 月 14 日第一稿

2004 年 6 月 2 日第二稿

目　录

导论

行政领导学的研究领域

行政领导学是行政学和领导科学的研究领域，它探讨政府部门及非政府公共机构的领导者进行领导活动的规律、特点和艺术，以便应用这些知识来开发领导能力，改善领导的有效性，开发领导潜能，培养强有力的公共部门领导者。

一、行政的概念

研究“行政领导学”的理论前提，是对“行政”或者“公共行政”的理解，这是一个难以用一句话表述清楚的概念。因为它作为人类社会一项重要的实践活动，总是处在历史的发展和变动中。它活动的范围非常广泛，活动的形式、手段复杂多样，对人们日常生活的影响也十分深远，因之又势必与社会中其他的实践活动产生复杂的互动关系。这就决定了要为公共行政实践活动范围找到清楚的界限，并用抽象的文字予以明确的定义，达成共识，是一件很困难的事情。

亚当·斯密曾提出了政府及公共行政人员应尽的三项职能：(1) 保护社会，使其不受其他独立社会的侵犯。(2) 尽可能保护社会上的个人，使之不受社会上任何其他人的侵犯和压迫。(3) 建设并维持某些公共事业及公共设施。①

马克思在《评“普鲁士人”的“普鲁士国王和社会改革”》一文中，则得出了行政是国家的组织活动的基本结论。

自行政学这一学科诞生以来，学者们对行政的概念有诸多表述，代表性的观点有以下几种。

威尔逊在《行政学之研究》一书中认为，行政是一切国家所共有的相似性很强的工作，是行动中的政府，是政府在执行和操作方面最显眼的部分，政治是政府在重大而且带普遍性事项方面的国家活动，而行政是政府在个别、细致而且带技术方面的国家活动，是

① 参见［英］亚当·斯密：《国民财富的性质和原因研究》，252页，北京，商务印书馆，1974。

合法的、明细而且系统的执行活动。

古德诺在《政治与行政》一书中认为，在所有的政府体制中都存在两种主要的或基本的政府功能，即国家意志的表达功能和国家意志的执行功能。政府的这两种功能可以分别称作“政治”与“行政”。

怀特在《行政学导论》一书中认为，行政是完成或实现一个权力机关所宣布的政策而采取的一切运作，即对其部属所采取的指挥、协调和控制活动。

古利克在《行政科学论文集》一书中认为，从工作着眼，行政就是 POSDCORB，即计划、组织、人事、指挥、协调、报告、预算七种职能。

费富纳在《公共行政》一书中说，行政就是一些人为完成政府任务所作的协调努力，是集体努力与合作的艺术。

魏劳毕在《行政学原理》一书中认为，行政是政府组织中行政机关所管辖的事务。

西蒙等人所著的《行政学原理》认为，行政是为达到共同目的而合作的集体行动。

二、公共行政的定义及内涵

在近年来美国对公共行政的研究中，美国著名的公共行政学者斯蒂尔曼在其著作《公共行政的序言：对主题和方向的一个追寻》一书中，检视了六本较为重要的公共行政教科书，发现这些教科书的作者对当代公共行政的认同仍然缺乏共识，以下便是他所列举的这些教科书中关于公共行政的定义：

（1）公共行政就是生产那些被计划用来供应公民消费者（citizen consumers）需求的财货和服务。

（2）通常当政府在做某件事情时，便是其员工采取实际行动的时候。实际上就是这些员工收集垃圾、检验货品、征收税捐、开立罚单以及从事其他无数涉及“政府的工作”之行动——公共行政之行动。

（3）传统上，公共行政被认为是政府实现目的的部分，它必须包含所有那些涉及实现民选官员政策的活动，以及一些与其政策发展有关的活动，公共行政便是那些紧跟在最近选举诺言和选举之夜欢呼后面的所有活动。

（4）公共行政是：1）在公共环境中一项合作性的团队努力。2）包括所有三个部门——行政、立法、司法——以及它们彼此之间的关系。3）在公共政策的形成中具有重要作用，因此乃是政治过程的一部分。4）在某些方面，与私部门行政有显著不同。5）在为社群提供服务时，与许多私人团体和个人有密切的合作关系。

（5）公共行政乃是运用管理的、政治的和法律的理论及过程来实现立法、行政和司法等政府部门的指令，以提供整体社会及其一些部分所需的管制与服务功能。

（6）公共行政乃是理论与实务的一种广泛及模糊的组合，它的目的是促进对政府及其与所治理的社会之间的关系有一个更佳的理解，同时亦鼓励公共政策更能回应社会的需求。它期望促进一些符合效能、效率原则以及能够实现公民更深层之人性需求的管理实务。

从上述学者的定义中，斯蒂尔曼勾勒出公共行政的一般意义，包括下列几个方面：

第一，政府的行政部门（当然它在许多方面也与立法和司法部门有关）。

第二，公共政策的形成与执行。

第三，它牵涉为了履行政府基本任务有关之人类行为及合作性的人群努力等极广泛的问题。

第四，在许多方面它是与私部门行政极为不同的领域，但也有与私部门行政重叠之处。

第五，关注于（公共）财货与服务的生产。

第六，关注于理论与实务两者。

应该说，斯蒂尔曼对公共行政基本内涵的上述概括有一定的代表性，人们对这些基本内涵的理解是相同或相近的。例如台湾著名行政学者张润书认为，公共行政与政府或公共团体的一切活动有关，不论是从政治的、管理的还是公共政策的观点来看，都脱离不了政府的范围，这也正是（公共）行政与企业管理的最大不同……（公共）行政的含义归纳如下：（1）与公众有关的事务，须由政府或公共团体来处理。（2）涉及政府部门的组织与人员。（3）政策的形成、执行与评估。（4）运用管理的方法以完成政府机关的任务与使命。（5）以公法为基础的管理艺术。①

以上便是人们对“公共行政”这一概念的理解。当然，公共行政是在实践中发展的，人们对它的认识也随着实践的发展而发展。国际上是这样，国内随着改革的深入和开放的扩大，也是这样。比如，人们可以明显地看到，当前国内的公共行政有两点最显著的变化：一是公共行政领域的扩大；二是政府自身的改革。这些都对公共行政中的领导提出了新的要求，或使一些领导者加入公共行政领导行列中来。

三、公共行政的变化

公共行政领域的扩大，是说自从公共行政成为政府处理一般社会问题的主要工具以来，新的社会问题使政府的工作范围不断扩展，实际工作者和学者们都明显扩大了公共行政的领域。随着技术的迅速传播、人口的增长和流动变化、服务行业的兴起、城市和交通的发展、环境保护的加强、社会保障和医疗保健的普遍化、社会犯罪与治安问题的凸显、全球市场一体化的趋势等，公共行政在社会生活中的作用越来越重要。它渗透到社会生活的各个方面，从摇篮到坟墓，科技含量不断增加，领域日益扩大。

政府自身的改革与上述变化相关，这就是公共行政主体的多元化。政府不能包揽一切社会公共事务，政府要转向更加民主的管理模式，因此政府改革成为当代的潮流。这种改革尽管名目、口号繁多，各国国情不尽相同，人们的理解也不尽一致，如“重塑政府”、“小政府、大社会”、“小机构、大服务”、“企业家政府”、“网络化政府”等，但大都是围绕着政府转变职能，理顺与市场、社会、企业及自身内部等方方面面的关系，精简机构、提高效率进行的。经过改革，政府权力下放、权力外移，虽然政府依然是公共行政最主要、最权威的主体，但一些相应的人民团体、事业单位、社会中介组织也加入到公共行政的主体中来，管理社会公共事务，成为公共部门。

从国际上看，特别是第二次世界大战以后，随着行政权的扩大，政府管理经济与社会各方面事务的形式也发生了重大变化。如政府直接投资办企业，提供公共物品；直接开办

① 参见吴琼恩：《行政学》，4～6页，台北，三民书局，1996。

公立学校，使更多的平民子女接受国民教育；授权委托其他社会组织形式，分担部分社会事务管理责任等。因而，具有原公共部门一部分内在性质的组织范围明显扩大了。在广义上，它也包括在所有制形式上属于国有的公营企业、公立学校、公立医院以及得到行政授权的机构等。从目前我国国内的情况来看，国有大中型企业的领导在管理体制和自身要求等方面，与公共行政部门的领导有许多相同之处。但前者作为营利性组织，与后者作为非营利性组织又有许多不同的方面，应该属于工商管理研究的范畴，所以不能作为本书研究的主题。但是这并不妨碍对二者进行比较研究，以达到相互借鉴的目的。应该说，对其中任何一方的深入研究，都会加深对另一方的认识和理解。

四、公共行政的特质

上述定义和公共行政的变化，使我们认识到公共行政有其自身独特的性质。这些都是需要我们认真研究的问题。公共行政的独特性质也就决定着公共行政领导者的特质。我们认为，公共行政的独特性质是多方面的，主要表现为以下几点：

1. 公共行政与政治密不可分

公共行政总体上说是国家的行政，即国家意志的贯彻执行，是整个国家活动的一部分，它不同于私人的、个别人的管理。因此，公共行政的性质必然与整个国家政权的性质相一致。公共行政组织官员的任命、公共政策的设计和方向等，都有着政治上的考量；公共管理中首要的管理、实质的管理，便是政治管理。所以，公共性绝不意味着政治的淡化；相反，越具公共性，越说明受到政治控制与影响的程度。

2. 公共行政深受法律规章和规则程序的限制

公共部门及其管理活动行使公共权力，其合法性、合理性和应承担的公共责任都是以法律为基础的。因此，公共行政必须依照宪法、法律、法规和规章的授权和规定，依照必要的程序来履行职责。只有这样才能维护社会公正和秩序，规范公共组织自身及其人员的行为，保护公民的合法权益。公共行政中的职责、权限、政策、程序、服务对象等，都不能主观任意改动，公务人员的自由裁量权必须限制在法定的范围内。

3. 公共行政具有权威性和强制性

公共行政的主体是政府，政府是社会的权力中心，充当着社会公共利益代表的角色，掌握公共权力和国家机器，因此具有一般社会组织不具有的权威性、统一性、强制性、排他性。所以公共行政具有的权威性和强制性的特质，是一种以强制力为后盾的公共管理活动，这也是公共行政自身的任务所要求的。政府以外参与公共管理的其他公共机构和组织，也必须得到政府的支持和授权。而社会中的每一位成员都要服从政府，不能像与企业打交道那样“货比三家”，因不满意而随意变更交易对象。

4. 公共行政更注重于权力的制衡，西方称为“权威的割裂”(fragmentation of authority)

公共行政部门行使的公权力与具体工商部门等行使的私权力（或称协议权力）有着本质的不同，前者是对全社会行使法律赋予的权力，后者的作用范围仅限于本部门，不能到社会上“发号施令”。公权力在整个社会政治、经济生活领域中远比私权力重要，因此二者的权力结构截然不同。前者注重对权力的分割、制约，防止权力的专制、滥用；后者强调权力的集中统一和高效率，以利于本组织的生存与竞争。所以，公共行政部门虽然很注重层级节制的权威（hierarchical authority），但许多公共组织除了要向其上级行政单位负责外，同时还要考虑其服务对象、立法司法机关和人民团体的要求，强调权力体系运行机制中的相互制衡，这集中体现了公共行政的“公共性”取向。一般来说，社会发展越是民主，就越注重权力的制衡，不允许有绝对的权力。西方国家则是强调政治权威的分立与制衡。

5. 公共行政受到高度的公共监督（public scrutiny）

这主要指公共组织及其活动的公开透明性（visibility），其所作所为好像是玻璃缸里的金鱼一样，接受社会公众、舆论及监察机关的检察与监督。许多国家都设有“阳光法案”（sunshine laws）、政府采购法、公职人员财产申报法等。公民对公共组织及其工作人员违法失职行为有权也有合法途径进行申诉、检举和控告。

6. 公共行政受市场竞争的影响较小

政府与市场是两种不同的体制，前者建立在政治权威的基础上，后者建立在自由交换的基础上。政府向全社会提供公共物品和服务，统称为公共产品。公共产品有两个显著特点：非竞争性和非排他性。非竞争性是指一个使用者对该物品的消费并不减少它对其他使用者的供应，也就是供给的共同性。非排他性是指使用者不能被排斥在对该物品的消费之外，即个人消费排他的无效性。这些特点使得对公共产品的消费实行收费是不可能的，因而私人提供者就没有提供这些产品的积极性。加之公共产品自身又具有规模性的要求，即只有达到一定的规模后才能体现应有的效益，这就要求有较强的投资能力，长期地、持续地、不断地投入，经济回报率却很低、很慢，甚至没有回报，这非私人和工商企业组织可以负担。这样一来，公共产品就只能是或主要是由政府提供。由于政府是唯一的生产者，自然没有市场竞争的问题。

与公共产品对应的私人商品，是具有竞争性和排他性的商品。人们不付费，就不能参观私人花园门廊里的雕像，但无法阻止那些不付费的人们观看城市中央广场上的雕塑。全国性的公共产品，诸如国防、治安、国家发展战略、公共秩序、公共环境、公共设施等，使全国受益；地方性的公共产品，如环保、乡村公路等，使较小的地区受益。

7. 公共行政的组织目标相对抽象而不易衡量

公共组织的目标是创造和实现公共利益，追求的是社会公平与正义的至高无上性，它要求公职人员尽到公共责任，为人民服务，为纳税人服务，这就涉及一系列道德品质和社会效益方面的抽象指标，因而不易衡量。相对而言，工商企业组织的目标是市场份额和利润，以市场的经济效益为取向，比较清楚和具体，可以用数学的方法进行统计。

8. 公共行政具有阶级性

由于人类社会在相当长的时间内处在阶级社会中，社会的公共利益必然反映统治阶级的利益要求，公共行政的具体内容也要求满足统治阶级的需要。所以，公共行政具有阶级性。当然，这并不是说公共行政的所有方面都具有阶级性，实际上有些方面反映的是长期历史发展的客观要求，在不同的国家中都是相同的，这正是各国在公共行政方面可以相互学习的东西。所谓公共行政的阶级性，是就其本质而言的，是使不同国家的公共行政相互区别开来的经济基础和上层建筑的特征。

在以上对公共行政理解的基础上研究“行政领导学中的领导”，从中国的国情和建设有中国特色社会主义的实际出发，“领导”是个广义的范畴，主要包括：(1) 政府机关的领导者及其领导活动。这里所说的政府是广义的概念，既包括行政执行部门，也包括立法、司法部门。作为国家机关，其对内和对社会都承担着公共行政的任务。(2) 中国共产党各级党委，工会、共青团、妇联等大型社会团体的领导者及其领导活动。各级党委是政府在政治上的领导机关，且直接参与决策和人事管理等工作。工会、共青团、妇联等社会团体由政府财政经费维持，工作人员属国家干部编制，其职责是配合党委和各级政府做好相关社会工作。(3) 事业单位的领导者及其领导活动。我国事业单位是在国家行政机关的领导下执行和完成国家交办的各项任务，组织和指挥本单位的业务活动，管理日常行政事务的职能机构。事业单位不是行政机关，随着行政体制的改革，它会越来越显示自身独有的特性。但从目前的干部体制及其对领导者的要求来看，与政府机关干部有许多共同点。因此，我们的一些研究、论述对事业单位的领导也是适用的。(4) 社会中介组织的领导者及其领导活动。社会中介组织是介于政府和社会之间的管理公共事务的部门，社会中介组织不是政府，但就其公共管理而言，其领导者和领导活动与公共行政有相互联系和重叠的方面。当然，我国社会中介组织正处在改革和完善之中，种类繁多，任务不同，要具体分析。本书对“领导”研究的有些内容也适用于社会中介组织。

五、行政领导学的研究方法

将公共行政领导作为一个知识领域加以研究和发展，这就是行政领导学的研究领域。在这个领域中的努力应该从正在实践的公共行政领导者们所面临的各种问题开始，而不是从高等院校的教科书开始，也不是从教授们创立学说、体系的动机开始。也就是说，我们的研究要从实际出发，着力解决现实中存在的问题，切实找到提高领导效能的途径。

按照这样的要求，行政领导学的研究方法应包括以下内容：

1. 广泛而充分地收集关于领导工作问题和实践的案例

这些案例应该描述公共行政领导者们所面临的典型问题，不仅应注意高阶层的领导者，而且应注意中层和基层的领导者。成功的实践经验将在公共行政部门和机构中出现，而不是在高等院校中出现。高等院校编写的这类总结实际经验的教科书，应该以在职领导者们的问题为起点。

2. 分析案例，判别较好的和较差的实践经验

公共管理学院的学生们应该寻求识别好的和差的及其“临界的”经验，从实际经验中学习。在公共行政部门已经具有领导职位、负有领导责任的领导者借此对照识别自己，切实地改进自己的领导工作。通过对大量案例的分析、研究，应能从中提炼理性的认识，总结出原则、原理和方法。

3. 促进全面的比较研究方法

这是开放的时代研究人文社会科学的一个重要方法。例如一个公共行政部门的领导职位在不同时期的情况；几个公共行政部门内的相似的领导职位的情况；不同部门之间相同的领导职能；横向比较公共行政和工商企业的领导者；比较不同国家的部门、机构的情况。

4. 研究工作与领导者的培训工作相结合

在“公共行政中的领导”这个研究领域中，研究工作必须与领导者的实际培训工作紧

密结合起来，包括那些已经在负有重要领导责任的岗位上任职的人员。通过培训开发领导能力，提高领导水平与领导艺术，从而造就一大批能够担当重任，经得起风浪考验的高素质的公共行政领导人才。

本章小结

导论主要讲述的内容如下：

1. 行政领导学的研究领域。行政领导学是行政学和领导学的研究领域，它探讨政府部门及非政府公共机构的领导者进行领导活动的规律、特点和艺术。它的学科范围属行政学，研究对象则集中于行政中的领导及其领导活动。

2. 行政或公共行政的基本概念。这个概念有丰富的内容，亚当·斯密、马克思、威尔逊、古德诺、怀特、古利克、费富纳、魏劳毕、西蒙、斯蒂尔曼等对此都曾有过经典论述。认真研究和领会这些概念，也就把握了行政或公共行政的丰富内涵。

3. 公共行政的特质。公共行政的特质决定着其领导者的特质，是必须掌握的理论问题。

4. 行政领导学的研究方法。包括收集案例、分析案例、比较研究、研究与培训相结合等。

复习思考题

1. 简述公共行政学的研究领域，谈谈你是怎样理解这个问题的。
2. 试述公共行政的内涵，谈谈你的理解。
3. 公共行政的特质是什么？它对公共行政领导者提出了哪些要求？
4. 试述行政领导学的研究方法。

第 1 章

领导工作是科学与艺术的统一

在一个巨变的时代，掌握未来的将是学习者。已经学有所成的人往往会发现，其所学面向的那个世界已经不存在了。

——埃里克·霍弗

引导案例

陈家顺：受民工爱戴的基层好干部

陈家顺，54 岁，男。云南省沾益县人力资源和社会保障局副局长、沾益县驻浙江义乌劳务工作站站长。

云南沾益县是劳务输出大县，陈家顺担任副局长后，积极组织家乡农民到浙江义乌等地务工，并关注他们的切身利益，为他们排忧解难，用实际行动诠释了一名共产党员全心全意为人民服务的宗旨。

为保障外出务工人员的合法利益，摸清农民工工作、吃住、工资待遇、劳动时间等情况，陈家顺从 2007 年 9 月起先后深入 5 家用工企业，以农民工的身份应聘到企业“卧底”打工。他和农民工兄弟同吃同住同劳动，当过操作员、仓库保管员，养过猪，干过装卸工，当过民办学校教师。几年来，他“卧底”考察了义乌市及周边县市的许多家企业，为农民工提供了 180 多家用工情况良好的企业信息。

在调解各类用工纠纷时，他总是挺身而出，为农民工利益据理力争。4 年来，共为农民工调解各类纠纷 780 余起，挽回损失 180 万余元。在农民工遇到困难时，他想方设法帮助解决，多次协调企业垫付农民工车费、伙食费、医药费等共 7 万多元。

这些实实在在的行动，赢得了当地民工和社会各界的称赞，陈家顺被人们誉为“卧底局长”、“民工局长”。

资料来源：陈家顺：《受民工爱戴的基层好干部》，见 http://news.cntv.cn，2012-12-06。

1.1　领导工作是人类自觉的实践活动

1.1.1　领导工作的特点

领导工作是人类自觉的实践活动，是永恒的、特殊的、重要的实践活动。

领导工作是人类永恒的实践活动。领导工作产生于人类的共同劳动，并随着社会分工的发展而发展。从原始社会开始，人类为了生存就必须进行劳动，而劳动又必须是集体的、社会的形式，以弥补自身能力的不足。因此就必须有人指挥和协调，这就是人类领导工作的发端。

人类的实践活动与动物相比，有三个根本不同的特点：

第一，人类的实践活动是有意识的，有特有的目的性和计划性。马克思说过，蜜蜂建筑蜂房的本领使人间的许多建筑师感到惭愧。但是，最蹩脚的建筑师从一开始就比最灵巧的蜜蜂高明的地方，是他在用蜂蜡建筑蜂房以前，已经在自己的头脑中把它建成了。蜜蜂建造蜂巢是用最少的建筑材料获得最大的面积，蜂巢是六棱形的，很坚固。但蜜蜂的活动是本能的活动，蜂房坏了，不知道修理，还往里面装蜜。而人类在建造自己的住房之前，头脑中已经预先有了设计图、施工方案和步骤，是自觉的活动。

第二，人类的实践活动是有组织的，有特有的规范性和秩序性。人类的实践活动是自觉组织起来，有组织进行的。人类社会是一个有组织的系统，小系统里面有更小的系统，大系统外边有更大的系统，系统和系统之间又互为系统，人类的一切活动都是按系统进行的。当然，某些动物特别是灵长类动物也有类似于人类组织的形式，但那是一种原始的组织群落，是为了维持生存与繁衍的基本需要，与人类的组织是截然不同的。有组织就有领导，中国历史上的黄帝、尧、舜、禹，古希腊传说中的诸神，《圣经》中的摩西等，都是当年组织中的领导者。

第三，人类的实践活动是不断发展的，有特有的累积性、传承性、普遍性和进步性。所谓普遍性，是说实践的形式、结果是普遍的。比如东方一种新的实践方式很快就传到西方，南方一种新的生活时尚很快就会普及到北方。人类的实践活动是不断发展、进步的，这种进步以几何级数加速度发展，进步的速度越来越快。

以上三个特点决定了领导工作必然贯穿于人类社会的始终，贯穿于一切形式的社会实践过程中。从原始社会开始，只要有人类存在就必然有领导工作，否则人类社会就会解体。虽然在不同的历史时期，领导的内容、方式、方法是不同的，例如封建社会的领导是统治，社会主义社会的领导是服务，在 21 世纪的知识经济时代，强调自我领导、超级领导，但领导始终存在。领导工作贯穿于一切形式的社会实践活动中，任何一种社会形式都必须有领导。个体劳动、艺术家的个体创作也是有领导的，不然物质生产、精神生产就不能有序地进行。所以，只要有人类存在就要有领导，领导活动是人类永恒的实践活动。在这个意义上，可以说领导工作是一种职业，在社会众多的分工中，领导工作是一种分工。领导者承担的是一种具体的职业，所谓三百六十行中就包括领导这一行。

领导工作是人类特殊的实践活动。领导工作有自身的规律和特点，同其他形式的实践活动是不同的。江泽民同志曾指出：什么是领导科学？我认为领导科学就是指领导工作中合乎规律性的东西。我们在长期的革命实践中积累的许多经验，要把它上升到理论上来，使之科学化。我们党的领导人毛泽东、周恩来、刘少奇等的著作中关于这方面的论述，就是从革命实践中总结出来的带有规律性的东西。[①] 领导活动的规律，是本书研究的主要内容。领导工作的特点是多因素性、多功能性、高度的综合性、鲜明的人文特征。据说有的专家计算过，一个宇宙飞船的总设计师要处理的因素是10的6次方，一个教育部门的首长要处理的因素是10的7次方，而一个现代城市的市长要处理的因素是10的8次方。作为一个领导者，就要具备领导工作所需要的多方面知识，形成综合的领导能力，综合处理领导工作中遇到的各种问题。所以，领导者不是具体处理某个问题的“硬专家”，而是综合处理多方面问题的“软专家”，领导科学是“软科学”。至于领导工作具有鲜明的人文特征，是说领导者不是单纯的效率专家。单纯效率型的领导者是不会受到追随者拥戴和欢迎的。领导者必须是熟知人和人类的社会学家、人类学家，必须有深厚的人文素养和人文精神。一般而言，公共行政领导者的知识结构应该是复合型的，主要包括政治学、法学、经济学、管理学，管理学当中就包括领导科学，还有本行业、本领域的业务知识。公共行政领导者的能力结构主要包括：（1）决策能力。一个级别最低的领导者也应该具有决策能力，因为他向上级汇报，向上级送材料实际上就是参加决策的过程。（2）指挥协调能力。指挥就是向共同的目标前进，协调则是防止在前进过程中互相掣肘。（3）人际关系处理能力。这是领导者很重要的方面，因为领导主要和人打交道。（4）管理能力。领导者肩负着一部分管理职能。（5）阅读、理解与表达能力。领导者要通过讲话和文件开展工作。（6）现代信息技术能力。领导者要通过计算机和互联网接收和发送信息。（7）本行业、本领域的业务能力。以上这些能力融会贯通就构成综合型的领导能力和创新能力。总之，领导工作有其自身独有的规律和特点，领导者有其特有的知识结构和能力结构，因此领导工作也是一种专业。

这里需要正确理解领导干部的专业化。党中央提出了干部“四化”方针：革命化、知识化、专业化、年轻化。其中专业化应该是双内行的专业化。一方面，是业务工作的内行，熟悉本领域业务发展的规律和特点，同下属有共同的语言，拥有专长权、专家权；另一方面，又是领导工作的内行，熟谙领导工作发展的规律和特点，知道如何科学地进行领导，如何有效地实施领导。双内行的专业化才是党中央对广大干部的要求。因此，江泽民同志曾反复强调各级领导干部要研究领导科学，每一个领导者都应该认真学习领导科学。[②]

领导工作是人类重要的实践活动。任何一个组织所要完成的工作任务，都是单独的个体绝对无法完成的。必须有人把分散的力量凝聚起来，把无序的活动协调起来，这就是领导。在这个过程中，领导者又处在中心位置，起着发动机的作用，牵一发而动全身。因

---

① 参见国家行政学院领导科学教研部编：《毛泽东 周恩来 刘少奇 朱德 邓小平 陈云 江泽民论领导方法和领导艺术》，458页，北京，党建读物出版社，1997。

② 参见上书，458～459页。

此，领导工作十分重要。俗话说，“人无头不走，鸟无头不飞”，“火车跑得快，全凭车头带”，“三军易得，一将难求”，“一将无能，累死三军”，这都说明了领导工作的重要性。美国著名政治学家詹姆斯·麦格雷戈·伯恩斯在《领袖论》一书中论述了领袖人物在历史发展过程中的作用。他说，20世纪是“政治巨人的时代”，那些政治上的大人物像列宁、斯大林、毛泽东、丘吉尔、铁托、甘地等，他们的领导实践是震撼世界的，每个熟悉20世纪历史的人都知道这一点。这并不否认人民群众是历史的创造者，历史上很多领袖人物之所以功成名就、流芳百世，是因为他们从根本上顺应了人民群众的要求，本身就是人民群众中杰出的一员。而有些领导者之所以身败名裂、遗臭万年，像希特勒、墨索里尼，是因为他们从根本上违背了人民群众的意愿。但是，领袖人物在历史上的作用是不容抹杀的。社会分工是没有高低贵贱之别的，但却有重要和不重要之分。由于领导者所处的特殊位置，就犹如身体的头脑指挥全身，因此相对更加重要。从这个意义上说，领导还是一种职务，有职权。

综上所述，领导工作是人类自觉的实践活动，而且是永恒的、特殊的、重要的实践活动。因此，我们必须以科学的精神和态度对待领导工作，认真研究领导活动的规律和特点，积极适应领导工作的要求，自觉投入领导活动的实践中去。

1.1.2　领导工作的演进

在不同的历史时期，领导工作的内容、特征是不同的。每一个历史时期的领导实践都受到当时物质资料生产方式、社会政治关系、科学文化水平等因素的制约，同时又给它们以深刻的影响。

在原始社会，由于生产力水平低下和生产资料的原始公有制，氏族、部落成员之间是平等的关系，领导工作十分简单，主要表现为氏族、部落首领指挥其他成员渔猎耕地，分配劳动果实，主持祭祀活动，维护氏族、部落的利益与安全等，实行的是集体领导方式，主要依靠传统的力量和首领的威信，并与图腾崇拜结合在一起。

进入奴隶社会和封建社会的阶级社会以后，领导的职能一般是由生产资料的占有者行使的，奴隶主和地主成为天然的领导者，领导的本质就是剥削阶级的专制统治，领导是与剥削阶级的统治权力紧密结合在一起的。同时，奴隶和农民阶级的反抗与斗争，也不断创造着新的组织形式、领导内容、领导方式和领导方法。小生产条件下的领导属经验领导，领导者的工作主要靠领导者个人或领导集团的阅历、知识和才干，再加上幕僚们的出谋划策来完成。不可忽视的是经验领导时代的领导实践波澜壮阔，在人类历史上留下了光辉的篇章。

进入资本主义社会以后，领导起初是和管理紧密融合在一起的，后来又从中逐渐凸显出来，从而进入一个新的历史时期。由于工业革命引发社会化生产力迅猛发展，企业组织和政府组织越来越复杂，因此，维持秩序、追求效率效益的科学管理应运而生，这就是20世纪初开始的管理革命。与此相适应，领导以强化管理为特征，领导者就是管理者，二者并无严格区分，领导的职能和管理的职能也交织在一起。后来，随着实践的进一步发展，领导从管理中又分离出来，产生了领导科学，标志着经验领导逐步让位于科学领导。在现代大生产条件下，专家式领导、专家集团式领导应运而生并日渐普遍化。

社会主义社会消灭了阶级剥削和阶级压迫，实现了以生产资料公有制为主体、多种经济形式并存的基本经济制度，人民成为国家的主人，这就产生了全新的领导体制和领导关系，产生了以毛泽东、邓小平、江泽民为核心的党的三代中央领导集体的领导理论和领导思想，开创了一种历史上全新的领导实践活动。在社会主义条件下，领导者和追随者本质上是同志式的平等关系，正如邓小平所指出的，“什么叫领导？领导就是服务”①。我们党和政府的各级领导者都是为群众服务的，都是人民的公仆。当一个领导者由社会的公仆变成社会的主人时，他也就失去了领导人民群众的资格。这是邓小平领导观的基本观点。

在建设中国特色的社会主义事业中，邓小平领导服务观特别强调以下内容：

（1）各级领导要把自己看成群众中的一员，时刻把人民群众的利益放在心上，坚决反对特权和特殊化，抵制和克服各种形式的以权谋私的腐败行为。

（2）各级领导要改变那种长期形成的领导机关不是为基层和企业服务，而是让基层和企业围着领导机关转的状况。

（3）各级领导要积极改革领导和管理体制，创造一种使人的作用充分发挥的客观环境，想办法使人们从旧的束缚中解脱出来，充分发挥人民群众的聪明才智。

（4）各级领导要少说空话，多干实事，不仅要讲长远利益，而且要讲实惠，真正调动人民群众的社会主义积极性。

邓小平认为，领导就是服务的实现条件关键有三点：（1）要有坚定而正确的群众观点。邓小平视群众观点为我们的传家宝，强调人民群众是领导力量的源泉，要求领导者向人民群众学习，带领人民群众前进。（2）自觉接受群众的监督，否则就会脱离群众，犯大错误。因此，必须扩大党和群众的民主生活，使各级领导者自觉接受人民群众的监督。监督不仅要解决思想问题，还要解决制度问题，在法律面前人人平等。（3）领导者要加强自律。邓小平要求领导者要不断地认识自己，考察自己，改造自己，健全自己，做到自尊、自省、自警、自律。领导者要在“慎独”上下工夫，即使独处也要自我约束，不做违背党和人民利益的事情。②

江泽民同志适应世界和中国的发展变化，结合在世纪之交领导中国现代化建设的新特点，提出了“三个代表”重要思想，解决了建设什么样的党和怎样建设党这一根本问题；强调领导人才和领导队伍建设的重要性，以保证党的路线的贯彻执行；重视领导方法和领导艺术，努力实现领导决策的科学化。以胡锦涛同志为总书记的新一届党中央领导集体在新形势下，创造性地发展了党的三代领导集体的领导理论，重视提高党的执政能力，胡锦涛同志指出：加强党的执政能力建设，是我们党充分利用所面临的难得机遇，正确应对所面临的严重挑战，从而完成所担负的历史使命的现实需要，也是关系到全面建设小康社会进程、关系到社会主义事业兴衰成败、关系到党和国家长治久安的重大课题。③ 胡锦涛同志强化以人为本的执政理念，把民本思想提升到了一个前所未有的高度，渗透和贯彻于治

---

① 《邓小平理论学习纲要》，12 页，北京，中共中央党校出版社，2000。

② 参见上书，23 页。

③ 参见《胡锦涛同志 2004 年 6 月 29 日在中共中央政治局第十四次集体学习时的讲话》，载《人民日报》，2004-07-01。

国理论的一切方面和环节，多次阐述“为民、务实、清廉”的治国理念，弘扬求真务实的政绩观。

1.2　领导经验、领导理论的历史发展

1.2.1　领导科学的产生过程

关于领导工作是一门科学，还要从领导经验和理论的历史积累及当代的发展，特别是管理学、领导科学的产生方面论证。

认识和实践的辩证关系告诉我们，哪里有实践，哪里就有产生理论的土壤和源泉，就会产生对该实践活动的理性认识。如前所述，领导工作是人类自觉的实践活动，而且是永恒的、特殊的、重要的实践活动。因此，在长期的领导实践中，人们形成了某些相关的观念、相关的思维模式和思想方法，形成了某些固有的工作程序和工作方法，这些逐渐积淀起来，就构成领导经验。领导经验经过专家、学者、政治家、领导人加工概括，上升为理论，就成为指导人们领导实践的理性知识。古往今来，有大量关于领导经验和理论的历史积累，这些经验和积累成为人们世代传承和修习的东西，成为领导实践不断进步的理论阶梯。

从历史发展过程看，领导实践自古即有之，关于领导实践的智慧、经验、理论观点也自古即有之。这就是说，自古以来，人类对领导问题一直在进行着探索。我国民间传说中的大禹治水“三过家门而不入”，就生动地说明了领导者率先垂范的重要性。纵观各国有文字记载的文明史，在各个国家和民族的文化中，都包含领导工作方面的内容。如古罗马法典载明“行政长官不宜过问琐事”，《孙子兵法》指出“将者，智、信、仁、勇、严也”，都是当时重要的领导观点。在中国的历代史书，政治家、军事家的著作以及文艺作品中，如《尚书》、《春秋》、《国语》、《战国策》、《资治通鉴》、《史记》、《三国演义》、《水浒传》等，都充满统治经验的记载，记录了众多的领导原则、方法和艺术，至今仍给人以启迪。如被称为正史的二十五史，毛泽东就认为其是“一部帝王将相史”，是一部中国古代领导人领导活动的记录史。广为流传的一些话语，如“经商要学胡雪岩，当官必读曾国藩”，并非戏言，它说明“经商”和“当官”都有很多规律性的东西，有值得我们世代传承修习的东西，有历史经验可资借鉴。中国历史上所谓“修身齐家治国平天下”中的“修身”，就包括学习这方面的经典，完善自身以成为领导人才。

当然，这些并不是学科意义上的管理学、领导科学，既未形成相对独立的专门学说，更不构成逻辑的理论体系，而是散见在各种文化典籍之中。但是它确实反映了历史上人们对领导实践的深入见解，驾驭领导实践活动的本领、方法和艺术，其内容的丰富性、复杂性不亚于甚至超过了其他类型的实践活动。今天我们把领导工作视为一门科学，以科学的精神和态度从事领导工作，仍能从古代领导实例中汲取营养和获得启示。

一门理论学说要臻于完善和成熟，要依赖于实践的成熟，依赖于相应的科学条件和手段。学科意义上的领导科学，是领导工作全面的理论表现，是从近代管理学中分化出来

的。任何学科的形成都有其理论渊源和历史发展过程，领导科学也不例外。领导是一个永恒的话题，人类有史以来积累的有价值的领导经验和思想，构成了领导科学的间接理论来源；而近代蓬勃发展和完善起来的管理学，则是领导科学赖以脱颖而出的直接母体。这就是说，今天我们所说的管理虽然主要是近百年来的产物，但学科意义上的领导科学却是从管理学中产生的。这进一步说明领导工作是一门科学。

根据我们现在看到的资料，近代管理学的形成和发展以西方发达国家为主体。按照公认的说法，其间经历了三个基本阶段。

第一阶段，是19世纪末到20世纪初的"古典管理理论"阶段，其主要代表人物有美国的泰勒、法国的法约尔、德国的韦伯等。当时的主要任务是系统探讨经济管理和提高劳动生产率问题。1911年，机械工程师泰勒在美国正式出版《科学管理原理》，并于次年在美国国会众议院特别委员会听证会上，就泰勒制和其他工场的管理制作了证词发言。这标志着经验管理时代的终结，科学管理时代的开始。在泰勒提出的科学管理原理中，就包含着科学领导的原则和方法，如"管理的例外原则"。

第二阶段，是20世纪20年代开始的人际关系—行为科学理论阶段，其代表人物有原籍澳大利亚后移居美国的梅奥、美国的罗特利斯伯格，以及后来的马斯洛、麦格雷戈、卢因等。其主要任务是探讨管理活动中人的行为以及行为产生的原因，包括对人的本性和需要、动机和行为等进行分析研究，以便调节人际关系，调动人的积极性。美国哈佛大学管理学研究者梅奥1927—1932年领导的霍桑实验具有开创意义，梅奥因此出版了《工业文明的人类问题》。有些研究者认为领导科学产生于20世纪30年代，即指霍桑实验和这本书而言。因为当时他们所研究的人际关系主要是领导和下属、领导和群体的关系，而如何激发和引导人的行为，以及领导者自身的行为问题，恰恰是领导问题。

第三阶段，是第二次世界大战以后，以社会系统学派、决策理论学派、系统管理学派、经验主义学派、管理科学学派等为主的现代西方管理理论阶段，被称为"现代管理理论丛林"，其代表人物主要有美国的巴纳德、西蒙、卡斯特、罗森茨韦克、德鲁克、孔茨、韦里克等。这一阶段在吸收现代科学发展新成就的基础上，提出了现代管理的一系列理论和方法，逐渐发展成为包括各个领域和行业，如工商管理、公共管理乃至整个社会在内的全面的社会管理理论，诞生了现代管理学，因此，20世纪被称为"管理的世纪"。

管理科学理论中包含着丰富的领导科学理论，管理学中孕育着领导科学。这可从两个方面来看：一方面，研究管理学必须研究管理中的领导问题，因此，随着管理学的丰富，领导科学也日益丰富起来。很多管理学家，特别是那些著名的管理学家的管理学著述中，都包含着大量领导科学的知识内容。另一方面，一些学者和学术群体专门研究管理中的领导问题，领导科学逐渐从管理学中分化出来，日益成为一个相对独立的学科。比如美国的哈佛大学、华盛顿大学、俄亥俄州立大学、密歇根大学等都有领导科学研究中心或相应的学术群体，开设领导科学课程。俄亥俄州立大学领导研究中心就是一个有较大影响的领导科学研究机构，是美国领导理论发展的一个代表。它在20世纪40—60年代提出的领导行为学、70年代倡导的权变学说等都曾风行一时，至今在领导学理论方面仍有很大影响。另外，还有很多学者致力于从不同的学科角度来研究领导科学，使领导科学的内容日益丰富。当前，无论是发达国家还是发展中国家，领导科学的教学、科研、出版物、学术机构的发展都呈强劲的发展势头，有“忽如一夜春风来，千树万树梨花开”的景象。在公共管理和工商管理等专业的必修课中，都包含着领导科学的内容和领导科学的课程。

从中国来看，中国领导科学的发展离不开世界文明的大道，但又实践广阔、文化悠久，有自己的优势和特色。从历史上看，西方体制、程序方面的文化比较发达，而中国人文思想、人学、官学思想发达，由于注重人治，更讲究为官之道。从现实来看，我们党在长期领导我国人民进行艰苦卓绝、错综复杂的革命斗争中，在前所未有的建设中国特色社会主义事业的过程中，在和人民群众的血肉联系中，总结、概括出了一系列科学领导的原则、原理和方法，如领导班子和组织建设的理论，领导体制和干部队伍建设的理论，正确制定路线、方针、政策的理论，选拔、培养、使用干部和人才的理论，密切党群、干群关系的理论，领导作风和勤政、廉政建设的理论，调查研究和思想政治工作的理论，领导方法和领导艺术的理论等，特别是贯穿在其中的全心全意为人民服务、领导就是服务的宗旨，很多都已成为领导科学宝库中极其宝贵的财富、极其重要的内容。毛泽东的《党委会的工作方法》、《关于领导方法的若干问题》，周恩来的《怎样做一个好的领导者》，刘少奇的《肃清空谈的领导作风》，邓小平的《老干部第一位的任务是选拔中青年干部》，江泽民同志的《各级领导干部要研究领导科学》，胡锦涛同志自党的十六大、十七大以来关于领导干部加强学习、提高素质、改进领导作风和领导方法、提高领导水平和领导艺术的一系列重要论述，就是这方面的代表作。

领导科学作为一门学科在我国发展、繁荣起来，是在党的十一届三中全会之后。随着改革开放的深入，1982 年 10 月颁布的《中共中央、国务院关于中央党政机关干部教育工作的决定》把领导科学列为党政干部必须学习的共同业务基础课之一。1983 年广西人民出版社出版了国内第一本领导科学著作，即夏禹龙、刘吉、冯之浚、张念椿合著的《领导科学基础》，4 年之内连续再版 7 次，印数达 70 多万册。1986 年 10 月，时任上海市领导的江泽民同志亲自主持上海市的“领导科学系列讲座”开讲典礼，并发表重要讲话，当时报名听讲的有5 000多人。到目前为止，国内出版的有关领导科学的专著、译著、教材、杂志等已达数百种，领导科学不但进入了各级党校、行政学院，成为各级干部培训的课程，而且已进入了高等院校的课堂，成为大学生、研究生学习的课程。上述情况印证了马克思的名言：“理论在一个国家实现的程度，总是决定于理论满足这个国家的需要的程度。”①

1.2.2　领导科学的研究对象

一门学科成熟的标志，在于有其特有的研究对象。领导科学的研究对象是什么？这是要从根本上回答的问题。

关于学科研究对象的确立，毛泽东有一段名言：“科学研究的区分，就是根据科学对象所具有的特殊的矛盾性。因此，对于某一现象的领域所特有的某一种矛盾的研究，就构成某一门科学的对象……如果不研究矛盾的特殊性，就无从确定一事物不同于他事物的特殊的本质，就无从发现事物运动发展的特殊的原因，或特殊的根据，也就无从辨别事物，

---

① 《马克思恩格斯选集》，2 版，第 1 卷，11 页，北京，人民出版社，1995。

无从区分科学研究的领域。”① 领导亦即领导者及其领导活动，是社会生活的特殊领域，有特殊的本质、特殊的矛盾和特殊的规律性。江泽民同志指出：什么是领导科学？我认为领导科学就是指领导工作中合乎规律性的东西。② 因此，简而言之，领导科学就是研究领导活动的规律及其特点的科学。

领导活动有三个基本要素，即领导者、追随者、领导环境。没有领导者的领导活动是不可想象的，而没有追随者就谈不上领导者，领导者和追随者之所以结合起来，是由于他们处在共同的特定的领导环境之中，需要改造这个领导环境。这三个要素缺一不可，相互作用，相互结合，构成领导活动。所以领导活动是由领导者、追随者、领导环境这三个要素组成的复杂函数，用公式表示为：

领导活动(领导)＝F(领导者,追随者,领导环境)

领导活动中特有的基本矛盾有两对：一个是领导环境中领导者与追随者之间的矛盾；另一个是领导者与追随者共同构成领导活动的主体，与被改造的客体领导环境之间的矛盾。由这两对基本矛盾又派生出一系列其他矛盾，如领导者之间的矛盾、追随者之间的矛盾、领导者主观指导与领导环境之间的矛盾、领导者与追随者之间矛盾的交叉等。从上述意义上可以说，领导科学就是研究领导者、追随者、领导环境之间的关系。关系就是规律，它们三者之间内在的、本质的、必然的、稳定的联系就是领导活动的规律。

领导者、追随者、领导环境三者的有机结合构成领导活动。所谓领导活动，就是领导者通过一定的组织形式，率领和协调追随者，为实现预定目标，共同作用于领导环境的一种行为过程。领导活动具有二重性。一方面，领导活动具有自然属性。领导活动产生于人类共同劳动和共同生活的自然需要，因此具有不同社会制度下共同的一般规律和特点。马克思指出：“一切规模较大的直接社会劳动或共同劳动，都或多或少地需要指挥，以协调个人的活动，并执行生产总体的运动——不同于这一总体的独立器官的运动——所产生的各种一般职能。一个单独的提琴手是自己指挥自己，一个乐队就需要一个乐队指挥。”③只要有人类的共同活动，有社会分工协作，就有领导活动，就有人类领导活动共同的属性和发展规律，这就是领导活动的自然属性。另一方面，领导活动更具有社会属性。领导活动总是在具体的社会形态中进行的，因而不同社会制度下的领导活动又有其特殊的本质和特殊的发展规律。要看到，人类进入阶级社会以来，一个国家及其各级组织的领导者，根本上都是统治阶级的代表。一定历史条件下的领导活动，都必然反映着一定社会条件下拥有领导权力的阶级、集团的利益和愿望。领导活动的方式和方法也受到这种社会关系的直接制约。这些都规定了领导活动的社会性质，也就是领导活动的社会属性，从而把不同社会制度下的领导活动区别开来。领导活动的自然属性和社会属性是任何领导活动都具有的，但二者不是并列的关系，其中社会属性居主导地位，决定和体现着领导的本质。

认识和把握领导活动的二重性具有重要意义。如果看不到领导活动自然属性的一面，

① 《毛泽东选集》，2版，第1卷，309页，北京，人民出版社，1991。

② 参见国家行政学院领导科学教研部编：《毛泽东 周恩来 刘少奇 朱德 邓小平 陈云 江泽民论领导方法和领导艺术》，458页。

③ 《马克思恩格斯全集》，中文1版，第23卷，367页，北京，人民出版社，1972。

就无法认识领导活动的一般规律和特点；否认一切领导活动的共性，就会忽视或拒绝吸收以往社会和其他国家积累的领导经验。如果看不到领导活动社会属性的一面，就无法认清领导的本质，把各种性质的领导活动混为一谈，抹杀它们之间的原则区别和界限；就会完全照搬不同社会制度国家的领导方式和经验。因此，把握领导活动的二重性对我们具有重要的实践指导意义。

综上可见，领导科学是关于领导理论、方法、艺术的知识体系，是一门新兴的应用型科学。它综合运用多学科知识研究领导问题，并因此而形成新的知识。它通过传播领导科学的知识，指导领导工作，开发领导能力，提高领导活动的自觉性、创造性和有效性。

1.3　领导艺术

领导工作不但是科学，而且是艺术，是科学与艺术的统一。领导艺术使领导工作丰富多彩、生动活泼，也使我们对领导工作的研究愈加复杂，充满魅力。

1.3.1　领导艺术的含义

从文字起源来看，甲骨文中的“艺”是一个人在垦殖的形象，可见它是与生产劳动有关系的。《论语》中的“艺”，朱熹注释为才能。《辞源》对“艺”的解释为书、数、射、御，“射”就是射箭，“御”就是驾车。可见中国古代的“艺”与生产劳动者的技术、技能、才能有关系。“术”就是方法、路径。“艺术”二字最初结合在一起，是指在生产劳动中表现的纯熟的技能，或者是劳动技能达到了非常娴熟的程度。如庖丁解牛，游刃有余，达到了艺术的境界。西文中“艺术”的字源含有生产之义，同中国相近。可见远古社会娴熟的技能同时就具有艺术的意义，这种劳动技能来自生产实践中的经验，随着经验的积累，其中一部分升华为艺术。

所谓领导艺术，简单地说，就是指在领导的方式、方法上所表现出来的创造性和有效性。一方面，它必须是创造性的。领导艺术是真、善、美在领导活动中的自由创造与发挥，达到了艺术的境界。真是指在对领导活动的规律及特点认识和把握基础之上的一种升华，升华到艺术的境界。正如 19 世纪军事理论家克劳塞维茨论及军事领导艺术时所说的那样，“在这里，智力活动离开了严格的科学领域而成为艺术”。善是指领导艺术的运用符合我们的政治理念与道德理念，而不是恶，也就是说对领导艺术的运用必须进行政治和伦理的分析，以决定其取舍。美是指领导艺术的运用给人以美感，给人以舒畅、愉悦的感觉，而不是压抑、反感、恶心。总之，领导艺术必须是真善美，而不是假恶丑。另一方面，领导艺术必须有效，即带来领导绩效。领导艺术要接受实践的检验，带来真正的领导绩效，否则谈不上艺术。

领导艺术因人而异，是领导者素质的综合运用与反映，最忌模仿。领导艺术具有随机性和非模式化的特征，是随机的，而且是非模式化的。所谓模式化，就是领导方法，比如“十个指头弹钢琴”，统筹兼顾、全面安排。这开始可能是一种领导艺术，但把它模式化，就演变成一种领导方法。而某位领导者在统筹兼顾、全面安排的过程中，发挥到了非常娴熟的程度，就变为领导艺术。再比如，“牵牛要牵牛鼻子”，即抓主要矛盾，这开始是一种领导艺术，但把它普遍化为一种工作方法之后，模式化了，就不再是领导艺术，而某位领导者在众多复杂的矛盾中，善于抓住主要矛盾，在这方面体现出创造性，又上升为领导艺术。不同的领导者具有不同的领导艺术，如毛泽东、邓小平、江泽民的领导艺术，都有他们各自的特点。

1.3.2 艺术与权术的区别

与领导艺术相对应的就是权术。研究领导艺术必须同权术相结合，进行比较研究，这样才能深入。

所谓权术，也就是弄权之术，历史上称人君南面之术。学者李宗吾的《厚黑学》一书，揭露了封建统治阶级的统治充斥权术，书的封面上赫然印有一段话："一部二十四史，一言以蔽之，厚脸皮黑心肠而已。封建权贵未必懂政治学，但无人不通厚黑学。大奸大诈用而不说的争雄密传，帝王将相常胜不败的政治机密。"现实生活中很多标榜领导艺术的书籍，如《老狐狸处事艺术丛书》，还有所谓的《豺狼的智慧》、《办公室战术》等，实际上讲的都是权术。因此，研究领导艺术必须把它和权术严格区分开来，进行比较。

历史上研究权术的著名代表人物有两个，一个是中国战国时期的法家思想集大成者韩非，另一个是 15 世纪至 16 世纪意大利的思想家马基雅维里。韩非反对王道，主张霸道，提出了法、势、术相结合的理论，认为"法、势、术三者皆为人主之具，不可偏废"。术就是权术，韩非给权术下了一个定义："术者，藏之于胸中，以偶众端，而潜御群臣者也……术不欲见。"他认为权术就是君主藏于胸中、不可告人的暗中驾驭下属的方法。术的特质有三点：（1）"人主独擅，固握不移"。人主独掌大权，任臣使下才能得心应手。（2）"周密深藏，神不可测"。即使是亲近之人，也难以测之，"用在不可知，毫无形迹"。（3）"权变用奇，诡诈多方"。用术必须善用智巧，随机应变。关于韩非的权术思想，可以参阅韩非的有关著作。马基雅维里是文艺复兴时期意大利的思想家，他的代表作是《君主论》。马基雅维里从国家政治、历史发展上考察君主统治策略、方法。他认为，要控制、征服一个国家，不仅要夺取它的土地和人口，而且要根据被征服者的不同情况，依靠统治者的能力、智慧、武力采用相应的策略。马基雅维里指出，权术是为了夺取政权、保持政权而使用的手段。他的名言是：一位君主如果能够征服并且统治那个国家的话，他所采取的手段总是被认为是光荣的，并且将受到每一个人的赞扬。① 这也就是被人们概括的只要结果正确，手段总被赞许，"为了达到目的，可以不择手段"。所以，君主在实行统治的过程当中，既可以是狮子也可以是狐狸。为了统治，常常不得不背信弃义，不讲仁慈，悖乎人道，违反神道……如果必须的话，他就要懂得怎样走上为非作恶之途。② 马基雅维里的观点因极端无道德性，公开赞扬恶德恶行被称为"马基雅维里主义"。搞阴谋、搞权术的人则被称为"马基雅维里式的人物"。

领导艺术与权术相比有四点区别：（1）领导艺术出于公心，而权术则是谋私利，为了个人、小集团的私利而行事。（2）领导艺术公开运作，而权术则是暗里进行。领导艺术具

---

① 参见［意］马基雅维里：《君主论》，85～86 页，北京，商务印书馆，1985。

② 参见上书，85～86 页。

有公开性、透明性，而权术则具有神秘性，历史上有明法暗术之说，权术就是搞阴谋。西方称之为 under table。权术家都是阴谋家、伪诈家。(3) 艺术可以公开示人，权术则是秘而不宣。权术之所以秘而不宣，一是因为它极端的无道德性；二是密经一旦泄露，被他人掌握，就会失效。所以权术只是做而不说。(4) 领导艺术的理论基础是辩证法，权术的理论基础是诡辩论。领导艺术和权术都是一种灵活性。列宁说，现实生活中有两种灵活性，客观地利用灵活性则是辩证法，主观地运用灵活性则是诡辩论。权术是主观地运用灵活性，今儿说今儿有理，明儿说明儿有理，总是我有理，这就叫诡辩论。

在研究领导艺术和权术的过程中有一个重要分野，即必须把握一个重要原则，就是分清敌我。在对敌过程中，我们必须用革命的两手反对反革命的两手，不能书生气十足，同时要讲究谋略，要有策略。对敌人要分化瓦解、各个击破、迷惑敌人，否则，就是宋襄公似的蠢人和愚人。但要弄权术，实行伪诈，用对待敌人的方式、手段对待自己的同志是绝对不能允许的。

邓小平同志的领导艺术

邓小平领导 1975 年整顿，在短短八九个月内取得显著成就，在诸多因素中，邓小平卓越的领导艺术具有决定性的意义。

举旗帜。邓小平高举毛泽东思想的旗帜，遵照毛泽东的指示，巧妙地取得毛泽东的支持，既是取得毛泽东信任、支持，保证整顿顺利进行的必要条件，也是动员干部、群众，排除“四人帮”干扰、阻挠的有力武器。这是 1975 年整顿能够顺利进行的关键，是具有决定意义的一点。

抓要害。批林批孔运动再度引起社会动乱，其要害是资产阶级派性。而资产阶级派性之所以能够兴风作浪，是由于少数坏头头篡夺了领导权，而党委领导班子怕字当头，“软、懒、散”。他提出集中解决资产阶级派性和领导班子“软、懒、散”这两个相互关联的问题，“要从反对派性、增强党性入手”。邓小平指出：整党主要放在整顿各级领导班子上。领导班子就是作战指挥部。搞生产也好，搞科研也好，反派性也好，都是作战。指挥部不强，作战就没有力量。他要求建立起敢字当头的、坚强的领导班子。

抓重点。在交通系统中，以铁路作为整顿的突破口，着重抓两条线（陇海、浙赣）四个点（徐州、南京、南昌、太原），而以徐州为突破口。随后又把钢铁整顿的问题提上日程，以八大钢（鞍钢、武钢、包钢、太钢和本钢、首钢、攀钢、马钢）为重点。文艺调整则通过电影《创业》、《海霞》的放映，鲁迅著作的出版，人民音乐家聂耳、冼星海纪念音乐会的举办等一些具体问题的解决来推动。

立章程。包含三个层次：一是制定指导全局的文件。邓小平支持起草《论全党全国各项工作的总纲》用来统一思想。二是制定某一方面整顿的中央文件，如指导铁路整顿的 9 号文件等。三是地区、企业或基层单位做出整顿的具体计划。

用人才。一个人才可以顶很大的事，没有人才什么事情也搞不好。邓小平挑选万里、胡乔木、胡耀邦、张爱萍、周荣鑫等，委以重任。这些领导同志都既敢于斗争又善于斗争，迅速打开局面，取得显著成效。

敢碰硬。邓小平提倡敢字当头，老虎屁股偏要摸。在 1975 年 4 月 27 日的政治局会议上，邓小平和叶剑英严词批评了江青、张春桥等大反经验主义的错误，并对江青“四人帮”宗派活动等问题提出尖锐质问。1975 年 10 月 4 日，邓小平在农村工作座谈会上揭露“四人帮”割裂毛泽东思想的严重问题。

讲效率。关于铁路整顿，邓小平讲话强调：要从大局出发，解决问题不能拖。主管交通的副总理王震当场立下“军令状”：保证一个月内见效。徐州铁路整顿只用了 12 天，面貌焕然一新。

资料来源：程中原：《邓小平同志的领导艺术》，载《北京日报》，2014-07-28。

1.4 领导与管理的关系

1.4.1 领导与管理关系的不同观点

领导和管理是领导学、管理学以及公共行政、工商管理所有学科中最基本的概念。对这两个概念各自内涵及其相互关系的理解，是我们讨论一系列领导问题、管理问题的出发点。

因此，这里必须研究领导和管理的内涵以及它们二者之间的相互关系。

管理从中文字义上讲，是管辖和治理，其实质内容是对各种资源进行合理配置，以取得预期的效果。据说“管理”这个名词来源于对家务的管理，或者来源于军用轻型牵引机车的管理。因此，德国的一些管理学家曾认为，组织就应该是衔接、运转良好的机器，管理职责在很大程度上是由工程师来承担的。那些工程师把组织当成一架机器，认为它是一种可以设计、测量和控制，换句话说就是可以管理的东西。既然管理是工程师以及各种技师的责任，因此它和领导显然存在不同之处。

在领导和管理各自内涵及其相互关系的认识上，目前主要有以下四种具有代表性的观点：

第一种观点认为领导和管理不分，领导就是管理，管理就是领导，领导者也就是管理者，两种概念交替使用。这种观点在目前的出版物中还能看到，但已经不多了。

第二种观点认为管理是一个更大的范畴，通常讲管理有四种职责：计划、组织、领导、控制。领导是其中的一个重要组成部分，领导是管理中的一种职能或功能。这是管理学界比较成熟的观点，也是占统治地位的观点。

第三种观点正相反，认为领导是一个更大的范畴，管理是其中的一个职责，是完成领导的任务。因为领导是一种高度的、综合性的、统率性的实践活动，所以管理是领导中的一个职责。这是领导学界很多专家所持的观点，很多领导科学的教科书实际上就是这样写的。

第四种观点是当前最新的观点，认为领导和管理是两个相对独立的范畴，而不是从属于对方的一个组成部分。它们各有自己的执行系统，有自己独立表达的概念、术语和方式。这是目前在美国学术界首先产生的一种观点。它的代表人物有美国著名的领导学家、管理学家约翰·科特、约翰·加德纳、华伦·班尼斯等。本书采用的是第四种观点。

1.4.2　领导与管理的差异

按照第四种观点，领导和管理的差异何在呢？我们认为主要有以下五个方面：

1. 领导与管理的职能不同

管理是计划、预算、组织和控制某些活动的过程。这一过程或多或少是借助于科技和权威专家来进行的，也就是说管理表现为一套看得见的工具和技术。这些工具和技术建立在合理性和试验的基础之上，在各种组织环境中，我们以十分相似的手法使用这些管理工具和技术。而领导通常定义为一个目标的实现过程，即领导者通过率领和引导等方式带领一部分人来实现一个或若干个既定目标的过程。因此，领导更多地表现在人的方面，具有鲜明的人文特征。如前所述，领导者不是像管理者那样的技术和效率专家，而是熟知人和社会的人文学家。人们常说无情管理有情领导，或者说管理无情领导有情。二者相比较，管理更规范、更科学，而且更为普遍，管理是一门科学。而领导则表现出一定程度的多才多艺和灵活性，以适应不断变化和充满矛盾的需求。所以，领导既是科学也是艺术，是科学与艺术的统一。

2. 领导与管理的功用不同

管理是维持秩序，领导是带来变革，这是二者的一个根本区别。美国著名领导学家班尼斯把领导定义为创造并实现梦想，认为领导的重点是放在做正确的事情上，即与目标、方向有关。而管理的重点则放在把事情做正确上，即管理是执行决策，正确地做事。简单地说，领导是做正确的事，管理是把事情做正确。打个比方，领导犹如确保把梯子架在可靠的墙上，管理则保证攀登的梯子最安全、最有效率。

3. 领导者和管理者的素质要求不同

在组织中存在着两个不同的角色：领导角色和管理角色。前者是人格化的领袖，后者更偏重于一种专门化、职业化的职务。很显然，由于领导者和管理者的职能不同，因而所要求具备的知识结构也不相同。一般来说，领导者要具备领导工作所要求的、必需的知识、能力。这些能力主要包括决策能力、指挥协调能力、处理人际关系能力、表达能力等。特别是领导过程中的人际关系要比管理复杂得多，所以要求领导者具备很强的人际沟通能力、人际交往能力，并对所有不同类型的人有清醒的认识。就管理者而言，主要是专业化方面的知识和技能。

4. 领导者和管理者成长的途径不同

一般来说，管理者是可以培养出来的，当然包括实践的锻炼。领导者虽然也需要培养，但主要是在实践中竞争出来的。管理者的培养，以良好的高等专业教育为起点，并通过在职培训的各种课程和实践，学习、掌握管理所需的知识、技能，进而走上管理岗位。这是管理者。因此，美国著名的管理学家扎莱兹尼克指出，管理者是一次出生的，“once born”，领导者是两次出生的，“twice born”。管理者可以从大学专业教育中培养出来，管理者走上工作岗位以后再进行竞争，从中产生出领导者。所以从本质上说，领导者是竞争出来的，而不是培养出来的，培养出来的领导者也是站不住脚的。

我们平常所说的领导者的培养，是指发现有领导潜能的青年人以及已经走上领导岗位，准备继续任用和进一步提升的人，给他们以更多学习和锻炼的机会，这是对领导者的培养。但真正的领导者都是竞争出来的。

5. 领导者与管理者培训的内容和方法不同

这是前述的逻辑推论和大家的共识，无须赘述。因为他们的知识结构、能力结构不同，因此在他们履职的过程中需要从不同的方面对他们进行应有的教育和培训。这里应该强调的是，造就一支领导者队伍，比造就一支管理者队伍要复杂困难得多，而造就一支既能领导又善管理的队伍就更难。环顾当今世界，全球经济一体化，竞争日趋激烈，组织日益复杂，社会变动加剧，对领导和领导艺术的需要相对管理来说更加迫切。很多有识之士都指出了这一点。实践表明，领导能力、领导艺术的培训，不是单纯的讲授过程，也不可能像学习会计学、销售学一样学到手，而领导能力的开发、领导能力的提高、领导艺术的培训应该如何进行，领导水平应该通过怎样培训而切实得到提高，又是当前一个刻不容缓的课题，需要我们认真地研究，更需要我们提供实践中培训成功的范例。

那么，为什么领导从管理中分化，超越出来，并且具有独立的意义呢？主要有以下三个方面的原因：

第一，是时代发展的必然结果。20 世纪是管理的世纪，20 世纪前 80 年主要是管理的问题。管理科学是 20 世纪最重要的科学成果之一。所谓管理，就是对各种资源进行有效配置，使其充分发挥作用。在 20 世纪前 80 年，最重要的资源是土地、矿山、森林、厂房、机器、设备、人力、货币，对这些资源进行配置，使其充分发挥作用，就成为管理的重要问题。而在 80 年代以后，知识经济初见端倪，人力资源在各种资源中脱颖而出，成为最重要的资源。在管理过程中，人的意义高扬，人的主题突出，因此，与人相联系的领导就越来越凸显出来，从日常管理中分化出来。

第二，是实践推动了领导理论发展。对管理和领导的重新认识首先是从美国的管理学家、领导学家开始的，正是实践中日益显著的变化推动了他们认识上的发展。恩格斯说过，社会一旦有了实践的需要，就会比十所大学更能把社会推向前进。实践中的变化推动了对管理理论、领导理论中这两个概念的重新认识。这方面约翰·科特提供了大量的具体例证。

约翰·科特在其著作《变革的力量》一书中，揭示了美国社会中基本的、普遍的情况。20 世纪 70 年代约翰·科特调查了美国的大量企业，因为营利性组织是各种组织变化的晴雨表。通过调查他发现，70 年代美国的公司、企业的经理们把大部分时间，即 75%～80%的时间用于管理，只有很少的时间用于领导，管理还主要侧重在控制方面。15 年以后，其后辈的经营环境更加艰难，主要有两个变化：一是科技进步。过去几百人才能完成的工作，现在少数人就能完成。人员减少，组织形式由金字塔形向扁平化方向发展，中层管理人员、工长在减少，而工程师、电脑操作人员在增加。第二个变化是竞争加剧。经济全球一体化，竞争越来越激烈。这两种变化使美国的经理厂长们到 1985 年以后，把

30%～50%的时间用在管理方面，而用更多的时间去领导，领导的作用、职能越来越突出了。所以约翰·科特说："以任何标准来衡量，1985 年工厂经理的工作都比 1970 年的工厂经理的工作要困难得多，主要是由于公司的经营环境更加艰难。1985 年，工厂经理不仅必须通过计划、预算、组织、配备人员、控制等方式来管理工厂，还必须在很多关键的经营问题上显示出较强的领导能力。"① 企业中的变化是社会变化的一个晴雨表，各种社会组织中都有类似情况发生。这就像一支军队一样，一支和平时期的军队只需要最高层次有优秀的领导者、指挥员，而其他各个层次有优秀的管理者，就可以实现组织目标，维持组织的存在。而在战争时期，就不仅需要最高层次有优秀的领导者、指挥员，而且各个层次一直到连、排、班最基层，都需要优秀的领导者和指挥员。这样才能保证组织目标的实现，维持组织的生存和发展。在改革时期，对任何组织来说，就像军队在战争时期一样。

第三，从中国的情况来看，是社会转型的必然结果。中国从计划经济向市场经济转型，也促使人们对管理和领导重新进行认识和思考。计划经济时代，主要是制定计划，层层执行计划，因此管理很突出。社会主义市场经济时代，强调竞争和自主经营，从企业来看，政企分开，企业自主经营、自负盈亏、照章纳税，竞争加剧。其他各种社会组织都在竞争中求发展，"万类霜天竞自由"。因此，中国社会实际变化的情况，促使领导的作用日益突出，从管理中分化出来。

本章小结

本章主要讲述的内容如下：

1. 领导工作是人类自觉的实践活动。这可从三个方面论证：（1）领导工作是人类永恒的实践活动。（2）领导工作是人类特殊的实践活动。（3）领导工作是人类重要的实践活动。这是必须掌握的重要的理论命题。

2. 领导实践的历史发展。在原始社会、奴隶社会、封建社会、资本主义社会和社会主义社会，领导具有不同的特征，领导的内容、方式、方法都是不同的。尤其要注意把握邓小平的领导服务观。

3. 领导经验、领导理论的历史发展。厘清管理学发展的三个阶段，特别是领导科学从中产生和发展的过程。

4. 领导科学的研究对象。一门学科成熟的标志，在于有其特有的研究对象。领导科学是研究领导活动的规律及其特点的科学。领导活动具有自然属性和社会属性的二重性。

5. 领导艺术。领导艺术是指在领导的方式、方法上所表现出来的创造性和有效性。领导艺术是本章研究的重要问题之一。研究领导艺术要和权术相比较，划清界限，把握二者的原则区别。

6. 领导与管理的关系。学术界对此有不同的观点。本章主要指出了五个方面的差异，这个问题有待继续深入研究。

---

① ［美］约翰·科特：《变革的力量》，17～18 页，北京，华夏出版社，1997。

关键术语

领导工作　　领导科学　　领导艺术　　艺术　　权术　　领导　　管理

复习思考题

1. 怎样理解领导工作是永恒的、特殊的、重要的实践活动?
2. 简述邓小平的领导服务观。
3. 试述领导科学的产生和发展过程。
4. 领导科学的研究对象是什么? 简要概括领导活动中的基本矛盾。
5. 简述领导活动的二重性及其现实指导意义。
6. 用领导活动二重性的观点分析不同社会形态领导活动的本质及其特征。
7. 何谓领导艺术? 领导艺术与权术区别何在?
8. 试论领导与管理的差异。

本章阅读书目

1. ［美］詹姆斯·麦格雷戈·伯恩斯. 领袖论. 北京：中国人民大学出版社，2006.
2. ［美］约翰·科特. 变革的力量：领导与管理的差异. 北京：华夏出版社，1998.
3. 王瑞芳. 邓小平的领导艺术. 哈尔滨：黑龙江人民出版社，2004.

第2章

关于领导的基本概念

我们需要的是志向远大、激情澎湃的领导者，有远见卓识的领导者，他们胸怀伟大的梦想且努力让梦想成真，从他们灼热的灵魂中释放出的理想之光照亮了整个民族。

——西奥多·罗斯福

李瑞环谈为官者的群众观

“看不起劳动人民，这是社会道德上一种值得人们注意和警惕的不好的征兆。”

李瑞环认为，当官就是“服务”，即为群众服务，必须有这个清醒的认识。1985 年 12 月 28 日，在天津市商业职工代表新年茶话会上，李瑞环专门对“服务”进行了解读：

> 如果讲服务业，我们这帮人都应该算“服务业”，因为领导就是服务，人人相互服务。有一位浴池的同志跟我说：“我这个行业很苦啊。天天伺候人。”我问他：“你伺候多少人?”他说：“人家洗澡来，我这一天得伺候 20 多个人。”我说：“你这个不行，我一天要伺候 800 万人。”他说：“我很苦。”我说：“你还不够苦，我吃饭的时候，还得有两拨人谈话，边吃边谈，夜里常常 3 点钟才能睡觉。说苦你还没我们苦。”我这不是表功，我是在讲这样一个道理，人人都在为别人服务，每个人都在被别人服务。因此就不应该轻视任何一个行业，因为这是一个有机的整体，不能分哪个重要，哪个不重要，每个地方都重要。

李瑞环最讨厌那些看不起劳动人民，尤其是看不起环卫工人的人。他在一次讲话中对那些人进行了辛辣批评：

> 看不起环卫工人，看不起劳动人民，这是社会道德上一种值得人们注意和警惕的不好的征兆……我有一个老朋友叫时传祥（北京市淘粪工人，全国著名劳动模范），

开追悼会时，八宝山大灵堂里边、外面都站满了人，不下一两千。而有些人自认为了不起，官是不小可并不被人们尊重。不管什么人，不管多清高的人，多以为了不起的人，在化粪池里看，拉的屎是一个德性。有些人就是提起裤子不认账。看不起环卫工人的人是忘了自己也是拉屎的人。本来社会主义国家对这个问题应该是解决得好的。为什么少奇同志接见时传祥？为什么周总理请时传祥去中南海？就说明问题。最近几年来，我看宣传上有毛病。知识分子是国家需要的，尊重他们、表彰他们，给予他们若干的待遇，宣传他们的重要作用和意义都是对的，但不要说别人不重要，你是重要，但是你拉了屎我给你淘了，重要不重要？要不然屎堆在屋里行吗？外地人都说天津真干净。没有环卫工人能行吗？宝元（即赵宝元）同志原来是公用局的副局长，当时天津没水喝，他跟我一起搞水。后来，我看他这个人正派有本事，调他到环卫局当局长。当时有人开他的玩笑说："闹了半天，你当了个屎头啊！"我说，这个认识不对。一个城市里，环境卫生这块工作搞不好，不行。要让大家的生活都方便有序，干干净净，心情舒畅，没有环卫这支队伍是不可想象的。

资料来源：张建魁：《对做官的"看法与说法"》，载《环球人物》，2013（12）。

2.1 领导者

2.1.1 领导者的含义

汉语词汇中，"领导"一词有多重含义，有时指领导活动、领导过程和领导功能（leading leadership）；有时指领导者（leader）；有时兼而有之。约翰·科特认为："'领导'一词在日常生活中有着两种截然不同的含义。有时，领导指的是有助于引导和动员人们的行为和（或）思想的过程；另一些场合中，它指的是处于正式领导职位的一群人，希望他们起着这个词前一种含义中所指的作用。"①

据美国领导学者统计，目前世界上关于"领导"的定义有350多种，关于"领导者"的定义有160多种。这并不是说"领导"、"领导者"是主观随意的概念，而是人们从不同的学科和角度如政治学、组织学、管理学和心理学等方面来研究和把握的结果。那么，从领导科学的角度，该如何给"领导者"一个本质的定义呢？现代管理科学之父彼得·德鲁克指出："领导者的唯一定义是其后面有追随者。一些人是思想家，一些人是预言家，这些人都很重要，而且也很急需，但是，没有追随者，就不会有领导者。"② 著名的领导学家约翰·加德纳在演讲时，有位青年人问他："如果我想作为一位领导者，最重要的是什么？"约翰·加德纳说："记住，年轻人，最重要的是你必须有追随者。"领导者与追随者的相互界定，揭示了领导者的实质。不同于领导者与被领导者的相互界定，仅是形式上的。因此，这是具有时代精神的概念，是关于领导者的本质定义。

---

① ［美］约翰·科特：《变革的力量》，2页。

② 转引自［美］F. 赫塞尔本等主编：《未来的领导》，6页，成都，四川人民出版社，1998。

追随者不同于被领导者，被领导者是天然存在的，追随者是靠领导者的魅力和努力争取来的。在一个组织内，领导者的下属都是被领导者，但不一定是追随者。被领导者中有积极的追随者、一般的追随者、不追随者，有的甚至是反对者。领导者的责任，就是使他们转化为追随者。如果被领导者都不再追随，领导者实际上就名存实亡、徒具形式了。这说明，领导者扮演主动者、创造者和发动者的角色。古往今来，卓越的领导者都能够创造和征召追随者，成就领导事业。追随者概念比被领导者概念的外延更广，不仅包括组织内成员，也包括组织外成员；不仅包括领导者的下属，还包括领导者的上级。领导者就是这样上下左右开展“内政外交”活动，组织起人力资源系统——广泛的追随者队伍，齐心合力，团结奋斗，共同实现组织目标。

现实生活中，导致追随关系的因素很多，如品德、知识、才能、信仰、专长、情感等。因此，有各种各样的领导者与追随者，比如家长和孩子、教师和学生、教练和队员、牧师和信徒、二人世界中的恋人、文化领域中的明星和追星族，他们之间都可以说是领导和追随的关系。领导的核心内容，就是通过引导和影响而建立的追随关系。从产生的形式来分类，领导者可以划分为两大类：一类是从群体、社会中自发产生出来的；另一类是经过选举或组织任命正式产生的。

从群体中自发产生出来的领导者，在社会生活中广泛存在。群体是介于组织和个人之间的人与人的聚合体，一般指几个人、十几个人的小单位。比如，家庭就是正式的群体，父母是天然的领袖，父母按照自己的价值观和经验引导孩子，对于孩子来说，最初的领导行为就发生在家庭。传统社会中，父亲是家庭生活的权威，是领导者；现代社会中，母亲往往是家庭生活的权威，父亲则转变为追随者。在梅奥领导的霍桑实验中，发现了正式组织中有非正式群体的存在，非正式群体中自然涌现出来的领袖人物，往往比正式群体的领导者更具有权威性。在社会生活中，政治学家早已发现“非委任领袖”的存在，如甘地、南丁格尔、马丁·路德·金等，他们在没有建立组织之前，就已经有成千上万的追随者，因此是无可争议的领导者。从这个意义上说，领导者与管理者不同，领导者可以没有组织，但必须有追随者；管理者可以没有追随者，但必须有组织，否则就不成其为管理者。

另一类领导者是通过选举或组织任命正式产生的，包括经过注册、登记而被承认的正式组织的领导者。自古以来，这类领导者产生的途径基本有三条：一是读书。中国的科举制度和西方的文官制度都强调读书。寒窗苦读，学而优则仕，成为统治阶级意识形态坚定不移的信奉者和实行者；学会统治阶级所要求的“礼”，即官方的行为方式和语言方式；掌握经国治事的本领，一步一步进入仕途。二是从军。金戈铁马，塞外边关，艰苦卓绝的军旅生涯，历经九死一生的征战，终于走进统治阶级的行列。其中最高军事长官可谓“一将功成万骨枯”，站到最高统治者的身旁。三是经商。由于近代资本主义兴起，市场经济发展，农工商贸组织扩大，涌现出许多优秀的企业领导人。商界和政界本来就是相通的，由经济上的发达而取得政治上的地位，由市场进入官场，登上政治舞台。这三条道路，源源不断地为统治阶级输送领导人才，实现社会和政府之间人才的良性循环。

2.1.2　领导者的职责与权力

组织中人人各司其职，领导者亦然。抽象地讲，领导者肩负四方面的责任：政治责任、法律责任、工作责任、道德责任。其工作责任的展开，就是所谓的领导者职责。毛泽东所说的“出主意，用干部”，“了解情况和掌握政策”，“领导就是预见”，是对领导者主要职责的高度概括。关于“预见”，毛泽东认为，领导要有预见能力，预见就是预先看到前途趋向。如果没有预见，叫不叫领导？就不叫领导。斯大林说，没有预见就不叫领导，为着领导必须预见。“坐在指挥台上，如果什么也看不见，就不能叫领导。坐在指挥台上，只看见地平线上已经出现的大量的普遍的东西，那是平平常常的，也不能算领导。只有当着还没有出现大量的明显的东西的时候，当桅杆顶刚刚露出的时候，就能看出这是要发展成为大量的普遍的东西，并能掌握住它，这才叫领导。”① 毛泽东关于“领导就是预见”的科学论断，不仅提出了领导者的一个重要职责，而且揭示了领导的实质。

当代领导科学的发展，从学科意义上提出了一系列关于领导者职责的系统论述，这要从对“领导”的认识和理解开始。华伦·班尼斯认为，领导就是“创造并实现梦想”②。约翰·科特把领导定义为：“一个目标的实现过程，即领导者主要通过非强制性的方式方法，鼓动一部分人（或一个集体）来实现一个或若干个既定目标的过程。”③ 约翰·加德纳认为：“领导是一种说服或示范的过程。一个人（或领导班底）可以借着这个过程，引发团体去追求领导者所坚持或上下一心所共持的目标。”④ 根据约翰·科特的研究成果，“领导”应包含以下三层含义：（1）确定组织发展的远景与前进目标，制定进行变革的战略。（2）联合群众，形成联盟，对远景目标达成共识并投身于实现这一目标。（3）激励和鼓舞，调动追随者的工作积极性和创造热情，克服遇到的障碍。

从上述含义出发，领导者有四项基本职责：（1）拥有远景。（2）提出战略。（3）形成联盟。（4）激励鼓舞。

约翰·加德纳划分更细，提出了领导者的重要职责，即八大任务：（1）拟订目标。（2）确定价值。（3）激励行动。（4）学会管理。加德纳对此解释说：大部分管理者都会表现出某些领导技巧，而大部分领导者偶尔也会发现他们自己在执行管理。虽然领导和管理并不是一回事，但它们却有部分重叠，因此有必要将管理纳入领导者的表现中。（5）致力于统领。即化解内部冲突，保持组织团结，建立相互信任。（6）宣导说明。因为人们都想知道问题出在哪儿，为什么他们必须做某些事，为什么他们会充满了困顿挫折，领导者的任务就是替追随者把话说出来。（7）作为象征。（8）担任团体代表。如出面谈判、维护体制完整、执行公共关系等。

从中国的国情和特色出发，用我们习惯的语言表述领导者职责，国内专家达成了共识，可概括为五点：（1）领导决策。（2）领导用人。（3）沟通与协调。（4）激励与鼓舞。（5）思想政治工作。其中领导决策相当于拥有远景、提出战略。领导用人和沟通与协调，相当于形成联盟，激励鼓舞则是东西方的共识，而思想政治工作则是我们的传统、优势、宝贵财富。

领导者职责从另一个角度阐述，就是要求领导者扮演两种角色：任务角色——达成组织

① 《毛泽东文集》，第3卷，394～395页，北京，人民出版社，1996。

② 转引自［美］F. 赫塞尔本等主编：《未来的领导》，27页。

③ ［美］约翰·科特：《现代企业的领导艺术》，2页，北京，华夏出版社，1997。

④ ［美］约翰·加德纳：《新领导力》，2页，台北，天下文化出版股份有限公司，1992。

目标和社会角色——协调人际关系。这种对领导作用的双维阐述，是管理学、领导学中始终的话题。在改革开放的今天，这种阐述仍具有权威价值和意义。任何领导者都必须平衡这两个方面：把多少时间和精力用在达成组织目标上，把多少时间和精力用在处理人际关系上。调查研究显示，现实中存在着一种普遍性的“领导烦恼”，即领导者 70%的时间和精力都用在应付人际关系上，只能用 30%的时间和精力干工作。其中的“内耗”和无休止的应酬固不可取，但就领导者的职责而言，协调人际关系是领导工作的题中应有之义，而不是额外负担。尤其要明白，人际关系的实质就是利益关系。领导者是组织中众多利益和矛盾会聚的中心，每个群体乃至个体都有自己的利益需求，都向领导者要利益。虽然从总体上说，实现组织目标就满足了全体成员的共同利益，但具体到群体和个体自身利益的实现，则是有先有后、是很不均衡的。这就要看领导者如何回应和协调，处理不好，会影响组织目标的达成。有时组织目标达成了，领导者个人反而失败了，其间有许多深刻的经验和教训。

领导者的构成要素中包括权力。领导和权力这两个概念是密切相关的。领导者将权力作为实现组织目标的手段，领导者要达成一定的目标，需要借助于权力。权力是一种关系，只有在人与人之间才有权力。权力的实质是依赖关系，按照斯蒂芬·罗宾斯的说法，“它是依赖（dependency）的函数。B 对 A 的依赖性越强，则在他们的关系中 A 的权力就越大”①。领导者的权力来自两个方面：职务和职务外的个人因素。法约尔在 1916 年出版的《工业管理和一般管理》一书中，首先将权力划分为职务权力和个人权力（非职务权力）。他说：“在一个领导人身上，人们应把属于职务规定的权力，和由于自己的智慧、博学、经验、精神道德、指挥才能、所做的工作等决定的个人权力区分开来。作为一个出色的领导人，个人权力是规定权力的必要补充。”在霍桑实验研究结论的基础上，罗特利斯伯格和迪克森在 1939 年出版的《管理与工人》一书中，也指出了组织中“非正式组织”的存在，组织内还存在具有影响力的自然的群众领袖人物。韦伯把权力划分为三种类型：（1）法理权力，被授予权位的人拥有发号施令的权力，其基础是法律、法规。（2）传统权力，由世袭、继承、血缘关系而来的发号施令的权力，其基础是传统观念。（3）超凡权力，由个人的英雄业绩和高尚品德而来的权力，其基础是心理的虔诚信仰。实质上，这三种权力类型也可以归结为职务权力和个人权力。

从原本的意义上说，权力一般来源于组织因素，所以职务权力即是本来意义的权力概念。职务权力简称职权，是领导者为履行自己职责而具有的发号施令的影响力。它来源于法定的职务或职位，是外部（上级、组织、阶级、法律）赋予的权力。职务权力一般都是组织条文明确规定的。除人们所熟知的以外，职务权力还有一个重要方面，即控制信息资源。某些来自组织上层、其他部门或外界的信息，经常是领导者先获知。领导者能控制它们流通到何种程度，并有解释的权利，进而加以宣传，从而影响追随者。职务权力同职务具有不可分性，有职就有权，去职则无权；职务权力同职务的关系成正比，职务越高，享有的权力也越大。

个人权力是职务之外的，由于个人的特质如品德、知识、才能、业绩、声望或其他个人因素而获得的影响他人心理和行为的能力，也即是个人影响力。个人影响力是一种具有

---

① ［美］斯蒂芬·罗宾斯：《组织行为学》，7 版，355 页，北京，中国人民大学出版社，1997。

持久性的、可超时空地影响、支配、控制他人的力量或能力。加德纳说："领导是一种说服或示范的过程。"个人权力在领导中的作用是显而易见的。它不是通过行政命令的方式行使，其影响力是通过自身的素质和言行起作用，被人自觉接受，是内在的作用与影响。有调查研究结果证明，领导者以个人权力影响追随者，通常有较高的绩效，追随者也比较满意。而领导者的个人权力是通过他的所作所为和全部生活细节表现出来的。甘地曾说："从我生活的细节中可以了解我的一生。""观察我的一生，看我通常是怎么生活、就座、吃饭、谈话、行动的。所有这一切组成我的信仰。"有一个简单的公式，即领导＝信誉×能力。

由上可见，权力是一种影响力，它又有广义和狭义之分。狭义的权力指职务权力——职务影响力、强制性影响力，这是本来意义的权力概念。广义的权力则包括职务权力和个人权力，后者包括个人影响力、非强制性影响力。广义的权力概念就是权威。恩格斯在《论权威》中指出：权威，是指把别人的意志强加于我们；另一方面，权威又是以服从为前提的。这里的"服从"指的是心甘情愿、心悦诚服的服从。所以，领导权威就是职务权力和个人权力的统一，或职务影响力与个人影响力的统一，用公式表示就是：领导权威＝职务权力＋个人权力。职务权力带来的强制性影响力与个人权力（非职务权力）带来的非强制性影响力，二力合成，即构成现实的领导力。

领导者的权力还可以从另外的角度研究，即领导者的权力从何而来，是什么赋予领导者以影响他人的能力。弗伦奇和瑞文提出了权力的五个基础或源泉：

（1）强制性权力（coercive power）。这是建立在惧怕基础上的，如果不服从就可能产生消极的结果。

（2）奖赏性权力（reward power）。人们服从于一个人的愿望或指示是因为这种服从能给他们带来益处。

（3）法定性权力（legitimate power）。它代表一个人通过组织中正式层级结构中的职位所获得的权力。这是获取权力的基础的最经常的途径。

（4）专家性权力（expert power）。来源于专家的技能和知识。这日益成为权力的主要来源之一。

（5）参照性权力（referent power）。它的基础是对于拥有理想的资源或个人特质的人的认同。如果你敬仰一个人到了要模仿他的地步，那个人对你就拥有了参照性权力。参照性权力也就是模范权。

领导者面临着压力，压力可能严重影响领导者，妨碍他们的领导。领导者的压力是应该重视的问题，根据约翰·加德纳的研究，领导者面临的压力来源主要有四种：

第一个压力来源是"恶语中伤"，所有领导者都会成为这类批斗的靶心。

第二个压力来源是"工作负荷过重"，问题接踵而至，疲惫、失眠、与家人和朋友共处的时间少，无暇阅读、反省和思考。

第三个压力来源是"隐私权受侵犯"，这对公众领袖的影响尤甚。

第四个压力来源是"竞争"，这种压力不常被提到，却通常与高层领导有关，如选举失败或经商挫败。所有领导者的身上都伤痕累累，不论这和他们加在别人身上的伤疤是否相抵。竞争的恶果常使领导者失去能力。

2.2　追随者

2.2.1　追随者的含义

所谓追随者（follower），是指在领导活动中与领导者有共同的利益和（或）信仰，追求共同组织目标的人。在许多研究者看来，领导者的概念是确定的，而作为领导三要素之一的追随者的含义则不确定，甚至名称也未确定，如“被领导者”、“拥戴者”、“下属”、“支持者”等。

“追随者”是一个新的具有时代精神的概念，正逐渐被人们接受。我们之所以选择“追随者”这一概念，首先是为了强调与领导者有共同的利益和（或）信仰。追随者追随的不仅仅是领导者，而且是愿景，是共同的理想。追随者与领导者也有着共同的政治利益和（或）经济利益等，追随者和领导者往往是在同一面旗帜下进行着共同的事业。

其次，“追随者”这一概念更能体现他们在领导活动中的主体地位。追随者追随的是与领导者共同拥有的愿景，这个愿景也含有他们所表达的意见，他们也是愿景的“编剧”。如果领导者违背了愿景，不再与他们拥有共同的价值观和利益，他们就可能退出领导活动，或者追随新的领导者。追随者有自己的独立意识，有自己的意志和选择权。

最后，“追随者”这一概念含有更大的范围，他们是领导者的信任者、支持者、服从者、拥戴者，是愿景的编剧、实现者和分享者。他们不仅仅来自下属，而且可能是组织中的每一个成员，甚至是上级；他们也许是来自组织外的其他成员，甚至是来自跨文化的异域成员。

总之，追随者与领导者是领导活动的主体，他们一起去畅想愿景，主动追求共同的利益，实现共同的价值观念，是充满生机和活力的主人翁。

追随者有不同的类型，可以从不同的角度划分追随者。

（1）根据追随者是否属于领导者所在的组织，可分为组织内的追随者和组织外的追随者。前者就是常说的下属，后者就是常说的联盟者。领导者要达成组织目标，不仅要有坚定的组织内的追随者，还要有广大的来自组织外的同盟军。

（2）根据追随者在领导活动中所起的作用，可分为重要追随者和一般追随者，前者对于领导者来说是不可或缺的骨干，是领导团队中的重要成员。他们或独当一面，或与领导者共同运筹帷幄，支撑大局。无论他们在组织内或组织外，都同领导者有着密切的联系。一般追随者对于领导过程的诸个环节有参与，与组织的文化价值观念和利益有关联，但对领导过程和组织的投入有限，所起的作用也是有限的。

（3）根据追随者所追求的目的，可分为信仰追随者和利益追随者。信仰追随者主要是因为信仰而走到一起的。在公共部门，大多数领导者和追随者拥有相同的信仰和价值观念，尤其是非营利组织和志愿者服务组织。而有些领导者和追随者的共同追求则是利益，包括政治利益和经济利益。

（4）根据追随领导者时间的长短，可分为长期追随者和短期追随者。一般来说，长期追随者与领导者在共同的领导活动中有较好的配合，多是既有共同的利益基础，又有共同的组织文化，其经验、年资都较短期追随者有优势，是领导者应该加以珍视的组织人力资源。短期追随者多因利益而产生追随动力，要使之与组织文化同化，还需要领导者加以引导和教诲。

（5）根据追随者所隶属的部门性质不同，可分为公共部门的追随者和私人部门的追随者。领导者在开展领导活动过程中，不仅要有公共部门的积极参与，而且要有私人部门的大力支持与合作，才能发挥政府和社会的两个积极性。因为当今社会，私人部门也开始关注自身的社会形象，积极加入到公共管理活动中，逐渐成为公共事业的有力合作伙伴。

2.2.2 追随者与领导者的关系

追随者与领导者的关系，随文化的不同而有差异。随着时代的发展，全社会人员的整体素质迅速提高，如民主意识、科技意识、自我意识等均已今非昔比，追随者与领导者的关系正呈现新的特征。

1. 追随者与领导者在人格上是平等的

他们之间所体现的乃是一种民主的、自由的、平等的社会关系。随着与领导者实现共同的愿景，追随者不仅仅是在追随领导者，而且是在追随愿景。这个愿景正是追随者和领导者之间的心灵契约；而且，组织也是领导者和追随者之间的“契约箱”。现在，领导者和追随者之间不再是人身依附关系，而是平等的契约关系。

2. 追随者与领导者在身份上是相对的

追随者与领导者的身份处于不断变化之中。在不同的时间、不同的场合、不同的组织中，领导者可以变成追随者，追随者也可能变成领导者。随着领导者对追随者的培养以及组织的发展，追随者也可以成为新的领导者。而且，在不同的组织联盟之中，领导者与追随者的地位也是不断变化的。

3. 追随者与领导者存在着互相追随的关系

班尼斯认为：“好的领导者应该也是好的追随者……领导者和追随者有很多共通之处：善于倾听，合作精神，以及与同伴共同对付竞争的问题。”领导者有主动权，追随者也有很大的主动权，如果在领导过程中发生了变化，追随者可能追随到底，也可能放弃追随。

4. 追随者与领导者在权力上是相互制约的

领导者的权力来自组织的法定权力，更来自追随者的认可，没有追随者的承认，领导者将是有权无威，形同虚设。追随者也要服从自己认可的领导权威的指挥，与领导者有默契的合作，否则，追随者违反自己认可的领导权威的意志，也就是违背自己的意志。

追随者对上级领导者也有权力，即潜在影响力，这种潜在影响力亦称为“对抗权”，对上级领导者行使权力有制约影响作用。追随者的对抗权主要来自领导者必须依赖追随者。依赖分为多种，最明显的是领导者系追随者所选出和公认的，追随者有权更换领导者。所以，最基本的依赖形态，是领导者必须满足追随者，以此来保持领导地位。当然，在领导者是任命的组织中，拥有职务权力和对上级权力中枢负责时，领导者职务的保留固然会受追随者的影响，但绝非后者所能完全控制的，追随者很难撤换领导者。这种情况下，对抗权的主要来源，是领导者须依赖追随者以达成维系其职务的组织目标，并由追随者对其领导绩效进行评估。

追随者的对抗权从追随者自身来看，主要来源是：(1) 追随者的专长。在组织中，追随者有特殊的专业才能或技巧，可增加领导者的依赖性。特别是当没有人能取代他，而他又有“跳槽”的机会时，来自这种依赖的对抗权就达到最大。如果追随者与外界有特别的接触，能获得组织领导者所需的资源，也会发生同样的情况。(2) 追随者掌握重要的资源，包括物质资源和信息情报。当这些信息情报为领导者决策所必需时，追随者就可以借此利用理性的说服等方式影响领导者。(3) 追随者熟悉组织的规章制度。在高度官僚化的组织里，这也是一项专业才能。规章制度与传统是追随者合法要求的基础。复杂的规章制度体系与制度，使追随者能找到借口“照章办事”，拒不执行领导者的指示。(4) 追随者与领导者关系密切。这也可能潜在影响领导者。对领导者的赞同与支持，危难时刻对领导者的关心与支持等，均可能密切与领导者的关系。(5) 追随者若采取集体行动，对抗权比较明显和有效。但若与组织规范相违，这种做法则不宜提倡。

追随者顾名思义要“追随”，从这个意义上说，追随者与领导者不同，这就对追随者提出了特殊的要求。保罗·赫西、杜威·约翰逊提出了追随者“准备就绪程度”(readiness levels) 的概念。他们认为，领导者与追随者之间的关系是“情景领导法”中最关键的可变因素。如果追随者决定不跟着领导者走，那么领导者怎么想和工作要求是什么都无关紧要。没有追随就没有领导。

准备就绪程度指的是追随者所表现出的完成某一任务的能力和意愿的程度。它不是对人的特性、价值观、年龄等的评价，而是一个人执行某一任务的准备程度。这一概念与具体的情景有关，与个人作为人的总体准备就绪程度并无关系。准备就绪程度的两大组成部分，包括能力和意愿。能力是指个人或小组将知识、经验、技能和工作表现运用于某一任务或活动。这里的知识是指对这一任务的了解；经验是指与这一任务有关的经验；技能和工作表现是指成功地完成相似任务所显示出的技能或表现。意愿是指个人或小组所具有的完成某一任务的自信心、承诺和动力。自信心是指个人或小组的“我能做”的感觉；承诺是个人或小组的“我一定去做”的感觉；动力是个人或小组的“我想做”的感觉。

追随者准备就绪程度可分为四级，每一级代表了追随者能力和意愿的不同组合。

一级准备就绪程度：没有能力也不愿意。追随者没有能力，并缺乏承诺和动力。

二级准备就绪程度：没有能力但愿意。追随者缺乏能力但是有动力并正在做出努力。

三级准备就绪程度：有能力但不愿意。追随者有完成任务的能力但不愿意使用这种能力。

四级准备就绪程度：有能力并且愿意。追随者有完成任务的能力并承诺完成任务。

从事实来看，追随者要做到“追随”，应特别具备以下方面的能力：(1) 领悟能力，即领会理解领导者的思想和意图，为共同的愿景而奋斗。(2) 配合能力，既兼顾全局，又独当一面，做好本职工作，与领导者默契配合。(3) 贯彻能力，即坚定不移地贯彻领导的战略意图，克服困难，达到预期目的。(4) 服从意识，这是追随者责任意识的表现。追随者自己参与设计愿景、自己选择和拥戴领导者，就要服从愿景和领导者。服从意识是领导活动中的关键因素。

2.3 领导环境

2.3.1 领导环境的含义

领导环境有广义和狭义之分，狭义的领导环境是指领导者所在的组织，广义的领导环境是指组织及其赖以存在和发展的外部条件的总和。我们这里取广义的概念，领导环境是指领导者的工作环境、各种因素、条件的总和及其发展态势。

领导环境亦称领导情境、客观环境、生态环境，是一个历史的发展着的概念。从工业社会到信息社会，领导环境的外延和内涵发生了深刻的变化，领导者所在的组织不再被比喻为工业社会中的“机器”，而是被比喻为信息社会中的“网络”。领导环境的基本含义有以下三点：

(1) 领导环境既包括客观的物质因素和条件，又包括主观的精神因素和条件，如人的思想、心理活动、精神状态等，它们都是领导者认识和实践的对象。环境还是一种态势，其各个方面的条件、因素都处在动态发展中，由此派生出诸多矛盾和变化，形成领导者及其追随者客观上面临的新任务、新问题。追随者在领导环境中既是领导者认识和实践的客体，又和领导者共同构成领导活动的主体，以改造客体的领导环境。

(2) 领导环境是一个多层次的开放的有机系统。首先，它是指领导者所在的组织系统。其次，它包括领导集体即指挥子系统在内。再次，它还包括上下左右各类相关系统，如上级领导单位、下属单位、横向纵向与之发生各种工作联系的部门和人员等。领导者就是在这样的工作环境中开展“内政外交”的领导活动的。最后，它还涉及整个国家、社会乃至国际环境的大系统，这都制约和影响着领导者及其领导活动的内容与方式。一般地说，领导层次越高，面对的领导环境也越大、越复杂，变化越难掌握，随机性也越大。

(3) 领导环境中包含着组织特有的工作任务，这是领导环境中的重要内容。社会中每个组织都有其特定的工作任务，它是组织存在的依据，也是组织成员凝聚到一起的基本条件。所以，领导者所面对的领导环境，当然包括客观的工作任务在内。领导者的责任，是把它改造提升为主观上清晰的领导目标，并率领追随者完成组织任务。

2.3.2 领导环境的影响因素

对公共行政领导者来说，可以从不同的角度来分析领导环境，通常是从自然、政治、经济、文化、社会等几个方面来加以分析。

1. 自然环境

自然环境是指公共行政组织所管辖和治理的地理空间，它包括地形地貌、山川河流、大气气候、自然资源、土地面积等。具体到中央政府，它的自然环境包括该国所有的国土空间。这是领导者进行战略规划和领导行为的基础，在正常情况下，行政系统应该和自然环境保持和谐，领导者应该追求人与自然的和谐，把保持生态平衡作为可持续发展战略的基础。更进一步，有些非政府组织如绿色环保组织则更加关心自然环境。

2. 政治环境

政治环境主要是指公共行政组织所面对的国家政治制度，如国家政权的性质和组织形式、阶级关系、政党制度，尤其是国家领导体制。公共行政是政治活动的一部分，是执行国家意志的，因而政治环境对领导者行为有着直接作用，尤其是对领导者思想和伦理、领导绩效考评和晋升奖惩等方面的作用更直接。无论是强调政治与行政分开，还是强调政治与行政合一，政治环境都是决定公共部门领导合法性的一个非常重要的因素。

3. 经济环境

经济环境主要是指作用于公共行政组织的物质技术和经济制度，即马克思经济理论中的经济基础。公共部门负担着国家税收政策的制定与税金的收缴，负责提供公共物品和公共服务。领导者和公共部门都必须用尽可能少的经济投入提供尽可能多的优质的公共物品和公共服务。这就是说，物质技术水平的高低直接影响行政管理的效率和水平，而经济制度和生产关系对领导者的绩效和反应力起着重要的作用，在以经济建设为中心的时代更是如此。

4. 文化环境

广义的文化包括科学技术、信息传播、宗教文明、伦理道德、历史传统、思想意识形态等；狭义的文化一般是指公共部门作为组织时的组织文化，也被称为“文化网络”，包括常规工作程序、组织标志（商标、徽章等）、控制系统、权力结构、正式的组织结构等。公共行政组织，都存在于某一文化环境之中，如基督教文化、伊斯兰文化、佛教文化和儒家文化等。从宏观的角度来看，领导者处在一定的文化氛围中，必须与周围文化环境相协调，文化环境对他们有着深刻的影响。在全球经济一体化和政治多元化的环境中，领导者需要回应全球的多元文化。从微观的角度来看，领导者应该关注本组织的文化建设，它和组织结构一样重要。

5. 社会环境

人口、民族、社区等构成公共行政组织的社会环境。国家和社会、政府和市场的关系是公共行政必须考量的。社会，尤其是由有参政议政意识和能力的公民组成的公民社会，制约和影响着公共行政组织。公民社会的成熟程度决定着公共部门尤其是政府对它的管理和干预程度。公共行政领导者应该注意社会各阶级、集团、民族和社区的利益与偏好，才能制定好政策，如人们对廉政的看法、对环保和绿色食品的看法，还有社会的稳定程度、社会对政府的态度等。公共行政领导者应该服务于社会，关注社会舆论，接受社会监督。

2.3.3　领导环境的变革

领导环境总是处在发展变动之中，当前社会生活中一些变化引人注目，正在深刻地改变着领导环境。领导者既要认识，又要适应，更要因势利导，主动变革领导环境，使领导者自身、追随者和领导环境跟随时代一起提升。

首先，领导者和追随者应该看到全球一体化与多元化的矛盾。詹姆斯·M·库塞基和贝瑞·Z·波斯纳在《成功领导人》一书中，同时提出“我们都是相互关联的”和“世界是支离破碎的”两个命题。一方面，科学技术已经将世界转变为一个相互关联的地球村，世界正在由于资讯的发达和经济的发展而成为一个整体；另一方面，全球也出现了区域化的现象，造成政治多元化，诸多文明的冲突更加明朗化。总之，全球一体化和多元化造成了多元主体在同一个空间激烈竞争的矛盾。“当置身于充满竞争的国际市场环境时，你才最能够客观地看待跨国战略领导和管理，并体会它的确切含义。”①

其次，领导者和追随者应该看到新的社会契约和组织的变化。在知识经济迅猛发展的今天，知识更新、科技进步使得许多组织解体和消失，过多的人员特别是知识更新跟不上的人会被解雇或转移到其他行业或部门。许多公共部门和民营组织都在以前所未有的脚步进行裁员，缩小规模，并将事业集中在更为少数的产业上。越来越多的工作人员都是临时约聘，终生雇用的员工则在减少，人们在短期内可能更换较多的工作。事实证明，对组织与领导的忠诚和就业保障在这个风雷激荡的时代像许多珍稀物种一样绝迹了，取而代之的是新的契约。② 查尔斯·汉迪认为，未来是超乎想象的，“组织并非像过去那样是一种有形的、实在的、具体的场所”，“事实上有些组织无异于契约箱，在与并不露面的供应商、代理商、各种各样的专家签约”③。新的契约很清楚，组织不仅是工具，而且是所有者随便处置的一份财产。

最后，领导者和追随者特别应该看到新公共管理所带来的领导环境的变化。20 世纪八九十年代以来，西方市场经济发达国家开始了新公共管理运动，纷纷推行政府改革，其政府改革内容、方式和措施不完全相同。但是，有的研究者认为它含有三个较为突出的方面，即重塑政府、再造公共部门和新公共管理。我们发现，这时的公共部门不仅仅是政府部门，而且还包括社会的各个部门和社会中介组织，乃至各种社会群体。从行政学范式变迁的角度来看，西方国家的改革趋势反映了从韦伯式的官僚制度为基础的权威主义转移到企业化管理、加强竞争和市场导向的“新管理主义”。

我们这里着重论述新公共管理运动对世界各国的领导环境所造成的影响。世界各国政府及其官员无不积极地寻求新的管理哲学和工具，试图以顾客至上、服务为先、品质第一、创新为要、激励优先、授能与分权以及弹性的组织设计等概念来改造公共部门组织及其服务品质。④ 这对公共行政领导环境造成了或多或少的影响，使领导环境具备了新的因素，一般认为，新公共管理运动对领导环境主要有以下影响：

1. 新公共管理运动重塑政府组织

为了缓解公共负债与财政收支恶化的压力，西方诸国都以小政府为追求目标，缩小国家政府规模、精减人员以及进行组织机构调整。不少国家在改革初期先确定精减人员的目标而实施公务员的大量提早辞退措施，大力推动部委的改组。而且，许多国家在此基础上，重新检讨了政府职能以及其他公共事业部门的作用，系统地、有组织地推动了部分政府职能的废止、部分政府职能转让于民间部门，促使政府部门的管理企业化，并使政府职能部门转为“责任执行单位”，引入民间部门与政府部门之间的竞争与合作。这些改革，减少了科层制结构中的管理和监督层次，增加了以业务为中心自主运作的团队数量，从而使“金字塔”形的组织变成扁平的组织。它使得政府组织形态更加多样，并且从以管制为

---

① ［美］罗伯特·J·默克勒：《跨国企业领导和管理战略》，1 页，太原，山西人民出版社，1999。

② 参见［美］詹姆斯·M·库塞基、贝瑞·Z·波斯纳：《成功领导人》，3 页，兰州，兰州大学出版社，1998。

③ 转引自［美］F. 赫塞尔本等主编：《未来的组织》，389 页。

④ 参见孙本初：《公共管理》，台北，时英出版社，1997。

主的组织结构转换为以服务为主的组织机构。

2. 新公共管理运动以成果为导向

OECD 国家比过去更强调成果或者绩效，不但重视投入和工作过程，而且重视产出与成果。它们强调目标的明确化，为达成结果做出明确的责任分配，设定目标价值，提供动力机制，确立检测与报告成果的评估机制。这种成果导向的改革适用于任何个人和组织，是其他改革的基础。为此，它们非常重视领导和管理能力的开发与培训，以及人力资源管理。

3. 新公共管理运动强调提高行政经费的价值

西方政府改革的目的就是用更少的经费做好更多的事情，为实现这个目的，不但需要包括增进效率、减少浪费、提高效用方面的改革，而且需要对政府事业和工作方式进行全面检讨。传统公共部门以独占方式经营的供给体系受到挑战，而公共部门间的竞争与扩大民间部门的参与，特别是为适应服务提供方式的市场性机制，逐渐增加了竞争。为了提高行政经费使用的效率，西方诸国对政府部门管理的多样性和可选择性进行了积极考虑，如公共部门内部供给价格的设定、使用者负担原则、民间营利性组织和非营利性组织提供服务的合同、官民伙伴关系的确立等。

4. 新公共管理运动强调放权让利与提高运作弹性

根本改变中央调控的性质，提高公共部门的弹性，这是西方政府的新特征。其目的很明确，即以给各组织部门和领导者赋予自主权来鼓励革新和创造的积极性。为此，政府引入多种形态的放权让利措施，其主要目标就是把运作事宜的决定权尽量赋予提供服务的机构和组织。在财政管理上，政府从微观控制转为宏观控制，在总体的预算范围内达成一致意见，在具体运作上给予各级组织一定的弹性，如运营经费预算制。在人力资源管理上，政府将中央人事管理机构的权力（包括录用、工资、配置、辞退等人事管理政策）下放，以期增强运作弹性。

5. 新公共管理运动强调顾客服务导向与引入市场竞争机制

西方国家政府十分强调对顾客需求的直接回应的程度与服务品质，这是针对官僚文化的根本改变。这些措施包括对行政信息更方便的提供，行政程序的简便化，提供更接近顾客而且细致体贴的服务，提高行政透明度等。为此，政府要定期调查和反映社会公众对服务项目的满足程度，要与顾客商谈，听取他们的意见，不断改善服务质量。为了使顾客选择范围扩大，提高服务质量，政府引入竞争原理和市场机制，许多服务项目都有设定价格和使用经费，形成内部市场。在政府组织内部市场化之后，顾客不仅包括外部的社会公众，还包括政府的其他机构。不少国家还公布公共产品和服务的标准，在供给服务上不再承认特定政府机关的独占地位，它与民间和其他政府机关处于同等的竞争地位。同时，为提高服务质量，政府大量采用信息技术，逐渐走上“电子化政府”之路。

6. 新公共管理运动增强了中央政府的战略决策能力

在对各个执行机关、单位和管理者赋予更多运作弹性的基础上，中央领导机关更加关注战略和政策问题，可以更好地集中于“掌舵”职能，确保政府活动的方向性。同时，政府应减少管制，尤其是对经济的管制。西方国家为增强本国的竞争力，不但努力减轻税负，而且减轻由于各种管制对社会增加的负担，增强社会活力。

7. 新公共管理运动强调中央政府、地方政府和国际机构的不同层次间的合作

西方先进国家的联邦政府或中央政府与地方政府或国际机构间的关系是不同的。在处理中央政府和地方政府的关系时，大部分国家正扩大分权化的服务，从而使政府与顾客间的距离缩短，它们认为这样不但可以增强地区民主主义，还可以更准确地掌握顾客的需求，从而能为顾客提供更贴切的服务。美国克林顿政府就曾在这方面作出了改进，强调联邦政府对州政府转让权限和形成伙伴关系，给地方政府赋予更多的达成目标的弹性。在处理中央政府和国际机构的关系时，大部分国家对日益增加的国际组织和国际合作关系所衍生的新的机会积极回应，承担责任和义务。

随着时代的发展，我们可以发现领导环境已经发生了巨大的变化，组织环境已经由官僚组织向富有弹性的新型组织转变，领导环境的范围逐渐扩大，尤其是公共部门的范围急剧扩大，非营利组织乃至与政府签订公共契约的私人组织都具有一定的公共性。在新的组织环境和社会环境中，领导者所采用的方法也由过去的以管制为主转到今天的以服务为主，新公共管理运动中的领导环境已经发生了根本性的变迁。

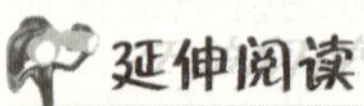

崩塌的山西官场：揭秘为何晋官难做

十八大以来的高压反腐，引发山西官场地震，三创“一天打两虎”的纪录。至中纪委宣布任润厚被调查，山西的“打虎”纪录已达 7 人，沦为“崩塌”状态。“晋官难做”再度复发。

晋官难做：山西省长曾不到 400 天换了三任。山西作为中国著名的能源大省，煤炭资源得天独厚，全省 90 多个县（市、区）内都出煤，易出“煤老板”，更易出安全事故。因此，安全生产一直是山西的一件大事。曾经，山西省省长在不到 400 天的时间内换了三任，于幼军、孟学农、王君轮番上阵，孟学农也由此获得“中国最悲情高官”的称号；而临汾市委书记一职竟空缺半年之久，更是奇谈。

矿难不断：安全事故成山西官场心病。据悉，王君到任之初，曾称“从襄汾矿难到其他安全事故，我认为大都由官商勾结、腐败以及职能部门不作为造成”。王君的话一针见血，点中了山西的要害——官场生态有隐患。这种隐患反映到工作中，便是安全生产隐患。《南方周末》有关山西官场的报道中援引当地政情人士的话说，贪腐现象屡禁不止的山西官场痼疾由来已久，由煤矿资源所引发的暴富，以及背后地方官员和利益群体的种种纠结，在过去多年中已然暴露无遗。大官们如履薄冰，生怕因为突发的人祸而被免职；而基层官员却利用手中的权力和掌握的资源，大肆巨贪，中饱私囊。

不正常的官场规则已成为山西转型的掣肘。山西地方势力、各种利益等盘根错节，新任官员短期内很难驾驭，施政抱负往往在地方利益的阻滞面前败下阵来。据媒体曝光，此次被调查的山西省委常委、秘书长聂春玉，尽管在吕梁主政许久，但一直受到以吕梁市原副市长张中生为首的当地官员的排挤甚至架空。而历任山西执政者，都曾对山西吏治表达过自己的不满。山西省原省长于幼军，在位时曾历陈山西地方官员四种“病症”：诚信缺乏症、大局淡化症、服务冷漠症、效率低下症。

权钱交易，牵一发而动全身。媒体曝光，在山西吕梁，政商两界已经不分你我。官员需要钱的时候，老板们双手奉上，老板遇到问题了，官员出面摆平。以致在当地，人们说起某家企业时，直接就以某某领导的企业称呼。此次反腐浪潮中被抓的“山西首富”张新明在山西官场是呼风唤雨的人物，被称为“太原地下组织部长”，而数名落马的高官均与其有深度交往；7 000 万元嫁女的煤老板邢利斌 3 月 12 日在太原机场被警方带走，一时令当地局势紧张。一个月后，与邢合作的另一大型国企董事华润集团董事长宋林亦告落马。邢利斌与两个国企合作伙伴被查之后，主导两次并购的两任吕梁市委书记聂春玉，亦先后被中纪委宣布违法违纪，一年内升任的两个省委常委，同步身陷囹圄。

资料来源：思涵：《崩塌的山西官场：揭秘为何晋官难做》，见 http：//business. sohu. com，2014-09-01。

本章小结

本章主要讲述的内容如下：

1. 领导者。彼得·德鲁克指出：“领导者的唯一定义是其后面有追随者。”领导者可以分为两类：一类是从群体、社会中自发产生出来的；另一类是经过选举或组织任命正式产生的。我们研究的是后者。

2. 追随者。追随者是指在领导活动中与领导者有共同的利益和（或）信仰，追求共同组织目标的人。追随者有不同的类型，在不同的时代和文化背景下，与领导者的关系也呈现不同的特征；追随者对领导者也有权力，称为“对抗权”。

3. 领导环境。领导环境有广义和狭义之分，这里取广义的概念，是指领导者的工作环境、各种因素、条件的总和及其发展态势。公共行政领导者的领导环境，通常从自然、政治、经济、文化、社会等方面加以分析。当代社会的一系列变革正在深刻改变着领导环境。

关键术语

领导者　　领导者职责　　权力　　职务权力　　个人权力　　追随者　　领导环境　　变革　　新公共管理

复习思考题

1. 试述领导者的概念及其权力的构成。
2. 怎样理解领导者的职责？
3. 简述领导者权力的五个源泉。
4. 简述追随者的内涵和外延，说明追随者与被领导者有何不同。
5. 简述追随者的对抗权。

6. 简述领导环境的概念。

7. 论述领导者和追随者的关系。

8. 领导者和追随者作为领导活动主体，请你谈谈他们与领导环境的关系。

本章阅读书目

1. ［美］沃伦·本尼斯. 领导的轨迹. 北京：中国人民大学出版社，2008.

2. ［美］沃伦·本尼斯. 成为领导者. 北京：中国人民大学出版社，2008.

3. ［美］凯勒曼. 追随力. 北京：中国人民大学出版社，2011.

4. ［美］鲁迪·朱利安尼. 领导：纽约市长朱利安尼自述. 南京：译林出版社，2005.

第3章

公共行政领导角色

有两件事对我是很显然的。一件是，要做一个（密西西比河上的）掌舵人，必须要比任何人学会更多一些东西；另一件是，必须每过24小时就用不同的方式通盘再学习一遍。

——马克·吐温

引导案例

伟大领袖的自我牺牲

抗美援朝战争胜利后，周世钊和毛泽东大概在1954年见面时，又一次谈到了抗美援朝战争问题。

毛泽东说："……抗美援朝这一场战争我们虽然付出了代价，但是经过抗美援朝这一场战争以后，我们中国在国际上的地位大大提高了。看来我们打这场战争还是值得的。"

周世钊又小心地问："毛岸英同志也到了朝鲜，但是他刚刚出国不久就在朝鲜战场上牺牲了，是不是和彭老总没尽到责任有关？如果您不派毛岸英同志到朝鲜战场上，我看他是不会牺牲的。"

毛泽东想了想，说："不能这样说。岸英的牺牲，责任完全在美帝国主义身上。岸英是为保卫中国人民、朝鲜人民的利益，为保卫我们祖国的安全而出国作战的，他是为反对美帝国主义的侵略行为，为保卫世界和平事业而牺牲的。彭老总是没有什么责任的，不能去责怪他。当时，我得到岸英在朝鲜战场上不幸牺牲的消息后，我的内心是很难过的，因为我很喜欢岸英这个孩子。岸英牺牲以后，当时有人提议要把他的尸体运回国来安葬，我没有同意。我说岸英是响应党中央的号召，为抗美援朝，为保家卫国而牺牲的，就把他的尸体安葬在朝鲜的国土上让它显示中朝人民的友谊，让中朝人民的友谊万古长青，不必把他的尸体运回国来安葬。当然你说如果我不派他到朝鲜战场上，他就不会牺牲，这是可能的，也是不错的。但是，我是党中央的主席，在那种比较困难的情况下，我是极力主张发动抗美援朝、保家卫国运动的，后来得到党中央的赞成，作出了抗美援朝、保家卫国的决定。这个决定得到了中国人民、朝鲜人民、全世界一切爱好和平人民的支持和拥护，很快就在全国范围内掀起了一个抗美援朝、保家卫国的伟大运动。我作为党中央的主席，作为一个领导人，自己有儿子不派他去抗美援朝、保家卫国，又派谁的儿子去呢？人人都像我一样，自己有儿子不派他去上战场，光派别人的儿子去上前线打仗，这还算个什么领导人呢？这是一方面。另一方面岸英是个青年人，他从苏联留学回国后，到农村进行过劳动锻炼，但他没有正式上过战场。青年人就是要到艰苦的环境中去锻炼，要在战斗中成长。基于这些原因，我才派他到朝鲜去的。”

资料来源：周彦瑜、吴美潮：《毛泽东和周世钊谈抗美援朝战争》，载《百年潮》，2009（9）。

3.1 领导角色论

3.1.1 领导角色的含义

在历史演进的过程中，领导者总是在扮演着各种各样的角色。角色扮演的成败决定着领导行为的成败和领导者的成败，进而决定组织的兴衰。时代在进步，领导角色也应与时俱进。这就要求领导者必须不断地学习和创新，以适应领导角色的需求。

角色，本是戏剧中的名词，指演员扮演的剧中人物。后来，这个名词被其他社会科学领域借用。社会角色是指与人们的某种地位、身份相一致的一整套权利、义务的规范与行为模式。它是人们对特定身份的人的行为期望，构成社会群体或组织的基础。[①] 领导角色也是如此，在组织或群体中，它处于显著位置，人们总是期望领导者能明晰自己的权力与责任，善于根据角色要求行动，起到楷模作用。

领导角色是一种典范，是领导者安身立命的基础，也是其行为处事的依据。在同一时代，领导者往往扮演多种角色，形成角色集；在不同的时代，领导者的角色集也不相同。《领袖论》一书的作者伯恩斯认为，领导角色必须从外部和内部两个方面来探讨：一方面，社会形势呼唤这种角色的出现，即“外人”需要它的影响，需要它在社会和政治领域中推动或阻滞他们的行为；另一方面，它来自一个人对自己在社会关系中地位的认识和理解。一个人所处的社会地位已不容他不去思考和扮演自己的角色，即顺应他自己的要求。[②]

总的来说，领导角色由内外两个系统组成。外在系统包括领导者所处的时代背景和社会特征、领导者所在的组织环境、领导者和追随者之间的关系，尤其是权力的渊源，这些因素构成领导者外在决定条件，它们将支持或者制约领导者的行为，决定领导者的先赋角色，也决定着领导者的规定性角色。领导者应该协调好这些角色要素，否则其角色存在的基础会受到损害，甚至导致角色失败。领导角色的内在系统包括领导者的自身素质、角色认知和自我期望，这是领导者角色扮演的内在质的规定，也构成角色行为的内在动力，促

---

① 参见郑杭生主编：《社会学概论新编》，140页，北京，中国人民大学出版社，1999。

② 参见［美］詹姆斯·麦格雷戈·伯恩斯：《领袖论》，117页，北京，中国社会科学出版社，1996。

使领导者去努力追求自致角色，更好地扮演自觉角色。许多研究表明，在扮演那些没有严格确定的开放性角色时，领导者的“内在自我”起着决定性的作用。

领导者古已有之，我国最早的领导者当是远古时期的三皇五帝，西方则可以追溯到摩西和古希腊诸神。我国传统社会的领导者角色有两类，其行为模式也不同：一类是“尊君卑臣，权统由一，政不二门，赏罚必信，法令著明，百官修理，威令必行”的霸道，这颇类似于法家的观点；另一类是“先除人害，而足其衣食，然后教以礼仪，而威以刑诛，使其好恶去就”的王道，这颇类似于儒家的观点。历史经验表明，纯粹的“王道”与纯粹的“霸道”都不是成功的领导角色，历史上的领导者往往是王霸兼行、外儒内法的。在今天看来，传统的领导角色已不适应新时代的需要。

在近现代社会的政治领域和经济领域中，领导者或扮演政治家一类的角色，或扮演企业家一类的角色，或者兼而行之，这需要他们凭借自己的实力、努力，通过竞选、考试和自我创业等方式来实现内在的自我期望，确定自己的社会角色。在政治领域，领导者的行为模式也可以分为两类，一类是变革者的角色，通过改革或革命，将人们的思想提升到最高境界，同时也改进完善政治制度；另一类是交易者的角色，他们以政党领袖、立法或行政部门的领袖身份在政治市场上进行交易，追随者可以得到安全、收入和一定程度的民主自由等。现代社会最大的进步是在经济建设方面，在经济建设过程中，领导者需要扮演企业家、经理等新角色。明茨伯格根据他的研究，认为经理人需扮演三类角色：第一类包括领导人、挂名首脑和联络者的人际关系角色；第二类包括信息者、信息传播者和发言人等信息方面的角色；第三类包括企业家、故障排除者、资源分配者和谈判者等决策方面的角色。社会越发达，领导角色就越复杂，因为社会发展要求领导者在继承传统的基础上不断创新。

从不同的学科角度分析，领导者也扮演着不同的角色。

1. 政治学范畴的领导角色

从政治的本质和领导的基本职能出发，领导者是利益的分配者，按制度经济学的说法，是“分蛋糕的人”：领导者的权力从政治本质而言，即主管利益和各种资源；各层级领导处于各个利益分配的环节，按其职权范围分配给下属利益；下属对领导的服从实质上是对利益的追求，这种利益是生活资料、发展资料及其他物质利益，也包括出于追随楷模而获得的心理满足。从利益分配的角度，领导者也可以说是扮演裁判的角色，协调利益分配的不公平情况，调解利益纷争。

2. 社会学范畴的领导角色

从韦伯的科层制来看，领导者是控制者和施令者：制定对下属的各项要求和希望；不断鼓励下属向要求前进。从社会角色理论出发，领导是导演：按政策和实际需要“三定”，即定职能、定机构、定人员，构思组织发展脚本；物色所需演员，使其不断适合表演要求。从社会互动理论出发，领导是信息中转站的信息员：领导掌握更高层次的信息资源；以领导为中心形成信息的传播网络。

3. 心理学范畴的领导角色

从斯金纳的强化理论出发，领导是“双面人”：正强化时，如表扬、奖励等，能让下属感激不尽；负强化时，如批评、惩罚等，能让下属痛哭流涕。从罗杰斯的人文主义角度出发，领导是心理医生，需要尽可能多地了解下属的心理动态，根据下属的心态对其进行治疗和调节。

3.1.2 领导角色的变革

知识经济的兴起大大扩张了人类的能力，科层制组织走向扁平的网络结构，由正规化向非正规化转变，组织的物理空间将与建立在网络基础上的虚拟空间共同存在，领导者与下属的距离逐渐缩小。权力的渊源以知识为主，权力正在由领导者向下转移，授权和分权已成为潮流。随着教育的发展，下属受教育程度普遍提高，其参与意识更加强烈，直接参与民主将取代间接代议民主。这个时期领导者的角色多是自致角色，这些角色多是开放性角色，领导者也有更多表达自我的机会。这些都已引起了一场“领导的革命”。无论是公共行政领导者还是工商行政领导者都必须关注下属，其行为必须符合社会公众的需求。工商行政领导者要承担一定的社会责任，公共行政领导者更应该承担社会责任，实现公共领导的公开、公平和公正。

知识取代资本成为领导权力的渊源，领导者运用知识的技巧也就是运用权力的技巧，领导者应该在知识和信息的生产、分配和使用的过程中起主导作用。最新研究表明，在新时代领导者应扮演以下三类角色：

（1）领导者应是知识、经验和智慧的传播者，这种新角色被称为“教师”、“师傅”、“教练”和“导师”等。

在传统社会，领导者就已扮演了这类角色。伯恩斯认为，教师和领袖在实质上有着相同的意义，“从根本的意义上，教师和领袖已经变得密不可分”。在当代，领导者作为“教师”的作用非同以往。知识经济不仅引起生活方式和生产方式的变革，也引起教育方式的变革，传统的“在校教育”将转变为“在职教育”，大学公司化，组织大学化，学习的意义更加广泛。有的研究者认为，“数字时代”的领导者不再是去下达命令，而是要负起学习的职责，建立有利于学习的组织氛围，保持组织的竞争优势。

领导者扮演教师这个角色时，视下属如学生，帮助下属认识学习的重要性，建立正当的学习动机，确定学习的目标。并且，领导者要尽量鼓励下属，培养竞争和合作的学风。在教学过程中，把知识和智慧传授给下属，并督促他们敢于冒险尝试应用这些新知识，然后总结实践的经验与教训。通过教育和实践，领导者将提高下属的能力。

把领导者比作教练，是由于赛场和职场之间有很多共同之处。领导者和教练一样，通过自己的下属获得成功。作为教练或者领导，都应该有全局观念，都要通盘考虑，合理调配组织的全部资源。要达到这个目的，他们都要熟悉下属，并根据其特征而使用，扬长避短。作为教练，需要指出并帮助下属改正缺点和不足之处，乐于给下属以工作和进步的机会。尤为关键的是，他们都注意培养下属的团队精神。当然，把领导比作教练还有强调实践和训练的重要一面。

领导者作为导师更应该侧重在价值观念、心理状态以及精神信仰等方面引导下属；领导者作为师傅则更强调领导者的单个传授、言传身教和耳提面命。这类角色将为领导者奠定权力基础，领导者和追随者之间的联系将更加紧密。

公共行政领导者作为下属的导师，甚至社会公众的导师，要求他们必须具有正确的价值观念，如坚持社会正义，坚持为人民服务，反对腐败，在精神上、思想上引导社会公众和追随者；要求领导者精通业务，能够在下属需要时进行示范，纠正下属所犯的错误；要求领导者熟悉下属的优缺点，能够容忍下属的缺点，并在恰当的时候对其予以帮助。

（2）领导者应该联合群众，设计组织，成为变革的控制者，这类角色常被称为“设计师”、“社会建筑师”和“组织缔造者”等。

在今天，国家和社会逐渐融合的趋势要求领导者不仅要注意国家和政府的需要，而且要关注社会的需要，这样，才符合公共性的需要。公共行政领导者作为改革的设计师，在改革中既要符合国家和政府大局的需要，又要结合本部门的实际情况，进行组织的设计和创新，做到为人民服务。作为社会建筑师，领导者在进行行政管理的时候，要考虑到公民和社会的道德风貌、精神文明等因素。公共组织设计要符合社会公众和追随者的需要，在组织缔造之时，领导者要预想其规模、结构、战略、技能、人员、作风，尤其要形成与下属的共同愿景；同时，要关注组织的工作流程和制度建设，注意信息交换和共享，强调行政公开和行政民主。

当代社会知识以惊人的速度在发展，组织也必须跟上这个速度并持续变革。作为设计师，领导者应该熟练设计组织，善于解散组织和重构组织，并在这个过程中不断创新。彼得·圣吉认为，学习型组织能够达到上述目的，组织设计师的工作不仅包括设计组织的政策、策略和系统，还包括整合愿景、价值观、理念、系统思考以及心智模式这些项目，更广泛地，就是要整合所有的学习修炼。面对变革所带来的混乱，作为设计者不能抱着应急的想法，头痛医头，脚痛医脚，而是要考虑组织的各个方面。重塑组织不是去再设计一台机器，也不是再造组织金字塔，更不能把追随者和下属看成“经济人”，而是从广泛的角度去设计组织。不仅要设计组织的表层，如结构、战略和奖励系统，而且要考虑组织的深层，包括文化、价值观和精神。正如彼得·德鲁克所说的：组织并不局限于法约尔结构中的机器功能，它超越由市场成效决定的经济性能。组织最主要的是社会性的、人文的功能。作为设计师，领导者可以从团队组织、虚拟组织、无边界组织、女性化组织等新形式中获得启发，设计出更有弹性、更灵活的组织。

（3）领导者应该传播领导技能，做未来潜在领导者的培养者，这类角色被称为“领导铸造者”、“栽培者”和“超级领导者”等。

在历史上，有“事必躬亲”型领导者，也有“垂拱而治”型领导者。前者事无巨细必亲自躬行，以致日理万机，这往往影响下属的积极性和创造性，绩效并不见得好；后者“劳于求人而逸于治事”，无为而治，下属会努力把工作做好。安德鲁·卡内基颇精此道，他的墓志铭对他作了如此总结：“长眠于此的逝者曾将更优秀的员工吸引到其服务之中，而不仅仅是其个人本身。”

培养下属使之得到晋升和发展的人可以称为领导铸造师，对于组织来说，这是一个重要的职衔。他应该创造更好的环境让追随者成长，成为新的领导者。要达到这个目的，领导学学者班尼斯认为要让下属接触各种领导模式，从好的和坏的领导者的对比中学习，从那些做事极端的领导者身上学习，熟悉领导技巧。在适当的时候，分派给下属以挑战性的任务，以适度的压力促进他们成熟。通过这种过程，领导者为组织铸造大批领导者，可以减轻领导者的负担，使领导者从日常烦琐的杂事中解脱出来，集中精力和时间思考重要的问题，这样，领导者就分身有术了。有了一支强有力的领导队伍分布在组织的各个层面，领导者就能“任凭风浪起，稳坐钓鱼船”，从容面对纷乱的变革，追求卓越。

把领导者比作栽培者，是由于二者在许多方面相同。栽培者播下种子，精心养护，会有更多收获。领导者把那些潜在的领导者视为“种子”，加以栽培，使其能顺利发展，成为未来的合格的领导者。对于未来领导者的发展问题，有两种观点，一种是达尔文式的选择观点，让潜在的领导者“物竞天择，适者生存”。这容易造成过度竞争的局面，扼杀人才，造成领导人才的断层，不利于组织的长远发展。另一种是农业式的培养观点，认为领导能力是可以学习的，领导者是确定那些“能从经历中学习的人”，然后教会他们所必须学的，给他们以挑战性的任务，并帮助他们成功。培养种子领导者可以保证领导者代际之间的稳定性，当领导者缺任时，“薪尽火传”，种子领导者已经能承担重任，这对于维护组织的长远竞争优势是很关键的。

在组织中，不可能所有成员都能走上领导岗位，成为领导队伍中的一员。对于一般的追随者，领导者也应注意培养其领导能力，让下属自己领导自己，自我激励，自我计划，自我监督，自我评估，自我设计职业生涯和事业发展道路，促使追随者由依赖外部领导向独立转变，这就是自我领导。在这个意义上，领导者就成了超级领导者。超级领导者并非要取消领导者，而是充分发挥追随者的积极性和创造性，使其分担领导者的部分职责，更能扩大领导者的业绩，强化领导者存在的基础。

我们认为，公共行政领导者也要成为“领导铸造师”，因为组织和社会事务千头万绪，不能依靠领导者一人日理万机，而需要更多的下级领导者来分担责任。作为超级领导者，公共行政领导者如果能让下属自我领导，不仅能够调动他们的积极性、主动性和创造性，而且可以减轻自己的负担。公共行政领导者如果能使社会的自治能力增强、公众的自我领导能力增强，不但可以把社会事务管理得更好，而且可以精简政府机构、促使政府的管理社会化。领导者作为“栽培者”，培养下一代领导者，也是公共行政的需要，因为许多公共事务需要一代又一代人的不懈努力，正如“愚公移山”那样。

除以上三种角色之外，领导者还要扮演其他角色。由于信息技术进一步发展，网络将在社会中发挥重要作用，网络组织将成为一种重要的组织形式，未来的领导者将通过网络进行领导，这又一次为领导角色创新提供了机会。

领导者可能扮演“签约人”的角色。从本质意义上讲，今天“组织”意味着人的群体将聚在一起——他们可以是独立的合同人，可以是来自这儿、那儿的小型组织。领导者和外部组织签约，和下属签约，通过契约建成虚拟组织。领导者与外部组织所签之约为商业契约，以实现商业目的。对于下属，契约不仅只有简单的商业目的，还有心理认同等各方面的作用，这种契约是心灵契约。

领导者可能扮演“权力营销者”的角色。在新的组织中，权力也许不再源于法律的赋予，而源于领导者的营销行为。领导者更像是今天的生产商或服务商，下属更像是顾客，领导行为类似顾客导向的营销行为，只有领导提供的商品和服务被下属认同之后，领导者才会赢得权力。这样，领导者给予下属很大的自由，“这种自由在于抓住权力悖论的核心：最好的掌权办法就是放权。这种自由还在于把权力和责任分散到顾客所在的地方”。

新的领导角色对于公共部门的领导者提出很多要求，需要我们不断地进行研究，但只要领导者坚持为人民服务的宗旨，坚持行政管理的公正、公平、公开原则，不断地突破自身的局限，就能够赢得追随者和公众的认可。

3.2　韦伯的行政官僚理论

3.2.1　行政领导角色

研究公共行政领导者，要从韦伯对行政官僚的论述开始。韦伯在其组织理论中，对行政官僚做了全面的论述，这些阐述对公共行政领导角色的界定具有奠基意义。

马克斯·韦伯是德国著名的社会学家、经济学家和管理学家，与泰勒和法约尔是同时代人，是德国古典管理理论的代表人物。韦伯在管理思想史上的最大贡献，是提出了官僚制理论，被誉为“组织理论之父”。在德文和英文中，官僚制又可译为行政集权制、官僚政治，是指通过职务或职位，而不是通过个人或世袭地位来管理。因此，“官僚制”一词并无贬义。韦伯对行政官僚的论述是官僚制理论的重要内容。

韦伯指出，现代的官僚制存在着一种正式的管辖范围，这种管辖范围一般是由规则（即法律或行政法规）来确定的。官僚制组织包含着三项要素：（1）职责。它是按行政等级而设置的目标要求以及日常活动的规章，是作为正式职责来分配的。（2）权力。执行这些职责所需要的权力是按一种稳定的方式来授予的，并且由官员能控制的、宗教的或其他的强制手段严格加以限制。（3）资格。它明确规定了正常而持续地履行职责和行使相应权力的方法，只有符合条件的人才有资格进入政府。在国家的领域中，以上三项要素构成一个官僚制的机关。

公共行政领导者是个内容广泛的概念，其中包括多种角色类型。每一位公共行政领导者也往往扮演多种角色，形成角色集。德国学者 E. 斯普兰格在《人生的类型》（1928）一书中将人格区分为六种类型，即理论型、经济型、艺术型、社会型、政治型和宗教型，属于政治型的人也称“权力人”或“政治人”。美国权力主义政治学者哈罗德·拉斯韦尔在《心理病理学与政治》（1930）一书中，从心理动力方面将政治人物分为三种主要类型：鼓动家、行政家和理论家。具有这三种政治性格的典型人物分别是：《圣经·旧约》中的先知（鼓动家）；倡导审慎、稳定和合理政府的赫伯特·胡佛总统（行政家）；《资本论》的作者卡尔·马克思（理论家）。拉斯韦尔在《权力与个性》（1948）一书中，对政治类型的人或政治人进行了全面的概括，认为其基本特征是，重视权力价值和与权力有关的其他价值，为自身要求权力，至少要获得最低限度的运用权力的能力，多是理想型、信念型的人等。政治型强有力的领导者都特别自信，为理想所驱使，而且能够推动别人前进。

美国学者赫伯特·西蒙在对古典经济学的“经济人”进行系统批判的基础上，提出了具有有限理性的“行政人”或“管理人”的概念。西蒙认为，行政人的基本特征在于，是一个理性的人，注重遵循基于认知的理性而形成的组织规则，服从法制权威是行政人理性素质的最高表现，但他们又不具有绝对的理性判断力，总是在不断克服缺点和错误中成长。所以，行政人依靠组织，发动群众，以矫正和扩大个人的有限理性。杰出的行政人都是伟大的组织者，具备较强的组织能力。

3.2.2 行政官僚的特征

根据韦伯的论述，在最纯粹的官僚制的行政管理班子中，行政官僚具备以下特征：

1. 行政官僚个人是自由的，仅仅在事务上有服从官职的义务

在进入公共部门之前，行政官僚是国家的公民，享有宪法规定的权利和义务；在进入公共部门之后，他们不仅要承担原来的权利和义务，而且必须服从某些新的特殊的权利和义务。从行政法的角度来看，前者的角色是公民，而后者的角色则是公务员。行政官僚要服从公务员法的管理，同时服从一般法律的约束。但根据契约受命，行政官僚与政府的关系原则上是建立在自由选择的基础之上，他们可以签订契约而进入政府，也可以通过解除契约而辞职离开政府。

2. 行政官僚处于固定的职务等级制度之中

机关等级制赋权的原则意味着一种严格而有秩序的上下级制度，上级机关对下级机关进行监督。这样的管理原则使下级领导者按照确定的方式将其决策提交给上级领导者审核。在官僚制模式得到充分发展的场合，机关等级制是按领导者个人独裁的方式组织起来的。当管辖权力按级别划分的原则得到贯彻时，在公共机关，等级隶属关系意味着上级领导者可以直接管理下级的事务。

3. 行政官僚拥有固定的职务权限

在按照官僚制进行组织的政府机构里，有各种法定的职位，每个职位都规定有法定的责任，实现了这些责任就实现了管理目的。同时，每个职位都有法定的权力，可以发号施令，这些权力有物质的、精神的以及其他形式，行政官员可以在法定的范围内自由地运用。为了正常而连续地完成这些职责，为了更好地运用相应的权力，行政官僚必须符合一般规定的供职资格。在公共且合法的政府中，责任、职权和任职资格这三种因素便构成官僚制的权力。

4. 行政官僚根据专业业务资格任命而不是由选举产生

在最合理的情况下，行政官僚必须具有通过考试获得的、通过证书确认的专业业务资格。在具有古老文化传统的国家中，强烈要求由训练有素的专家进行行政管理，拥有教育文凭经常与担任公职联系起来。理所当然，这些文凭或证书加强了官员在社会地位中的身份因素。完全专业化的办公室管理，通常要求行政官僚有完全的和专业的训练，这种训练使行政官员胜任本职工作。

5. 采用固定的货币薪金支付报酬，大多数有权领取退休金

官僚拥有固定收入，他们不但接受作为正规的金钱报酬的定期定额的薪水，而且接受作为老年保障的退休金。薪水不是像工资那样根据所做的工作来计算的，而是根据地位也就是按照官员的职责（等级）来确定，此外也可能根据任期的长短来决定。官员相对稳定的收入和社会尊重的精神报酬，使得当官成为值得追求的职业。

6. 行政官僚把他们的职业视为唯一的或主要的职业，也就是说公职成为一种职业

首先，官僚需要培训，职业培训课程也被做出严格规定，这使得官员在长期的工作中具有充分的能力，而且，官员获得公职还要通过一般性的和专门性的考试。其次，官员的职位在本质上是一种责任。从法律和事实来说，不能把担任公职当作索取金钱或报酬的来源，也不能把担任公职当作一种用劳务去换取等价物的普通交换行为。行政官僚进入某种办公机构，就被认为是接受了一种要忠诚管理的特殊义务，以此作为对生计安全的回报。作为一种纯粹的形式，它决定公职人员的新式忠诚的本质不是与某一个具体的人建立关系，而是对非个人的职能目标效忠，这不同于封建或世袭的权力关系中臣仆或门徒所具有的忠诚。最后，在这种职能目标的背后，文化价值观念经常起作用。这些目标就成为那些世俗的和超世俗的人格化主人（master）的化身，诸如"国家"、"教会"、"群众"、"政党"等理念都被共同体的成员认可，它们为这些主人提供思想上的光环。

7. 行政官僚有较确定的职业发展途径

他们可看清自己的前程，职务升迁根据年资或政绩，或者两者兼而有之，取决于上司的评价。在公共服务机关的等级制度里，官员的事业生涯（career）已被设定。行政官僚从比较低级的、比较次要的、报酬较低的职位向更高的职位升迁。一般官员自然希望有确定而机械的升迁标准；如果不是在官职方面，至少在薪水等级方面如此。他希望这些条件是根据资历来确定的，或者根据在专业考试中所取得的等级来确定，这对他的事业生涯有终生影响。正常情况下，官员的职位是终身性质的，至少在公共官僚制度中如此。作为一种事实上的规则，即使在可以解雇或定期重新任命的地方，"终身任期"已经成为先决条件。

8. 行政官僚在工作中完全同行政管理物资分开，个人不得把职位占为己有

政府管理确立了公私分离原则，即把职务工作和私人活动区分开来。从原则上讲，文官服务的现代组织把办公机关和官员的私人住所分开，并且一般说来，官僚制把官场活动与私人生活明显区别开来，公共费用和设备与官员的私产是毫不相干的。总的来说，是把行政机关与家庭分开，业务工作与私人往来分开，公共财物与私人资产分开。公务管理的现代模式越是完备，这种分离就越是彻底。官员的服务必须保证严格地、客观地履行特别公务职责，不是出于任何个人的顾虑。而且，行政官僚必须坚持公务优先于私务的原则，当公共机关充分发展时，公务活动要求官员有充分的工作能力。

9. 行政官僚要遵守严格的职务纪律和接受监督

现代机关管理要遵循普遍的规则、法律和部门纪律。这些规范有一定的稳定性，并且在学习之后可以加以运用。有关这些规则的知识表现为官员们所要掌握的一门专业的技术性学问，包括法学、行政和管理知识。现代行政管理的规则由行政管理自身的本质决定。这与凭个人特权或恩宠来处理所有关系的专断的方式形成截然相反的对照，这是法治与人治的区别。行政官僚不仅要规范行政，而且要接受来自各个方面的监督，这些监督来自行政机关内部、司法机关、立法机关、社会团体、社会公众和舆论。

综上所述，与传统的行政组织相比，官僚制是历史上巨大的进步。官僚制意味着组织方式的理性和效率，是极权主义统治滥用权力的替代物。官僚制组织利用其层级系统的权威、行政官僚的规范化和功能的专门化，使大规模的复杂任务得以有效完成，行政管理自此由经验管理走向科学管理。但是，不可否认，官僚制也有其不可避免的缺陷。出于对理性和效率的无上推崇，它要求官僚像齿轮、杠杆和螺丝钉等标准件一样，组成一架精密的符合机械力学原理的机器，这是做不到的。事实上，人的差异性和多样性使得千人千面，由官员组成行政组织机器只能是一个幻想。这种设计不良的机器和操作规则一起扼杀人的积极性，扼杀竞争。传统官僚主义体制还有一个特点，对专门技术的崇拜和依条块分割的“鸽笼式”的专业化单位来解决不断出现的新老问题，但却产生了更多的问题，这种机械性官僚体制的后果在于使得行政官僚得过且过和不负责任。莫顿认为，行政人员有两种不健全的人格。一种是“支配倾向的人格”，行政型官僚以代表整个组织的权力和声望的身份行动，“他的官方角色被授予了明确的权力，这常常会产生一种实际表现出来的盛气凌人的态度，官僚本人在等级制度中的职位及他与公众相比所处的地位可能会增强这种态度”。这样会使官僚对内支配下属，对外支配民众，官僚作风自然产生。另一种是“顺从倾向的人格”，行政官僚为了能够生存和发展，有时不得不顺从。行政官僚处于等级制度之中，必须严格服从行政法和组织的纪律，必须服从上级的领导和控制，即使是错误的也必须先服从，执行以后再提出建议。并且，行政官僚必须服从政治官僚的领导。

3.3 公共行政领导者与工商企业领导者

3.3.1 公共行政领导者的含义

公共行政领导者是指在从事公共管理的政府部门及非政府公共机构中依法担任领导职务，行使法定领导权力并负有相应领导责任的个人和集体，其中主要是政府部门的领导者。公共行政领导者和一般行政工作人员的主要区别在于，依法占据公共行政组织中正式的负责职务，具有相应的职责和权力。

公共行政领导职务，也称公共行政领导职位，是指公共行政领导者在国家机关和社会非营利组织中的法定地位和工作岗位。职务和职位不可分离，职务是职位的标记。职务职位不同，工作范围、工作项目、职权标准、组织要求等也不同。同一职位在不同时期可由不同的人来担任，职务不随人走。

公共行政领导职权，是指来自公共行政领导职务，并用于履行公共职责的权力。职权同职务紧密相连，公共行政领导职务一旦取消，公共行政领导职权随之消失。

公共行政领导职责，是指担任公共行政领导职权者，在行使其职权过程中应承担的责任，主要包括政治责任、法律责任、工作责任和道德责任。任何一个公共行政领导者，都要做到对党负责，对上级行政机关负责，对人民负责。

公共行政领导职务、职权和职责作为领导者的三要素，相辅相成，互为条件。有职就有权，有权就有责。有权不尽责、有职乱施权，就会堕落为官僚主义者或玩忽职守者。

3.3.2 公共行政领导者的职级

公共行政领导者的个体，按照国家公务员的领导职务序列，包括各级政府及其部门分正、副职，可分为10个职务等次名称和相对应的13个级别。

国务院总理：一级。

国务院副总理，国务委员：二至三级。

省部级正职（省长、自治区主席、直辖市市长、部长、委员会主任等）：三至四级。

省部级副职（副省长、自治区副主席、直辖市副市长、副部长、委员会副主任等）：四至五级。

厅司级正职（厅长、局长、州长、盟长、专员、地级市市长、直辖市的区政府区长、国务院各部委的司长等）：五至七级。

厅司级副职（副厅长、副局长、副州长、副盟长、副专员、地级市副市长、直辖市的区政府副区长、国务院各部委的副司长等）：五至七级。

县处级正职（县长、自治县县长、自治旗旗长、地级市的区政府区长、直辖市区政府派出机关街道办事处主任、国务院和省级政府部门中的处长等）：七至十级。

县处级副职（副县长、自治县副县长、自治旗副旗长、地级市的区政府副区长、直辖市区政府派出机关街道办事处副主任、国务院和省级政府部门中的副处长等）：八至十一级。

乡科级正职（乡长、镇长、县以上地方各级政府部门的科长）：九至十二级。

乡科级副职（副乡长、副镇长、县以上地方各级政府部门的副科长）：九至十三级。

在我国，与上述 10 个行政领导职务等次序列名称有一定对应关系的，设有 8 个非领导职务序列，即巡视员（相当于厅司级正职）、助理巡视员（相当于厅司级副职）、调研员（相当于县处级正职）、助理调研员（相当于县处级副职）、主任科员（相当于乡科级正职）、副主任科员（相当于乡科级副职）、科员、办事员。这 8 个非领导职务，都规定了任职资格条件，严格职数和层级限制（中央国家行政机关最高可设到正司级，地方各级行政机关最高不能超过所在部门的领导职务层级）。

公共行政领导者的来源一般有两种。一种是内部来源，即以公共行政系统内部升任和补充。这类人员情况熟悉，具有施政经验，便于尽快打开领导工作局面。同时，这样也有利于激发内部人员的进取心。另一种是外部来源，即从全社会选拔优秀人才。这样可以取得带进新思想、新活力，开拓新局面的效果，同时有助于防止帮派和小集团的滋生。在我国，公共行政领导者取得领导职务，都必须经过法定程序。当前我国法定的担任公共行政领导者职务序列中的人员，是通过选任制、委任制、考任制、聘任制四种方式产生的。

公共行政领导者的基本类型可以从不同的角度划分。

根据领导者的身份来划分，可分为政治型领导者和行政型领导者。西方国家，一般称前者为政务官，称后者为事务官。

根据领导者的工作性质和职权范围划分，可分为国家领导者、地方领导者、专业领导者三类。

根据领导者在领导过程中的行为方式划分，可分为集权型领导者、民主型（协商型）领导者、自流型（放任型）领导者三类。不能绝对地说哪一类型的领导者优劣，而要视具体的领导情境而定。

3.3.3　公共行政领导者与工商企业领导者的区别

美国学者华莱士·塞尔曾提出一个引起争论的定律："公共事业和私营企业的管理，在所有不重要的方面是基本相同的。"这个定律更确切地说是一种格言式的结论。哈佛学者格雷厄姆·奥尔森在充分研究的基础上，针锋相对地提出了他的观点："我的结论是：公共事业管理和私营管理的不同之处与相同之处同样多，并且不同之处比相同之处更为重要。"美国的约翰·邓洛普在《政府管理部门与私营企业的印象比较》一文中，从十个方面进行了比较。理查德·诺思塔特以美国总统和大公司总经理为例，指出了他们六个方面的显著区别。格雷厄姆·奥尔森则从更多更细微的方面，对美国环境保护署署长和美国汽车公司总经理这两个典型人物进行了案例分析。这些论述虽然说的是美国 20 世纪七八十年代的情况，但对今天仍有启发。①

在比较公共行政领导者与工商企业领导者的异同之前，我们先比较公共管理与工商管理、私营管理的原则区别，主要可以概括为以下四点：

第一，两者追求的价值不同。前者追求的是公共利益，即社会公平与正义的至高无上性。在这个过程中虽然也要讲公共行政成本核算，但目的仍是实现社会的公平和正义。后者谋求的是本企业、本部门的利益，追求最大的市场份额和利润，实现本企业、本部门的利益最大化。虽然成功的企业很注重企业文化建设和社会公益行为，但背后最根本的还是营利的目的。

第二，两者所尽的责任和提供的服务不同。前者尽的是公共责任，提供的是公共服务、公共产品，服务于全社会的公共事务。社会中的每一位公民都有权合法享受这种服务和提出建议、意见，并进行监督。后者尽管道义上也要尽公共责任，但主要是依法经营、照章纳税，其实际职责毕竟只限于本企业、本部门的生产经营等管理事务，提供的是本企业、本部门的特殊服务、特殊产品，这种服务是通过消费者购买其产品而与消费者发生联系，也因此才对消费者负责。此外，这些产品和服务不是任何人都可享受的。

第三，两者行使的权力不同。前者行使的是公权力，即对全社会行使法律赋予的权力；后者行使的是具体某一组织所具有的私权力，或称协议权力，其作用范围仅限于本企业、本部门，不能到社会上去"发号施令"。公共权力的权威性、强制性、普遍性、排他性决定了它在社会政治经济生活领域中，远比私权力重要。正因为如此，公权力与私权力截然不同。前者对权力进行分割，注重层级领导和权力制约，强调权力运行的程序性和规范性，防止专制权力和权力的滥用；后者则是权力相对集中，注重权力运行中的统一性和高效率，以有利于竞争和企业生存。

第四，两者的行为方式不同。前者必须贯彻行政公开原则，"公共组织的特殊因素在于政府机构所做的一切都是公共事务……正如人们常说的那样，政府官员是在金鱼缸中工作的，他们必须服从于检查和不断进行的外部调查"。领导者要面对新闻和大众传媒，正义不仅要实现，而且要以让公众看得见的形式毫无异议地实现。在不涉及国家机密的情况下，领导者要把公共部门的活动计划、工作流程、做事理由告知公众，成为"阳光下的政府"。但是，"公司仍然保留私营性质，它们在很大程度上是内部经营自己的事务，而不是一般公众的事务"，工商领导者可以保守自己的商业秘密，只要不违法就可以为之，在行动方面有很大的自由度。

---

① 参见［美］格雷厄姆·奥尔森：《公共事业和私营企业管理：它们在所有不重要的方面是否基本上是相同的》，见《国外公共行政理论精选》，北京，中共中央党校出版社，1997。

公共行政领导者与工商企业领导者的不同点很多，这里主要指出以下几个方面：

1. 任期

公共行政领导者一般都是有任期的，特别是政府部门的领导者都有严格的等级晋升和退休制度，在一个岗位上的服务期限相对较短。工商企业领导者没有任期制和行政级别，通常在领导岗位上可以有较长的任期。

2. 工资

公共行政领导者的工资来源于国家财政支出，即纳税人缴纳税款的转化形式，这集中体现了他们公共服务的角色。工商企业领导者的工资和工资外收入源于企业自身的利润。这说明二者的工作性质和激励方式不同。

3. 自身素质

公共行政领导者与政治关系密切，又行使公权，因此要求有较高的政治素养和道德水准，"讲政治"摆在首位，其领导活动对全社会有示范性和导向性。工商企业领导者当然也有上述方面的要求，但他们主要从事经济和商业活动，更看重的是他们的经营能力和市场开拓能力。

4. 工作方式

公共行政领导者作为社会公众人物，其自身及其工作方式都是开放的，特别是在制定公共政策时，要实行听证制度，便于社会公众知晓和检查、监督。而工商企业领导者及其工作则有更多的隐私，其工作方法多为内部运作，很少对公众开放。

5. 人事权限

公共行政领导者的人事权限受到很多制约，不能个人做出人事任命，政府的人事政策和权限更多的是在组织人事部门的控制之下，包括机构之外的组织人事部门和民意代表机构。工商企业领导者作为独立的经营法人，有相当大的人事自主权，有权任命、罢免和解雇其雇员。

6. 大众传媒

公共行政领导者与大众传媒关系越来越重要，他们通过大众传媒监测环境、了解民意、阐释政策、引导舆论、开展工作，同时他们的活动及工作内容也受到大众传媒的广泛关注。公共行政领导者要善于和大众传媒打交道。工商企业领导者与大众传媒的关系主要是宣传和广告，而且多是通过公关部门来策划运作。

7. 绩效评估

公共行政领导者的绩效表现为社会公共效益，涉及众多因素和主观评价标准，评估难度较大。工商企业领导者的绩效主要是利润，即"账本底线"，相对来说易于衡量。

8. 公共监督

公共行政领导者特别是政府部门的领导者，行使公共权力，受到各方面的检查和监督，如立法、司法、政党、舆论等，个人活动也受到很多制约。工商行政领导者当然也要受到上述方面的检查和监督，但更多的是在工商、税务和消费者方面，个人行动相对更加自由。

公共行政领导者与工商企业领导者之间虽有上述不同，但也有共同的地方，最为共同的一点，就是都要有创新精神和创新能力。所谓创新，就是抛弃旧的东西，创造新的事物，这恰恰是领导的本质。领导与管理的根本区别即在于，管理维持秩序，领导带来变革，所以没有创新，就不成其为领导。对一个公共行政组织和工商组织来说，领导者作为引路人和掌舵者，必须具备创新精神和创新能力，才能在日新月异变化着的现代社会中引导本组织、本部门跟上时代发展，创造时代业绩。

公共行政领导者与工商企业领导者既有区别又有联系，二者是相互影响的。公共行政领导者在相互影响中处于主导地位，对全社会有导向作用，因此公共行政领导者提高自身素质、提高领导水平和领导艺术尤为重要。孔子曰："政者，正也。子率以正，孰敢不正？"就是这个道理。公共行政领导者也要向工商企业领导者学习，吸收他们有益的东西，提高公共管理部门特别是政府机构的领导绩效。但是如果认为只要将工商企业中成功的领导模式直接地、简单地移植到公共管理中来，就能产生重大的改进，这种观点则是错误的。

延伸阅读

中国政坛中的"国企 CEO"

近年来，多位国企老总"跨界"出任省委、省政府等地方要职，或出任国家部委的行政负责人。这些企业家主要来自钢铁、电力、石油、电子、汽车等在中国经济中占支柱性地位的重点行业。

楼继伟从中国投资有限责任公司董事长的位置上走下，接掌财政部，有媒体把他列为此轮人事调整中"国企高管入仕"的代表人物。除了楼继伟，在新一届国务院领导机构中，有"国企 CEO"经历的还有新任国务委员兼公安部部长郭声琨，2004 年，他从中国铝业公司总经理、党组书记兼中铝股份有限公司董事长、总裁任上调任广西壮族自治区党委副书记。而新任国务委员王勇，曾在中国航空工业总公司等任要职。工信部部长苗圩，曾在东风汽车公司任职高管多年，接替郭树清担任证监会主席的肖钢曾任中国银行董事长、党委书记、行长等。福建省省长苏树林在调任福建前，曾为中石化总经理；河北省省长张庆伟，2011 年从中国商用飞机有限责任公司董事长调任河北；山西省省长李小鹏曾在中国最大发电企业——华能集团工作 17 年。此外，在中共十八大上，中国航天科技集团公司总经理马兴瑞、中国兵器工业集团公司总经理张国清、中国航空工业集团公司董事长林左鸣等多位国企高管当选十八届中央委员。

"商而优则仕"。每一个步入政坛的国企老总都有自己独特的经历和可圈可点的成绩，而除此之外，年轻化、高学历也是这个群体的共同标签。郭声琨、王勇、楼继伟、肖钢、苗圩、李小鹏都是"50 后"官员，苏树林、张庆伟为"60 后"。而他们的"入仕时间"，李小鹏从华能集团调任山西任职时 49 岁，苏树林从中石化调任福建任职时也是 49 岁。而在学历方面，他们大都具有研究生以上学历，郭声琨为管理学博士，教授级高级工程师。

"高管入仕"互补优化领导班子结构。"高管入仕"是延续党政领导干部交流的一贯思路。在 2006 年出台的《党政领导干部交流工作规定》中就明确规定："实行党政机关与国有企业事业单位之间的干部交流。选调国有企业事业单位领导人才到党政机关任职，推荐党政领导干部到国有企业事业单位任职。”而且，国企高管从政具有多项优势，随着市场经济的快速发展，政府也面临越来越多的挑战，经济发展需要懂市场、通经济、精管理的复合型人才。有评论称，党政领导机关干部与国有企业干部交流任职，是实施以经济建设为中心方略的需要，也是处于转型时期的中国谋求改革发展的需要。懂市场的管理者从政，与单一的政工、理工出身的政府组成人员形成互补，也可优化领导班子结构。

资料来源：《中国政坛中的“国企CEO”》，见 http://www.bwchinese.com/article/1039199.html，2013-03-25。

3.4 成功的领导者和有效的领导者

3.4.1 成功的领导者和有效的领导者的含义

如果进一步分析，可以把领导者区分为成功的领导者和有效的领导者。

人们往往把成功的领导者与有效的领导者说成一回事，认为成功的领导者必然是有效的领导者，有效的领导者也就是成功的领导者，这种说法和看法合乎情理，无可非议。但是，美国的弗雷德·路桑斯和他的同事从另一个角度考察管理者，对“成功的”和“有效的”从概念上作了区分，分别赋予其不同的含义，使理论研究顿时别开生面。我们把这对概念移入领导者的研究，不仅符合实际情况，而且很有理论意义和实践意义。①

实际上，弗雷德·路桑斯所论述的管理者也就是领导者。那么，什么是成功的领导者？什么是有效的领导者呢？所谓成功的领导者，是根据他们在组织内部的晋升速度来衡量的，晋升速度快的，就属于成功的领导者。所谓有效的领导者，是根据他们绩效的数量和质量及其下属的满意程度和承诺程度来界定的。可见，有效的领导者是针对领导效益而言的。这样一来，成功的领导者和有效的领导者就有区别了：成功的领导者有时并不一定就是有效的领导者，有效的领导者有时不一定就是成功的领导者。换句话说，那些晋升最快的人不一定都是工作最出色的人。

美国的管理学家和领导学家们做过大量的实证研究。据弗雷德·路桑斯和他的同事研究450多名管理人员提供的调查数据，领导者（管理者）一般都涉及四类管理活动：(1) 传统的管理。决策、计划和控制。(2) 沟通活动。交换日常信息并处理资料。(3) 人力资源管理。激励、训练、管理冲突、安置、培训。(4) 网络活动。社交、政治活动与外部交往。在所研究的领导者中，平均而言，他们把32%的时间花在传统管理活动中，29%用于沟通，20%用于人力资源管理活动，19%用于社交联络。但是，实际上不同的领导者花费在这四种活动上的时间和精力相差甚远，成功的领导者与有效的领导者所关注的工作重点是大相径庭的。成功的领导者把13%的时间花在传统管理活动上，28%用于沟通，11%用于人力资源管理活动，48%用于社交联络。有效的领导者19%的时间花在传统管理上，

① 参见［美］斯蒂芬·罗宾斯：《组织行为学》，7版，7~8页。

44%用于沟通，26%用于人力资源管理活动，11%用于社交联络。总之，社交联络对成功领导者的贡献最大，人力资源管理贡献最小；沟通对有效的领导者贡献最大，社交联络贡献最小。美国学者认为，这一结论对于晋升是以绩效为基础的历史假设提出了挑战，它生动地展示了这样一个事实：社会和政治技能对于领导者谋求组织内部的晋升起着重要作用，而领导者若想在工作中有效而且成功，都必须开发自己的人际交往技能，使自己成为开放型领导者。

美国的乔治·伯克利在其所著的《怎样管理你的上级》一书中持同样的观点。他说，尽管一些权威至死抱着这样一个陈腐的观念，即良好的绩效是说明一切的，但几乎所有在各类组织中工作并对它做过研究的人都不以为然。尽管履行职责的能力对每个人的晋升往往是必要的，但一般说来，它并非是决定组织包括组织的领导者成功的唯一的甚至最重要的因素。他援引约翰·科特教授的话，指出了一些研究“良好绩效”中的谬误：为了取得良好的绩效并为人们所承认，就必须具备五个条件，即有对工作内容的共同理解；有对工作程序或方法的一致约定；有衡量绩效的统一标准；有特定的衡量绩效的人或方法；有保证信息传达到上级的途径。科特研究认为，这五个条件很难得到全部满足。结果，良好的绩效虽然重要，但对于决定下级的个人前途来说还是很不够的。伯克利和科特都发现，人际交往技能特别是与上级交往的技能对成功的领导者非常重要。

我国一项对地（厅）级干部的抽样调查显示，在影响职务升迁的具体因素中，被列在首要因素的依次是：政绩（52.1%）、机遇（21.5%）、关系（18.2%）、为人处世的方式（3.3%）、经济实力（2.5%）、学历（1.7%）。列在第二位的因素依次是：机遇（33.9%）、关系（20.7%）、政绩（11.6%）、年龄（9.1%）、为人处世的方式（9.1%）、学历（5.8%）（见表3—1）。

表3—1　　影响干部职务升迁的主要因素　　（%）

影响因素	排序	
	第一位	第二位
政绩	52.1	11.6
学历	1.7	5.8
机遇	21.5	33.9
关系	18.2	20.7
年龄	—	9.1
专业	—	0.8
经济实力	2.5	1.7
为人处世的方式	3.3	9.1
其他	0.8	7.4

资料来源：谢志强、青连斌：《影响干部职务升迁的主要因素——一项对地（厅）级干部的调查》，载《中国行政管理》，1999（2）。

从不同职业身份来看，国家机关干部、党务干部和教科文卫等事业单位的干部对“政绩”的选择呈递增趋势，而对“机遇”的选择呈递减趋势。即国家机关干部更看重“机遇”一些，而教科文卫等事业单位的干部更看重“政绩”一些。另外，党务干部更注重“关系”在干部职务升迁中的重要性。从不同地区来看，选择的重点虽都集中在“政绩”、“机遇”和“关系”三个要素上，但相对而言，中部地区的干部更重“政绩”一些，比西部和东部分别高出约 6 个和 10 个百分点。中部地区还有 6.8%的干部将“为人处世的方式”作为首选因素。东部地区的干部十分看重“机遇”因素，比西部和中部干部的对比选择分别高出 7 个、10 个百分点。西部地区的干部在强调“政绩”、“机遇”与“关系”因素的同时，有 4.8%的人认为“学历”因素也是非常重要的。而东部、中部的干部则无一人选择“学历”因素，可能在他们看来这已是解决了的不必再列出来的问题（见表 3—2）。

表 3—2　　不同职业身份、不同地区的干部对影响干部职务升迁主要因素的看法　　（%）

影响因素	职业身份			不同地区		
	国家机关干部	党务干部	科教文卫干部	东部	中部	西部
政绩	46.2	55.2	61.9	45.5	56.8	52.4
学历	1.5	—	4.7	—	—	45.8
机遇	29.2	10.3	9.5	30.3	11.3	23.8
关系	18.6	27.6	9.5	18.2	20.5	16.6
年龄	—	—	—	—	—	—
专业	—	—	—	—	—	—
经济实力	1.5	3.4	4.7	3.0	4.5	
为人处世的方式	1.5	3.4	9.5	—	6.8	2.4
其他	1.5	—	—	3.0	—	—

3.4.2　成功的领导者与有效的领导者的关系

生活中人们对围着上级领导转、热衷于搞庸俗的人际关系，跑官、要官、买官、混官的腐败现象已引起足够警觉，但成功的领导者与有效的领导者的区分还远远没有引起足够的重视，而这恰恰是领导工作中一个十分重要和有待科学化的问题。

这里，要着重讨论如下几个问题：

1. 成功的领导者与有效的领导者是两个不同的概念，二者既有区别又有联系

实际生活中情况比较复杂，成功与有效客观上依赖的条件不完全重合。比如，成功的领导者涉及职务晋升中的很多因素，除有效外，还有年龄、性别、民族、党派、文化程度、专业和知识结构等，所以有效的领导者不一定能及时晋升，绩效一般甚至尚无绩效的人却可能因条件适合而“好风凭借力”，获得晋升机会。至于有效的领导者之所以取得领导工作的业绩，当然与自身水平、能力及主观努力分不开，但也要依赖于客观上的其他因素和机遇，完全把“有效”与“晋升”机械地画等号，也不一定恰当。总之，要具体问题具体分析，每一位领导者都要正确对待自己的职务晋升问题。

我们必须看到，成功的领导者与有效的领导者有着内在的联系和一致性，不能把二者割裂开来，应着力研究如何在实践中把二者统一起来，这是更为重要的方面。绩效一般甚至尚无绩效的人获得晋升，这只能是特殊的情况。从普遍原则上说，职务竞争和晋升的最重要依据就是绩效，现代功绩制是建立在绩效考评基础上的。考绩制度与奖惩制度密切相关。无考绩，奖惩便失掉依据；无奖惩，考绩便失去作用，工作场所也失去是非。如想使奖惩产生良好的效果，需具备两个条件：一是客观而标准的考绩制度；二是考绩的结果为晋升或其他奖惩的唯一依据。也就是说，成功必须以有效为前提，否则就失去了根本的考量标准。要建立科学、公正、有效的干部选拔制度，不断完善和公正执行干部绩效的考核评价体系。从大量实际调查来看，绩效考评十分复杂，往往并不是一个完全的客观过程，有时掺杂大量的主观判断甚至感情成分，所以，领导机关和领导者考核下属时如何杜绝“暗箱操作”和“走过场”，过好“感情关”、“人情关”，做到科学、公正、有效，客观而不失真，还有大量工作要做。但有一点可以确定，要选拔出优秀的合格的领导者，必须让领导者公开考试、竞争上岗，绩效考评的标准、过程、方法和结果必须公开，让下属和公众参与评价。公平行政要求人事行政的公平，上级领导者要给下级领导者以升迁的公平机会，工作无效甚至负效益的领导者屡屡晋升，不仅不公平，而且无形中形成一种极端危险的导向，贻害无穷。

2. 对成功还要做进一步分析，包括量和质的分析

量的分析即对晋升速度作定量分析。怎样是晋升速度快的，怎样是晋升速度慢的，正常的逐级晋升算不算成功，属于何种速度，这些都是有待进一步研究的问题。就最后一点而言，正常的逐级晋升在组织中，特别是政府部门中，是理想的发展道路，但即使如此，大多数人也只能晋升到一定的层级。更高级的职务需要更快的晋升速度，这只有极少数特别优秀者和有特殊机遇者才能做到。应该揭示其中的规律，使之科学化，而不是天机不可泄露，这样才能体现公平公开竞争的原则。

这个问题有两点值得注意：一是大量研究表明，在正常和平的状态下，快速提升（和晋升速度快是两个不同的用语）对领导能力的发展往往有负面影响。约翰·科特指出：快速提升阻碍领导能力的发展，“不会从长期角度考虑问题，不会想到他们的行为产生的长期影响，易鼓励形成操纵他人的工作方式”。纵向工作变动（因缺乏横向工作变动而晋升速度快），“不能具备担任重要领导职责所需的广度”①。二是实际工作中有这样的现象，一个人的胜任领域扩增后，横向调动机会增多，领导能力得到发展，但实际上增加了晋升步骤，晋升速度反而慢下来了。

真正的晋升是从胜任的层级晋升，所以对成功进行质的分析有三种情况：第一种是从胜任的职位晋升到胜任的职位，这对组织或个人来说都是成功的。第二种是从胜任的职位晋升到不胜任的职位，这对组织或个人来说，实质上都是不成功的。劳伦斯·彼德说：“当一位官员晋升到不胜任的阶层时，没有什么是比成功更失败的了。”其结果是未能发挥领导作用，降低部属的工作效率，浪费上司的时间。不胜任者的分类是：超乎他体能的范围；超乎他社交能力的范围；超乎他情绪胜任能力的范围；超乎他智慧的范围。第三种是从不胜任的职位继续晋升。处在不胜任的层级和职位，按劳伦斯·彼德的说法，已进入“彼德高原”、到“终点”了，处于“零晋升”状态，但还要继续晋升，这基本可分为两种：真晋升和假晋升。假晋升的原因之一，可能是为了掩饰前次晋升的失误。劳伦斯·彼德由此得出了著名的“彼德原理”：冲击式晋升和蔓藤式晋升。冲击式晋升是用晋升的方

---

① ［美］约翰·科特：《变革的力量》，187 页。

式把不称职的人一脚踢开；蔓藤式晋升是给不胜任的人冠上一个较高的新头衔，然后调到偏远的角落去。①

3. 领导者必须开发人际交往技能，同时对领导者的人际交往有制度化制约

领导者开发人际交往技能进行人际交往，是领导工作的需要，也是领导者的基本功。但领导者应将多少时间和精力用于社交联络，用于与上级的交往，需要进行实证研究，得出统计学上的科学结论，防止出现"交往比赛"。特别是上级领导者要科学分配与下属交往的时间，并把它制度化，不允许只同其中的一部分人密切交往。古往今来，领导者被下属少数人包围而导致失误、失败的事例数不胜数。

4. "以权谋交往"必须引起警觉

领导者的成功与有效都离不开人际关系，因此在公共行政领域中出现了利用工作关系为个人积累社会关系的行为。其实质就是利用公共权力的公共性为个人获取关系资源，这是"以权谋私"的一种重要表现形式。"以权谋交往"的特点是交往双方根据地位差别和需求不同从而进行不等量的付出与获得，付出的是公共权力带来的资源，获取的是个人的私利。总之，人际关系已经成为社会交换的一项重要内容。因此，必须划清发展正常的人际关系和不正常的人际关系的界限，把握它的"关节点"。

本章小结

本章主要讲述的内容如下：

1. 领导角色。领导角色是一种典范，是领导者安身立命的基础，也是其处事的依据。领导角色由内外两个系统组成。知识经济时代的领导者被赋予新的角色。

2. 韦伯的行政官僚理论。韦伯论述的行政官僚特征，对公共行政领导者角色的界定具有奠基意义，是应该重点掌握的理论问题。

3. 公共行政领导者的含义。公共行政领导者既指个体，也指集体。公共行政领导者个体按照国家公务员的领导职务序列，分为 10 个职务等次名称和相应的 13 个级别。

4. 公共管理和工商管理是社会生活的两个重要领域、社会进步的两个重要车轮，二者有重要的区别。因此，公共行政领导者与工商企业领导者是不同的角色，既有区别又有联系。研究这个问题有重要的现实指导意义。

5. 对公共行政领导者进一步分析，可以划分为成功的领导者和有效的领导者，这是两个不同的概念，从中可得到深刻的启示。

关键术语

角色　　领导角色　　变革　　行政官僚　　公共行政领导者　　工商企业领导者　　成功的领导者　有效的领导者

---

① 参见［美］劳伦斯·彼德：《彼德原理》，15～17 页，北京，中国文联出版公司，1996。

复习思考题

1. 怎样理解领导角色？你认为公共行政领导者应是怎样的角色？
2. 谈谈领导角色的内外两个构成系统。
3. 谈谈知识经济社会中“领导的革命”，以及领导的新角色。
4. 简述韦伯论述的行政官僚特征。
5. 比较公共行政领导者与工商企业领导者的异同，并阐明其现实指导意义。
6. 你是怎样理解成功的领导者与有效的领导者的？这个问题有何现实启示？

本章阅读书目

1. 周振林，孔繁玲主编. 领导角色及其胜任. 北京：中共中央党校出版社，1998.
2. 章义伍. 如何打造高绩效团队. 北京：北京大学音像出版社，2005.
3. ［美］加西亚. 跟总统学领导——白宫实习大揭秘. 北京：科学出版社，2009.

第 4 章

领导体制与领导集体

领导并不是领导者个人的事情。它在根本上是群体的事情。

——亚瑟·本特利

引导案例

中国治理模式中的领导小组

从 2013 年 12 月成立中央全面深化改革领导小组，到 2014 年 3 月设立中央军委深化国防和军队改革领导小组，新一届中共中央密集成立各类领导小组，且均由总书记挂帅组长。在地方，领导小组也几乎无处不在，凡大事，必有“小组”。

领导小组的产生及其发展演化。1935 年 3 月，长征途中的红军二渡赤水后，就下一步作战计划产生了分歧。为了保证对红军的正确指挥，毛泽东提议成立了“三人军事小组”。该小组奠定了“遇大事，用小组”的思路。1941 年延安整风运动，中共成立了不少临时机构，例如中共中央调查研究局，可视为领导小组的前身。1954 年 7 月成立了中央对台工作领导小组，1956 年 1 月成立了中央政法小组，1958 年 3 月成立了中央外事小组等。为了规范领导小组，1958 年 6 月 10 日，中共中央发出《关于成立财经、政法、外事、科学、文教小组的通知》，指出：“这些小组是党中央的，直属中央政治局和书记处，向它们直接作报告。大政方针在政治局，具体部署在书记处。”“文革”期间，领导小组的运作基本中断，唯一活跃的是中央文革领导小组。1978 年改革开放之后，中央各领导小组相继恢复，同时还建立了新的小组。1993 年和 2008 年，国务院两次统一“领导小组”等特殊机构的名称，从 2008 年开始固定使用“议事协调机构”（“议事协调机构”除了领导小组之外，还包括委员会、指挥部、联席会议等）这一称谓，并对这些机构进一步规范。

领导小组是一种议事协调机构，其构成并不复杂，一般由组长、副组长、组员和办公室组成。组长和副组长由权力层级较高的领导担任，组员是与小组事务相关的下一级领导，办公室一般设在与小组事务关系最密切的机关中，并由该部门的正职或副职兼任办公室主任。办公室通过会议、文件的形式，对小组所管辖的工作进行协调。

领导小组有长期和短期之分。对于全局性、战略性的事务，一般设置长期领导小组。例如至今存在的中央财经领导小组，成立于1980年，已历时34年。对于突发性的、临时性的事件，一般设置短期领导小组。例如2008年5月13日，中央军委成立了全军抗震救灾领导小组。

领导小组一般是有层级的，上级成立领导小组后，下级成立对应的领导小组。如中央成立全面深化改革领导小组后，省、市、县甚至有的镇，也成立了全面深化改革领导小组。

资料来源：潘旭涛：《领导小组里的中国治理模式》，见 http://cpc.people.com.cn，2014-03-28。

4.1 领导体制的内容和作用

4.1.1 领导体制的内容

领导体制是个综合的概念，一般的领导体制指的是政党、国家机关、企事业单位和社会团体，以领导权限划分为基础所设置的机构和各种领导制度的体系。领导体制是领导关系的制度化和体系化。公共行政领导体制是国家行政组织或公共行政组织在宪法和有关法律的规定范围内对国家和社会公共事务进行管理的领导制度体系。国家行政组织或公共组织是对行政管理主体的一种概括，有的学者以“政府”作为它的代名词。广义的政府包括立法、司法、行政三个部门，狭义的政府则指行政部门或国家行政机关。有的学者以是否具有行政职责来区分行政组织和非行政组织。还有的学者提出类行政组织或中介行政组织。总之，公共组织是一种泛指，政府或政府行政组织是其主要构成部分。

领导体制主要是围绕领导权的划分和实施所形成的制度体系，对领导权的划分应根据一定的原则，在原则基础上建立一套领导机构，形成部门体系，建立一套权力和责任明确的权责体系，并且配置与之相适应的干部人事制度。

领导体制是在政治、经济体制基础上逐步形成一系列原则的支配下，逐步建立起来的。这些原则根据政治、经济的实际需要而不断变化。

1. 服从目标原则

要设置领导组织机构，首先要明确领导组织机构的目标，目标是领导组织机构的灵魂，是设计领导组织机构的依据。服从目标原则是领导组织机构设置的起点，领导组织机构的设置要以领导体制的目的为依据，从目的出发，决定组织机构设置与否、如何设置。服从目标的原则是领导组织机构设置的标准。衡量领导组织机构设置是否合理，最终的标准是看能否促进目标的实现，是否有利于任务的完成。

2. 完整统一原则

领导组织机构必须是完整的，是在高度民主的基础上的高度集中。它反映了领导者与被领导者、上级组织与下级组织、中央与地方、组织与个人之间的正确关系。

3. 适应性原则

领导组织机构的设立，都要因时、因地、因条件制宜。要真正适应领导任务的需要，适应生产力发展的需要，同时还要有一定的弹性。

4. 精干高效原则

设置领导组织机构必须强调精干高效。领导组织机构的整体结构以及各组成部分，要尽量减少层次，减少环节，减少分支。坚决克服和防止机构臃肿、层次重叠、软弱涣散、政出多门、职责不清、办事拖拉、人浮于事、官僚主义等弊端。高效是现代科学进步和社会发展的必然要求，也是衡量一个组织系统是否处于最佳状态的重要标志之一。精干是高效的前提，只有精干才能高效。因此，要把领导组织机构作为有机结合的若干组成部分的整体来进行规划和设计。设置机构，要从现实整体协调的观点来考虑，充分注意对整体结构、整体效果的影响。一个组织机构只能有一个精干有力的领导集团或指挥系统，不能搞重叠领导、多头领导、交叉领导。组织机构内部的各个部分要合理排列组合，做到分工不分家、分层不脱节，提高整体组织机构的可靠性和效率。

5. 权责相称原则

在领导组织机构的设置上，权力和责任是并行的。不能设置有责无权或有权无责的职位，必须贯彻权责相称的原则。通过建立岗位责任制，明确规定领导组织机构内每一个管理岗位、每一名领导人员和管理人员的责任和权力。赋予他们的责任和权力要相对应，有多大责任，就要有多大权力，并且要同相应的经济利益结合起来，实行必要的奖惩制度。

6. 合理宽度原则

领导组织机构的设置，要确定领导者所管辖的下属机构和人员数目的限度。确定领导宽度，必须考虑上下级关系复杂程度、上下级知识的多少和能力的强弱、下级工作分散性的大小、下级活动同类性的大小等因素，以求高效精干地完成领导任务。

7. 动态性原则

任何组织机构都是随客观形势的发展变化而不断发展变化的，因此，必须根据客观形势的变化，对组织机构进行不断调整和改革。

为了完成领导组织机构总的活动目标和任务，需要在适当分工的基础上把人们组织起来。领导体制内部特定的分工与协调关系就构成了领导组织机构。

现代领导组织机构一般由五大系统组成，包括决策系统、执行系统、咨询系统、信息情报系统和监督系统。每个系统内部由于工作性质不同，形成多种多样的结构。

领导决策系统是领导机关的灵魂，是制定和发布指令的司令部。一个领导机关只能有一个决策中心，否则，政出多门，就会造成混乱，降低领导决策效能。决策系统必须精干，是领导体制的核心。

领导执行系统是准确、有效地执行决策系统的各种决定、指示、命令，并对其落实负有直接责任的机构。实际上，每一下属组织都是上级的执行机构，这个机构要求结构严谨、人员忠诚，富有组织指挥才能。在现代领导组织机构中，执行系统与决策系统的关系大体有直线型、职能型、矩阵型、事业部型、扁平型和星座式等类型。其中贯穿单一领导、双重领导和业务指导结构。

领导咨询系统是为领导决策提供有科学根据的计划、方案和意见的智囊部门。咨询机构的工作是决策者智力的扩大与延伸，是领导决策科学化、民主化的前提和保证。它的任务是为决策者提供预测研究，帮助领导发现问题，确定决策目标；为领导进行决策提供科学依据和方案；纠正决策者决策行为偏差，为决策者提供咨询服务。领导咨询系统在领导组织机构中大都设立了政策研究或经济、技术发展研究中心。

领导信息情报系统是收集处理、传递和使用信息的组织机构，是现代领导组织机构的物质基础。它由信息机构的情报部门、统计部门、档案部门、数据库、图书资料部门和咨询、监督、反馈部门组成。

领导监督系统是监督决策执行和完成情况的专门机构。通过监督机构，领导者可以掌握和了解决策执行的进度，明确执行者的责任，检查他们为执行命令采取的行动。在领导监督系统中应遵循权力制约原则、经常性原则、客观公正原则和具体有效原则。

在领导体制中包括领导权力体系的划分。领导权力体系是领导体制中一个基础性的结构体系，包括领导权力、领导责任和权责体系。

所谓领导权力，是一种从行政组织中产生的，得到行政组织合法认可的，为了完成不同组织职能而授予的，影响组织成员和组织行为的能力。

所谓领导责任，是指权力主体应当履行职责任务的必要性。它表明权力主体对完成职务的同意和承诺，是对完成职务的认可。同时责任意味着权力主体应当承担行使权力的后果。

所谓权责体系，是各级领导者层层授权行为所促成的，使行政组织中各工作部门及工作人员得以开展工作的权力和责任系列。一般来说，在授予一定权力的同时，就赋予一定的责任，因为权力和责任是不可分割的。在领导体制内部，只有明确规定各个部门之间的职责与权限，才能保证各个部门独立有效地工作。明确划分职责和权限，是现代领导体制不可违背的根本原则。

领导权力体系的基本结构主要是指权力关系在组织中的分布状态，大体分为直线关系和参谋关系两种类型。所谓直线关系，是一种存在于上下级之间的指挥与服从、监督与汇报的关系。如果一个人必须执行另一个人的指令，或一个人有责任向另一个人汇报工作，那么这两人之间就是直线关系。所谓参谋关系，是一种顾问、咨询和建议性的权力关系。如果一个人的工作只限于出主意、想办法、搞论证，他就属于参谋性人员。

在领导体制中，领导权力体系的直线关系多呈现为“阶梯放射型”状态，其阶梯结构与组织的管理层次相协调，而放射型状态与组织的管理幅度相适应。领导权力体系参谋关系一般表现为“吸附型”状态。领导权力体系的运行大体分为集权型和分权型，主要是指领导决策权的集中与分散的程度。集权型权力体系上层的决策事务一般比较多、比较重要，影响面比较大，上级主管人员对下级主管人员的决策事务实施有比较多的审核、检查和批准的措施。分权型权力体系一般下级人员参与的决策比较多、比较重要，影响面比较大，上级对下级主管人员所作的决策审批环节比较少。

领导班子结构即干部制度是领导体制的内容之一。领导班子结构科学化是提高领导集体整体效能的关键。这个问题后面还要专门论述。

4.1.2 领导体制的作用

领导体制作为独立或相对独立的组织系统进行决策、指挥、监督等领导活动的具体制度或体系，要用严格的制度保证领导活动的完整性、一致性、稳定性和连贯性。它的核心内容是用制度化的形式规定组织系统内的领导权限、领导机构、领导关系及领导活动方式，其主要作用表现在以下方面：

1. 领导体制是公共行政组织系统的灵魂

领导体制是相对于具有一定独立形态的组织系统而言的。如果把公共行政组织比喻为一个活的有机体，管理层次和组织结构相当于它的骨骼，领导体制则相当于它的神经系统，它遍布组织全身，并和组织结为一体。组织内部的领导活动是在整个组织系统的领导体制下进行的。领导体制是领导活动得以贯彻执行的实体，领导活动与领导体制密不可分。领导活动是由领导者、被领导者和具体领导情境组成的，领导者的各种领导活动只有借助于完整的、健全的领导体制才能贯彻执行。

2. 领导体制是领导制度贯彻和执行的客观机制

领导制度决定组织的性质，反映的是组织系统中领导关系的内容和本质，是与国体相联系的。而领导体制是组织系统中的领导关系和领导活动的外在表现形式，是领导活动的具体制度和体系，是领导制度的具体体现，是与政体相联系的。一旦领导制度确定下来，就需要借助于领导体制加以贯彻执行。领导体制的形式是多种多样的，需要不断变革，以适应领导制度的需要，并为领导制度的实现发挥积极的作用。

3. 领导体制是领导者与被领导者之间建立关系、产生作用的桥梁和纽带

从领导体制与领导者个人的关系上看，公共行政领导者个人的领导活动都是通过一定的行政领导体制进行的，其领导效率和能力必然受到领导体制的影响。要发挥领导作用，解决领导体制问题往往比解决领导者个人素质或个人能力问题更关键、更重要、更有全局性。因为领导者的个人素质或个人能力固然重要，但领导体制决定了领导者水平和能力的发挥及所能发挥的程度。任何领导活动都是领导者对被领导者的思想、行为施加影响，并共同作用于客观对象的过程。在这个过程中只有凭借领导体制，才能将每个成员组合在一起，形成一级领导一级的、层次分明的有机整体。领导体制的科学化程度直接决定了领导者个人才能的发挥程度。

4. 领导体制是领导活动借以实现的工具

领导体制可以把分散的个人和独立的组织联合起来，使领导者和被领导者组成一个有机的整体，并形成一个系统的体制，使之产生整体效应。人们可以借助于领导体制把个人行为合并为组织行为，运用一系列科学方法，达到公共行政管理的目的，并通过领导体制的科学化，防止和铲除官僚主义。为了使领导活动民主化和高效化，不能只寄希望于领导者个人的素质，而主要应靠体制，如果体制科学，个别领导者的腐败和弊端将受到体制的抵制，将能保证领导活动的科学化和各项事业的发展，提高公共行政效率。

4.2　领导体制的演进与类型

4.2.1　领导体制的演进

领导体制是随着社会组织的产生和发展而逐步形成的。早在原始社会，就已经有了领导体制的雏形，如原始氏族、部落中的议事会。这种简单的领导体制形式，适应了当时社会集体劳动的领导和军事指挥的要求。随着社会生产技术的进步，在社会经济和政治领域中的领导活动日益复杂起来，领导体制也相应变得复杂和精致。

1. 君主政体下的家长制

家长制原指家长拥有统治权的家庭制度，这种制度起源于原始社会末期的父系家庭，家长居于最高地位，拥有至高无上的权力，包括财产所有权、对子女的人身统治权等。到了中世纪，有些封建主义思想家主张国家是由家族扩大而成的，国王的权力来自家长对家族的权力，主张用家长制模式建立国家领导体制，以维护国王专制政体。

历史上依次更替的封建王朝大都是“家天下”、“朕即国家”、“父母官”等领导体制。资产阶级革命后，这种家长制的领导体制在国家政体中被逐步铲除，代之以立宪制、共和制、议会制等领导体制，开近代领导体制的先河。

2. 民主共和政体下的议会制

19 世纪以来，由于政治形势的变化，各国的政治机构虽然呈现各种类型，但都是以议会制为出发点的。大多数政治家认为，18 世纪哲学为欧美带来一种新的思潮，它一旦被应用于政治思想领域，就成了用理性和正义的原理来改造近代社会的强大动力，成了能够变革世界的酵母菌。这些理论原理，一面征服着大多数人的精神，一面又由于美国和法国资产阶级革命而付诸实施。从此就以一种不可抗拒的巨大传播力量，浸透到欧美大多数国家，使这些国家的宪法沿着同一方向，以同样的形式受到改造。于是，一个象征近代自由的原理和制度的共同基础被创造出来，这就是欧美宪法的原理。他们普遍认为 19 世纪议会制度的各种原理，不是 18 世纪思辨哲学发展的产物，就是英国宪法史发展的产物。其具体表现形式有国民主权、权力分立、代议制、两院制和议院内阁制等形式。

（1）国民主权。

国民主权坚持国民是一切主权的渊源、国家主权由国民行使的原则。这一原则包含了代议制和直接民主制的矛盾。直接民主制与国民主权的原则似乎是不可分割的，其实两者之间不存在必然的联系。一种误解认为，国民凡是自己能行使的权力，都不应委托给他人，这才是保障自由的原则。然而，这好像对要往某地寄信的人说，为了更好地保障其自由，他应该保留自己携带这封信的权利，而不用委托办理邮政事务的公共设施。实际上这是一种愚蠢的假设。然而只有当议会在实质上表现国民意志的情况下，才使议会主权同国民主权相一致。采取什么样的领导体制形式，关键要看在其实施领导过程中是否真正体现国民主权的思想。

（2）权力分立。

奠定权力分立学说的理论家是洛克，完成这一学说的则是孟德斯鸠。洛克把国家权力分为立法权和执行权。他认为，国家是为了更确实地维护处于自然状态下的每个人不稳定的权利而组织起来的，国家负有解释自然法并宣布其意义的作用，因此，立法权和执行权应该分离。首先，立法是临时的，执行是长期的。其次，如果立法者同时又是执行者，就会使法律的制定和执行只体现他们自己的权力，而背离了社会和政府的目的。

孟德斯鸠认为政治自由一般来说与政体无关，政治自由只存在于制宪政体中，正是为了确保这种政治自由，才主张权力分立。他在《论法的精神》中说，政治自由只在制宪政体中才能见到，它只存在于不滥用权力的情况下。历史经验告诉我们，有权者都是要滥用权力的。为了阻止权力的滥用，就必须考虑用权力来防止滥用权力。总之，立法、司法、行政三权集中在一个人身上，或者同时掌握在一伙人手中，那是很危险的，一切自由都不会存在。孟德斯鸠这种权力分立学说通过美国和法国的资产阶级革命而传播到各国，成为 19 世纪以来西方国家领导体制的一大特征。

（3）代议制。

代议制的特点体现在对“代表”的理解上，它是一个现实的概念。要使国民的代表成为国权的担当者，就必须有一个能具体体现其代表性质的保证制度。近代议会的议员是通过选举产生的，以选举为不可缺少的要素，是近代议会制的本质。议员的一切权力来自国民，这体现在选举上。只有议会才能代表国民的思想，其结果是议会具有一种权威性的色彩，因为在议会的意志之外，不能有国民的意志，由于国民的意志完全由议会独立地来决定，因此国民主权不外是议会主权。代议制成为一种具体的领导制度。

（4）两院制。

两院制来自英国，英国的等级议会在发展成为近代议会的过程中，代表贵族、僧侣的一部分人与代表市民的一部分人很自然地分为两院。两院制的存在是为了限制领导权，首先是为了削弱议会的权力，防止议会专制。其次是为了纠正一院所犯的错误。最后是为了代表存在的各个利益阶层。

从英国领导体制的实践来看，两院制最主要的机能是期望防止下院的专制。下院即第一院，是政党政治公开进行的地方，为防止多数党专制，就要用上院来制衡。从彻底的民主主义立场出发，两院制是被排斥的，因为如果上下院一致，上院无用；如果不一致，上院又是对民主有害的。随着民主主义的发展，两院制逐渐趋于一院制，出现了上院权限受到限制、下院可以压倒上院的领导体制。

（5）议院内阁制。

议院内阁制是一种政府的存在要以议会为基础，并保证政府与议会之间共同行动与交流，相互牵制与制衡的制度。一方面议会决定政府、内阁的去留，另一方面阁员又应对议会负责。这个制度建立于英国，意味着使一向在法律上作为国王奴仆的政府从属于议会，并通过议会从属于国民。阁员一般由在议会中占大多数的政党代表充任，因此也被称为政党内阁制。

综观议会制的领导体制，核心在于对领导权的限制和制衡作用，是为了达到主权在民的思想，而实际上强化了官僚机构的权力，较之家长制是一种历史的进步。

3. 议行合一的人民代表大会制度

人民代表大会制是巴黎公社和苏维埃政权的组织形式的继续和发展。首先，各级人民代表大会及其党的委员会构成了从地方到中央的权力体系，成为其他一切国家权力机关产生的基础，是人民主权的直接体现者，其他国家机关都向它负责并接受其监督，实行议行合一的制度。其次，人民代表大会制是建立在民主集中制基础上的，其代表由选民直接或间接选举产生，并向选民或选举单位负责。最后，人民代表大会制体现各民族平等原则，充分发挥人民政协的作用，在人民代表大会制度下建立起一系列具体的领导体制。

4.2.2 领导体制的类型

领导体制从纵向上看是一个动态的过程，而从静态上剥离它的政治属性，呈现在我们面前的，或沉淀下来的是领导体制的框架。对这些框架进行分类、比较，将有助于对领导体制的研究，并使每个领导者了解其所处的环境、其发挥领导才智的舞台。

从不同的角度对领导体制进行划分，可以分为一长制和委员会制、层次制和机能制、完整制和分离制、集权制和分权制。这些类型在不同历史时期都或多或少地存在并发挥作用，并引起了不同的争论和分歧。

1. 一长制和委员会制

一长制即为单一领导体制。在行政学中，是指行政机关把法定的决策权力完全集中于一位首长身上的领导体制，又称独任制。

委员会制在行政学中是指行政机关的决策权力是由两人以上来行使的领导体制，又称合议制。

一长制和委员会制在实际运行中各有利弊。在不同的历史时期、不同政治体制下，均发挥过特殊的功能，成为人们选择领导体制的基本类型。一长制权力集中，责任明确，行动迅速，效率较高；其不足之处在于过分依赖于领导者个人的才能和智慧，容易导致独断主义。委员会制易于使领导活动集思广益，在决策上考虑周详，但行动迟缓、效率较低、权力分散、责任不明。对于一长制和委员会制的认识存在较大分歧，以至于有人回避体制，只谈领导者个人的行为，认为体制是由人制定的，人可以制定它，也可以违反它。

实际上，体制是客观的，只要有了较科学的体制，就可以较大地发挥领导的功能。我国的实践使我们认识到，一长制和委员会制各有所长，是互相补充的。邓小平在《党和国家领导制度的改革》一文中着重提出，领导体制可以实行决策委员会制和执行分工负责制。首先，严格实行决策委员会制，重大的问题一定要由集体讨论决定，严格坚持少数服从多数原则。其次，严格实行执行中的分工负责制。最后，加强监督，健全法制，保证法制的严格实行。

2. 层次制和机能制

在领导体制内部按职权性质和范围划分，包括层次制和机能制。层次制是指一个系统从纵向上分为若干层次，每一个下级层次对上一级层次负责，各个层次的领导者所管的业务相同，只是管辖的范围随着层次降低而缩小，又称层级制。机能制是指一个系统内平行地设置若干部门，每一个职能部门所管辖的范围均以全机关为对象，只是管辖的内容不同的领导体制，又称分职制。层次制与机能制矛盾的焦点在于各级领导机构的合理化、科学化设置问题，表现为条条与块块的关系，容易造成条块分割，在理论上涉及管理层次和管理幅度的关系。

从横向上看，这属于管理幅度问题。管理幅度问题早在《圣经·旧约·出埃及记》中就出现了。那时带动耶路撒冷人走出埃及的摩西，每天从早到晚忙于同他的追随者商讨问题，下面的人排着长队等着与他解决问题。摩西的岳父建议他，每十个人中指定一个长老，以十进制组成不同的层次。现代领导系统的管理幅度，要复杂、综合得多，不可能有绝对统一的标准，一般以行政区划为参照系，同时针对不同程度的管理对象确定较为合理的管理幅度。

从纵向上来看，管理层次越多，问题越大，往往会造成信息传递失真，但应以多少层次为宜，只能根据所管理对象的情况而定。

从横向和纵向的关系上看，现代社会的领导体制应摆脱层次幅度之争，趋于统一，建立双道命令系统的矩阵式领导体制，把传统的纵向机能组织与横向大型任务组织，通过纵横的矩阵有机地组织在一起，成为一个真正的领导中枢，并配以先进的办公自动化技术，以提高领导效能。

3. 完整制和分离制

完整制是指同一层次的各机关，或一个机关的各构成单位所受到的上级的指挥、监督完全集中于一位行政首长或单一机关的领导体制，又称集约制，即一元化领导。分离制是指同一层级的各个机关或一个机关的各构成单位，所受上级的指挥监督，不集中于一位行政首长或机关的领导体制，又称独立制或多元化领导。完整制与分离制实际上是涉及社会制度、社会意识形态和传统习惯等众多因素的问题。

美国是一个典型的分离制国家，州政府与联邦政府实行分离，州以下实行选民普选体制，权力在于选举的选民，目的是使政府的事权分散，防止政府专制，各部门互相竞争，提高效率，但由于政出多门，中央政府控制不力，也不可避免地出现行政方面的失效。

我国是典型的完整制的国家，从中央到地方，地方政府下属各层级、各部门一统到底，实行行政管理手段，按文件办事，一级决策。从财政体制到行政体制都是沿用完整制建立的，使人们从心理上、传统上认识到，没有上级的指示，则失去行政动力，官僚主义严重。随着经济体制的改革，我国原有的行政管理体制的模式也正在进行改革。

4. 集权制和分权制

集权制是指决策权集中在上级机关，下级机关只能根据上级的决定、法令和指示办事的领导体制。分权制是指上级机关只作某些重大方针原则方面的指示和规定，下级机关在自己的职权管辖范围内，有权自主地决定问题，对下级权力范围内的事不必干预的领导体制。集权与分权是同一权力使用的两个方面，缺一不可，实际上是互相依存的，关键是掌握权力集中与分散的尺度。目前世界上有两种趋势。美国等分权型国家为分权过大而大伤脑筋，正积极向集权化过渡；而集权制国家普遍提出简政放权，扩大地方、部门、企业的自主权。

不同的领导体制各有利弊，关键是掌握分权的程度。应针对不同的对象和不同的管理目标，确定权力的层次，统中有分，分中有统，建立一套科学化的领导体制。

4.3　领导集体

4.3.1　领导集体的含义

领导集体，一般也称为领导班子，是由若干负有特定职责的领导者组成的。比如，中央和地方各级人民政府的领导班子、高等学校的领导班子等都属于公共行政领导集体的范畴。领导集体在行政机关及各种非行政机关的公共行政中，发挥着非常重要的领导作用，是公共行政管理工作的决策、指挥核心。

公共行政领导集体是依照国家有关法律、法规，或社会有关契约，按照一定程序组织起来的，一般有法律或规章制度规定的任期限制。领导集体因其层级和职权范围的不同，具有不同的组织形式、人员构成和名称。同时，不同的领导集体在公共行政管理中的地位各异。

公共行政组织依照宪法和法律的规定实行首长负责制。领导集体召开会议，讨论工作中的重大问题，都由该级组织的主要领导人召集和主持。领导集体的主要作用是依靠领导者的集体智慧，讨论决定公共行政管理中的重大问题，体现公共行政管理中的民主集中制、首长负责制和集体领导制相结合的原则。邓小平指出，领导班子问题，是关系党的路线能不能贯彻执行的问题。如果这个问题解决得不好，不要说带领群众前进，就是开步走都困难。因此，首先强调要把领导班子的问题解决好。

实践证明，在公共行政组织中能否建立一个坚强的、精干的领导班子，能否充分发挥领导集体的作用，是一个关系全局的根本性问题。领导集体是公共行政组织的指挥部和司令部，在各种条件基本相同的情况下，组织工作的好坏就取决于领导集体的强弱和集体作用发挥的优劣。因此，在社会主义现代化建设进程中，不断加强领导班子的建设，无疑具有十分重要的意义。

4.3.2 领导集体结构的科学化

公共行政集体能否正常运作并始终保持最佳状态，不仅取决于每个领导成员的素质高低，而且在很大程度上取决于领导集体的结构是否合理，是否符合科学化的要求。研究领导集体结构的科学化、合理化，对于提高领导效能具有极其重要的意义。所谓领导集体结构的科学化，就是要求领导班子中各种不同素质、经验、年龄和各种不同专业、知识的人才的比例要达到一个合理的结构。要实现这一目标，配备领导班子时，就必须从公共行政的实际出发，充分考虑公共行政领导工作的特点和需要。

1. 领导群体结构科学化的特点

一般而言，科学的、合理的公共行政领导群体结构具有以下特性：

（1）集合性。

集合性即依据人事相符的原则，根据工作性质、任务、职责范围，合理确定领导集体成员的职数。领导职数既不能多，也不能少，多了必然造成人浮于事，内耗丛生；少了必然导致工作上的捉襟见肘、顾此失彼。

（2）相关性。

相关性即根据班子成员的专业、年龄特点、智力优势、性格特征等，将其安排到最适合发挥特长的工作岗位。唐太宗李世民“用人如器”的观点所强调的就是人各有所长，要用人之长，避其之短。

（3）目的性。

领导集体只有保持目的的一致性，才能形成合力，配合默契，步调统一。否则，离心离德、一盘散沙只能导致工作的失败。

（4）整体性。

领导集体结构优化的标准就是发挥班子整体功能。结构合理，就有可能产生“1＋1＞2”的效应，整体功能较大；结构不合理，则可能是“1＋1＜2”，整体功能较小，甚至因内耗产生负效应。

（5）自我适应性。

一个领导班子要保持结构的优化，不能仅靠外力的作用，更主要地应建立在自我适应、自我调节的基础上。各领导成员之间也更需要在相互磨合中达到默契，通过建立自动反馈调节体系，不断消化内部差异或矛盾，求得协调和平衡。

（6）动态平衡性。

领导集体的组成人员不可能一成不变，常有调入和调出。即便组织人员不变，亦会因年龄、知识更新等问题导致领导集体结构的变化。要使领导集体结构优化，必须使领导成员中各类人员的配比大致保持一个常数，既要避免“大换血”，导致工作缺乏连续性，又要防止缺乏更新机制而形成“一潭死水”。

2. 领导集体结构科学化的内容

领导集体结构的科学化所包含的内容十分广泛，主要体现在以下几个方面：

（1）专业知识结构。

专业知识结构是指由职责、任务决定领导班子中各类专业人员的组成状况。随着科学技术的迅猛发展，学科和专业不断分化，分支学科不断出现。领导班子是综合决策机构，决策对象涉及多学科的知识。为了使公共行政组织的决策合理、正确、高效，领导班子就必须形成合理的专业结构。

合理的专业结构不仅意味着领导班子中的每一个成员具有合理的知识结构，而且意味着班子在整体上也具有合理的知识结构，即形成一个专业知识的立体结构，在总体上具备解决与不同专业相关的各种问题的能力。不同类型的组织，其领导成员专业知识结构的比例亦各不相同。为此，应根据我国的具体情况，针对不同级别和层次的领导成员应达到何种学历和知识水平，以及专业知识结构的比例做出相应的规定。

（2）能力结构。

专业知识属于观念形态，只有和人的能力相结合，才能转化为改造世界的力量。缺乏知识的能力是低层次的能力，缺乏能力的知识是僵死的知识。各种知识并不能把它们自身的用途教给我们，如何应用这些知识取决于能力。在科学技术日益发展的今天，能力显得更为重要。人的能力是由多种因素构成的，有人从理论上推算出构成因素在 120 种以上。一般来说，人的能力主要包括学习能力、表达能力、发现问题的能力、直观判断的能力、收集信息的能力、自我适应的能力、预测能力、决策能力、组织指挥能力、反馈控制能力、协调人际关系能力、创新能力、办事能力等。

领导集体要处理各种各样的工作，同上下左右发生各种各样的联系。因此，在班子中，需要具备各种能力的人才按一定比例结合成一个有机整体。在一个理想的领导班子中，既要有头脑清醒、把握全局、运筹帷幄之中、决胜千里之外的帅才，也要有威信高、有魄力、有胆识、有计谋、行动果断、办事利落、具有指挥能力的将才；既要有品质高尚、以身作则、受人尊重、善于做思想工作的人才，也要有作风正派、坚持原则、办事公道、执法如山、监督有力的“铁面包公”；既要有慧眼识才、真心爱才、热心育才、善于用才、具有做组织人事工作能力的“伯乐”，也要有思维敏捷、勇于探索、敢于创新、锐意改革、具有开拓能力的人才等。领导集体的能力结构因素主要是行政能力和专业能力。对于负责全面工作的主要领导人来说，重要的是应具备组织指挥能力和行政管理能力。对各个具体工作部门的领导来说，则应具备本职工作的专业能力和组织管理能力。

（3）年龄结构。

年龄结构是指领导班子成员的年龄的组合状态。年龄结构的合理化，不是单纯对领导成员的个体年龄进行限制，而是要求整个领导班子保持老中青干部各占适当比例的梯队结构。年富力强的成员是主体，大体的平均年龄与领导层次相适应。

老中青干部各有所长，又各有所短。如果领导班子都由老干部组成，就可能同步老化，精力不济。如果都由青年干部组成，又可能经验太少，缺乏连续性。老中青的有机结合不仅能发挥出最佳效能，而且使领导班子处于不断发展的动态平衡中，有利于新老交替。干部年轻化是一种世界趋势。人们越来越认识到，年轻化和现代化之间具有某种内在联系。现代科学研究证明，一个人的年龄与智力之间有定量的关系，比如记忆的最佳年龄是18～29岁，动作和反应速度的最佳年龄是18～29岁，比较和判断的最佳年龄是30～49岁。在老中青三者的比例上，一般应使中青年干部占多数或大多数，不同领域、不同层次领导班子的年龄要求应有所不同，但不能层层递减。

（4）性格气质结构。

在一个合理而完整的领导班子结构中，领导成员的性格、气质应当是协调的。不同人的气质和性格迥然不同，每一个人的气质和性格往往既具有积极的一面，又具有消极的一面。领导班子成员应该谋求不同气质之间的相融性，尽量减少内耗。合理的气质结构体现为领导班子成员的不同优良性格有机地构成一个整体，彼此间既可实现气质互补，又可避免相互摩擦，从而使班子达到协调一致。实现领导班子成员气质结构的优化，还要注意在“四化”的前提下，根据不同人的不同性格赋予不同的职务。为增强班子的凝聚力，一般来说，一个领导班子中应该有一个主导型人才。这种人才善于深刻认识自己，意志坚强，富于创造性，在群体中是角色的传递者、对立和矛盾的斡旋人，通过自己的行为影响其他人，影响集体。

（5）工作组织结构。

所谓工作组织结构，是指领导集体中按职责进行分工的领导者组成的组织。现代公共行政领导集体应该由四个职能组织即决策中心、执行机构、监督机构、反馈机构的主要负责人组成。由一个中心、三个机构组成一个完整的领导集体，有利于加强领导职责之间的相互联系、相互制约，有利于提高现代领导工作的效率。

配备履行各种职能的领导人，必须适合各种职能领导工作的性质和任务的要求。决策领导人要有高瞻远瞩的战略目光，有永不衰竭的进取心，长于系统分析，善于判断决断；执行领导人要有出众的组织管理才干，善于识人用人，精于指挥协调，勇于承担责任；反馈领导人必须思想活泼敏锐，知识兴趣广泛，吸收新鲜事物快，综合分析能力强，敢于直言不讳；监督领导人必须公道正派，铁面无私，原则性强，敢于碰硬，同时要熟悉业务，联系群众。只有使具有相应能力的人才处于相应的领导岗位，才能构成稳态的领导体系，也才能保证领导组织持续而高效地运转。

4.4　领导集体的有效领导

4.4.1　有效领导的原则

公共行政领导集体在实施管理的活动中，要实现有效领导，必须贯彻如下原则：

1. 民主参与、民主决策和集中领导相统一的原则

公共行政组织的首长是领导集体的核心，其作用在于统一领导班子和群众的思想，集中领导班子成员和群众的智慧，组织领导班子和群众的一致行动。首长的聪明才智，只有依靠集体领导和群众的力量才能得以发挥和实现。因此，作为主要领导，应该善于激发其他领导成员和广大群众参与民主管理的积极性，善于贯彻“百花齐放、百家争鸣”的方针，克服封建家长制作风，做到群策群力。一方面，应该赋予其他领导成员一定的权力和责任，使其在一定的监督和制约之下，有相关的自主权；另一方面，应该建立民主管理制度，善于吸纳群众进行民主参与和民主决策。其结果，必然有利于把主要领导人从琐碎的事务中解脱出来，专心处理重大问题；有利于激发其他领导成员的工作热情，增强其责任心，提高效率；有利于增长其他领导成员的能力、才干，培养后备干部；有利于充分发挥群众的聪明才智和积极性，实现决策的科学化和执行的高效化。

民主参与、民主决策并不意味着放弃首长的领导责任。如果主要领导人一味地依靠他人，对工作撒手不管，则会导致班子涣散，一盘散沙。经验告诉我们，没有集中的民主只能导致无政府主义。要真正办好事情，就必须强调领导的权威，“没有规矩，不成方圆”，首长自己应该具有独立见解和判断的素质，善于从各种真知灼见中吸取消化，形成正确的统一意见。

2. 集体领导和个人分工负责相统一的原则

集体领导和个人分工相结合的原则，是领导有效实行管理的一个基本原则。集体领导与个人分工具有相辅相成的关系，只有坚持集体领导，个人分工才会成为实现工作目标的有效手段，只有坚持个人分工，集体领导才会具备科学决策和管理的基础。遵循这一原则，一方面，主要领导应该善于处理自己同其他领导成员的关系，树立平等观念，与其他成员之间相互谅解、互通情况、求同存异，有问题提倡公开讨论、集体研究决定；另一方面，还要实行个人负责制，即重大问题由领导集体讨论决定，执行时个人分工负责，依靠每个领导成员共同履行好领导职责。切实遵循这一原则，对于克服借口实行集体领导争功诿过、无人负责、办事拖拉的弊端和官僚主义，提高公共行政管理的水平和效率具有重要意义。

公共行政领导中的个人分工负责制应与岗位责任相配套，以杜绝和避免领导中的乱决策、瞎指挥，防止给国家和社会造成重大损失。领导中的岗位责任制的核心就是要做到职、责、权相统一，要求每个领导成员都要明确职务、职责和权力，绝不容许只行使权力而不承担责任或有职无权的情况存在，要保证各司其职、各尽其责。同时，还要量才授职授权，严格考核，赏罚分明。每位领导成员都应依据自己的工作任务、业务性质和具体要求，确定自己完成任务的方法和途径。

3. 服从行政指挥和全心全意依靠群众相统一的原则

公共行政组织是一个科层制结构，下属必须服从领导集体的行政指挥，这是提高公共行政组织效率的必然要求。同时，我国社会主义条件下的公共行政组织又是人民利益的代表机构，“从群众中来、到群众中去”是我党的基本领导方法，因此，除了要贯彻服从行政指挥原则之外，还必须强调全心全意依靠人民群众。服从行政指挥，决不意味着可以脱离群众；全心全意依靠群众，也决不意味着可以抗拒行政指挥，只有把两者有机地统一起来，才能营造令行禁止、运行顺畅，而又生动活泼、心情愉快的工作局面。

领导人要善于和敢于指挥，一旦形成决策，要坚定不移地贯彻执行。广大群众要自觉服从行政指挥，积极主动地支持领导的工作。同时，领导者必须走民主管理的道路，贯彻依靠群众的路线。一方面，要鼓励群众参与决策、参与管理，工作思想、意见、计划、办法等要反映群众的利益和愿望；另一方面，要善于依靠群众去实现决策，教育群众，把科学决策变为自己的自觉行动。

4. 加强规范和实现优质高效相统一的原则

在公共行政管理中，加强规范和实现优质高效是辩证统一的，只有加强了管理行为的规范，才能高效优质地推进工作，只有优质高效地开展工作，才能凸显管理的规范性。公共行政领导应该适应改革的要求，针对管理工作的弊端和薄弱环节，采取积极措施，加强公共行政管理规范化建设。“徒法不能自行”，公共行政规范靠人来制定，也靠人来实施。领导者应该身先士卒，秉公执法，刚正不阿，处处以身作则。

同时，也要防止某些领导成员走上另一个极端，即在思想上持有法律万能、法律至上的观点。事实证明这种观点是非常有害的。目前西方国家有一种“法规恶性循环理论”，认为过于烦琐刻板的法规会造成公共行政部门活动的机械呆板，使领导成员难以发挥主动精神而习惯于例行公事。

领导活动是由诸多要素构成的有机动态系统，要实现领导集体领导活动的优质高效，除了要强调公共行政的规范化之外，还必须考虑其他有关因素。首先，要实事求是，一切从实际出发，按客观规律办事。研究影响领导集体领导活动的各种因素之间的合理结构和相互作用的规律，按领导科学的规律办事。其次，搞好领导成员之间的配合。各成员一定要努力提高政治素质和业务素质，创造各种条件，建立科学合理的领导班子，坚持民主集中制，这就为各领导成员之间密切合作，从而促使公共行政管理的优质高效奠定了良好的基础。最后，要重视将现代科学技术成果运用于领导活动之中。领导成员在领导活动的过程中，必须高度重视现代科学技术的学习和运用，不断增加新知识、掌握新技术。

4.4.2 有效领导的手段

领导集体要实现有效领导，就要全面发挥领导集体成员的作用，即通过包括政策、命令、奖惩、教育、魅力等行政的、经济的、精神的手段和杠杆，把集体成员的思想凝聚在共同奋斗的信念上，行动统一到既定的工作目标上，遵循集体领导和分工负责相结合的原则，各负其责，各显其能，同心同德、齐心协力地开展工作，推动本单位、本部门的改革、建设和发展。全面发挥领导集体成员的作用，一个值得注意的问题就是处理好个体作用和整体作用的关系。集体犹如一个拳头，要使这个拳头伸开来，每个指头都是硬的，攥起来，也是硬的。

单位和部门的领导集体是决策和指挥的最高机构，班子全体成员的精神状态和人才作用如何，是决定本单位、本部门工作面貌以及影响整个干部队伍和职工队伍面貌的前提。因此，领导者只有首先致力于建设好领导班子，全面发挥班子成员的作用，才谈得上做好使用干部和用好人才的工作。

全面发挥领导集体成员的作用，关键要应用好以下两个基本手段：

1. 合理构建领导集体结构

即通过组织和教育措施，实现领导集体结构的优化，也就是使领导集体成员排列组合的方式建立在科学运筹的基础上。集体结构是一个包括多种含义的概念，结构合理的特征前面已经讲过，这里不再重复。

2. 正确处理党政两个班子的关系

领导集体有没有生命力，一个重要标志是具不具有自我适应、自我控制、自我调整、自我完善的机制和功能。由于分工的原因，领导集体成员之间会在一些问题上存在分歧。具备上述机制和功能，就会消除分歧，避免矛盾甚至隔阂，班子成员的积极性和作用就会得到发挥；不具备上述机制和功能，正常出现的一般的分歧就有可能转化为较大的矛盾和较深的隔阂，就会压抑情绪，影响班子成员积极性和作用的发挥。

4.4.3　正确处理党政班子的关系

领导集体建构自我适应、自我控制、自我调整、自我完善的机制和功能的出发点和落脚点，集中在正确处理党政两个班子的关系上。应该明确党政两个班子的职责和职能，分别摆正自己的位置，每一个成员都在自己的权限范围内积极主动地履职，并相互尊重、相互信任、相互理解、相互支持，以提高整个领导班子自我解决问题、求得稳定的能力。

正确处理党政班子的关系，主要取决于以下几个方面的努力：

1. 党政两个主要领导必须发挥模范带头作用

整个领导班子的状况如何，党政两个班子的关系处理得如何，两个班子成员的作用发挥得如何，最终取决于党政两个主要领导。主要领导识大体、顾大局，求大同、存小异，团结一致，同心协力，整个班子的建设就有了根本的保证，即使工作中有分歧和矛盾，也容易调整和克服。相反，如果党政主要领导闹矛盾、搞对立，整个班子必然是一盘散沙，必然处于软、懒、散的状态。

因此，党政主要领导必须树立对事业高度负责的精神和态度，把集体的长远利益和群众的根本利益放在第一位，相互尊重对方的意见，相互支持对方的工作，经常商量，经常沟通，在分工合作的基础上共同解决工作中出现的重大问题，共同用好两个班子中每一个成员，共同处理好班子成员之间的分歧和矛盾。

2. 党政两个班子必须明确和实施各自的职责范围

党政两个班子稳定、有序地履行职责和职能，避免误会和隔阂，形成强有力的整体领导实力的一个基本点，在于两个班子的每一个成员必须明确和实施各自的职责范围。党政两个班子的目标是一致的，但是，为实现既定目标而从事的具体工作和发挥的具体作用却是有区别的。党政班子的成员只有明确自己的职责范围，并认真负责地履行好自己的职责，才会形成整个班子的领导合力。职责不分，或者分清了职责却在执行过程中随意插手别人的工作或事务，就会造成矛盾，削弱班子整体的领导效应。

无论是党的领导，还是行政领导，都必须首先明确党组织是政治核心，党组织和党的领导应该发挥把握方向和为实现行政目标保驾护航的作用，明确行政领导是业务工作的指挥，应该发挥行政决策、指挥、组织、协调、监督、教育的作用，继而在自己的权限范围内创造性地做好工作。解决行政工作的问题，党组织的领导应该尊重行政领导的意见，并依靠行政领导进行运作。解决党的工作的问题，行政领导应该尊重党组织领导的意见，通过党组织的领导进行运作。党政领导在履行职责中，切忌超越工作范围，对其他系统的工作不负责任地说三道四，或擅自染指。

3. 党政两个班子的成员必须做到既有分工，又有合作

要求党政班子成员都要明确和实施各自的职责和职能，强调各负其责，而不是各自为政。要充分发挥整个领导班子的整体作用，党政两个班子的成员还必须做到既有分工，又有合作。表面上看，党的领导和行政领导的具体职责区别很大，互不相干，而实际上，由于两个班子的总体目标一致，彼此之间有着相互依赖、互为前提的密切联系。比如，做党的工作，离不开必要的人力、物力和财力条件，还需要将党的工作的各项要求落实到本单位、本部门具体的业务中，缺乏这些，党的工作就无法推动，就毫无意义。同样，做行政工作，需要正确的理论、路线在方向上进行指导，需要组织、教育、宣传工作的支持，缺乏这些，行政工作就容易在根本问题上出差错，就容易遇到许多来自人的因素方面的难以克服的困难。

党政班子成员怎样才能做到既有分工又有合作呢？首先，每个成员都要树立为中心工作服务的意识，不论是党组织的领导，还是行政领导，都要围绕本单位、本部门的中心工作，认真负责地运筹和开展自己主管的本职工作。其次，每个成员都要树立顾全大局的意识，在考虑自己主管的工作时，尤其是当自己主管的工作与其他领导主管的工作发生矛盾和冲突时，应当从大局出发，积极主动地加以协调和解决。最后，每个成员都要能够换位思考，理解其他领导开展工作的需要，通过发挥自己权限范围的作用和授权范围的作用，帮助其他领导克服困难，推动工作。

延伸阅读

中国政治家集团及其产生机制

党中央在1994年第十四届四中全会上首次提出了中国政治家的政治要求。这个要求非常明确：高级干部，特别是省部级以上党政主要领导干部，首先要努力成为忠诚于马克思主义、坚持走有中国特色社会主义道路、会治党治国的政治家。他们应该具有坚定的政治信念，应该具有开阔的眼界，应该具有宽阔的胸襟，应该具有优良的作风，还要具有较强的领导能力。在党的十八大准备阶段，中共中央关于十八届“两委”人选提出了明确要求，并特别要求了中央委员能够驾驭复杂的局面，能够应对各种挑战。

2011 年 7 月启动了“两委”人选的民主推荐、民主选举、严格考察的过程：按照中央统一部署，从 2011 年 7 月到 2012 年 6 月，中央先后派出 59 个考察组，分赴 31 个省市自治区和 130 个中央国家机关、中央金融机构、在京中央企业进行考察；中央军委派出 9 个考察组分赴全军和武警部队各大单位进行考察；之后根据需要又对个别人选进行补充考察。按照一定差额比例，最终确定 727 名“两委”人选考察对象。2012 年 11 月 10 日，在十八大主席团举行的第二次会议上，受十七届中央政治局委托，习近平同志就十八届中央委员会委员、候补委员和中央纪委委员候选人预备人选建议名单作说明。大会主席团会议经过表决，通过了十七届中央政治局提出的建议名单，提交全体代表酝酿。中央委员选举分为预选和正式选举，预选是根据上述名单，在代表团驻地进行预选。我国是 31 个省市自治区加上其他机构代表团，一共是 40 个选举单位，通过这 40 个选举单位确立选举办法。这个选举办法主要是基于 1987 年党的十三大确定的一个“两委”的选举办法是通过预选引入了差额的选举，然后提交全体代表进行酝酿。这些方法从 1987 年沿用至今。而差额比例大体就是在 5%～8%这个区间内。在这样的基础上预选了中央委员会委员。如果没有当选中央委员则自动进入到候补中央委员候选人中，同时候补中央委员里还需要进行差额选举。本届中纪委委员选举也是采取了差额选举，差额人数为 11 人。

由此可见，中国的政治家集团的产生基本上是依靠两大机制：一是选贤任能民主推荐机制。在中央政治局常委会直接领导下，通过中央“两委”人选考察组对干部素质进行全面、深入考察，确定政治家集团候选人预备人选。二是党的代表大会民主选举机制。先是由地方党的代表大会通过差额选举参加党的全国代表大会代表，后是由党的全国代表大会代表通过差额选举正式产生党的政治家集团，即中共中央委员会。

资料来源：胡鞍钢：《中国政治家群体及其产生机制——如何实现领导人的新老交替》，载《人民论坛》，2013（10）。

本章小结

本章主要讲述的内容如下：

1. 领导体制的含义。包括一般的领导体制和公共行政领导体制，要掌握领导体制的原则和领导体制的作用这两个问题。

2. 领导体制的演进和类型。领导体制是随着社会组织的产生和发展而不断演进的，从动态过程来看，历经君主政体下的家长制、民主共和政体下的议会制、议行合一的人民代表大会制度。从静态分类，则有一长制和委员会制、层次制和机能制、完整制和分离制、集权制和分权制。

3. 公共行政领导集体。领导集体的作用是关系全局的根本性问题，合理的公共行政领导集体，其结构有若干特性，领导集体结构的科学化有丰富的内容。

4. 公共行政领导集体有效领导的原则。把握四个“相统一”的原则，正确处理党政领导班子的关系。

关键术语

领导体制　公共行政领导体制　领导权力　领导责任　领导权力体系　家长制　议会制　人民代表大会制　领导集体　领导班子　党政班子

复习思考题

1. 简述领导体制的内容及其建立的原则。
2. 概述现代领导机构的构成。
3. 举例说明领导体制的作用。
4. 历史上领导体制的演进有哪几种主要形式？其各自的特点是什么？
5. 领导体制划分为哪几种类型？分别叙述之。
6. 简述公共行政领导集体结构科学化的基本内容。
7. 公共行政领导集体有效领导的基本原则有哪些？你是怎样理解的？
8. 结合实例，说明应如何正确处理党政班子的关系。

本章阅读书目

1. 胡鞍钢．中国集体领导体制．北京：中国人民大学出版社，2013.
2. 胡鞍钢．民主决策：中国集体领导体制．北京：中国人民大学出版社，2014.
3. 陈丽凤．中国共产党领导体制的历史考察．上海：上海人民出版社，2008.
4. 文长春．全面创新的领导体制建设．北京：红旗出版社，2012.

第 5 章

西方领导理论

勇气是人类的第一品质，因为它为其他品质提供保障。

——**温斯顿·丘吉尔**

引导案例

普京强硬的性格基因

1952 年是苏联卫国战争结束后的第七年，普京出生在列宁格勒（今圣彼得堡）一个工人家庭。他的父亲在卫国战争中负伤，落下了残疾，虽然不严重，但战争和疾病让他变得冷峻、不苟言笑。严父的性格和艰苦的生活对普京影响至深。普京是家中唯一的孩子，他精力过剩，上课大声说话，下课打架，还因不穿校服被老师赶出教室。但在人生的十字路口，却很有主见，把命运牢牢掌握在自己手里。

第一个十字路口：练柔道，还是上大学？普京 10 岁开始学习柔道，很快就迷上这项用头脑和巧劲制服对手的运动。普京的启蒙教练拉赫林看到这个孩子很有潜质，建议他直接进入高等技术学校，一来可以继续练柔道，二来可以免服兵役。但普京不顾教练和父母的规劝。

“我就是要考大学，就这么定了。”

“那你就得去当兵！”

“没什么可怕的，当兵就当兵！”

结果，1971 年普京考上列宁格勒大学法律系。普京后来回忆说：“这是我人生的一个重要关头，它要求我‘孤注一掷’做出抉择：要么现在一切我都自己做决定，从而走向下一个我所期望的人生新阶段；要么我认输，听别人摆布，既定计划全部落空。”

第二个十字路口：自救，还是等待救援？普京大学毕业后，加入了苏联国家安全委员会（简称克格勃），随后被派到民主德国工作。1989 年 11 月，柏林墙倒塌，民主德国的局势一片混乱，情绪高涨的民主德国居民看到类似政府部门的建筑就包围上去。一天，一群人拥向克格勃所在的两层小楼。由于存放着大量秘密文件，普京急忙给附近的苏联军事基地打电话，请求紧急援助。但听筒那边说："没有莫斯科的命令，我们不能干预。"普京明白了，除了自救，别无他途。他来到人群前，用德语说："请你们注意，这是苏联军事机构。"

民主德国人发现了破绽："既然如此，为什么这里有德国牌照的车？你们在这里干什么？"

普京镇定地说："根据协议，允许我们使用德国牌照。"

有人立即把矛头指向普京："你是干什么的，怎么德语说得这么好？"

普京平静地回答："我是翻译。"随即他脸色一沉，严肃地说："我希望你们不要试图闯入这一地区。我们的人拥有武器，并已经得到许可，可以对外来闯入者开枪。"人们不敢贸然进入，僵持了两个多小时，直到苏军接到莫斯科的指令赶来才散去。普京的表现为他在克格勃内部赢得了正面评价。

曾经一位心理学家对他的评估意见是：此人缺乏恐惧感。在普京当上总统后，俄罗斯心理学家进一步分析了他无所畏惧的性格特征，认为他符合"主人型"心理特质。具有这种心理特质的人，会在极端困境中果断作出决定，做事圆通灵活、有始有终，对正在发生的事情有种深深的责任感。

资料来源：吴伟：《普京的强硬基因》，载《环球人物》，2014（1）。

5.1 特质理论

领导的特质理论（trait theories of leadership）是指从领导者的性格、生理、智力及社会因素等方面寻找领导者特有的品质或应有的品质的理论，也称素质理论。特质理论研究从19世纪末开始，到20世纪六七十年代，形成了众多理论观点和假设。20世纪80年代以后，特别是知识经济时代来临后，特质理论研究继续深入，不断取得新的成果，至今方兴未艾。

5.1.1 早期特质理论

早期一些管理学家和心理学家试图区分领导者与被领导者，分离出领导特质。他们以领导者的个性、生理或智力等因素为观测点，企图制定出有效领导者的标准，以之作为选拔领导者的依据。该研究一般从以下五个方面入手：

（1）生理特质。如领导者的高度、体重、体格健壮程度、音容笑貌和仪态举止等。

（2）个性特质。如自信、热情、外向、正直、负责、勇敢、魅力、独立性和内控性等。

（3）智力特质。如领导者的记忆力、判断力、逻辑能力以及反应灵敏程度等。

（4）工作特质。包括责任感、首创性和事业心等。

（5）社会特质。包括沟通能力、指挥能力、协调能力、控制能力、人际关系等。

在早期众多的理论和假说中，比较著名的有亨利的特质理论和吉赛利的特质理论。亨利 1949 年提出成功领导者应具有以下 12 点特质：

（1）成就欲强烈，把工作当成乐趣和兴奋点，对其关注和追求超过对金钱报酬和职位晋升的关注和追求。

（2）敢于承担责任，干劲大，希望迎接工作的挑战。

（3）尊重上级，认为上级水平高、经验多，能够帮助自己上进和提高，与上级关系好。

（4）组织能力强，把混乱的事组织得很有条理。

（5）决断力强，能在较短的时间内对各种备择方案加以权衡并迅速做出决断。

（6）思维敏捷，有较强的预测能力，能从有限的材料中预测出事物的发展动向。

（7）自信心强，对自己的能力有充分的自信，目标坚定，不受外界干扰。

（8）极力避免失败，不断接受新任务、树立新目标，驱使自己前进。

（9）讲求实际，重视现在，而不大关心不确定的未来。

（10）眼睛向上，对上级亲近而对下级较疏远。

（11）对父母没有感情上的牵挂，而且一般不同父母住在一起。

（12）忠于组织，忠于职守。

美国学者吉赛利早在 20 世纪 60 年代就指出领导者特质与领导效率有关，凡自信心强而魄力大的领导者，成功概率较大。70 年代，他又进一步提出影响效率的五种激励特征和八种品格特征。

这个时期的领导者特质理论存在明显的欠缺之处：（1）用来描述特质的词多为表述心理特征的概念，内涵不够清楚。（2）有意无意地认为领导者的各种特质都是天赋的，因而领导者就成为挑选的结果而不是培养的过程。（3）忽视下属的需要，破坏了领导者与被领导者的和谐与合作。（4）该理论在研究方法上忽略了领导行为发生作用的环境和条件。另外，还有研究者批判该理论没有指明各种特质之间的相对重要性，没有区分因果关系，如究竟是领导者的自信导致了成功，还是因成功建立了自信；有些特质并不能区分领导者与被领导者。

当然，这个时期的领导者特质理论也取得了一定的成就，美国著名管理学家斯蒂芬·罗宾斯认为：（1）大多数人相信对于所有成功的领导者来说，都具备一系列一致而独特的个性特点。（2）在确定与领导关系密切的特质方面的研究中，得到的结果引人注目。比如，研究发现，进取心、领导意愿、正直与诚实、自信、智慧和具备与工作相关的知识对领导者尤为重要。（3）大半个世纪以来的研究可以得出这样的结论：具备某些特质确实能提高领导者成功的可能性，但没有一种特质是成功的保证。①

5.1.2　特质理论的新进展

进入 20 世纪 80 年代，由于环境的快速变迁，知识经济对领导者提出了新的要求，新

① 参见［美］斯蒂芬·罗宾斯：《组织行为学》，7 版，320～321 页。

的领导者特质理论研究又掀起一个高潮。

美国学者詹姆斯·M·库塞基和贝瑞·波斯纳是当今卓有建树的领导学专家，他们认为领导是每个人的任务，领导是人类组织中不可或缺的重要事务。他们从1980年开始调查近千家企业及政府行政部门，而后又在1987年和1995年进行了两次调查。他们发现排在前四位的特质是：诚实、有远见、懂得鼓舞人心、能力卓越。

第一是诚实，它是领导人和被领导人关系中最重要的因素。83%的人期望领导人要诚实、讲信用、有道德、有原则。如果领导者对自己所倡导的原则言出必行，那么下属就会心悦诚服地追随。

第二是有远见。不管我们称这种能力为眼光、梦想、召唤、目标还是计划，它的信息或内涵都是很清楚的；如果领导人期望别人愿意加入他们的行列，那么他们必须知道目标何在、前景如何，也就是要有远见。

第三是懂得鼓舞人心。追随者期望领导人拥有满腔热情、充满活力，尤其是在困难时期对未来感到乐观，领导人若能表现得极其热忱和兴奋，显示出他个人对所追求目标的投入，就更能鼓舞人心。

第四是能力卓越。领导者必须有领导能力，这是指领导者必须具备运转工作的核心技术，尽管不同职业对领导者要求不同，但领导人必须具备为他的职业带来某些附加价值的能力。

领导者特质理论在当代的一个新进展，是美国领导学者德克兰提出的领导者素质的宪法模型。德克兰在新形势下研究了领导者特质理论，提出了领导特质的宪法模型，该模型实际上是一种理论上的比喻。德克兰认为，美国宪法随着时代的变化，在具体观点和解释方面也会相应变化，即具有广泛性和弹性，但基本原则保持不变，继续发挥作用。与此相似，人们也能够找出关于领导者的基本的优良品质。尽管随着环境的变化而面临新的挑战，领导者的某些特质也会随之发生调整和变化，但其中基本的优良品质仍然会保留，比如坚定、心胸开阔、诚恳等。并且，尽管领导风格和领导方法发生了许多变化，但基本的品质一直相对稳定。经过分析整理，德克兰认为这些基本特质可以分为四个基本方面：个性、想象力、行为和信心。

1. 个性

环境和下属对真正的领导者都有共同的要求，要求他们公正、诚实、开放、有道德且值得信赖，既讲求原则又不是纯粹的教条主义者。而且，由此可以推导出领导者的其他一些特质：(1) 为人诚恳，待人平等，和蔼可亲，富有幽默感。(2) 有自知之明，善于总结优点、发现缺点，并且力求完善。(3) 善于调查，能够接受别人的建议和新观点。(4) 思想开放，在领导活动中尊重竞争对手，在工作中搞好团结，善于向对手学习，以其之长补己之短。(5) 目标明确，计划周密，不凭个人兴趣行事，有着生命不息、奋斗不止的态度，直至达到最终目的。(6) 真正的领导者不会孤注一掷，也不会为达目的不择手段。

2. 想象力

领导者必须具备这样的特质：(1) 富有想象力和创造性思维，并且预想的结果必须符合社会的潮流，能够推动社会的进步。(2) 能够把理想转变成切实可行的目标，并能制定出相应的计划。

3. 行为

大多数领导者在实现理想目标时，其行为总表现为一定的共同特性：(1) 勤奋工作，不借故偷懒，保证完成任务。(2) 推动和影响变化，而不是消极被动地接受变化，勇于改变社会现状。(3) 目光长远，在抓住当前机遇的同时不损害未来的长远利益。(4) 不因循守旧，在坚持原则的前提下尽一切可能追求事业成功。(5) 大胆思考，决不轻易放弃，寻找一切可能机会，态度乐观，积极向上。(6) 仔细检验每一个行动步骤，明确目标的实现情况，不过于追求细节，以免舍本逐末。(7) 保持组织团结，能够容忍别人犯错误，防止内乱。(8) 经常同别人交流，互相影响，互相鼓励，互相批评，互相倾诉。

4. 信心

领导者成功的另一个关键因素是自信，在实现目标的过程中要面临许多困难，健康的自信有助于领导者承担这些风险。所谓健康的自信，是指这种自信绝对不同于傲慢自大和自我主义，而是建立在对自己清醒的认识和对环境正确的评估之上。正是这种自信使得领导者被看做理性的风险承担者，而不会被认为是赌徒式的冒险主义者，正因为如此，才能使下属心甘情愿地追随。一般领导者会谨慎地选择风险，同时也能获得预期的收益作为补偿。领导者的自信还能增强组织内部职员的信心，从而推动组织的进步。

德克兰用“个性、想象力、行为和自信”四个要素来建构领导者特质的宪法模型，是否准确抓住了领导者特质的核心，其理论框架的建构能否经受得住时间的考验，还有待于实践的检验和进一步的理论研究。但有一点可以肯定，对领导者特质的研究一直是研究的热点，在知识经济时代会继续深入下去并将有质的突破。

下面我们对领导者特质理论作一个简单的总结。当代特质理论的新发展仿佛是向该理论的出发点复归，实质上是进入了更高级的研究阶段。它的权变理论在综合把握领导情境的基础上，对领导者的特质进行了新的研究。有的研究者还继承了韦伯的魅力型领导的观点，进一步研究领导者的魅力特质；有的研究者从内在素质与外在风格统一的角度来研究领导者的形象特质；有的研究者从行为实验室进入化学实验室、生物实验室，以寻找与领导者特质有关的生物学根源；有的研究者从先天遗传的禀赋因素以及儿童早期生活环境和经历对其影响来研究领导者的特质；但更多更广泛的研究是从后天的领导实际及社会生活中寻找领导者的特质共同点和发展途径。有些论述我们将在后面逐一展开。

5.2 领导行为和风格理论

从 20 世纪四五十年代起，随着行为科学的兴起，研究者对领导者的研究逐渐转移到领导行为的研究上来。研究者认为，当领导者试图去影响下属的行为时所采用的、被下属感受到的行为模式就是领导风格。领导风格在概念上与特质理论非常相近，但特质理论的核心是关注领导者自身的实际特点，而领导风格理论则集中对领导者所展现的领导能力进行研究。领导风格以权力归属来划分，可分为专制型和民主型，其划分标准是看权力归为领导者还是群体；以关注工作或关注人际关系来划分，可分为任务型和关系型。

一般研究者认为，领导行为理论（behavioral theories of leadership）或称领导风格理论与特质理论有截然不同之处。如果特质理论成功，则提供了一个为组织中的正式领导岗位选拔正确人员的基础。如果行为研究找到了领导方面的关键决定因素，则可以通过训练使人们成为领导者。特质理论和行为理论在实践意义方面的差异源于二者深层的理论假设不同。如果特质理论有效，则领导者从根本上说就是天生的。如果领导者具备一些具体行为，则我们可以培养领导者，即通过设计一些培训项目如组织发展、敏感性训练把有效的领导所具备的行为模式植入个体身上。当然，目前的研究成果表明，领导者特质同样可以通过后天培训而产生。

5.2.1 领导行为四分图

最早最全面而且重复较多的行为理论实验来自 20 世纪 40 年代末期俄亥俄州立大学进行的研究。研究工作以斯特格迪尔和沙特尔为核心，并有多人参加。他们希望确定领导行为的独立维度，开始时他们大量收集下属对领导行为的描述，列出了1 000多种刻画领导行为的因素。通过逐步筛选、归并，最后归纳为结构维度（initiating structure）和关怀维度（consideration structure)。结构维度指的是领导者更愿意界定和建构自己与下属的角色，强调组织的需要，以达成组织的目标。领导者主要依靠给员工提供组织结构方面的条件使之做出令人满意的成绩。它包括进行组织设计、制定计划和程序、明确职责和关系、建立信息通道、安排并确定工作日程、强调工作的最后期限。关怀维度指的是领导者尊重和关心下属的看法与情感，更愿意建立相互信任的工作关系。他以人际关系为中心，尊重下级的意见，强调职工的需要。高关怀维度的领导者帮助下属解决个人问题，友善且平易近人，公平对待每一个下属，对下属的生活、健康、地位和满意度十分关心。

按照这两个维度内容，他们设计了领导行为描述问卷（leader behavior description question，LBDQ)，要求下属说出他们对组织、形势、团体的特点、团体工作成绩的衡量及各种情况下有效的领导行为等问题的看法。最后，他们把领导行为分为四种类型：高关怀，低结构；高关怀，高结构；低关怀，低结构；低关怀，高结构。其中所谓“高关怀”，是指领导者高度关怀尊重下属，建立高度信任的人际关系，“低关怀”则相反。所谓“高结构”，是指领导者高度关注界定和建构自己与下属的角色，高度强调组织的需要，“低结构”则相反（见图5—1)。

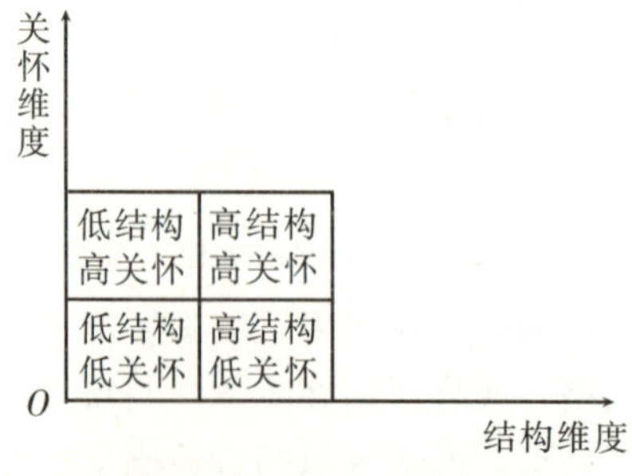

图 5—1 领导行为四分图

俄亥俄州立大学研究小组的研究结果表明，不同的领导方式对工作效率和员工情绪有直接的影响。他们发现高结构低关怀的领导风格容易造成领导和下属的对立情绪，满意度低，缺勤率高且流动性大，工作效率较低。斯特格迪尔等人认为，所谓领导行为，就是领导者领导群体去实现目标的行为。领导行为的这两个方面并不是相互排斥的，可以而且应该把二者结合起来。这两个方面的结合会产生以上四种类型。他们认为，一位两方面结构都很高的领导人，其工作效率与领导的有效性必然较高。

俄亥俄州立大学研究小组的这项研究工作有重要的意义，他们发现了领导行为的两个最基本的考察维度，他们所提出的四种领导风格也为以后的许多类似研究奠定了基础，后来许多领导理论如管理方格法就是以此为基础而发展起来的。

1964 年，美国管理学家罗伯特·布莱克和简·默顿设计了一个巧妙的管理方格图，用对人的关心程度和对生产的关心程度的坐标组合方式来描述领导方式的差异（见图 5—2）。

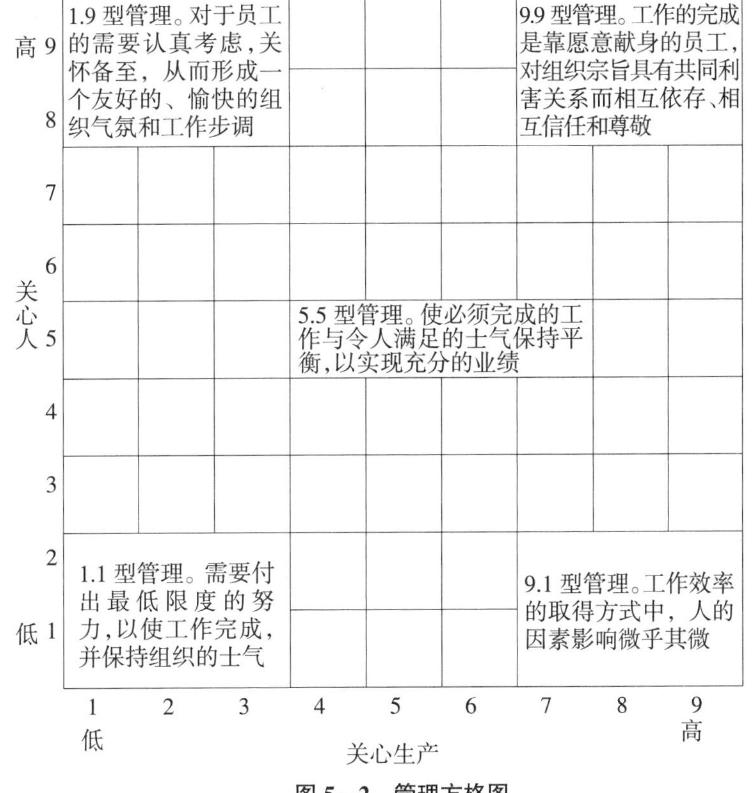

图 5—2　管理方格图

在管理方格图中，共有五种典型的领导方式：（1）贫乏型管理。对下属和工作都漠不关心，这种领导方式一般将会导致失败，这是很少见的极端情况。（2）俱乐部型管理。领导者支持和体谅下属，努力创造一种和睦的组织气氛和舒适的工作节奏，使下属心情舒畅。（3）任务型管理。领导者强调生产任务和效率，强调完成企业的生产目标，而把人的因素的影响降到最低。（4）中庸型管理。这种领导者对人的关心和对生产的关心程度能保持平衡，一边注意计划、指挥和控制，使工作得以完成，一边注意对下属的引导、鼓励，以保持士气和满意度，但缺乏革新精神，员工的创造性得不到充分发挥，在激烈的竞争中难免失败。（5）团队型管理。该方式表明在“对生产的关心”和“对人的关心”这两个因素之间并没有必然的冲突，反而可以使组织的目标和个人的需要最理想、最有效地结合起来，使下属了解组织目标，关心工作成果，进而形成休戚与共的命运共同体关系，士气旺盛，下属进行自我指挥和自我控制，极好地完成任务。

布莱克和默顿认为，有的领导者并不一定完全理解自己的领导风格，这意味着这种管理方法可帮助他们认清自己的风格，并对他们进行培训。他们认为，领导者应该客观地分析各种情况，把自己的领导方式改造为团队型管理，以求得极高的效率。改造可以分为以下步骤：（1）学习。主要学习管理方格法的基本原理。（2）评价。同一部门的管理人员集中讨论确定本部门处于管理方格图中的什么位置。（3）小组讨论。对团队型管理的规范进行讨论和分析。（4）确定组织目标。（5）讨论如何实现目标。（6）巩固成果。把培训过程中的成就巩固下来。

布莱克和默顿确认，团队型管理是 20 世纪美国大部分领导者的领导风格。他们行为果断，在分析问题、制定决策和采取行动等方面发挥领导作用，积极处理与下属之间的摩擦，利用批评提高工作效率。该理论在理论方面和实践方面都取得了相当的成功，在领导理论中占有一定的地位。许多组织都采用这种领导风格理论来培训自己的领导者。

5.2.2 卢因的领导风格理论

第二次世界大战期间及之后，卢因和他的同事们进行了一项经典研究，他们发现有三种基本的领导风格，就是专制型、民主型和自由放任型。专制型领导者专断独裁，把权力集中在自己手上，支配着群体的决策过程，他发号施令，要求下属服从，忽视下属的意见，凭借奖惩和权力进行领导。民主型领导者则注意让下属参与进来，进行公开的沟通，就拟议的问题同下属磋商，如果得不到下属的一致同意就不采取行动，其决策速度虽然较慢，但下属的满意度比较高。自由放任型领导者给予下属独立自主的权力，对他们采取放任自流的态度，既不加以约束，也不加以指导，下属自己决定目标以及实现目标的方法，领导者的作用仅限于为下属提供信息，充当群体与外部环境的联系人，以此帮助下属进行工作。

卢因等人按照以上三种领导风格为十岁男孩组成的消遣俱乐部选择成年领导者，其目标是完成规定的任务并得到乐趣，以探索领导风格与群体绩效、群体氛围之间的关系。专制型领导者决定所有事情，指挥全局并分派任务，与孩子们保持距离。结果发现，孩子们会在严密的监视下完成工作，但容易消极怠工，产生敌意甚至公然反抗和破坏。与之相反，民主型领导者提出决策的备选方案，由群体成员自行决策，孩子们能自由选择任务和工作伙伴，领导者则参与群体事务，和孩子们的关系融洽。结果发现，孩子们的工作时间变长，也更加自觉地工作，更富有创新性。自由放任型领导者几乎不参与群体活动，至多在被询问时才提供信息。结果发现，孩子们的工作质量较差，数量也很少，他们有时甚至忘记了任务和目标。

卢因和他的同事们曾多次重复这种实验，发现结果一致，他们由此得出结论：只有在民主的领导风格下，才能达到群体的高生产率和群体的高满意度。有的研究者认为这个理论也并非总是正确的。后来的研究表明，下属也分为不同的类型，对他们的领导也要采取不同的风格。而且，情境不同，领导的风格也就不同，例如在军队和紧急情况下，专制型领导更有效；在科研院所，自由放任型领导也不失为一种好的领导模式。因此，何时采取何种领导风格，要具体情况具体分析。

5.2.3　利克特的“四种领导体制”

利克特提出了一种支持关系理论：领导者要考虑下属的处境、想法和希望，支持下属实现其目标的行动，让下属认识到自己的价值和重要性，认识到他们在工作中的经验和接触有助于实现他们的个人价值；领导者支持下属，就能激发员工对领导者采取合作态度和支持领导者，培养信任感。

利克特认为，在所有的管理工作中，对人的领导是最重要的中心工作，其他工作都取决于这一点。因此，他提出了领导方式或风格有四种类型，称为“四种领导体制”。

第一种领导体制是“专权独裁式”。权力集中在最高一级，领导者对下属不信任，决策和组织的目标设置大多由高级管理阶层做出，以命令形式下达，并以威胁和强制方式推行。下级在恐惧、威胁、处罚之中工作，上下级之间缺乏信息交流和互相信任，因而易形成与正式组织目标相对立的非正式组织。

第二种领导体制是“温和命令式”。权力集中在最高一级领导者手中，也授予中下层部分权力，决策一般由最高领导层制定，但下级也可以做出一定限度的决策。领导者和下属之间类似主仆之间的信任，上级较谦和，下级还有恐惧警戒心理，交往在上级屈尊和下级畏缩的气氛下进行，采用奖惩结合的方式进行激励。机构中也有非正式组织，却不一定反对组织目标。

第三种领导体制是“协商式”。重要问题的决定权在最高领导者手中，中下层人员在次要问题上也有决定权，领导者和下属有相当程度的信任。上下级之间具有双向信息沟通，下级也在某种程度上参与制定计划，机构中的非正式组织有时对于正式组织的目标表示支持，有时也会做出轻微的对抗。

第四种领导体制是“参与式”。领导者让下属参与管理，对下属完全信任，上下级处于平等地位，有问题互相协商。决策以各部门广泛参与的方式进行，但由最高领导作最后决策。组织内部不仅有上下之间的双向沟通，还有平等沟通。领导者让下属参与制定报酬、设置目标、改进方法、评估目标的各项工作进展。

在上述四种领导方式或风格中，第一种领导体制是传统的领导方式，领导者是独裁者，以工作为中心。第二种、第三种体制同第一种体制并无本质的不同，只有程度上的差别，都属于命令主义或权力主义。前三种领导体制可以统称为权力主义领导方式。只有第四种领导体制即参与型领导方式才是效率高的领导方式，它注重人际关系，领导者以人为中心，本质上是民主的。

利克特认为，一个组织的领导行为可以用八项特征来描述。它们是领导过程、激励过程、交流沟通过程、相互作用过程、决策过程、目标设置过程、控制过程和绩效目标。以之为参照，第四种体制的具体特征如下：(1) 领导过程。在上下级之间倡导互信精神，领导者和下属可以无拘无束地交换意见，讨论问题。(2) 激励过程。通过参与管理，广泛调动下属的积极性。(3) 交流沟通过程。组织内上下左右之间信息畅通而不被歪曲。(4) 相互作用过程。做到公开和公平，领导者和下属对于各部门的目标、方法和活动都能起到作用。(5) 决策过程。各级组织采取集体决策方式。(6) 目标设置过程。鼓励集体参与目标设置，目标要高标准并切合实际。(7) 控制过程。控制渗透到组织各个角落，全部参与者都关心有关信息，主要实行自我控制。（8）绩效目标。目标是高标准的，并为管理部门所积极追求。

利克特根据上述八个方面设计了一种测量组织特性的问卷量表，进行了广泛的调研活动。根据调研结果，利克特大力提倡第一种、第二种领导体制的领导者向第三种、第四种领导体制转变，他认为依靠奖惩来调动下属积极性的形式已经过时，只有依靠民主管理，从内心来调动下属的积极性，才能发挥他们的潜力。他建议领导者真心实意地而不是假心假意地让下属参与管理，要看到下属的智慧，相信他们愿意搞好工作。他认为，独裁式的领导永远不能达到民主式的领导所能达到的生产水平和下属对工作的满意度。

5.2.4 领导风格连续统一体理论

领导风格连续统一体理论是由罗伯特·坦南鲍姆和沃伦·施米特提出的。该理论认为，领导有多种多样的风格。从以领导为中心的专制风格到以下属为中心的民主风格，中间根据领导者授予下属自由权的程度不同有七种领导风格。与利克特不同的是，他们认为并没有一种领导风格总是正确的，也没有一种领导风格总是错误的。领导风格连续统一体理论有以下七种理论（见图5—3）。

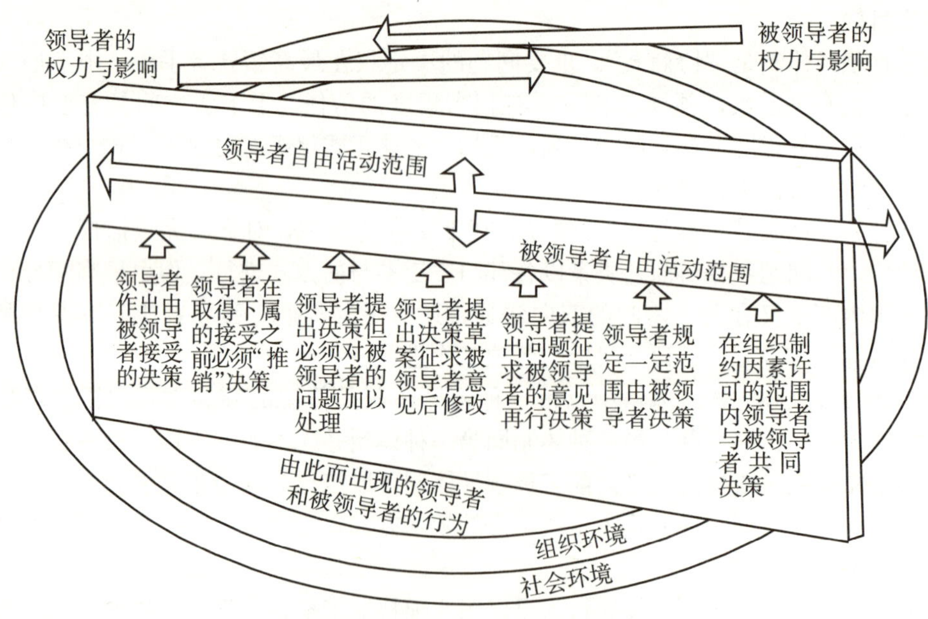

图5—3 领导风格连续统一体简图

（1）领导者作决策并宣布决策。领导者不仅独自决策，甚至可以用压力来要求被领导者按照他们的决策去做。

（2）领导者“推销”决策。领导者独自决策，但他会增加一个说服被领导者接受这个决策的步骤，试图通过阐明这种决策给被领导者带来的利益来减少被领导者的反对。

（3）领导者提出决策并欢迎被领导者提出问题。领导者给被领导者了解决策的机会，向被领导者提供一个有关他的想法和意图的详细说明，并允许被领导者提问题。

（4）领导者提出一个可以变更的临时性决策，并把自己拟订的临时性决策提交给有关人员征求意见，允许被领导者对决策发挥某种影响作用，但最后的决定权保留在领导者的手中。

（5）领导者提出问题，征求意见，然后决策。被领导者可以在决策前提出建议，领导者尊重被领导者处理问题的方式并知道他们能提出与众不同的意见。

（6）领导者将被领导者能决定的事准确地陈述并加以限制，然后把决策权交给集体，但领导者也许不喜欢被领导者的决策。

（7）决策权下放，领导者允许被领导者在更大的范围参与决策。被领导者有充分的自由，能自由确认问题，而且决定如何去做，只是要向指定的领导者负责。

上述七种领导风格中哪一种最为有用，坦南鲍姆和施米特认为，要考虑以下三个方面的因素：

第一是领导者的个性因素。领导行为受到领导者的背景、知识、经验、个性的强烈影响。这包括：（1）他的价值观念体系。（2）他对下属的信任度。（3）他自己在领导方式上的倾向。（4）他对不确定情况的安全感如何。

第二是被领导者的因素。这包括：（1）被领导者对独立性的需要程度。（2）被领导者是否准备承担决策的责任。（3）被领导者是希望有明确的指示，还是希望有较大的活动自由。（4）被领导者是否对问题感兴趣，以及对问题重要性的认识。（5）被领导者对组织目标的理解和认识程度。（6）被领导者是否具备解决问题所必需的经验和知识。（7）在被领导者的经历中，是否参与过决策。

第三是环境方面的权变因素。这包括：（1）组织中的“管理气候”。（2）组织规模的大小。（3）组织在地理上的分布。

1973 年，坦南鲍姆和施米特发表文章，对领导风格进行了进一步的研究，其理论视野更加开阔。他们认为，“下属”这个词已经被“被领导者”取代，因为“下属”一词含有贬义和依赖的意思。他们进一步强调领导风格所具有的开放系统的性质，认为被领导者的因素和环境的因素是相互依赖的，特别是“领导者对被领导者的信心，领导者对责任有无足够的准备，领导者行为对被领导者的影响”等因素的相互关系。领导者和被领导者在处理环境因素时，首要的问题是识别组织中的现象，并且需要进一步探索组织与它所处环境之间的关系。

坦南鲍姆和施米特甚至认为领导者不再是主要的或唯一的角色，在特定的范围内，领导者与被领导者关系的平衡在于直接的和间接的相互作用。他们在非常传统的组织结构中加上了新的内容：（1）领导者和被领导者都是组织环境中的管理因素，自由度在总体区域得到了界定。（2）组织的运作不是只依靠领导者个人，而是需要所有组织成员参与领导活动。（3）组织就像一个部门，它的权力和责任由更大的组织机构来授予。

前面几种理论从领导行为的角度研究领导者的行为风格与行为方式。这些理论初步确立了考察领导行为的两个维度。俄亥俄州立大学的领导行为理论中的结构维度和关怀维度、管理方格理论的“关心人”和“关心生产”，这些为权变理论奠定了一定的理论基础，但是它们也有过于简单的嫌疑。在确定领导风格和组织工作绩效关系方面，这些理论也取得了一定的成功，从卢因的三种领导风格理论到利克特的四种领导体制再到领导风格连续统一体理论，已经就领导者个人的行为风格进行了权变思考，尤其是领导风格连续统一体理论的修正版初步涉及了领导理论的三个要素，进一步为权变理论的产生和发展奠定了基础。

"铁娘子"玛格丽特·撒切尔的领导风格

玛格丽特·撒切尔是英国史上唯一的女首相，创造了蝉联三届、任期长达11年的记录。凭借内政外交的强悍，撒切尔夫人被称为"铁娘子"。

撒切尔夫人小时候在父亲的影响下，对保守派的观点和立场有一定的认识并对政治有了浓厚的兴趣。1943年进牛津大学学习化学专业，不久就参加了保守党协会并成为主席。18岁的她曾说过"政治已融进了我的血液"。在1948年保守党年会上她代表牛津毕业的保守党协会发言，影响巨大，她被米勒提名为大特福选区的议员代表。作为保守党领袖竞选期间，她马不停蹄地到全国各地进行演讲，早上7点起床，忙到次日凌晨两三点才就寝。面对1950年、1951年竞选的连续失败，她没有退缩，仍不断地努力，不断地演讲宣传，终于在1959年，34岁的她成为英国历史上第一名女议员。经历工党与保守党不断的权力争夺与保守党内部的领导权力之争，她付出了常人难以想象的努力，在权力角逐中成为英国第一位女首相。

改变英国的"撒切尔主义"。撒切尔夫人1979年上台后，开始了大刀阔斧的改革，开出了"国退民进"的药方，鼓励私营经济和自由贸易，减少了政府对经济的干预，调低了企业和个人的税率。靠着撒切尔夫人的远见和信心，英国经济随之恢复了活力，稳步前进，"英国病"这颗毒瘤被根除。

既理性又感性的外交智慧。1982年9月，撒切尔夫人访问中国，与邓小平就香港未来进行会谈，从国际关系大局出发做出了明智选择，为香港1997年回归打下基础。在英国与阿根廷的马岛主权归属之争中，撒切尔决定不惧万里之遥出兵马岛，一举击沉了阿根廷唯一的航母"贝尔格拉诺将军号"，打消了阿根廷武力解决马岛问题的念头。

以柔克刚对弈保守政坛。在上世纪80年代，英国政府是一个男性独权的政坛，刚刚上台的撒切尔在遭遇无数次的挫折后，开始利用自己女性和年轻的优势在男性占统治地位的政坛独辟蹊径。固定的发型、变换的服饰、黑色的挎包、婀娜的步态，成为她独有的标志。为具备好口才而苦练演讲，还把她的科特郡的乡村口音改成地道的伦敦腔。从头到脚的包装下，撒切尔夫人成为政坛的一股清风，掠过英伦那僵化沉闷的政坛。"铁娘子"性格中也有柔的一面。有一次，撒切尔夫人与她的内政大臣一起吃饭，女服务员上菜时不小心把热汤碗打翻，汤汁淋到内政大臣身上，年轻的女服务员吓得手足无措。撒切尔夫人起身，上前拥抱住女服务员，安慰道："孩子，别害怕，这个错误谁都有可能犯。"

资料来源：竹旭：《玛格丽特·撒切尔谢幕世界的"铁娘子"》，载《人物周刊》，2013（4）。

5.3 领导权变理论

随着对领导问题研究的进一步深化和拓展，研究者开始重视情境的影响，在 20 世纪六七十年代逐渐形成了权变理论。因其重视情境对领导行为有效性的影响，又被称为情境理论。该理论认为，并不存在一种普遍适用的“最好的”或“不好的”领导方式，领导是一个动态过程，而且领导者的有效行为应随着下属的特点和情境的变化而变化。领导者在一定情境条件下通过与下属交互作用来实现理想。因此，其领导绩效有赖于领导者的因素、被领导者的因素、情境的因素的交互作用。

5.3.1 费德勒的领导权变模型

第一个领导权变理论是由弗莱德·费德勒提出的领导权变模型。权变模型指出，有效的群体绩效取决于以下两个因素的合理匹配：情境对领导者的控制和影响程度，与下属相互作用的领导风格。所以，首先要“确定情境”和“确认领导风格”，然后进行二者的匹配，最后提出改进绩效的方式。

首先，费德勒根据他的研究阐明了领导情境的三个关键性方面，它们有助于决定采取何种领导风格最为有效。(1) 职位权力。这是指与领导人职位相关联的正式职权，以及领导者从上级和整个组织的各个方面取得的支持程度。职位权力是由领导者对其下属的实有权力，包括所有的奖惩力量所决定的。当领导者拥有一定的明确的职位权力（分为强与弱两类）时，则更容易使群体成员遵从他的领导。(2) 任务结构。它是指任务明确程度和人们对这些任务的负责程度（分为高和低两种程度）。当下属成员对所承担的任务的性质清晰明确而且例行化时，领导者对工作质量较易控制。当然，群体成员也有可能因任务多有变化而对自己所承担任务的性质认识不清，这时就需要领导者更好地担负起对他们的工作责任。(3) 领导者与下属的关系。费德勒认为从领导者的角度看这个方面是最重要的，因为职位权力和任务结构大多可以置于组织的控制之下，但是上下级关系不易控制，如果处理不好，就可能影响下级对领导者的信任和爱戴。

根据这三个权变因素可以评估环境是否对领导者有利。费德勒指出，领导者与下属关系越好，任务结构化程度越高，职位权力越大，领导者拥有的控制和影响力也越高，环境对领导者越有利；反之，环境对领导者则不利。这三项权变因素组合起来，可以得到八种不同的情境和类型，每个领导者可以从中找到自己的位置。

其次，是确认领导风格。1953 年，费德勒进行了一次领导项目研究，试图以“最不受欢迎的同事”（least preferred co-worker，LPC）调查表的得分来衡量领导者的个性，从而确定领导风格。LPC 的得分来自以下过程：让一位领导者在所有过去与现在的同事中选取他认为不受欢迎、最难合作的人，以一套截然相反的形容词来描述他们，然后根据程度高低选取相应的得分。

最后，是进行领导与情境的匹配。费德勒研究了1 200个工作群体，对 8 种情境的每一种，均对比关系取向和任务取向两种领导风格，然后他得出结论：任务取向的领导者在非常有利的情境和非常不利的情境下工作更有利。换句话说，在职位权力不足、结构任务不明确、领导与下属的关系恶劣等环境因素不利的情况下，任务取向的领导者将是最有成效的。同样，在职位权力很高、任务结构明确、领导与其成员关系良好等环境因素对领导者有利的情况下，任务导向的领导者也是最有成效的。但当情况在中等有利时，关系取向的领导是最有成效的（见图 5—4）。

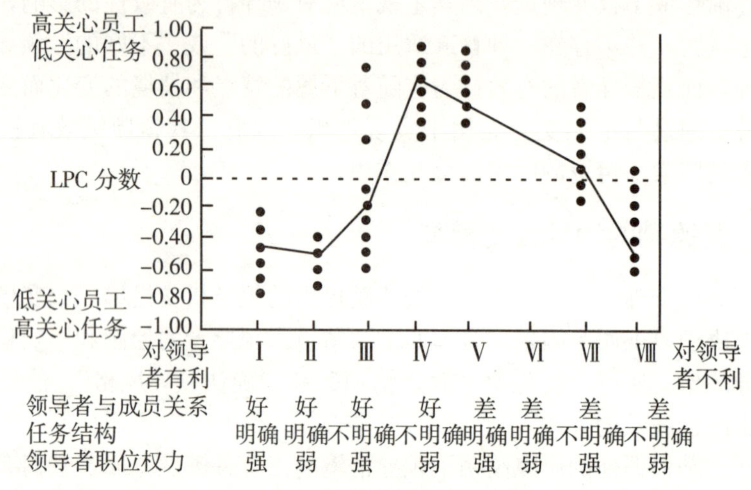

图 5—4 费德勒的领导权变模型

费德勒的领导权变模型的应用非常广泛。费德勒认为，个体的领导风格是稳定不变的，个体的 LPC 分数决定了他最适合于何种情境类型，因此，提高领导者的有效性只有两条途径。第一条途径是替换领导者以适应情境。如果领导者不能适应他所在的领导情境，那么只能用另外一个领导者来替换他。第二条途径是改变情境以适应领导者。重新建构任务和领导者的职务权力，如果可以做到这一点，就可以让环境更符合领导者的风格。

总体来说，费德勒的领导权变模型自发表以来，受到了大家的广泛欢迎，它有很好的准确性，能快速测量并确定领导风格。但 LPC 量表的逻辑实质尚未被很好地认识，有的研究者认为这个模型并未说明 LPC 评分同业绩高低之间的因果关系。

5.3.2 赫塞和布兰查德的情境领导理论

保罗·赫塞和肯尼斯·布兰查德开发的情境领导理论，受到了广大领导者的推崇，并常常被作为培训下属的主要手段和方式。该理论重视下属，认为正确的领导风格必须根据下属的成熟度水平来确定，因为领导者的权力从某种意义上说来自下属，如果下属拒绝领导者，无论领导者思想多么正确、行动计划多么周密，都只能是领导者自己的事，难以变成现实。

该理论有三个方面，第一个方面是下属的准备就绪程度。赫塞和布兰查德将准备就绪程度定义为个体完成某一具体任务的能力和意愿的程度。他们认为下属准备就绪程度分为四个阶段：

第一阶段：下属既不能胜任工作又不情愿工作。

第二阶段：下属虽然能力不足但积极性较高。

第三阶段：下属有工作能力却不愿意工作。

第四阶段：下属既有能力又愿意做他们的工作。

第二个方面是领导的风格。情境领导模型使用的两个领导维度与费德勒的领导理论相同：任务行为和关系行为。而赫塞和布兰查德的创新之处在于他们认为每一维度有低有高，从而组合成四种具体的领导风格：

（1）指示型（高任务—低关系）。

领导者采用单向沟通形式，向下属明确地规定任务，确定工作规程，告诉他们在何时、何地、以何种方法去做何种工作。

（2）推销型（高工作—高关系）。

领导者以双向沟通信息的方式给下属以直接的指导。大多数工作仍由领导决定并寻求下属心理上的支持，同时也从心理上激发他们的意愿和热情。

（3）参与型（高关系—低工作）。

领导者通过双向沟通和悉心倾听的方式，同下属互相交流信息，讨论问题，支持下属努力发展他所具有的能力。

（4）授权型（低工作—低关系）。

领导者赋予下属权力，领导者只起监督作用，让下属自行其是，自己决定何时、何处和怎么办的问题（见图 5—5）。

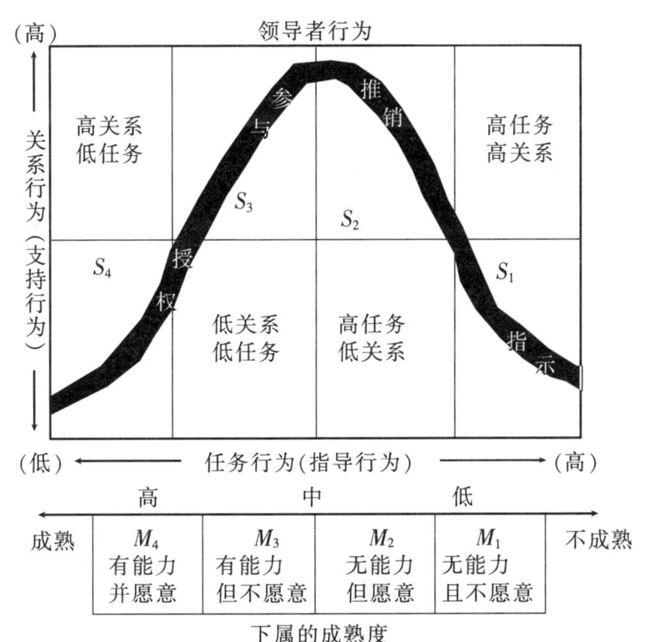

图 5—5　情境领导理论

第三个方面是领导者根据下属的准备就绪程度来选择适当的领导风格。当下属处于第一阶段时，领导者应采取指示型领导行为，给予明确而具体的领导；当下属处于第二阶段时，领导者应采取推销型领导行为，一方面要给下属以心理上的支持，另一方面给予工作上的指导；当下属处于第三阶段时，领导者应采取参与型领导行为，通过信息共享和共同决策激励下属；当下属处于第四阶段时，领导者则不要干涉过多，因为下属既有工作能力又愿意承担责任。

5.3.3 豪斯的途径—目标理论

罗伯特·豪斯是加拿大多伦多大学的组织行为学教授、著名管理学家。豪斯的途径—目标理论是近年来在国内外颇受重视的比较新的理论，该理论是在俄亥俄州立大学的领导方式理论基础上提出来的，并从激励的希望理论中吸取重要元素。

该理论的第一个要点是目标。领导者的工作是帮助下属实现他的目标，并提供必要的指导和支持以确保他们各自的目标与群体或组织的总体目标一致。该理论的第二个要点是途径。有效的领导者通过指明实现工作目标的途径，帮助下属排除实现目标过程中的障碍，使他们能顺利达成目标，在过程中还要给予下属多种满足需要的机会。

按照途径—目标理论，领导者的行为被下属接受的程度取决于下属是将这种行为视为获得满足的即时源泉，还是作为未来获得满足的手段。领导者行为的激励作用在于：（1）它使下属的需要满足与有效的工作绩效联系起来。（2）它提供了有效的工作绩效所必需的辅导、指导、支持和奖励。通过实验，豪斯认为，“高工作”与“高关系”的组合不一定是最有效的领导方式，还应该补充环境因素，他认为存在四种领导方式：

1. 指导型

领导者发布指示，明确告诉下属做什么、怎么做，决策完全由领导作出，下属不参与决策。

2. 支持型

领导者很友善，平易近人，关注下属，但是不太注意怎样通过工作使人满意。

3. 参与型

领导者与下属共同磋商问题，征集下属意见，认真考虑和接受下属意见。

4. 成就型

领导者向下属提出挑战性的目标，希望下属最大限度地发挥潜力。

可见，与费德勒的观点相反，豪斯认为领导者是灵活的、有弹性的，同一领导者可以根据不同的情境表现出不同的领导风格。豪斯理论提出了两类变量，这两类变量主要用于研究领导行为与领导结果之间的关系。一类变量是环境的权变因素，包括任务结构、正式权力系统、工作群体、非正式组织；另一类变量是下属的权变因素，如领悟能力、教育程度、对独立的需求、对成就的需要、对命运的看法等。不难看出，领导行为的选择、环境因素的权变因素和下属的因素将造成不同的结果（见图 5—6）。

豪斯的理论提出了以下假设：（1）当环境结构与领导者行为不相适应或领导者行为与下属特点不相适应时，领导效果不佳。（2）当下属的工作规定不够明确时，领导者可以通过明确规定目标给予支持，通过对员工进行训练来减少工作的模糊度，从而增加实现目标的期望概率。（3）当下属的工作已规定得很明确时，领导者则要放弃命令主义，考虑下属的需要，如同情、赞扬、关心等。（4）组织中的正式权力关系越明确、越官僚化，领导者越应表现出支持性行为，降低指导性行为。（5）当工作群体内部存在激烈的冲突时，指导

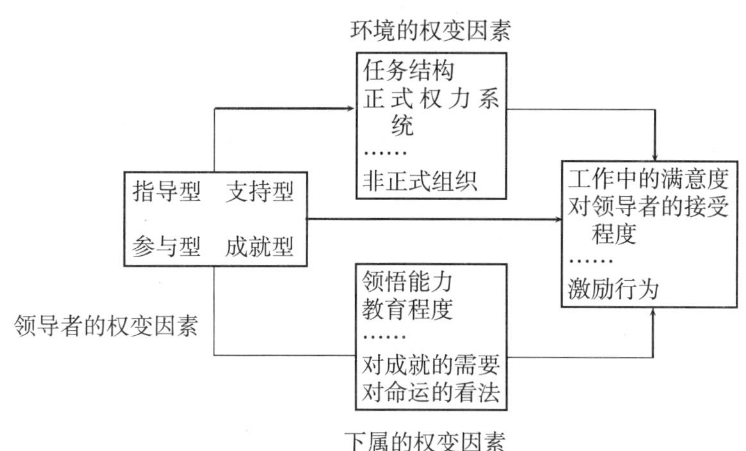

图 5—6 领导途径—目标理论

型领导会带来更高的员工满意度。(6) 相信自己可以掌握命运的内控型下属对参与型领导更为满意，外控型下属对指导型领导更为满意。(7) 当任务结构不清时，成就取向型领导将会提高下属的期待水平，使下属坚信努力必然会带来成功的绩效。

西方一些研究验证了以上这些假设，有些证据验证了这种理论背后的逻辑实质。也就是说，当领导者弥补了员工或工作环境方面的不足时，会对员工的绩效和满意度起到积极的作用。当然，目前该理论尚不够完备，需要加入更多的中间变量，进一步改进和扩展。

5.3.4 领导者参与模型

领导者参与模型是维克多·弗罗姆和菲利普·耶顿于 1973 年在《领导与决策》一书中提出的领导理论，该模型将领导行为和下属参与决策联系起来。由于认识到常规活动和非常规活动对任务结构的要求各不相同，研究者认为领导者的行为必须加以调整以适应这些任务结构。该模型是规范化的，它提供了根据不同的情境类型所遵循的一系列规则，以确定下属参与决策的类型和程序，这就形成了复杂的决策树模型，其中包括五种领导风格和七种权变因素。后来，他们又将权变因素扩展为 12 种。该理论模型认为对于某种情境而言，五种领导行为中的任何一种都是可行的。

(1) 独裁Ⅰ (AⅠ)。领导者运用手头拥有的资料解决问题，做出决策。

(2) 独裁Ⅱ (AⅡ)。领导者向下属获取必要信息，然后独自做出决策。在向下属要资料时，领导者可以向下属说明问题，也可以不说明。下属只是提供必要的资料，并不提供或者评价解决问题的方案。

(3) 磋商Ⅰ (CⅠ)。领导者与相关的下属进行个别讨论，取得下属的建议，决策可能受到或不受下属的影响。

(4) 磋商Ⅱ (CⅡ)。领导者和下属共同分析问题，共同提出意见，然后由领导者做出决策，所做出的决策可能受到或不受下属的影响。

(5) 磋商Ⅲ (CⅢ)。领导者和下属共同讨论有关问题，一起提出和评估可行性方案，并试图获得一致的解决方法。

该理论认为影响决策的因素有 12 种，它们分别是：

（1）质量要求（QR）。这一决策的技术质量有多重要。

（2）承诺要求（CR）。下属对这一决策的承诺有多重要。

（3）领导者的信息（LI）。领导者是否拥有充分的信息并做出高质量的决策。

（4）问题结构（SI）。问题是否结构清楚。

（5）承诺的可能性（CP）。领导者的决策是否为下属所认可。

（6）目标一致性（GC）。解决此问题所达成的目标是否为下属所认可。

（7）下属的冲突（CO）。下属之间对于优选的决策是否会发生冲突。

（8）下属的信息（SI）。下属是否拥有充分的信息做出高质量的决策。

（9）时间限制（TC）。是否因为时间紧迫而限制了领导者包含下属的能力。

（10）地域的分数（CP）。把地域上分散的下属召集到一起的代价是否太高了。

（11）激励—时间（MT）。在最短的时间内做出决策对领导者来说有多重要。

（12）激励—发展（MD）。为下属的发展提供最大的机会对领导者来说有多重要。

第三步是确定领导者参与模型（见图5—7）。

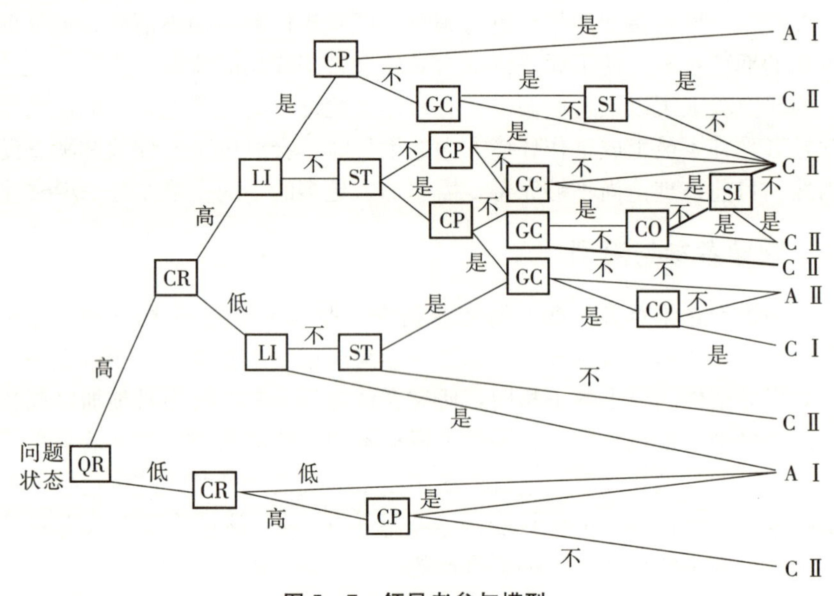

图5—7　领导者参与模型

资料来源：［美］斯蒂芬·罗宾斯：《组织行为学》，7版，334页。

最后，我们作个总结。从费德勒的权变模型、情境领导理论到途径—目标理论，我们可以发现以下规律：

（1）这些理论都继承了俄亥俄州立大学的领导行为理论，以关注下属和关注工作为两个基本维度，这也确定了领导者思考问题必须依据的维度。

（2）在以上两个基本维度的基础上，各种理论都考虑了不同的权变因素，因而也具有了自己的理论特色。费德勒权变理论确定了领导者和成员关系、任务结构、职务权力这三项权变因素；赫塞和布兰查德的情境领导理论强调下属的成熟度；豪斯的途径—目标理论则强调下属的权变因素和环境的权变因素。综合起来，这些理论的权变因素都是领导者所要考虑的，其关键是在具体环境中哪些权变因素是主要的，哪些权变因素是次要的。

（3）与费德勒认为“某位领导者的风格是确定而无法改变的”不同，其他理论均认为领导者可以改变自己的领导风格，一般都能够表现出几种风格，能够适应不同的环境和下属，从而保证领导行为的有效性。

我们认为，领导者应该关注下属和工作两个方面，正确组合领导者行为的权变因素、情境的权变因素、下属的权变因素。只有这样，才能既提高工作效率，又提高下属的满意度，并改造领导者所处的情境，使其向领导者的“远景”发展，从而提高领导绩效。

5.4　领导替代理论和自我领导理论

20 世纪 80 年代以来，社会结构发生了巨大变化，社会成员受教育的程度普遍提高，科学技术尤其是信息技术突飞猛进，并在领导过程中发挥重大的作用。传统的官僚组织模式和领导方式受到挑战，人们积极寻找新的组织形式和领导方式，下属在领导活动中的作用越来越重要，因此领导替代理论、自我领导理论和超级领导理论应运而生。

5.4.1　领导替代理论

在西方一些最新的领导理论中，引人注目的是克尔和杰米耶提出的领导替代理论。该理论将环境变量分为两组：替代因素和抵消因素，并指出在一定条件下，领导者的重要性会被大大削弱。替代因素会使领导行为变得多余和不重要。这些因素涉及下属、任务和组织自身存在的一些特点。如下属清楚了解自身职责，知道如何工作，具有较强的工作动力，并对工作感到满意。抵消因素则是指下属、任务和组织中阻碍领导发挥作用或使领导行为无效的一些特点。例如，领导者缺乏对较佳业绩进行奖励的权力就是抵消作用的一种环境变量；而下属如果对领导者的激励毫无兴趣，也会导致领导行为没有任何意义。

在早期的理论模型中，克尔和杰米耶热衷于为支持型领导和指令型领导确定替代因素和抵消因素。

克尔和杰米耶指出，下属、任务和组织的多种特点都可能成为领导行为的替代和抵消因素。就下属的特点而言，如果下属曾接受培训，具有丰富的经验，就几乎没有必要对他们加以指导，因为他们已经具备应有的技能和知识，知道该怎么办、如何去做。例如，医生、飞行员等专业人员就不需太多的指导，他们通常也不希望别人去干涉他们的工作。同样，专业人员受到效用、需要、道德等内部激励因素后，自然就会提高绩效。不同的组织、不同的报酬方式，对下属的吸引力也不同，这在一定程度上取决于下属的需要和个性。

就任务的特点而言，指令型领导的另一个替代因素是简单、重要的任务，下属能够很快掌握完成该任务所需的适当技能，无须领导进行广泛的培训和指导。当任务本身能自动反馈完成情况时，领导者也无须要再提供类似的信息。

就组织特点而言，组织如果制定了详细的规章制度和政策，下属在认真学习后，过多的指导就显得没有必要，规章和政策既可视为替代性因素也可视为抵消性因素。当下属与领导在地域分散并且联系不密切时，支持型和指令型领导行为的作用被削弱，佣金和分红等自动报酬机制会替代领导者进行奖惩。支持型领导的另一个替代因素是工作团体有较强的凝聚力，下属之间可以相互支持。

在上述研究基础上，克尔和杰米耶提出改进领导行为的建议。他们发现了一个有趣的现象，有时替代因素很多，以至于领导者显得多余。

领导替代理论的突出贡献在于对各种替代性因素进行了深入思考，为提高组织绩效提供了新的视角。但是该理论没有明确引入干预变量，没有也不可能对每一种替代因素或抵消因素的作用过程详细阐述，因此就很难为广泛的领导行为确定替代因素和抵消因素。如果要达到这个目的，则需要进一步更具体、更明确地对领导行为进行分析，而不是笼统地划分为指令型领导和支持型领导。对领导替代理论进行经验论证时，会发现统计过程的科学性存在较大争议。

5.4.2 自我领导理论和超级领导理论

当代领导理论的最新发展之一是自我领导理论和超级领导理论。所谓“自我领导”，顾名思义，就是自己领导自己，即下属如果有了自我控制的能力，就能够以一种负责任的方式迎接挑战。根据管理学家的定义，自我领导是一个注重发挥自我影响的行为和想法的策略集合。所谓“超级领导”，就是领导者带领下属领导他们自己。超级领导适用于那些有责任领导他人的管理者。

自我领导和超级领导有着内在联系。理解自我领导是理解超级领导的关键一步，因为对下属的所有控制最终要靠下属的自我影响起作用。无论控制从何而来，其效果仍然依赖于这些控制在多大程度上能被下属接受和转化。

自我领导有两类策略。第一类是注重有效的行为和行动，即以行为为中心的策略，对下属领导自己完成一些困难但又必须完成的任务十分有帮助，包括自定目标、自我提示、自我检查、自我排练。自我排练即在完成一项重要任务之前进行周密的安排和训练，自行实施奖励和惩罚措施。第二类是注重有效的思想和情感，即以认知为中心的策略。认知策略主要是关于下属如何建构自己建设性的管理思维模式，然后通过它影响行为。这种策略分为两个部分：一部分是考察如何利用来自任务本身的快乐和自然回报，以形成具有建设性的思想与感受；另一部分则通过信念、自我暗示和想象等方法形成建设性思维。

超级领导要通过一系列程序带领下属领导他们自己。这些程序包括：(1) 在开始时进行示范。(2) 引导下属参与。(3) 逐渐发展自我领导。带动下属实现自我领导，超级领导者要注意任务的自然属性，如工作的丰富性、问题的结构是否清楚、解决的方案是否必须为下属接受等，还要注意时间的充裕性和下属发展的重要性。超级领导者促使下属转向自我领导的关键是使下属从依赖型向独立型转变。

领导替代理论、超级领导和自我领导理论适应了新时代的要求，是对以前的领导理论的辩证发展。一方面，这些理论认为，知识经济时代要对传统的领导方式进行彻底的变革，领导者应该给予下属很大的自我控制权；另一方面，这些理论也继承了传统理论的优点，并不是简单地反对领导、取消领导，认为领导者一定要成为放任自由型领导者，而是认为，由于下属的成熟和自我独立意识的增强，领导者更要注意引领、指导、帮助、服务，这些正是领导的实质。当然，这些理论目前还不是很成熟，需要进一步研究。

本章小结

本章主要讲述的内容如下：

1. 特质理论。该理论发展阶段分为早期和当代。在早期众多的理论和假说中，比较著名的有亨利的特质理论和吉赛利的特质理论，当代特质理论的新发展以美国学者詹姆斯·M·库塞基和贝瑞·波斯纳、德克兰为代表。

2. 领导行为和领导风格。其中包括领导行为四分图、管理方格法、卢因的领导风格理论、利克特的“四种领导体制”、领导风格连续统一体理论。

3. 领导权变理论。该理论由这些具体理论组成：费德勒的领导权变理论、赫塞和布兰查德的情境领导理论、豪斯的途径—目标理论、领导者参与模型。

4. 领导替代理论和自我领导理论以及超级领导理论。在西方一些最新的领导理论中，引人注目的是克尔和杰米耶提出的领导替代理论。当代领导理论的最新发展之一是自我领导理论和超级领导理论。

关键术语

领导特质　　领导行为　　领导风格　　领导权变　　领导替代　　情境领导　　自我领导　　超级领导

复习思考题

1. 何谓特质理论？早期特质理论一般从哪些方面进行研究？应怎样评价早期的特质理论？

2. 简述库塞基和波斯纳提出的特质理论。

3. 简述德克兰的领导特质的宪法模型。

4. 列举领导风格连续统一体理论中的七种领导行为风格。

5. 叙述费德勒的领导权变模型。

6. 简述豪斯的途径—目标理论中环境的权变因素和下属的权变因素。

7. 对比说明依赖型下属和独立型下属的区别。

8. 请思考本书中所介绍的三种领导风格理论的异同点，并根据你所阅读的领导传记加以分析和说明。

9. 简述领导替代理论、自我领导理论和超级领导理论的基本内容，你怎样理解它们是对传统领导理论的辩证发展？

本章阅读书目

1. ［美］迪恩·威廉姆斯. 向领袖学习领导力. 北京：中国人民大学出版社，2014.
2. ［美］保罗·赫塞. 情境领导者. 北京：中国财经出版社，2003.
3. ［美］约翰·巴恩斯. 约翰·肯尼迪的领导学. 北京：华夏出版社，2009.
4. ［美］小约瑟夫·L·巴达拉科. 领导者性格. 北京：商务印书馆，2010.

第 6 章

领导者素质

我的美国同胞们：不要问你的国家能为你做什么，问一问自己能为国家做些什么。全世界的兄弟姐妹：不要问美国会为你们做什么，问一问我们能齐心协力为人类的自由做些什么。

——约翰·肯尼迪

引导案例

曾国藩的“微博”

曾国藩年轻时是个愤青，“自负本领甚大，每见人家不是”。30 岁时意识到自身的不足，立志学做圣人，他的方法就是写日记，不过他的日记与一般人不同，很像今天的微博。

曾国藩日记的篇幅都不长，几十字，一二百字，写的内容多是生活的白描：从早晨起床开始，吃的什么饭，和谁说的什么话，甚至晚上做了什么梦，都一一记录下来，然后回忆自己一天的言行，发现其中哪一点不符合圣人要求，就加以自责，做深刻反省。更关键的是，曾国藩写日记不光自己看，还让别人看。他把日记抄录数份，然后在朋友圈子里传阅，朋友会在后边加批注，谈自己的感想，或批评，或鼓励，就像现在粉丝的跟帖。

比如，有一次，好友倭仁在他的日记后批语道：“我辈既如此学，便须努力向前，完养精神，将一切思维、闲应酬、闲言语扫除净尽，专心一意，钻进里面，安身立命，务要另换一个人出来，方是工夫进步。愿共勉之。”曾国藩看后，“为之悚然汗出”，然后感叹说，不如此“安得此药石之言”。还有一次，他在日记中抱怨骆秉章对他很冷淡，他的弟弟曾国华评论说：“兄之面色，每予人以难堪。”这让他如醍醐灌顶，想起自己素来自负，对这位前辈加上级汇报工作或说话总是不容置疑，于是一下子警醒过来。

曾国藩在日记中虽然能够毫不留情地剖析自己，但自己的缺点、错误或是陋习改正起来却非常困难，总是改了犯，犯了改，改了再犯。例如，他曾在日记中立誓“夜不出门”，但还是经常“仆仆于道”。道光二十二年十月二十四、二十五两天，京城刮起大风，他仍然“无事出门”，回来深切自责：“如此大风，不能安坐，何浮躁至是！”十二月十六那天，菜市口要杀人，别人邀他去看热闹，他“欣然乐从”。

内修效果不理想使曾国藩认识到，光靠自我反思、自我监督是不行的。于是，他把日记公开，让众多的眼睛看着自己，并且通过亲人朋友的“跟帖”、点评，点醒和提示自己，形成强大的监督力量。用他的话说就是：“势必有所激，有所逼，才能有所成。”

资料来源：清风慕竹：《曾国藩的“微博”》，载《悦读》，2013（2）。

6.1 领导者素质理论及其变迁

6.1.1 领导者素质的含义

领导者素质理论（又称特质理论）是领导科学的基础理论，也是管理科学自 20 世纪产生以来始终在研究和探讨的问题。领导者素质理论认为领导绩效的优劣与领导者自身的素质高低有关；而领导者自身素质的高低也必然成为制约领导者权力大小的条件，即构成领导权力要素或曰“权力资本”。因此，一位领导者，特别是优秀的领导者应具备什么样的素质，如何据此去识别、选拔和培训领导者，领导者本人怎样据此有意识地发展自己等，都是领导者素质理论稳定的核心内容。

何谓领导者素质？从字义上说，“素”就是构成事物的基本成分，如元素、因素；“质”就是性质、本质。《礼记・乐记》云：“中正无邪，礼之质也。”“素质”一词最早见于生理学，指的是人的神经系统和感觉器官上的先天特点，其后又被人们用来泛指事物本来具有的内在特征。所谓“领导者素质”，就是领导者在一定先天禀赋的基础上，通过后天实践锻炼和学习所形成的，在领导活动中经常发挥作用的本质要素。具体地说，它有双重含义。首先是指构成领导者的各种内在要素，即使领导者成为领导者的生理、心理、文化、思想、政治、道德等因素，以及由这些因素综合而形成的本质性能力，亦即领导能力。它们是领导者在职的内在根据和条件，统称为领导者素质。其次还指这些要素和能力的现实状态，即发展程度或实际水平。也就是说，领导者素质同时又是一个发展的动态概念，用以描述和揭示现实领导者的实际状态、水平和差距。领导者素质与先天遗传生理、心理特点有关，并受它们的影响与制约，但主要是后天社会实践中自身努力的结果。国外有些学者把领导者素质看作天赋的生理现象，忽视后天的实践作用，这种观点是错误的。至于领导者的外在形态、神态，如仪表、服饰、言谈、举止、风度等，则是以外在的可感性形式表现着领导者主体的内在素质，是领导者素质的外化。

6.1.2 领导者素质的特点

领导者素质具有时代性、综合性、层次性的特点。

1. 领导者素质的时代性

一代之治有一代之才，不同的历史时期和不同的任务，对领导者素质有不同的要求。领导者的素质既有稳定性的一面，一经形成，便相对稳定地发挥作用；又处在不断变化之中，这也是领导者素质时代性的表现。这种变化可以是积极的、上行的，也可以是消极的、下行的，如公共行政领域存在的领导者素质急剧蜕变的“59 岁现象”，就是下行变化的突出表现。一般而言，正如很多人概括的，上行变化如登山顶，是一步步走上去的渐进过程，越登高越艰难；下行变化如乘坐水滑梯，惯性使然，不断加力，是急速下滑的加速过程。

2. 领导者素质的综合性

领导者素质是一个相互关联的整体，它们在领导活动中总是综合地而非各自孤立地起作用，这是由领导工作本身的综合性所决定的。美国著名领导学家华伦·班尼斯有一个形象的比喻，他说，一个不败的领导人，必须依靠三条腿来支撑，一是坚定的雄心壮志，二是领导工作的才能，三是优秀的道德品质，这些是领导者素质的最基本结构。公共行政领导者最基本的素质要求是政治品质、政策水平、专业知识和领导才能。有的公共行政领导者从领导才干方面又将之总结为三才：口才、文才、干才，三才具备，才是帅才。领导者素质的综合性，有些教科书亦表达为德才兼备的全面性。领导者素质的综合性、全面性，还有更深一层的含义，即领导者素质不仅是理想的组合，也应该是矛盾的组合，这样才能相互制衡，综合发挥作用。比如，领导者应该自信，这是领导者必需的心理素质，否则就难以实施领导；但自信要和一定的疑虑、畏惧甚至自卑结合起来，以免犯错误。领导者要有对工作的激情，这是推动组织前进的动力，并能作为他人的榜样；但这种激情又必须和其对立面——对工作的清醒认识相结合，激情若失去理性，就可能变成鲁莽。领导者要能够同群众打成一片，和谐地生活在群众当中；同时又要善于独处，也容许别人独处，给大家都留出生活的空间。

3. 领导者素质的层次性

处于不同层级、肩负不同责任的领导者，其素质要求是不同的。诸葛亮在《将器》一文中指出：“将之器，其用大小不同。若洞察其奸，伺其祸，为之众服，此十夫之将；夙兴夜寐，言语密察，此百夫之将；直而有虑，勇而能斗，此千夫之将；外貌桓桓，中情烈烈，知人勤劳，悉人饥寒，此万夫之将；仁爱治于下，信义服邻国，上知天文，中察人事，下识地理，四海之内，视为家室，此天下之将。”法国著名管理学家法约尔曾经提出一个重要论点。他说，管理人员的能力和素质具有“相对的重要性”，即随着领导者等级地位的提高，管理能力的相对重要性增加，技术能力的重要性减少。美国学者罗伯特·卡茨认为领导者必须具备三种技能：技术技能（专业业务能力）、人际技能（处理人际关系的能力）、概念技能（分析和决策能力）。如果把领导者分为低、中、高三个层次，那么三种技能的结构比例依次为：低阶层——47∶35∶18，中阶层——27∶42∶31，高阶层——18∶35∶47。公共行政领导者一步步向上升迁时，他对技术技能的需求将会逐渐降低，而对于概念技能的需求程度将会急剧上升。一位高阶层的领导者若想发挥最高的效能，就必须具备良好的概念技能。

6.1.3　领导者素质理论的变迁

从领导理论变迁的历程来看，自 20 世纪初开始，管理学家、心理学家、领导学家就对领导者素质进行了大量研究，希望发现领导者与非领导者在个性、社会经历、智力、生理等因素方面的差异，从而归纳出领导者与非领导者不同的人格特质，这被称为领导的特质理论。由于当时人们普遍认为领导者的特质是天生的，要根据这种先天的特质去选拔领导者，因而这方面的研究总体上以失败告终。但是，这并不是要全盘否定当时研究的具体成果，当时很多关于领导者特质的实证研究成果在今天还是非常有意义的。

20 世纪 40 年代末到 60 年代中期，领导行为理论风行一时，它从研究领导者的行为和领导绩效的关系入手，进而通过设计一些培训项目，把有效的领导者所具备的行为模式植入到个体身上。也就是说，通过训练可以使人们成为领导者，提高领导绩效，发展领导者队伍。但是，这种理论的缺陷是忽视了领导绩效的情境因素，不同的领导情境对领导者特质和行为的要求是不同的，这也促使人们越来越清晰地认识到，对领导现象进行的研究其实比分离特质和行为更为复杂，必须把特质、行为与情境综合起来加以考察，这就是人们所熟知的权变理论，如费德勒的领导权变模型、保罗·赫塞和肯尼斯·布兰查德的情境领导理论、罗伯特·豪斯的途径—目标理论都是如此。进入 20 世纪七八十年代，在权变理论综合把握领导情境的基础之上，对情境理论的研究又成为人们关注的热点，这仿佛是向出发点的回归，实质上则是进入了更高级的研究阶段。从那时起，领导者素质的研究有以下三个特点：

（1）试图在新的历史条件下，确定那些被公认为领导者的个体身上所隐含的一系列特质，认为领导者是一种内在素质和外在风格的统一体。领导者素质的研究不但强调领导者的内在素质，也强调领导者的外在表现，如形象、魅力、风格等。

对领导者素质的研究已经从行为实验室进入化学实验室和自然科学领域，以寻找与领导者素质有关的生物学根源、先天遗传的禀赋因素以及儿童早期生活环境和经历对其的影响。有越来越多的证据表明，领导者素质与先天遗传因素有关，但后者并非决定性的因素。

（2）领导者素质主要是后天学习和实践的结果。优秀的领导者特别是高阶层的领导者绝不是培养出来的，而是实干和竞争出来的。他们领导素质中共同的财富就是经验，而这种经验只有在工作第一线才能学到，是经过不同岗位的长期历练，从正反两方面学习的结果。

（3）目前，关于领导者素质的研究仍在进行，并且取得了一定的成果，但由于领导者类型的多样性、领导环境的复杂性，要开列出一个一般的、普遍适用和普遍有效的领导者素质清单是很困难的。尤其是工商企业领导者的素质差异更大，当然，这并不否认他们在身体素质、能力素质等方面具有很多共同点。

至于公共行政领导者，特别是政府部门的领导者，由于公共性所致，必须具备共同素质。概括地说，素质研究以领导者的个性、生理、智力等因素为观测点，试图界定有效领导者的标准，以作为选拔领导者的依据，也作为领导者自身努力的方向。该研究一般是从以下五个方面入手：（1）生理特质。如领导者的品格、心理。（2）个性特质。如自信、热情、外向、正直、勇敢、独立性、内控性等。(3) 智力特质。如记忆力、判断力、逻辑能力、反应灵敏程度等。(4) 工作特质。如责任感、首创性、事业心等。(5) 社会特质。如沟通能力、指挥协调能力、人际关系能力等。

6.2　公共行政领导者素质

6.2.1　公共行政领导者素质概述

公共行政领导者素质理论的科学价值，在于其对实践的指导作用。这主要表现为两点：第一，它是培养和选拔公共行政领导者的依据；第二，它是公共行政领导者自身努力的方向。

公共行政领导者是个广泛的概念，包括多种人才类型，他们之间既有共同的一面，又有各自的特点。对于这个问题，“公共行政领导角色”一章已经有过详细的论述，在此不再赘述。

从历史上分析，不同的时代有不同的领导者素质要求和衡量标准，曾经有过力量型、血缘型、宗教型、财富型、智慧型和职业型等不同的领导者。20 世纪以来，由于组织的发展和管理难度的增大，领导者主要是“职业型”。职业型领导者的素质理论，经历了专才型、通才型和复合型三个发展阶段。目前，还有专家型领导和经验型领导、男性领导和女性领导等的区分。

关于公共行政领导者的素质，我们研究的落脚点是我国广大公共行政领导者的素质问题。众所周知，我们党和政府历来极其重视干部队伍的建设，关于领导者素质的理论和实践是大量的、丰富的，也是人们广为熟知的。从管理科学和领导科学的理论概括来看，在各种版本中的领导学、管理学著作中，关于公共行政领导者素质的论述多种多样，既有很多共同之处，又有许多不同之点，可以说各有千秋。

我们认为，对领导者素质理论的概括，必须适合时代的要求，并且具有理论形态的特点，即具有高度概括的抽象性、反映对象本质的普遍性、全面把握事物的内在联系的逻辑性，以这种观点进行思考和分析，有些管理学、领导学著作中关于行政领导者素质的论述就值得商榷。

一是写得过于具体，往往罗列有十几条乃至几十条之多，其中，很多都是一般工作人员特别是共产党员应该具备的，而且多是众所周知的常识性的东西，这就缺乏行政领导者素质理论应该具备的特征。不言而喻，在当前，在建设中国特色社会主义的实践中，要求工作人员具备的某些优良素质领导者应该首先具备，但在概括领导者素质的理论时，却没有必要从一般工作人员讲起。

二是写成了领导者应该怎么做，这至多是领导者素质的外在表现，并不是领导者素质本身，那些罗列条目比较多的论述，往往有这种倾向。例如，有一本关于领导者素质的书共分四大部分，每部分又分为三四个条目。其中在“领导者思想作风”条目中，展开论述了四点：(1) 坚持实事求是思想路线。(2) 发扬艰苦奋斗作风。(3) 密切联系群众的作风。（4）认真地开展批评和自我批评。很明显，这和领导者素质有直接的、密切的关系，但决不能说这就是领导者素质。况且，这种提法又与该著作本身给公共行政领导者素质所下的定义不相符合。还有的著作把领导者对某个短时期内的中心工作的态度也写了进去，并说成是领导者的素质，这就兼有上述两种偏颇。

三是写得过于笼统，令公共行政领导者难以把握和企及。比如说领导者要有“哲学家的思维、经济学家的头脑、组织家的才干、政治家的度量、军事家的果断、幻想家的想象、律师的善辩、战略家的眼光、外交家的纵横、新闻记者的敏锐”等，集各种杰出人物的最优素质于一身，令常人望尘莫及。据说已故大实业家哈默博士就是这样一位领导者，但那只能是文学传记中的形容，而不能作为理论概括或者概括出来的理论，因为它不具有理论的形态。

6.2.2 公共行政领导者的素质结构

从我国的具体国情出发，从建设有中国特色社会主义的要求出发，公共行政领导者应该具有什么素质呢?

我们认为，公共行政领导者的基本素质结构应该是德才兼备。公共行政领导者负有行使公共权力、维护公共利益、履行公共责任的使命，追求的是社会公平与正义，因此品德素质非常重要。只有具备高尚的品德素质，才能使下属产生认同感和模仿效应，才能保证自身的决策心理和领导行为符合公共利益，也才能引导组织沿着正确的道路前进。

孔子说“为政以德，譬如北辰，居其所而众星拱之”，管仲说“大德不至仁，不可以授国柄”，荀子主张“论德以定次”（爵位次序），这些都说明了品德的重要性。当前群众反映最大最强烈的不正之风和腐败问题，对某些领导者来说，病源就在于一个“德”字上。“德者，素质之首、人生之帅也”，在市场经济条件下失去了对道德的追求和把握，就会迷失方向。所以要加强对领导者道德方面的教育与考核，加强建章立制，使领导者自身具有迫切的修身立德要求，并落在实处。

公共行政领导者的“德”字也体现在前边讲到的素质的层次性上。领导者层级越高，道德素养也应该越高，高阶层领导者的品德要求要高于中、下层领导者。首先，这是因为高阶层领导者的品德影响他的决策心理和领导行为，也影响下属执行决策的心理和行为，从而影响整个组织的前途和命运。其次，只有高阶层领导者具有高尚的道德风范，才能使下属产生同感和模仿效应。只有率先行使模范权，才能执掌领导权。

德才兼备的“才”字是指领导者的业务知识、工作能力。这里有两个问题需要强调。一是在知识经济时代，社会进步的速度加快，社会公共生活中的科技含量提高，因此领导者必须加强学习，不断汲取新业务知识，这样才能把握本行业工作的规律和特点，成为业务工作的内行，带领下属完成工作任务，提高工作效率。如果不思进取、得过且过，迟早会被时代淘汰。二是领导者要学会怎样当领导，真正成为领导工作的内行。目前很多领导者是从专业技术岗位、业务岗位走上领导岗位的，他们在具体业务工作上是行家里手，但对领导工作并不熟悉，不会也不知道该怎样当领导，不自觉地以旧的角色面对新岗位，结果是领导失范，指挥无章法。因此领导者都要结合工作实际，借鉴古今中外一些好的案例，认真学习管理科学和领导科学，从具体工作的内行转变成领导工作、管理工作的内行。只有不断提高领导水平、领导能力和领导艺术，才能尽到领导责任，科学有效地实施领导，这是保证公共行政管理和服务质量的一个重要方面。

德才兼备素质结构的进一步具体化就是革命化、知识化、专业化、年轻化。我们认为，党中央提出的领导干部要实现革命化、知识化、专业化、年轻化即“四化”的要求，最准确地揭示了领导者的素质特征，最鲜明地反映了时代的特色和人民群众对干部队伍建设的愿望，可谓言简意赅、提纲挈领，是领导者素质理论的极好概括和表述。如果展开来说，则可以从政治素质、文化素质、能力素质、身体素质四个方面加以阐明。

1. 政治素质

政治素质即“革命化”的内容，也就是平时所说的“德才兼备”的“德”字。公共行政领导者是最具有政治色彩的人物，必须是政治上的强者，即领导干部要讲政治，包括政治方向、政治立场、政治观点、政治纪律、政治鉴别力、政治敏锐性等方面。这是对公共行政领导者首要的要求。

所谓政治素质，主要在于以下三点：

（1）政治思想觉悟。

觉悟是对政治的认识，对真理的领悟。政治思想觉悟是指对共产主义事业的认识及其自觉投入和积极努力的程度，在我国社会主义现阶段这一点集中体现在政治立场和工作态度上。对公共领导者来说，主要是通过理解和执行党的路线、方针、政策，廉洁奉公、勤政为民表现出来。

（2）政治理论水平。

这是指树立辩证唯物主义和历史唯物主义世界观，系统地掌握马克思主义科学理论，善于运用马列主义的立场、观点、方法分析问题的素养和水平，包括政治洞察力的敏感、敏锐性。黑格尔说，人是靠头脑，也就是靠思想站立着的。政治理论水平无疑是领导者素质的重要方面，在现实生活中也是有高低之分的。

（3）政治品质。

即所谓的“大节”，指领导者在政治上的道德完善程度，包括忠诚、坦白、正直、民主、谦逊以及组织纪律性等，总而言之是可以信赖的。那种见风使舵、首鼠两端、为保住乌纱帽不惜出卖灵魂的人，政治上便不能信赖。

2. 文化素质

文化素质即文化程度、文化素养。古人云，“才以学为本”，“非学无以广才”，“非学无以明识”，“非学无以立德”。学就是指文化、知识。学问、知识是人的智慧的内在根据，是德、才发展的基础。高尔基曾经说过，人的知识愈广，人的本身也愈臻完善。作为一名现代的领导者，必须具备现代科学文化知识，具有较高的文化程度，这样才能走在时代的前列。

文化素质至少应从三个方面把握：

（1）专业知识的深度。

领导者必须掌握本行业的业务知识，掌握得越全面或在某一个方面越是比较精深，对领导工作越有利。因为只有成为内行和专家，才能掌握本部门工作发展变化的规律和前沿动态，才能与自己领导下的工作人员，特别是专家、学者、技术人员等，有共同的语言，工作起来才能得心应手，成为内行的指挥者。

（2）社会知识的广度。

领导工作是一项复杂的创造性劳动，要遇到各种矛盾，处理各种社会问题。因此，领导者要有广博的社会知识面和广泛的阅历，最好还能有多方面的兴趣和爱好。邓小平之所以成为杰出的领导人，除政治素质强等因素外，其丰富的生活阅历和“百科全书式”的知识面，也是重要条件。毛泽东称赞他“人才难得”。

（3）领导和管理知识的娴熟度。

领导和管理工作是一门科学，除了涉及各种学科、具有综合性的特征外，还有自身的规律和特点，领导学和管理学就是这方面的学问和知识。领导者一方面要在实践中积累经验，上升到理性认识；另一方面还要系统学习书本知识和研究他人的间接经验，充实自己。

3. 能力素质

能力素质是各方面素质综合作用的结果，是在长期的社会实践中逐步发展起来的。能力不能脱离人而独立存在，现实生活中人们的能力是不相同的，且有强弱之别，所以能力也是领导者的一种内在素质。领导能力不强或没有领导能力，即使在其他方面有良好的素质，也不能成为合格的领导者。

一般来说，公共行政领导者的能力素质主要包括以下几个方面：

（1）思维能力。

思维能力是指对客观事物进行观察、分析和思考的能力。它的前提是勤于思考，衡量的尺度则是思维的广度、深度和逻辑性，这些也就是领导者智力的集中体现。广度是指客观事物都是相互联系的系统，思考一定要全面周到；深度是说对问题看得远、想得深、想得细；逻辑性是指思维清晰、有条理。刘伯承元帅是著名的军事统帅，他的一个最大特点就是考虑军事问题非常周到、细致，别人想不到的细节，他都能预先算计到，因而总比别人高出一筹。他自己曾谦虚地说：“有人说我是军事家，其实我是普通人，普通一兵。如果说我有长处，那就是抓住问题，反复琢磨。时间长了，就能分析得透彻一些。”这正是将帅之才共同的本质特征。所以有句谚语说：要小心那些对细节不厌其烦的人。

（2）协调人际关系的能力。

处理社会各种人际关系是人类社会的基本实践活动，人人不可避免地都要参与，其中有些人则表现出比较卓越的才能，这就是领导者的一种素质。换句话说，领导者的主要工作对象是人，要做人的工作，所以必须具有协调人际关系的能力，即善于团结人的凝聚力、带领群众一道前进的组织能力、化解各种人际矛盾的处理问题能力。总之，是具备通达权变的能力。

（3）表达能力。

表达能力包括口头表达、书面表达和某些工作领域需要的外语表达。表达能力可分解为四项互相联系的基本要素，即通顺、正确、贴切、有思想。表达能力对各个行业、各个领域的领导者都很重要，对公共行政领导者特别是高层次的领导者尤为重要。

4. 身体素质

身体素质在不同的领域有不同的含义和指标。领导者的身体素质，是指健康的体魄和健康的心理。从公共行政领导者的角度而言，就犹如登山，越处在领导的高层和肩负繁重的职务，越需要优良的身体素质。没有优良的身体素质，继续攀登——担任更高的领导职务，只能是力不从心、半途而废。身体素质可以从以下两个方面来阐述：

（1）健康的体魄。

荀子说“形具而神生”。旺盛的精力寓于健康的身体。健康的体魄是事业之本，是从事繁重的领导工作及提高自身其他素质的基础。歌德在论述天才与身体的关系时，曾以拿破仑为例说明，倘若没有强健的身体，他就不可能从火焰似的叙利亚沙漠走到大雪纷飞的莫斯科战场，不可能经受得住那么多行军、血战、困倦、饥寒的痛苦，成为一个伟大的战略家。在历史和现实中，很多卓越的领导者都非常重视身体素质的锻炼。毛泽东年轻时就有意识地进行风浴、雨浴、冷水浴、游泳、爬山等体育活动，除强健身体外，还以此锻炼自己吃苦耐劳和坚忍不拔的意志品质，在长期艰苦卓绝的革命斗争中，“不管风吹浪打，胜似闲庭信步”。周恩来在《我的修养要则》中写道：“健全身体，保持合理的规律生活，这是自我修养的物质基础。”反之，正如人们平常所说的，“上班坐不长，下去走不动，应急挺不住，病魔常缠身”，就不能适应领导工作的要求。

（2）健康的心理。

个性心理素质的优劣，对领导工作起着积极或者消极的作用。一般来说，进取的积极性、开朗的心境、坚强的意志、良好的心理承受能力和自我意识等优良的心理素质，是领导者应具备的。而自卑感、嫉妒心、软弱的性格、抑郁腼腆的气质等，则是领导者开展工作的障碍。

延伸阅读

曼德拉有什么值得领导者学习？

“官二代”出身，却为自由而斗争。曼德拉 1918 年 7 月 18 日出生于南非特兰斯凯一个大酋长家庭，他有一位当过酋长的父亲，他是家中长子而被指定为酋长继承人。他还接受过良好的教育，作为一个出身于富贵之家，本来有着广阔的个人前景的人，却自愿走一条民族解放之路。曼德拉表示：“决不愿以酋长身份统治一个受压迫的部族”，而要“以一个战士的名义投身于民族解放事业”。

他教会了我们仁爱和宽恕。当年白人当局处理曼德拉的手段非常狠，他们以叛国罪判决曼德拉，开始要判绞刑，最后迫于国际压力才改成死缓。在他后来长达 27 年漫长的牢狱生涯中，曼德拉承受了繁重的体力劳动，承受了狱警刺耳的嘲骂和无尽的希望与失望。即便如此，他却始终做不妥协的斗争，同时又有极有耐心。这一点，就连那些负责看守他的人，也对他的伟大人格充满着敬畏之情。他不是把他们看成仇人，而是与他一样受到压迫、得不到解放的人。他用同情、理解与宽容的心胸，对待这一切人，甚至包括折磨与虐待他的那些看守、警察与监狱管理人员。在他走出监狱之门后，说的第一句话就是：“当我走出囚室迈向通往自由的监狱大门时，我已经清楚，自己若不能把痛苦与怨恨留在身后，那么其实我仍在狱中。”曼德拉执政后，并没有对白人复仇清算，因为他心里明白南非是一个多民族的国家，建立民族和解才是唯一正确的方式，从而避免了一场大规模的内战，实现了南非种族冲突的和解。

他教会我们无私，政治人物不必贪恋权力。就在曼德拉的个人声望达到顶峰时期，1997 年底年近 80 岁的曼德拉宣布他的副手姆贝基担任非国大主席，为其接任总统做准备。1999 年，他任满离任，没有寻求连任。南非首次实现了权力平稳交接。退休后，曼德拉依然在为非洲乃至世界和平和发展做出努力，比如，为其他爆发内战的非洲国家从中斡旋和调解，还为对抗艾滋病、黑人孩子的教育以及非洲和平而奔走。2010 年世界杯闭幕式上，曼德拉坐着轮椅出现在了约翰内斯堡足球城体育场，绕场一周接受观众致意。

不屈不挠，放弃仇恨，以德报怨，居功不自傲，不贪恋权力，功成身退，这就是曼德拉的伟大人格魅力之所在。在“厚黑学”流行的政坛，一个曾被敌人囚禁了近三十年的政治家，靠的不是诈术、权谋来赢得成功，而是靠高尚的品德、坚定的信念和高超的智慧赢得成功与世人的尊重。

资料来源：风青杨：《曼德拉给习近平和各国元首的启示》，见 http://blog.ifeng.com，2013-08-10。

6.3 中国古代领导者素质理论

在中国古代历史文化典籍中，有很多关于领导者素质的论述，这是中国传统文化的一大特色和宝贵精神财富。认真研究这些素质理论，我们能从中得到鲜活的启示。恩格斯在谈到黑格尔哲学时说：“像对民族的精神发展有过如此巨大影响的黑格尔哲学这样的伟大创作，是不能用干脆置之不理的办法来消除的。必须从它的本来意义上‘扬弃’它，就是说，要批判地消灭它的形式，但是要救出通过这个形式获得的新内容。”① 我们对中国的文化典籍包括素质理论也应采取这种态度。

从中国传统文化的素质理论来看，曾经出现过将领导者素质神秘化的倾向。

中国历史上的明君贤相从内心到外表仪貌常被描述得与众不同，传说中的圣王降世，还往往伴有异兆奇征。如说什么尧眉八彩，舜目重瞳，禹虎鼻大口，文王龙颜虎骨。刘邦头顶五彩之气，“左股有七十二黑子”，正应火德七十二日之征，醉卧时“其上常有龙”。光武帝刘秀出生时“有赤光，室中尽明”，“是岁嘉禾生，一茎九穗”。唐太宗有龙凤之姿，天日之表。宋太祖赵匡胤出生时“赤光绕日，异香经宿不散，体有金色，三日不变”。明太祖朱元璋奇骨贯顶，声如洪钟，出生前其母“梦神授药一丸，置掌中有光，吞之寤，口余香气，及产，红光满室。自是，夜数有光起”。如此种种，均是当时科学不发达的产物，亦与统治阶级宣扬的“君权神授”有关，以达到收摄人心、欺骗民众的目的。直至今天，近现代曾出现过的所谓“颅相学”、“面相学”、“手相学”、“血型学”、“星象学”等伪科学、反科学，乃至占卜测字等，也还有一定的市场，这些都是应该批判的。但在五千年的文明中，仍有许多优秀的领导者素质理论，值得我们去挖掘、整理和弘扬。

在这一部分，我们将系统阐述中国古代关于领导者素质的理论，特别是儒家、法家的

① 《马克思恩格斯选集》，2 版，第 4 卷，223 页，北京，人民出版社，1995。

领导者素质理论。儒家的代表人物孔子认为“恭、宽、信、敏、惠”五种美德可谓“仁”，“温、良、恭、俭、让”五种素质可谓“礼”。因此这是儒家重点论述的古代领导者君子所应具有的素质。法家的代表人物韩非综合了商鞅等人的理论，进一步提出了法、术、势相结合的观点。在这个理论中，就包含着法家的领导者素质理论。韩非认为，法家的领导者要有用法的能力，有用术的技巧，有用势的谋略，善于驾驭群臣，赏罚分明。儒家和法家的素质理论在中国历史文化典籍中占有重要的地位。

6.3.1　儒家关于领导者素质的理论

在概观的基础上，我们来研究孔子及其他儒家关于领导者素质的认识。孔子是儒家的创始人，早期积极入仕，探讨从政的方法，对学生施以“政事”教育，他对于领导者素质的认识散见于《论语》中对“君子”、“士”的谈论中。今天，孔子 75 代孙孔健博士对此加以研究，使之系统化。孔健把领导者分为两种类型，一种是“中庸型”领导者。孔子思想以仁为核心，以礼治为表现，具体办法就是“中庸”：惠而不费，劳而不怨，欲而不贪，泰而不骄，威而不猛，和而不同，矜而不争，群而不党，持其两端用其中，过犹不及。这种领导者是孔子心目中理想的领导者。另一种类型的领导者是“狂狷型”。所谓“狂狷”，就是“不得中行而与之，必也狂狷乎？狂者进取，狷者有所不为也”。狂狷型的领导者既有很高的志向，富有进取心，又能廉洁自重。[①] 孔健认为，这种类型的领导者符合时代的要求，因为我们所处的时代是变革的时代。

孔健把“温、良、恭、俭、让、宽、信、敏、惠”作为领导者素质的九个方面。

通观孔、孟、荀三家以及后世儒家的论述，都认为领导者要以主体生命的修炼，作为解决问题的大计，根据台湾著名学者吴琼恩的研究，包括以下几个方面[②]：

第一，领导者应该是“全人”（the whole person），它不仅包含“通才”，而且也包含着做人修养达到的很理想的“高峰境界”，兼具“智仁勇”均衡发展之意。荀子曰：“君子知乎不全不粹之不足以为美也……是故权力不能倾也，群众不能移也，天下不能荡也。生乎由是，死乎由是，夫是之谓德操。德操然后能定，能定然后能应。能定能应，夫是之谓成人。天见其明，地见其光，君子贵其全也。”（《荀子·劝学篇》）但是当代领导者往往注重角色功能的分工职掌，易形成物化的思维模式或“功能性短视”。

第二，领导者应该有忧患意识，这不是当代所谓“危机管理”的危机意识。“作易者其有忧患乎”，所谓忧患，简言之即居安思危，危机未来之时，必须兢兢业业，努力于道德修为，否则面临危机时会措手不及。

第三，领导者要有责任意识，而责任意识则是面对客观结果不如预期所料时的道德承担，这是一种“反求诸已”、不怨天尤人的道德情操，也是作为领导人所必须具备的基本素质。这种责任意识不仅是指在制度上、法律上应负的职责，即使无此责任加之，也要进一步承担道德的责任，方显政治家的人格特质。

第四，领导者要以道治国。儒家的管理哲学是超越实证主义和实用主义的，所谓“下

---

① 参见孔健：《孔子的管理之道》，北京，中国国际广播出版社，1995。

② 参见吴琼恩：《行政学》，589 页。

学而上达”，即从形而下的层面学起，再通达于形而上的层面，即道的境界，所以是“超越理性的管理”。这种形而上的道，不是以专门知识或技术来领导，而是一种讲礼仪的全人之道，或做人之道为先的哲学。

第五，领导者要言行一致。语言沟通的能力，在孔子思想中，是“德行、语言、政事、文学”四种能力之一。

6.3.2 法家关于领导者素质的理论

法家论事治国，从客观的后果确定是非曲直。商鞅重视政治制度和法制建设；申不害强调玩弄权术和政治手腕；慎到重视权势。韩非综合三家理论，进一步提出了法、术、势结合的领导素质论，建立了一套中央集权富国强兵的统治术。

1. 领导者要有用“法”的能力

韩非认为，领导者治理国家，第一项任务是能“明法”，即颁布条律，申明法纪，“使人臣虽有智能，不得背法而专制；虽有贤行，不得逾功而先劳；虽有忠信，不得释法而不禁”。并且，领导者要做到严格执法。

2. 领导者要有用“术”的技巧

韩非认为，领导者治理国家不能单靠成文的法规，还必须运用不便讲明的政治手腕和阴谋权术。这包括：

（1）御臣七术。

一是多方了解其人；二是严惩不手软；三是赏赐讲信用；四是考察言行是否一致；五是以假诏测其行动；六是明知故问以探明真假；七是将事情反说以看其表现。

（2）治国韬术。

一是亲自掌握赏罚大权；二是利用专人监视，专责考察大臣以防奸；三是切不可赏无功而诛有功；四是用刑要适当；五是循言责实用人才；六是君主隐蔽意图，无为而治；七是以洞察下情为要务；八是保住权位，维护各司其职的等级制度；九是识伪诈，赏告奸，以人治人，警惕近臣；十是诛戮不能遂民心者。

（3）控制下属。

为了控制下属，韩非认为领导者可以采取以下手段：一是以其亲戚妻儿为人质；二是以高官厚禄稳住下属；三是上下牵连，抑制不满；四是在名实相符时可杀之，杀而无法向天下交代时可在饮食中放毒。

3. 领导者要有用“势”的谋略

韩非认为，为了控制臣下，君主必须有保持自己绝对权势的能力，权势不可以借人。要保住权势领导者必须运用以下谋略：其一是实行“独断”统治，“能独视者眼明，能独听者耳聪，能独断者，可以为天下主”。其二是绝对不可相信任何人，对于自己的妻子儿女也应保持距离，特别要提防近臣和亲信。其三是以迅雷不及掩耳之势动用杀伐权，“主君用刑，若电若雷”，使大臣们感到恐惧。

领导者要处理好用法和用术的矛盾，尤其是在用权术时，要不露声色，表面上无为而治。“人主之大物，非法则术也。法者，编著之图籍，设之于官府，而布之于百姓也。术者，藏之于胸中，以偶众端，而潜御群臣者也。固法莫如显，而术不欲见。是明主言法，则境内卑贱莫不闻知也，不独满于室；用术，则亲爱近习，莫之得闻也，不得满室。”（《韩非子·难三》）总之，确保权势的重要谋略是：独自决断，独揽权柄，深藏不露。

韩非关于领导者法、术、势三方面的素质理论为建立中央集权的统一国家奠定了政治基础，也成为两千多年来领导者修养的圭臬。自古以来，中国的名臣将相通常采用“外儒内法”的策略来进行领导和管理，罕有纯用法家理论而功成名就者。领导者在实践过程中，以儒家精神表现于外，法家精神存之于心。这在以后领导者采取王霸杂糅、儒法并重的领导过程中得到显现。

本章小结

本章主要讲述的内容如下：

1. 素质和领导者素质的概念。领导者素质就是领导者在一定先天禀赋的基础上，通过后天实践锻炼和学习所形成的，在领导活动中经常发挥作用的本质要素。领导者素质具有时代性、综合性、层次性的特点。

2. 领导者素质理论的变迁，也就是研究领导者的途径，包括素质研究途径、行为研究途径、情境研究途径。今天的领导者素质研究具有新的时代特点。

3. 公共行政领导者的素质。基本素质结构是德才兼备，应从政治素质、文化素质、能力素质、身体素质四方面把握。这是本章的核心问题。

4. 区分伪科学、反科学的所谓素质理论。历史上曾出现过把领导者素质神秘化的倾向，时至今日仍流传着一些“面相学”、“血型学”、“手相学”等所谓的素质理论，要划清科学的素质理论与它们的界限。

5. 中国古代的领导者素质理论。这方面有丰富的文化遗产可资借鉴，特别是儒、法两家的素质理论具有代表性，可供参考。

关键术语

领导者素质　　公共行政领导者素质　　素质结构　　德才兼备　　政治素质　　文化素质　　能力素质　　身体素质

复习思考题

1. 简述素质和领导者素质的概念，并进一步说明领导者素质的特征。
2. 简述公共行政领导者的基本素质结构。
3. 你怎样理解公共行政领导者的政治素质?
4. 儒家和法家对于领导者的基本素质要求是什么?
5. 社会生活中有哪些伪科学、反科学的素质理论？举例剖析之。

本章阅读书目

1. 论语. 上海：中华书局，2006.
2. 荀子. 上海：中华书局，2007.
3. 邱霈恩. 领导者素质. 北京：中国言实出版社，2003.
4. 陈树文. 三国中的领导智慧. 大连：大连理工大学出版社，2008.

第7章

领导者形象和魅力

太上，不知有之。其次，亲而誉之。其次，畏之。其次，侮之。

——《老子·道德经》

引导案例

防群众找领导　住建局设“迷魂阵”

一般情况下，办公室门上往往会标明主人身份。但在广西柳江县住房和城乡建设局局领导办公楼层，8个房间门牌上一律只标“办公室”，6个局领导的办公室隐藏其中。来办事的群众说，这简直就是“迷魂阵”，办事不知该到哪儿找人。

柳江县住建局位于柳江县住建大楼4层，记者看到，领导所在的办公室楼层房间，除了一个挂“大会议室”和一个“计财股”外，其他全部是“办公室”，共有8间，其中2间挂“办公室”牌、6间挂“行政办公室”牌。

日前，当地媒体记者因一条路迟迟未完工的问题来到柳江县住建局采访。记者问局长去向，一男子告诉他们“不在”，再问负责人在哪间办公室，这名男子答“不知道”。事后记者才发现，这名男子就是一名副局长。

柳江县住建局副局长张华斌告诉记者，柳江住建局有1名局长、4名副局长、1名纪检组长，局领导全部都在柳江县住建大楼4层办公。他说，住建局正在调整办公室，还没有完全调好，所以没有标明。张华斌认为悬挂的门牌未标明具体办公人员身份确实不对。

而柳江县住建局纪检组长伍敏红告诉记者，因为住建局不同于其他单位，要面对很多“违章建房的上访户”，而这些群众来时常不听劝说，开口就说要找领导，于是在“领导办公室”挂上了“行政办公室”的牌子。

资料来源：《防群众找领导　住建局设“迷魂阵”》，载《新京报》，2013-04-15。

7.1 领导者形象及其建设

7.1.1 领导者形象的含义

所谓“形象”，本是文艺领域的术语，它是指文艺作家在一定的创作思想指导下，对历史生活和现实生活加以选择提炼所创造的有一定思想内容、审美意义和外在形式的生动具体的艺术典范。后来，人们广泛借用这个概念，在政治和社会生活中加以使用，指一个人的形体、概貌、气质、风度等方面给人留下的某一个侧面或整体的印象。

公共行政领导者形象是指公共部门领导者在其领导活动中，在下属和公众心目中留下的综合印象以及得到的总体评价。谈及领导者的形象，也应该注意各个领导者形象之间的配合从而形成领导群体形象，领导群体所在的公共部门的形象就构成该部门的公务形象。

一般来说，领导者形象有如下特点：

1. 客观性

领导者的形象似乎是虚无的，看不到、摸不着，但它确实存在于公众的心目中，而且是客观公正的。正如一首歌中所唱的：“天地之间有杆秤，那秤砣就是老百姓。”领导者形象的客观性是建立在领导者的价值理念、实际行动和作为，以及行为的绩效和结果之上的。正是这种价值理念、实际行动和活动结果与绩效构成了领导者形象的客观基础，也确定了领导者形象的内在结构稳定性。

2. 综合性

领导者的形象是公众意见的综合和归纳，是从不同角度和侧面对领导者所做的总的评价。这就要求领导者应注意保持自己行为的整体性和连续性，尽量避免在不同场合甚至同一场合的行为有强烈反差，注意总体与细节的关系，尤其是在工作细节、个人生活、待人接物等具体方面的表现。

3. 稳定性

心理学研究的“首因效应”，是指公众对某人形成第一印象后，会保留很长时间，并对以后的印象有很大的影响。公共部门的领导者在第一次公开露面时，必须抓住机会表现自己的长处，展示自己的风格特点，从而产生良好的“首因效应”。“新官上任三把火”，就是为了能给人留下很好的印象。但这种“先入为主”的印象并不是一劳永逸的，需要领导者不断强化，使“近因效应”和“首因效应”互相促进，树立领导者的良好形象。

7.1.2 领导者形象的影响因素

那么，哪些因素决定着领导者的形象呢？大致有三种因素。

1. 领导者角色的规定，即价值准则和法律法规

“角色”是演员在戏剧舞台上依据剧本规定所扮演的某一特定任务的专门用语，后被用于社会学。社会学家认为，社会是一个大舞台，社会中的人就是他所扮演的各种角色的总和。演员的言谈举止、音容笑貌必须符合剧本的规定。这里使用领导者角色的概念，是指领导者担任一定职务并获得权力后所应取得的社会地位与身份，以及由这种身份和地位所确定的行为规范和模式。规定领导者角色的剧本是社会的价值准则和法律法规的规范，它们确定了领导者的权利、义务和责任，可以做什么，不可以做什么，应该怎么做。这些价值准则通过政府的宣传教育，常常刻印在人民群众的思想意识之中，他们首先据此来评议领导者。

当代社会要求依法行政和民主行政，所以通过法律规定的领导者角色也越来越为公众所重视。而且，公共部门的领导角色应该是表现性角色，即不以获得经济利益为目的，而是以表现法律制度与秩序为目的。公共部门的领导者角色要求他们全心全意为公众服务，奉公守法，勤政廉洁。

2. 领导者自身素质规定着领导者的形象，领导者形象必须建立在领导者自身素质的利用和开发的基础之上

实质上，领导者形象是领导素质的外化或表现形式，领导素质投射到环境或社会中去，就表现为领导者形象。从这个意义上说，领导素质是一种可资利用的资源，领导者形象则是领导素质资源利用和开发的结果。比如，领导者的气质和性格是先天的，这在很大程度上决定了领导者角色建设。“江山易改，本性难移”，领导者在追求改变自己的本性和气质时，如果不能成功，反而可能表现为矫情和虚假，不自然，也不长久，很难取得积极的效果。从积极方面来说，领导者不断提高自身素质，就扩大了塑造领导者形象的资源。有研究表明，在人与人之间，共同点越多，就越容易相互欣赏，彼此越容易留下更好的印象。在此基础上，领导者就可以学习和掌握塑造领导者形象的方法和技术，充分利用和开发领导素质资源来塑造领导者形象。

3. 领导环境规定着领导者形象

要赢得下属与公众的认同，领导者的形象塑造就不是闭门造车，从自我出发，也不是自我感觉良好，而是根据不同环境、不同的时代和不同领导情境要求，选择恰当的公共形象。例如，公安局长和大学教授形象就不同；同样的领导者在主持庆典和主持葬礼时也有不同的形象要求。

7.1.3　领导者形象的建设

公共行政领导者的重要任务，是自身形象的建设，这个过程包括形象定位、形象塑造、形象推出与形象维护等环节。

1. 领导者的形象定位

什么是定位？定位是市场营销学中的一个概念，是指在商品开始设计之前所作的市场调查以及对目标市场的确定。这一步骤在市场营销中是很关键的，直接决定着商品是否受到消费者的欢迎。正确的定位意味着今后的营销工作是在“做正确的事”，它比“正确地做事”更重要，营销与推销的区别也在于此。公共行政学借用了这个概念，是指领导者依据价值准则和法律法规及自身素质条件和领导环境，确定现实领导活动中所应建设的形象。

领导者形象是建立在下属和公众认同的基础上的。一般来说，领导者有什么样的素质条件，就有什么样的领导行为表现，也就有什么样的领导者形象。但是，领导素质状况不是短时间内就能改变的，这绝不意味着领导者形象在相同时间内的无所作为。实际上，只要领导者有较强的形象意识，注意到自己的形象设计，就完全可以弥补素质上的不足，使自己的形象符合情境的要求。这反过来又是一个素质提高的过程。

综上所言，领导者的形象定位实质上就是形象设计。领导者是自身形象和组织形象的设计师，这是领导者的一个重要任务。

2. 领导者的形象塑造

领导者的形象塑造过程也就是领导者行为的过程。有一句古老的格言："最有利于证明自己的方法不在于你怎么说，而在于你怎么做。"在领导者形象问题上，这是一个根本的法则。领导者形象是由一系列符号组成的一个复杂的符号系统。这些符号在领导行为中构成领导者的整体形象，同时也是人们识别领导者的路径。根据领导行为的特点，可以将整体形象分解为三个主要方面，并由此形成三大分支符号系统，即思想行为和价值形象、工作行为和岗位形象、生活行为和日常形象。

思想行为和价值形象符号主要有：人生观、世界观、政治信念、理论形象、知识形象、服务意识、集体意识、大局意识、责任意识、合作意识、工作态度、律己自觉性等。

工作行为和岗位形象符号主要有：决策形象、指挥形象、权威形象、监督形象、人际关系形象、政治形象、规制能力、专业能力、协调能力、效率与时间观念、演讲风格、会议作风等。

生活行为和日常形象符号主要有：个性魅力、人格形象、家庭形象、交际形象、仪表风度、幽默感等。

以上仅是粗略地列举，其中每一个形象又由更加具体的符号构成。领导者无意中受到议论和赞誉常常是由看似微不足道的形象符号引起的。所以，领导行为中没有小事。看似无关紧要，无形中却会影响领导者的形象。①

可见，领导者要以良好的形象出现在下属和公众的面前，根本的一点是"练内功"，也就是古人所说的"内圣"。此后才能"外王"，追求卓越的表现，为下属、公众所赞同拥护。领导干部在日常生活与工作中应做到自重、自省、自警、自励，在多方面以身作则，树立良好的形象。自重，就是尊重自我，尊重自己的人格，珍惜自己的名誉，谨言慎行，为人处世端庄持重。自省，就是拿起自我批评的武器，"日三省吾身"，反省和检查自己。自警，就是要提醒和反省自己，不许有错误的言论，明白应该怎么样，不应该怎么样。自励，就是鼓励和鞭策自己，坚定信心，勇于开拓，建立开拓创新的良好形象。

3. 领导者的形象推出

领导者在领导活动中，在与人打交道的过程中，自始至终都是在舞台上，一言一行、一举一动都在众人眼中，被他人评价着。在这个意义上，领导者时刻都在推出自己的形象，但从领导者形象建设着眼，又要注意推出的时机和方式。

（1）注意推出的时机。

众人瞩目的"焦点时刻"，是领导者推出自身形象的绝好时机，如大型会议、庆典活动、施政演说、接受采访等。这时恰如电视台的"黄金时段"，会收到事半功倍的效果甚

---

① 参见胡宁生主编：《中国政府形象战略》，上卷，739 页，北京，中共中央党校出版社，1998。

至产生轰动效应。为此，要做充裕和精心的准备。

（2）注意推出的方式。

领导者形象推出的方式很多，这要视领导者自身的特点、能力而言，注意扬长避短。领导者各有所长，如善言辞、善交际、善娱乐、善体育、善写作、善书法等，都要在适当时机“露一手”。与新闻媒体打交道是领导工作的一个重要方式，领导者必须借助新闻媒体的优势开展工作，迅速、真实、大范围地在公众中树立、传播良好形象。

4. 领导者的形象维护

“形象是易碎品”，经过精心塑造和推出之后，领导者的形象还要不断维护和创新，如果以为一劳永逸，那就错了。领导者形象容易受到伤害，偶一疏忽，就可能“打碎”形象，自毁形象，而且人们往往把领导者在表现不当时的举动看做领导者的本来面目，而不会把领导者精心设计的形象当作真实、真正的领导者。所以，领导者要注意维护自己的形象，要像珍惜生命一样珍惜自己的形象，“时时勤拂拭，勿使惹尘埃”。

形象维护可称为“形象管理”，它作为现代组织管理和政府管理的重要内容日益引起人们的高度重视。形象管理主要包括两部分，即组织内部的形象管理和组织外部或社会、公众的形象管理。二者具有不同的特点和表现形式。领导者形象和组织形象管理的目的在于精心维护领导者形象和组织形象的安全，充分利用和开发领导者形象和组织形象资源，尽量避免组织内部形象和组织外部形象乖戾或扭曲现象的发生。

7.2　魅力与领导魅力

7.2.1　领导魅力的含义

从词源上看，“魅力”一词源于希腊语，原意是“神圣天赋”。早期基督教用它作为术语来描述寓含于上帝之中的圆融的品行，如健全、智慧和预见力，“魅力”即“天赋特质”。汉语中的“魅力”是外来词，译自日语，有吸引力和令人愉悦之意，其相应的英语词汇是 attraction，有“吸引、诱惑和被人喜闻乐见”的意思。

马克斯·韦伯曾对魅力做过广泛而深入的研究。他逝世后，他的夫人玛丽娅娜·韦伯对他的书稿加以整理并出版了《经济与社会》一书。该书包含大量关于魅力的论述。韦伯认为：“合法统治有三种纯粹的类型，它们合法性的适用可能具有下列性质：（1）合理的性质。建立在相信统治者的章程所规定的制度和指令权力的合法性之上，是合法授命进行统治的（合法型统治）。（2）传统的性质。建立在一般的相信历来适用的传统的神圣性和由传统授命实施权威的统治者的合法性之上（传统型统治）。（3）魅力的性质。建立在非凡的献身与一个人以及由他所默示和创立的制度的神圣性，或者英雄气概，或者楷模样板之上（魅力型统治）。”①

韦伯在论述三种类型的统治时指出：“魅力型统治按其先天的形式具有特别非凡的性

① ［德］马克斯·韦伯：《经济与社会》，上卷，241 页，北京，商务印书馆，1998。

质，是一种严格与个人即与个人的魅力品质的活用及其经受实践考验相联系的社会关系。魅力型统治作为非凡的统治，既与合理的尤其是官僚体制的统治，也与传统型的，尤其是家长制的和世袭制的或等级的统治，形成尖锐的对立。”①

那么，究竟什么是魅力呢？韦伯指出：“‘魅力’应该叫作一个人的被视为非凡的品质（在预言家身上也好，精通医术的或精通法学的智者也好，狩猎的首领或者战争英雄也好，之前都被看做受魔力制约的），具有超自然的或超人的，或者特别非凡的、任何其他人无法企及的力量或素质，或者被视为神灵差遣的，或者被视为楷模，因此也被视为‘领袖’。”② 简单地说，魅力就是领袖人物所具有的被他人视为非凡的品质。所谓“被视为”，是以追随者的承认、信赖、崇拜为前提的，因此魅力表现为一种社会关系。

在韦伯之后，许多学者也一直在研究魅力。哈佛大学人类学家查尔斯·林德霍姆认为，魅力无论在哪种情况下，都涉及了“一种难以名状的强有力的感情纽带”。他说，如果把魅力看作个人内在固有的东西，那它只能在你与他人交往的过程中才显露出来。魅力首先是一种关系，在这种关系中，领导者和追随者的内在自我紧紧地相互交织在一起。

美国领导学家托尼·亚历山德拉在《魅力的七把钥匙》一书中给魅力下了一个定义：“所谓魅力，就是这么一种能力，它通过你与他人在身体上、情感上以及理智上的相互接触，从而对他人产生积极的影响力。”他解释说，魅力使人喜欢你，即使他们并不了解你。这种个人吸引力（这个词可与魅力互换使用），既可以在公众运动的层次上出现，比如政治家领导的运动或教会领导的运动；也可以出现在小范围的日常经历中，比如一个店主使你觉得舒服和得益，你就会心甘情愿地多走一些路去他的店买东西。③

我国学者张稼人经过研究，认为魅力的主要含义有三点：（1）指人与人关系中的磁性心理表现；（2）指令人由衷顺服的愉悦性意义；（3）指带有多种因素的综合的模糊表现，为一定程度的难以言喻的神秘性。④

综合以上论述，我们认为，所谓领导魅力，是领导者所具备的非凡品质，在领导活动中表现为对追随者的吸引力、凝聚力和感召力，并因此而形成领导者和追随者之间的和谐关系。它具有以下特征：

1. 领导魅力虽然含有职务权力的因素，但更多的是个人影响力

领导魅力是领导权力运用的最佳状态，它以权威为基础。但魅力主要不是依赖于职位权力，权力只能“制人以体”，个人影响力才能“降人以心”。领导者凭借个人的非凡品质和人格感召，激发起下属追随的愿望，以至于渴望被领导，这正是魅力型领导的力量源泉。领导魅力公式是：领导魅力＝99％的个人影响力＋1％的职位权力。

2. 领导魅力虽然具有神秘性，但更具有公开性

魅力型领导具有神秘色彩，失去了神秘色彩也就不成其为领导魅力。领导魅力的神秘色彩是领导者的权力运用艺术、道德情操、性格修养以及学识能力等诸多要素构成的总体素质高于追随者，领导活动超出下属的理解而造成的。但这和有些领导者为形成魅力而故

① ［德］马克斯·韦伯：《经济与社会》，上卷，274页。

② 同上书，269页。

③ 参见［美］托尼·亚历山德拉：《魅力的七把钥匙》，北京，经济日报出版社，1998。

④ 参见张稼人：《领导者的魅力》，3页，北京，中共中央党校出版社，1997。

作神秘、疏远与下属的关系甚至矫揉造作、文过饰非的作风完全没有关系，也与封建迷信毫无关系。一个不敢与下属沟通、不能与下属坦诚相见的领导者很难具有领导魅力。现代行政公开的原则要求公共部门的领导行为必须具有公开性和透明度，领导者业绩也要公开。领导者受到社会公众的关注，他们要光明磊落，通过新闻传媒树立形象，取信于民，增强领导魅力。

3. 领导魅力是一把“双刃剑”，既可以起积极作用，也可以起消极作用

不可否认，历史上有些反动领袖的个人魅力给人类带来了深重的灾难，有些邪教领导者利用魅力来达到个人目的，危害公众和教徒。但这些消极活动会消减领导魅力，在灾难之后，人们会揭穿其阴谋，这种领导魅力自然也就消失了。而且，人们也会提防领导魅力再次产生消极作用，它的市场只会越来越小，直到最后消失。相反，利用魅力作为工具以实现公众利益，就能受到下属和公众的欢迎，这种魅力也就会不断强化，具有持久性。

7.2.2　领导魅力的演化

从历史发展进程看，在不同的历史背景下，领导魅力有不同的表现形式。领导魅力自古至今一直在变化发展，通观历史，其演化趋势表现在以下几个方面：

1. 从迷信向科学的演化

在原始社会和农业社会，领导魅力往往夹杂着迷信的成分和传奇色彩，关于领导合法性的解释之中有“君权神授论”、“天命论”、“天才化”等。领导者凭借血缘、金钱、权力和个人禀赋号召人民，也经常用宗教迷信手法欺骗公众。在现代领导魅力中，盲目与迷信的成分越来越少，理性与科学的成分越来越多。领导者凭借学识、教养和经验获得职权，进而培植个人魅力。

2. 从强调暴力手段到追求非暴力手段的演化

在传统的领导魅力中，暴力占有很大的比例。在封建社会，官僚的魅力来自于他们对刑罚和军事力量的掌握。在资本主义社会，暴力成分在领导魅力中递减，金钱和知识成分在领导魅力中递增，托夫勒认为在好莱坞电影中存在“权力金三角”，即暴力、金钱和知识。秉持“真理、非暴力与服务他人的生命观”的甘地型魅力领导者更能说明这种趋势。在信息革命中，信息在塑造领导魅力方面的作用更是显而易见，和平与信息已是当今之世界领导魅力发展的主要趋势。

3. 从重视领导个人魅力到重视领导群体魅力的演化

传统国家的行政事务和传统社会的公共事务相对简单，主要是单个领导人负全面责任，他的能力决定着组织的兴衰。领导者的魅力对当时政局的安危起到关键性的决定作用，经常出现“政以人兴、人亡政息”的局面，在领导人的接替过程中常出现大的混乱。在当今社会，随着分权的普遍化、事务的复杂化，单一领导人无法事必躬亲，群体领导取代了个人领导，政府的许多部门也引入了“团队建设”的概念，形成了强有力的领导班子。

4. 从重视人治到重视法治的演化

在古代社会，领导魅力常强化人治，人大于法，情大于法，行政体制和法律不健全，领导者凭借个人的好恶和意志用人处事。重要领导人及其领导班子的更迭，造成一定程度的政治动乱和经济波动。后来，随着人们对政治和社会问题研究的深入和认识的提高，人们逐渐认识到法治的优点，法治在一定程度上可以保证社会的稳定。今天，在世界各国广泛适用的宪政体制就是通过法律制度，确保选择合法领导者有能力、有魅力，并确保领导更替不影响政局的稳定。

7.2.3 研究领导魅力的意义

对领导魅力现象的研究，在国内外备受重视。领导魅力不仅涉及领导者自身的品质和修养，涉及领导者与被领导者的关系，而且也涉及整个公共部门的发展。对这样一种有社会性的课题进行研究有多方面的意义。

1. 破除领导魅力神话，培养领导者的魅力

领导魅力不是神话，有其内在的规律性和科学性。领导者在认识领导魅力之后，就可以有意识地培养领导魅力。美国领导学家托尼·亚历山德拉认为："魅力并不是建立在智商和遗传的基础之上，也不是建立在财产、幸运和社会地位的基础之上；相反，它可以通过个人的努力而加以掌握。"①

2. 有助于领导者运用好权力，提高领导绩效

领导魅力是领导权力运用的极致，是领导者和追随者之间和谐关系的表现。培养领导魅力就是要培养领导者与追随者之间相互支持与合作的关系，这能激励他们投身于积极的行动之中，创造出最佳业绩。

3. 获得和培养魅力型领导，有助于组织的发展

每一个组织都应该有自己的魅力型领导者，同时也应该培养潜在的领导者，还要吸引组织外有魅力的人才。通过研究领导魅力，熟悉其发展规律及表现形式，组织不仅可以识别真正的有潜力的领导者，而且可以吸引外来的魅力型人才，并加以培养，使之尽其所能，这对当前公共部门的官僚制结构尤其有意义。

4. 发挥领导魅力的积极作用，遏制其消极作用

领导魅力作为一个历史现象，曾推动过历史的进步。具体到某一位领导者，他的领导魅力在某些情况下发挥积极作用，在某些情况下也许会发挥消极作用。领导魅力研究的一个重要方面就是分清领导魅力的作用条件，促进其积极作用，遏制其消极作用，防止其积极作用向消极作用蜕变，并引导领导魅力的消极形态向积极形态转化。

延伸阅读

领导人卡通形象：为政坛增添诙谐与浪漫

卡通形象生动有趣，在国外，领导人卡通形象经常出现在动漫作品之中，这些在政坛上颇为威严的人物，在漫画家的笔下平添了几分诙谐和浪漫，备受民众喜爱。

助阵竞选。每逢竞选，美国、日本、法国、加拿大等国的竞选团队都有制作领导人卡通形象产品的传统，其中既有支持候选人的"正面卡通"，也有贬损的"负面卡通"。

---

① 参见［美］托尼·亚历山德拉：《魅力的七把钥匙》。

2008年，时任英国首相戈登·布朗的民意支持率跌至历史最低点，在漫画《英国队长和军情13处》中，他“摇身一变”，成了一名保护地球的“太空战士”，与来自地球外的邪恶入侵者殊死搏斗，以此来提升人气。2011年，时任俄罗斯总理普京化身“超级英雄”，出现在网络连载漫画上，而时任俄罗斯总统梅德韦杰夫则成为其“超能力搭档”。漫画中，普京是一位具有“日耳曼人坚毅性格”的英雄，他从爆炸袭击中拯救了一整车的乘客。漫画中，普京摩拳擦掌，声称自己“飞行时速不低于8万米”，疾飞过程中，梅德韦杰夫总是过来助阵。2012年法国大选期间的“总统候选人卡通组合”中，萨科齐和奥朗德分别被塑造成猫王和超人。

调侃娱乐。外国领导人的卡通形象并非总是一本正经，开领导人的玩笑也是此类漫画的主题之一，起到调侃娱乐大众的作用。2014年初，法国总统奥朗德因为偷会演员情人，被绘制成漫画故事书，在各大书店热卖。而美国总统奥巴马的漫画形象更多，并经常被“丑化”：当奥巴马要发动战争时，漫画家就把他塑造成站在金字塔上展示肌肉的猛男；当奥巴马被各种议题搞得焦头烂额时，他就被描绘成忙于投篮的NBA球员；2009年，曾出现过一幅颇为引人注意的漫画，奥巴马脸型扭曲，有两个嘴在说话，左边的嘴说：“本来局势会更糟糕”，右边的嘴说：“我们的好日子在后头呢”，以此来讽刺奥巴马为自己执政以来政绩不佳辩护。

可爱亲民。外国漫画家笔下的领导人往往有着和普通人一样的喜怒哀乐和兴趣爱好。通过卡通形象化，可以让民众更加了解生活中的领导人，塑造亲民形象。2003年，热播动画片《辛普森一家》里，出现了一位特别嘉宾——英国时任首相布莱尔。在动画片中，布莱尔不仅扮演了一位热情好客的主人，还亲自为自己的动画形象配音。

资料来源：程佳：《领导人卡通形象：为政坛增添诙谐与浪漫》，载《中国文化报》，2014-03-13。

7.3 领导魅力的构成与培植

7.3.1 领导魅力的构成

一般来说，研究者认为领导魅力表现为人类的心理现象，但是它有其坚实的社会利益和社会权力基础，涉及领导者、追随者和领导环境三方面，以情感、人格、胆识、能力、资历和职别等为构成要素。领导魅力结构包括领导魅力链和领导魅力面，具有可观察性，因而也是实证的。

魅力首先是一种心理现象，是心理上的一种承认、认同和信赖的感觉。韦伯说：“关于魅力的适用首先由被统治者承认决定。从心理学上讲，这种‘承认’是产生于激情或者困顿和希望的信仰上的，纯属个人的献身精神。”① 领导魅力的心理根源在于追随者对领导者的态度，美国社会心理学家科特·W·巴克认为大多数人在形成态度的过程中，遵循

① [德]马克斯·韦伯：《经济与社会》，上卷，269～270页。

情感逻辑而非理智逻辑，领导者的人格魅力能使下属自觉认同，自发追随，把精神的力量转化为物质的力量，又从物质的力量升华到更高的精神状态。人类心理的发展基础，正是领导魅力发展的基础。

领导魅力的社会基础即社会利益基础和组织权力基础。先说社会利益基础。马克思认为，人们奋斗所争取的一切，都同他们的利益有关。在今天的社会中，社会利益包括经济利益、政治利益和文化利益三类。其中，经济利益是核心和第一位的，它满足人类的基本生理需要，势必转化为政治利益和文化利益，满足人类更高层次的需要；而且，不能转化为政治利益和文化利益的经济利益也是脆弱和不稳定的。同样，政治利益的占有者也可以通过权力来谋取经济利益和文化利益，文化利益的占有者凭借自己拥有的科技利益和精神创造力来谋取经济利益和政治利益。

领导者作为社会利益的分配者，总要使每个下属获得一定的利益，但利益的分配往往不是均衡的。领导者因此要平衡和协调各方面的利益，形成共同的利益目标，产生部门内的凝聚力，当然也包括存在于领导者和追随者之间的魅力。如果公共部门的利益目标出现分歧，利益分配失衡，导致社会动乱，领导魅力自然就土崩瓦解、烟消云散。可见，领导魅力是以社会利益为基础的，是社会利益的升华。历史经验告诉我们，公共部门领导的魅力来自“与民同利”，毁于“与民争利”。

再看组织权力基础。领导魅力公式中1%的职务权力很关键，是画龙点睛之点。事实上，领导魅力作为领导者与追随者的关系，必然包含权力因素，是制约与被制约的关系。著名学者罗伯特·罗素认为：“社会科学的基本概念乃是权力，这一点，正如物理学的基本概念是能量一样。”① 权力存在于家庭行为、职业行为、国家行为和国际行为之中。权力与领导行为是一对相互作用的事物，是指领导意图转化为现实并加以巩固的决定力量。历史上，凡具有魅力的领导人，也总是渴望掌握权力，其领导魅力的增长，常常与其职务权力的增长呈正相关的关系。历史上的许多领导者当其未掌握权力而困顿时，甚至不能谋身谋家，而在掌握一定的权力之后，犹如龙归大海，其领导魅力随着政治和军事权力的增长而增长。在今天的国际舞台上，大国领袖的魅力也凭借国家的政治、经济和文化等方面的综合国力来彰显。所以说，领导者的魅力是建立在组织权力的基础之上的。

在对领导魅力构成基础进行研究之后，我们再进一步研究领导魅力的构成要素，这对于理解领导魅力也很关键。领导魅力的构成要素是多方面的，主要包括以下几个方面：

1. 人格要素

人们在谈论领导时，总要讨论领导者的人格魅力。“人格”是指人的性格、气质和能力等特征的总和，也指个人的道德品质。从更广泛的角度来看，人格要素包括正直诚信、奉公守法、严于律己、坚定顽强等方面。人格因素是领导者影响力强弱的关键，人格高尚的领导者，受到追随者的拥戴，具有巨大的号召力、说服力和鼓动力。孔子困于陈蔡，“粮绝而使者不至”，面有菜色，而他那种于刀光剑影之中犹不废弦歌的个人魅力令子路等追随者佩服不已，自愧弗如。反之，领导者人格卑下，即使位高权重，也只会使人口服而心不服。因此，赢得人心的关键因素是人格，高尚的人格是领导魅力的灵魂。

---

① 转引自［美］华伦·班尼斯：《领导者：成功者谋略》，31页，北京，九州出版社，1998。

2. 情感要素

有的研究者认为，一个成功领导者的魅力 80%来自情感方面，20%来自智慧方面，领导魅力的培植尤其要注意情感的力量。美国领导学家华伦·班尼斯认为，领导的“情商”如何是成为一个领导者的关键因素。领导者必须有良好的情感认知能力和分析能力，只有这样才能营造良好的人际关系和组织氛围，“人情练达即文章”就是这个意思。我国古代把地方官称为“父母官”，其中就含有浓厚的感情因素。美国总统竞选时，不再只是候选人个人的竞选，而是候选人全家齐上阵，强调总统也富有人情味，是感情正常、家庭幸福的人，这也正是中国儒家所强调的，不“齐家”何以“治国”，何以“平天下”？所以，领导者要“感下属之所感”，把下属视为自己的家人、自己的学生，变组织为家庭，变组织为学校，建立感情导向型组织文化。如果领导者与下属互相理解，彼此信任，都奉行孔子所说的“忠恕之道”，那么领导魅力就自然生成了。

3. 胆识要素

所谓“胆识”，是指领导者所具备的胆量和见识。领导者的胆量体现在诸多方面，首先要敢于冒风险，勇于承担责任。古人强调“不入虎穴、焉得虎子”，今天的经济学家也认为利润与风险成正比。领导者在进行重大决策时，信息也许不很完备，而迫于时间压力又必须进行风险决策，这就需要领导者具有良好的心理素质。其次，在遭遇突发事件或面对危机时，领导者要处变不惊，冷静分析，从容应对，指挥若定，这样方可化险为夷。领导者的胆量还体现在他的魄力、果敢和坚毅方面。当然，领导者的胆量不是鲁莽，而是建立在学识和见识的基础之上。有的领导者认为，道理明白而顽强是“明强”，不明道理而顽强是“刚愎”，明强者必胜，刚愎者必败。学识就是指领导者的业务知识、管理知识和其他方面的知识。见识则是指领导者对其领导活动中的所见所闻进行的理性分析。没有以学识和见识为指导的胆量是暴虎冯河；没有以胆量和魄力打基础的学识和见识就是懦弱无刚。有胆有识才可以成为有魅力的领导者。

4. 能力要素

领导能力可以说是综合各方面的要素而成的，它是领导者情感和理性、经验和智慧的统一体。能力反映了个体在某一组织中完成各种工作任务的可能性。一般人员的能力包括体质能力和心理能力。对于领导者来说，其魅力有特殊的要求。领导者要有高瞻远瞩的能力，对时代的发展、环境的变化和组织的前途都有清醒的认识。领导者还要把这些认识形成理论和远景，反复宣传，让每个组织成员都明白并愿意为之奋斗。在为组织目标进行活动的过程中，领导者要能够制定计划、组织人员、指挥协调、控制偏差、评估总结。成功的领导者都表现出较强的预测能力、分析能力和执行能力，并且具有很强的意志力、判断力和创新力。

5. 资历要素

日常工作中论资排辈是不对的，但资历要素也不可忽视。在我军发展史上，有长征干部、抗战干部、解放战争干部和抗美援朝干部的区别。这些干部从军越早，经历战火的考验和洗礼越严峻，立场越坚定，经验越丰富，他们的魅力就越迷人。资历包括两个方面，一方面是领导者任期的长短，另一方面是任职期间的工作业绩。改革开放后，领导者的任免和晋升逐渐强调知识化、年轻化、专业化和革命化，领导者的学历、年龄、业绩等因素凸显出来，那些毕业于名牌大学、年富力强、业绩辉煌的领导者自然魅力十足。

6. 职别要素

“职别”是指领导者在组织中的职位和领导者的级别。职位越高，职权越大；级别越高，个人影响力越强。心理学和社会学的研究表明，人类对权力有崇拜的倾向，也愿意模仿领导者，服从领导者。从对公务员的职位分类来看，职位越高，领导权力越大，权力影响力越大；从品位来看，官阶越高，个人影响力越大。处于官僚制组织高层的领导者一般让人觉得如在云端，神秘莫测，不易接触，魅力由此而生；处于官僚制组织基层的领导者与下属朝夕相处，工作在一起，其优缺点为下属所熟悉，建立魅力就相对困难。

7.3.2 领导魅力的影响方式

领导魅力有其特有的影响方式，研究领导魅力的影响方式，是领导魅力研究的一个重要方面。

领导魅力的影响方式，从理论上概括，是领导魅力链和领导魅力面的共同作用。我国学者张稼人在其《领导者的魅力》一书中，提出了领导魅力链和领导魅力面的问题。所谓领导魅力链，就是存在于组织中把领导魅力传递到下属那里并形成影响的人员组织方式，它一般呈链状。伦西斯·利克特认为，领导—下属相互支持关系体现在一种以工作集体为基本单元的组织结构中，实现集体决策、集体负责，工作集体分布在科层组织的每个层级之上，每一个领导者都是“双重身份”，他们实际上是“连接销”，一方面在自己的工作集体里充当领导者，另一方面在更高一级的工作集体里充当下属。[①] 而领导魅力链正是由这些“连接销”组成的。

当然，在小型工作团队里，领导者可以同每一个下属直接建立双向联系，也就不存在领导魅力链的问题。在较大的组织中，领导者不可能同每个下属直接联系，必须通过组织中的中层管理人员或“自然领袖”来扩大魅力的影响深度和广度。在网络型组织中，也存在着这样的“连接销”，只不过不同于科层制的上下分布而是水平分布的。

值得注意的是，领导魅力影响链不是简单地与组织权力链重合。在一定程度上，组织权力链与领导魅力链相吻合。但是，组织权力链是组织正式的明显的权力链条，而领导魅力链主要是个人影响力，是领导者和下属的人际关系，个人影响力所影响的人员并不一定是正式的管理人员，他们可能是领导的积极追随者，也可能是非正式组织的“自然领袖”，甚至是组织以外的自觉自发的追随者。这些人员组成的魅力影响链在组织结构图上并不表现出来，因而是隐性的。领导魅力链有两种极端的情况，即显性组织权力链或隐性影响链，但通常的魅力影响链是二者的混合物，二者互为依靠，彼此补充，共同传递领导魅力。

所谓领导魅力面，是指领导魅力在部门、政府乃至社会中的影响范围。领导者在其下属和公众面前的影响力并不是一致的和均衡的，即使是最优秀的领导者，也不可能对所有的下属和公众拥有100%的魅力影响面，他只能对部分人有魅力，对另一些人则影响乏力。下属和公众对领导者的反应也是不一样的，或强或弱，或消极或积极。问题的关键在于领

---

① 参见孙耀君主编：《西方管理学名著提要》，2版，207页，南昌，江西人民出版社，1995。

导者对哪些人有魅力，对哪些人无魅力，受到魅力影响的人群是多数还是少数。如果对必须具有魅力影响的人群缺乏魅力，那么这个魅力影响面就没有意义了。

在公共部门中，均衡的领导魅力面要求既要注意面向内部公众，即领导者下属，又要注意面向外部公众，即社会成员。它还要求领导者尽量扩大对组织成员和社会成员的影响，并达到一定的比例。毛泽东发现了人类社会的结构特点，一般来说，社会团体内部可分为左派、右派和中间分子，在战争年代可以分为敌、我、友三个阵线，在人民群众中可以划分为积极分子、落后分子和中间分子，在国际交往中，划分了超级大国、第三世界国家和发达国家。毛泽东通过统一战线这种领导魅力链积极建立最广泛的领导魅力面，主张“五湖四海”和“千军万马”，反对山头主义和关门主义。因为只有这样，才能“团结百分之九十”。当优秀的领导者的魅力面超出组织的范围、大于其下属的数量时，就为其领导活动建立了坚实的群众基础。

综上所述，在复杂而庞大的组织机构中，领导魅力凭借领导魅力链和领导魅力面来传播，领导魅力链和领导魅力面是有机统一的。领导魅力链的延伸必然带来领导魅力面的扩展，而领导魅力面的扩展又能强化领导魅力链，它们在组织内外互为因果，彼此依赖。

7.3.3　领导魅力的培植

所谓领导魅力的培植，就是建立领导者和追随者之间的和谐的人际关系。领导者活动中很重要的一个方面就是关心下属，把与下属的和谐作为人际关系的目标。领导者与下属的和谐，表现为领导者与下属互相信任、互相追随，领导者关爱下属，下属心悦诚服地支持领导者，共同寻求部门和事业的发展。中国传统中的儒家、道家和墨家莫不把“和谐”作为社会理想。今天，公共部门仍负有维持社会秩序的责任，公共部门也应在下属和公众之间培植和谐的人际关系。

领导职位权力运用的极致，领导个人影响力的升华，都变成领导和下属之间的吸引力、号召力和凝聚力，这都是以信任和追随为特征的。历史上，很多领导者的魅力正是和在下属互相追随的过程中形成的。领导魅力的培植需要把握以下四个原则：

1. 情感原则

领导者的魅力作为一种影响下属的感召力、吸引力，是通过领导者与下属感情传递发生的，这就是领导魅力培植的情感原则，领导魅力的情感原则可以分为两方面。首先是“通感”原则。领导者要和下属感情相通，与下属心连心，“感下属之所感”。人的感情并非只表现为语言，有时通过眼睛、面部表情、手势、身体姿态以及下意识的行为表达出来，领导者要善于发现下属的喜怒哀乐等感情波动，并能理解这种感情变化的内在原因。

其次是领导者的“移情”。领导者不仅要“感人之所感”，还要“急人之所急”。即领导要“移情”，善于站在对方的角度和立场考虑问题，待人如己，把下属的困难当成自己的困难，推己及人，只有下属幸福自己才能幸福。

2. 智慧原则

领导魅力的培植还要有智慧。古今许多优秀的领导者都极力追求智慧，智慧如海，智慧源于领导者对感情的控制。领导者要富于感情，富于人情味儿，但不能为各种感情所控制，不能为各种不良欲望所操纵。

智慧要求领导者对人性有鞭辟入里的分析，发扬人性中的积极成分，协调好人际关系，赢得下属的好感和友谊，同时又能控制人性中消极的不良成分，祛除下属的不良行为，扬善去恶，维持组织中的良好风气和秩序。

智慧原则要求领导人要理性，富于见识、经验丰富、办事公道、讲求韬略，说得体的话，做正确的事并把它做好。

3. 形象原则

下属在观察了解领导者的时候，总是从观察形象开始的。领导魅力形象“诚于心，见诸形”，因而领导者无不注意自己的形象，塑造自己的形象魅力。这就是形象原则。

形象魅力首先始于服饰，下属通过视觉观察到的首先是这部分，因此，服饰要整洁朴素、舒展大方。其次，形象魅力还包括领导者的仪态仪表、言谈举止。最后，真正决定领导形象魅力的是领导者的心理状态和行为风格。领导者的形象塑造必须奠基于完整、积极、正面、良好的内心自我意识，良好的道德伦理品质，通过前后一致、持之以恒的行为来表现。在《赢家形象》一书中，罗伯特·舒克认为，赢家形象始于良好的自我形象，没有自我形象或自我形象不佳，领导者的其他优点就会被削弱。

4. 影响原则

正如领导魅力公式所显示的那样，领导的个人影响力占领导魅力的99%。领导魅力的培植，自然强调影响原则，“桃李不言，下自成蹊”，个人魅力来源于领导者的素质和业绩，它是由下属自觉接受自发模仿而产生的。

影响原则根本在于领导者的自我修养，要求领导者修身正己，以自己的行为作为下属的榜样。古语说：“上好礼，则民莫敢不敬；上好义，则民莫敢不服；上好信，则民莫敢不用。”领导者以自己的品行端正和正直无私来行无言之教，“不偏不党，王道荡荡”。领导者以身作则，潜移默化，其身正，不令而行。

影响原则强调下属对领导者的认可和接受，从内心尊重领导，拥戴领导，自觉接受领导，与领导者建立强烈的信赖感、敬重感和亲密感，产生协调一致的行为，以领导者的目标为共同目标并努力去实现。

领导魅力的培植涉及诸多方面的矛盾和关系，领导者如何恰当地处理这些矛盾，也是领导艺术。一般来讲，要注意以下几个方面：(1) 感情和理智的矛盾；(2) 沉默与讲话的矛盾；(3) 赞美与批评的矛盾；(4) 接触与距离的矛盾。

领导魅力涉及领导者、追随者和领导环境诸多因素。领导魅力的培植涉及领导活动的各个环节和各个层面，领导魅力的培植技巧也是有机的协调的系统。一般来说，从技巧方面而言，涉及以下几个方面：始于理想；富于爱心；勇于创新；敢于负责；善于应变；富于幽默；勤于务实；趋于完善；成于坚持。

本章小结

本章主要讲述的内容如下：

1. 领导者形象及其建设。领导者形象具有自身特点，领导者角色、自身素质和领导环境等因素决定着领导者形象。领导者形象建设包括领导者的形象定位、形象塑造、形象推出与形象维护等环节。

2. 魅力与领导魅力。关于魅力的研究与定义有很多种。领导魅力具有如下特征：具有更多的个人影响力，更具公开性，既可以起积极作用，又可以起消极作用。研究领导魅力具有很重要的现实意义。

3. 领导魅力结构。一般来说，研究者认为领导魅力表现为人类的心理现象，且有社会利益和社会权力基础，涉及领导者、追随者和领导环境三方面，以情感、人格、胆识、能力、资历和职别等为构成要素。领导魅力结构包括领导魅力链和领导魅力面。

4. 领导魅力培植。这包括情感原则、智慧原则、形象原则、影响原则等。

关键术语

形象　领导者形象　领导魅力　领导魅力结构　领导角色　领导环境　形象定位　形象塑造　形象推出　形象管理　领导魅力的培植

复习思考题

1. 思考领导者形象塑造的过程和注意事项，对比现实中的领导者，你认为他们成功和失败之处是什么?

2. 领导魅力的特征和发展趋势是什么?

3. 领导魅力结构包括哪几个要素?

4. 你身边存在有魅力的人和有魅力的领导者吗? 怎样理解魅力是一种非凡品质、一种强烈吸引力、一种和谐关系呢?

5. 试论领导魅力与领导者形象的关系。

6. 请你为身边的领导者提出形象建设和魅力建设的具体建议。

本章阅读书目

1. 于敏，赵玲玲. 领导者形象与魅力. 北京：中国人事出版社，2011.

2. 宋海庆. 邓小平：富有魅力的政治家. 北京：中央文献出版社，2004.

3. [英] 乔安娜·库祖布斯卡. 领导魅力的 7 把钥匙. 广州：暨南大学出版社，2007.

第8章

公共行政领导用人之道

接之以礼，而观其能安敬也；与之举措迁移，而观其能应变也；与之安燕，而观其能无流慆也；接之以声色、权利、忿怒、患险，而观其能无离守也。

——《荀子·君道》

引导案例

曹操的用人智慧

东汉末年，群雄逐鹿。曹操发迹较晚，在初始阶段声望和实力远不如袁绍、袁术、刘表等人，但最后的赢家却是曹操。究其原因，其中最重要的在于曹操超人的用人智慧。

求贤若渴，唯才是举。东汉末年，在相互争夺政权的过程中，曹操为罗致人才，先后三次发布求贤令。每次只要有高人和贤人投靠曹操，曹操总喜形于色。如初平二年，荀彧弃绍投操，曹操非常高兴；又如建安五年，许攸弃绍投操，曹操"闻攸来，跣出迎之，抚掌笑曰：'子远，卿来，吾事济已'"。

用人不拘一格，亲仇不避。曹操对人才的爱惜还贵在宽容大度、不计前嫌，亲仇不避。建安二年，张绣本来投靠了曹操，但因不满曹操的言行，对曹操发起突然袭击。之后，张绣投奔刘表，一度把曹军打得大败。曹操本人也为流矢所中，其长子曹昂和侄子曹安民战死。这可以说是血海深仇，任谁也咽不下这口气。然而，官渡之战前夕，张绣听从贾诩的建议再次投降曹操。曹操居然不计前嫌，不仅允降，给张绣加官晋爵，封为列侯，后来曹操还与张绣结为儿女亲家。

知人善任，从谏如流。东汉末年，曹操听取毛介的建议，抢先奉迎汉献帝于许昌，取得了"挟天子以令诸侯"的政治优势。经济上，曹操听了枣祗等人的意见大规模推行屯田制，而且还任命枣祗为屯田都尉，恢复农业生产，使曹军作战再无须担心粮草问题。军事上，曹操在官渡之战中声东击西解白马之围听取了荀攸的意见，坚守官渡听取了荀彧的意见，奇袭乌巢听取了荀攸、许攸和贾诩的意见。

严肃法纪，赏罚分明。曹操用人的成功之处还表现在他的严肃法纪，赏罚分明。曹操对有功之臣进行重奖，但对他们的违法行为又毫不留情地进行惩罚，并且要求将领们以身作则，严于律己。例如，有一次，曹操的部队行军，要经过一大片麦田。曹操下令："行军途中，不准毁坏麦苗。违者处死。"部队将士不敢违反命令，择道而行。忽然，田中飞起一群鸟，扑打翅膀的声响吓得曹操所骑的那匹战马一下子踏入了麦地中，踩坏了一大片麦苗。曹操立即叫来主簿，当着全体将士的面，让主簿给自己定罪。主簿感到非常为难，不主张处罚曹操。于是曹操说："我制定了法令，而自己又触犯了法令，如不受处罚，怎能作下级的表率呢？但我现在身为军队的元帅，不能自杀，那就允许我自己对自己用刑吧！"说完，不顾大家的阻拦，就拔出宝剑割下自己的头发，扔在地上。

资料来源：肖佳杰：《曹操的用人智慧》，载《领导科学论坛》，2014（8）。

8.1　用人上的两条路线

8.1.1　任人唯贤的路线

用人是领导者的基本职责。在什么岗位上用什么样的人，把什么样的人用到什么样的岗位上，怎样才能做到人尽其才、才尽其用，关系到公共组织的发展和工作绩效。政治路线确定之后，干部就是决定的因素。时代在前进，事业在发展，党和国家对各方面人才的需求必然越来越大。如何培养、吸引和用好各方面人才是领导工作中具有重要实践意义的问题。

用人是领导者针对岗位的要求和人才的特点，通过行政规范和程序，以岗定人并委人以特定的使命，以实现人尽其才、才尽其用的领导行为。就公共行政领导者而言，用人主要指两个方面：一是正确地任用干部；二是合理地使用人才。用人是领导者的基本职能。

在用人问题上历来存在两条路线，这是用人的是与非、正确与错误的根本分水岭。毛泽东在《中国共产党在民族战争中的地位》一文中指出："在这个使用干部的问题上，我们民族历史中从来就有两个对立的路线：一个是'任人唯贤'的路线，一个是'任人唯亲'的路线。前者是正派的路线，后者是不正派的路线。"[①] 历史上尧舜传贤就是任人唯贤，尧号陶唐氏，其子丹朱"不肖"，尧便"求贤自代，访诸四岳"，了解到虞舜这个人很贤，颇得人心，便"试之以事"，让其"摄位行政"，并最终接替了自己的帝位。舜后来让位于禹，也是根据这种任人唯贤的传统，这也是因为他们自身都是贤人。任人唯亲就是凭领导者个人的亲疏关系，如血缘关系、裙带关系、私人感情、个人恩怨、宗派主义等，来选拔和用人，而不顾其任职条件，即"所喜好者败官而不去，所怒恶者有功而不录"。这两条路线，一是认一个"贤"字，一是认一个"亲"字。用人狭义上专指使用干部，广义上也包括使用人才。公共行政领导者必须坚持"任人唯贤"的用人路线，反对"任人唯

① 《毛泽东选集》，2 版，第 2 卷，527 页，北京，人民出版社，1991。

亲”的用人路线。用人当为官择人，不可为人择官，这是由公共行政的公共性所决定的，也是我们公共事业兴旺发达的重要保证。

任人唯贤，要求领导者出于公心，按照德才兼备和革命化、知识化、专业化、年轻化的标准用人。德才兼备是中国历史上政治家反复申明和议论的用人标准，各个时代都有其鲜明的阶级性和历史局限性。中国共产党抽象地继承了这一标准，并赋予“德才”以新的内容。1937 年 5 月，毛泽东第一次比较全面地论述了党的干部应具备的德才素质，包括：懂得马克思主义，具有政治远见，忠于党和人民的事业，大公无私，善于密切联系群众，有独立解决问题的工作能力。1938 年他又强调，没有一大批这样德才兼备的领导干部，中国共产党就不可能担负起历史所赋予的任务。毛泽东此时大谈用人之道，同他在全党的领袖地位是相联系的，选才用人已经成了他的一个主要职责。正是由于我们党和毛泽东坚持德才兼备的用人标准，坚决把那些一味追求个人权力、专横跋扈、夸夸其谈、不务实际、玩忽职守的人从领导岗位上撤下来，及时把德才兼备的领袖人物充实到中央领导核心和党政军各方面的领导岗位上去，才终于取得了中国民主革命的伟大胜利。中国共产党的用人路线及其干部队伍的群英谱，是众所周知的。

在建设有中国特色的社会主义和改革开放的新形势下，邓小平继承和发扬了我党任人唯贤的用人路线，一贯强调要建设一支宏大的高素质干部队伍，强调真正关系大局的是这件事。邓小平指出：“正确的政治路线要靠正确的组织路线来保证。中国的事情能不能办好，社会主义和改革开放能不能坚持，经济能不能快一点发展起来，国家能不能长治久安，从一定意义上说，关键在人。”① “政治路线确立了，要由人来具体地贯彻执行。由什么样的人来执行，是由赞成党的政治路线的人，还是由不赞成的人，或者是由持中间态度的人来执行，结果不一样。这就提出了一个要什么人来接班的问题。”② 邓小平根据党的基本路线的要求，按照德才兼备的原则，提出按照革命化、年轻化、知识化、专业化的方针建设一支适应社会主义现代化建设需要的高素质干部队伍，这就是干部队伍的“四化”方针，这是德才兼备原则在新的历史条件下的发展和创新。关于德才兼备的原则，从辩证法的观点看，所用之人的德与才，就犹如船的舵和桨，二者相互联系、相互制约。有德无才等于有舵无桨，船难以启动，航行不了；有才无德等于有桨无舵，船会迷失方向，甚至沉船。也就是说，离开德，才就失去了正确的方向；没有才，德就成为空洞的东西。在现实生活中，实行任人唯贤的用人路线，要从实际出发，对不同领导岗位的领导者的任用，要具体问题具体分析，不能简单化。但任人唯贤的路线是任何时候都不能偏离的。

中国历史上的一些社会集团、阶级在打天下、创业时，为延揽人才，用人往往重才不重德。只要是能人，德的方面要求很低，只要忠诚可靠，不“反水”就行，叫作“唯才是举”。如曹操在《求贤令》中就提出了用人“勿拘品行”的方针，主张鸡鸣狗盗、不仁不孝之徒，盗嫂受金、散金求官之辈，凡有治国用兵之术者，皆可取用，勿有所遗。但到了治天下、守成时，则开始重德，强调德才并重，甚至德重于才。因为要励精图治，企求久

---

① 《邓小平文选》，1 版，第 3 卷，380 页，北京，人民出版社，1993。

② 《邓小平文选》，2 版，第 2 卷，191 页，北京，人民出版社，1994。

安，就必须起用品行高尚、具有清正廉洁德行的贤才，这才能安抚民众，德化风气，整顿吏治，维护统治阶级内部的利益制衡和官僚机器的正常运转。曹操在《论吏士行能令》中，又明确地提出了"治平尚德行"的用人标准，主张选择有德的人。宋代政治家司马光也说过："自古昔以来，国之乱臣，家之败子，才有余而德不足，以至于颠覆者多矣。"这就是历史上的事实。司马光认为，德才兼备，称之为圣人；无德无才，称之为愚人；德胜过才，称之为君子；才胜过德，称之为小人。挑选人才的标准，如果找不到圣人，求君子而委任之，与其得到小人，不如得到愚人。因为君子持有才干，把它用到善事上；而小人持有才干，就会用来作恶。持有才干做善事，能处处行善；而凭借才干作恶，就无恶不作了。愚人如想作恶，因为智慧不济，气力不胜，还有限度，好像小狗咬人，人还能制服他；而小人既有足够的阴谋诡计来发挥邪恶，又有勇猛的力量来逞凶施暴，就如恶虎生翼，为害之大也就可想而知了。

从历史上看，有些时候，封建统治集团为保住自己的既得利益，不想有也不可能有再大的作为，便会走上另一个极端，只要德，不要才，明确提出宁可用有德无才之人。而这个德，主要是政治上忠于自己。如曹操之后的曹魏政权就是这样。它在和司马氏集团所进行的内部政治斗争中，处于守势，主张仅以德取人。司马氏父子则积蓄力量，采取进攻态势，主张放手用人，认为有才干的人才也就是最忠实的人才。这种理论上的争论恰恰反映了他们政治上的需要。

今天我们从事崇高的社会主义事业，全面建成小康社会，远非封建社会各个朝代所能比拟，可谓任重而道远。社会主义是需要许多代人为之奋斗的过程，是面向未来的事业，严格地说并无创业和守成的分野，只能说是不断开拓、进取，不断完善、巩固。因此，在实践中必须把创业与守成的人才素质统一起来，坚持德才兼备、任人唯贤的路线。至于在某个时期为适应实践的需要，或者纠正某种倾向，要着重强调某一个方面，那是允许的，辩证法所主张的就是两点论和重点论的统一，但绝不能割裂这个二者统一的整体，不能偏废一方走到形而上学的一点论和片面性上去。

8.1.2　任人唯贤的意义

在实践中任人唯贤，是领导者实际亮出的施政纲领，无形中打出的招贤的旗帜，既关系到党风和社会风气的建设，又关系到干部队伍和人才队伍的建设，是领导工作中的大事，十分重要。

历史上一些封建王朝和统治集团的衰败与覆亡表明，它们并不是被公开面对的敌人打倒，而是从内部自己把自己搞垮，问题往往出在用人上。诸如宦官当道，外戚专权，伶人乱政，牝鸡司晨，各种典故，数不胜数。在以私有制为基础的社会里，统治阶级搞世袭制、家天下、裙带风，"一人得道，鸡犬升天"是必不能免的。但一些清醒的统治者出于安邦的需要，防止载舟之水覆舟，仍能从封建统治的大局出发，根据公开昭示的原则选人用人。据《贞观政要》记载，李世民在这个问题上就非常注意，他说："古人云，王者须为官择人，不可造次即用。朕今行一事，则为天下所观；出一言，则为天下所听。用得正人，为善者皆劝；误用恶人，不善者竞进。赏当其劳，无功者自退；罚当其罪，为恶者戒惧。故知赏罚不可轻行，用人弥须慎择。"李世民所讲的道理仍值得今天的公共行政领导者深思。任何一个单位的领导者在用人问题上的一举一动，都为本单位群众所观、所听，这是群众最敏感的问题之一。如果任人唯亲，搞不正之风，既败坏事业，又失去人心，与无产阶级作风格格不入，与公共行政的要求格格不入。另外，长期计划经济体制影响下形成的人才管理模式，如条块分割、部门所有、“官本位”、论资排辈、平均主义等弊端，在社会生活中还有影响，制约着领导用人及人才能力和潜力的发挥。

毛泽东在新中国成立初期对自己亲朋故友谋职请求的处理，至今仍是各级领导者的楷模。他说：“我们共产党的章法，决不能像蒋介石他们一样搞裙带关系，一个人当了官，沾亲带故的人都可以升官发财。如果那样下去，就会脱离群众，就会和蒋介石一样早晚要垮台。”他特别嘱咐秘书：“凡是要求到北京来看我的，现在一律不准来，来了也不见。凡是要求我给安排什么工作的，一律谢绝，我这里不介绍、不推荐、不说话、不写信。”这就是毛泽东的“四不”原则，为全党树立了高尚的风范之旗。

8.2 知人与合理用人

8.2.1 知人的意义与识人的误区

领导者必须具备知人善任、合理用人、领导他人的才干，为此就要有选人、用人、培养人、造就人的系统的理论观点与认识，以便指导实践。这些理论观点与认识构成的理论，就是领导者的人学。

领导者贵在知人。知人是善任的前提，知人才能善任；善任是知人的目的，不善任就无须知人。通过知人以达到善任，又在善任中进一步知人。这两者的统一，就形成领导者的干部路线和用人之道。

历史上无数事例说明了领导者知人的重要性。《尚书·皋陶谟》中说：“知人则哲，能官人。”魏时刘邵所著《人物志》指出：“夫圣贤之所美，莫美乎聪明。聪明之所贵，莫贵乎知人。”“知人诚智，则众材得其序，而庶绩之业兴矣。”宋朝的包拯向皇帝进言说：“帝王之德莫大于知人。”他认为王者的任务是总治天下，而不是包办一切，所以聪明的君王能知人，这是最高的德行。各个朝代的有志之士为了成就一番事业，无不把聪明才智用到知人上。历史上齐桓公称霸，刘备开创大业，唐太宗的贞观之治，都与他们善于知人有直接关系。相反，也有许多君主由于不能知人而导致用人不当，造成事业失败、国家灭亡，甚至人头落地的悲惨结局。千古兴亡事，成败皆因人。

我国是一个人口众多的大国，在建设中国特色的社会主义、大力推进社会主义现代化建设的今天，领导者的知人问题愈发显得重要和突出，应该引起各级领导者的高度重视。现代人力资本理论认为：人才是促进一国经济和社会发展的最主要最重要的财富与资源，人才问题关系党和国家兴旺发达和长治久安。我们认为领导者知人的重要性表现在以下几个方面。

1. 知人才能充分发挥人的自觉能动性

人在认识和改造世界的活动中，是有思想、意志、感情等参与其中的，是有目的、有计划的，这就是人的自觉能动性，或曰主观能动性。这种能动性是一种巨大的精神力量，并必然转化为物质力量。同时，人又是生活、工作于一定的社会关系、组织群体之中的，这正是人之所以具有自觉能动性的条件和发挥能动性的环境。不言而喻，在这个环境中，居于主导地位的领导者的作用，是一个关键性的因素。领导者只有知人，才能做好人的工作，调动人的积极性，使人各尽其能、各得其所，心情舒畅地工作，发挥出自己的聪明才智。应该说，这是提高领导效能的重要问题，是事业发达的前提条件。

2. 知人才能关注人的发展，造就人才

人不仅仅是实现事业的手段，在人本主义的管理中，我们的一切事业归根结底都是为人服务的，人的全面、健康的发展，物质生活、精神生活的丰富多彩，始终是我们追求的最高目标。我们各级领导者既要完成本单位的工作任务，推进事业蒸蒸日上，又要扩大队伍，造就人才，使人才济济，后来者居上。这也是领导者的工作内容和政绩的重要指标。只关心工作任务，不关心人的发展，是不称职的领导者。实际上，这二者是不可分的。正因如此，领导者要重视知人，善于知人，自觉地、有意识地去了解部属和群众，把知人作为重要的工作来抓。

3. 从当前来看，知人已成为各级领导者工作的热点问题、战略问题

所谓热点问题，是从科学技术是第一生产力，人才资源是第一资源意义上讲的。当代的竞争是科学技术的竞争，科学技术的竞争是人才的竞争，人才的竞争是智力开发的竞争，而所有这些都要求领导者尊重知识、尊重人才、发现人才，也就是要知人和善任。所谓战略问题，是从选拔、培养、造就千百万革命事业接班人的意义上讲的。社会主义和共产主义事业，是人类历史上崇高而伟大的事业，是空前艰巨而长期的事业。要保证社会主义江山长治久安，保证马克思主义路线代代相传，并且在未来更高的起点上不断推进中国的现代化事业，各级领导者就要以高度的责任感和紧迫感，自觉地、从上到下地、普遍地注意选拔、培养、造就忠实可靠的社会主义事业接班人，这是关系党和国家前途命运的根本问题，绝对不可掉以轻心。从一定意义上说，这首先也是个知人的问题。

既然知人如此重要，领导者应如何知人，怎样才能做到知人呢?

首先，领导者要用心于知人。这就必须提高对知人的重要性的认识，确确实实把知人作为领导者的基本职能，提到领导者的议事日程上来，贯彻到领导者的日常工作中去。要时时、事事、处处注意对人的了解和考察，拿出一部分时间和精力，专门思考和分析人的问题。领导者的聪明才智，也要自觉用到知人上。所谓知人，就是领导者从关心人、爱护人、培养人、造就人的角度，从选贤任能的角度，全面把握对象的德、识、才、学、体及性格、特长和不足，并能设身处地为对方着想，替他们考虑自身的发展及工作、生活中的诸种问题。只有这样，才能知人。

并非所有领导者都能做到知人。有些领导者热衷于单位事业的发展和各种硬性指标任务的完成，比较感兴趣于自己的业务工作，同部属人员接触时谈的、想的都是工作问题，对人的考察、思考不多。他们谈起工作、统计数字头头是道，说起人的情况却知之甚少，对人的了解还属于认识盲区。还有些领导者将熟知误认为是真知。因为与某些人长期共事，自以为很熟悉，很了解，其实停留在日常接触造成的强烈印象上，缺乏全面的理性分析和思考。这种熟知难免带有感情的色彩，无形中夸大对方的某种优点或缺点，也容易造成一种思维和心理的定式，排斥关于对方新的信息，或者将新的信息纳入固有的定式中思考。也有的领导者自以为很知人，但实际上很肤浅，是只知其一，不知其二。总之，没有人的自觉努力，是不可能做到真正知人的。

其次，领导者要有识人的慧眼。王安石说过，“人才难得亦难知”。人才之所以难得，就在于难知。认识任何事物都有一定的难度，认识作为万物之灵的人，其复杂性和难度就更大，这是可想而知的。诸葛亮在《知人性》中谈到，人的情况错综复杂，好坏悬殊，情貌不一。有的人表面温厚而内心狡诈，有的人外表谦恭而心地险恶，有的人外表勇敢而心里胆小，有的人表面说得好听但做事并不忠诚。这些话用在今天领导者的识人上，并不完全恰当。但仅就领导者对自己部属的所知而言，却远比这复杂、丰富、细致。因此，领导者要有在当今条件下识人的慧眼，这就是辩证唯物主义的观点。

辩证唯物主义告诉我们，要科学地知人识人，一要全面地看人，把人的各个方面的表现、情况联系起来，从整体上把握人的本质和主流。不可抓住一点，不顾其余，一叶障目，不见泰山。二要历史地看人，不但看人的一时一事，更要看人的全部历史和全部工作。三要发展地看人。人是在实践中不断发展变化的，不可能一成不变，绝不能把人“看死”。要注意人的各方面的动态变化和趋势，看到人的潜力及发展前途。四要在实践中看人，重在表现。要听其言而观其行，不能听其言而信其行。要特别注意人在关键时刻的表现，疾风知劲草，烈火识真金。

在识人知人上容易把人引入歧途的有这样几种现象：

一曰“光环作用”。据心理学家研究，品评人物的一大障碍便是“光环作用”。这就是说，一个人的某一显著特点极易影响人们对他其他方面的评价，恰似一股强光掩蔽了其他的光。几乎每个人都会被这种光环蒙蔽，只是方式不一罢了。领导者客观评价人，要尽力避免以偏赅全。

二曰“晕轮效应”。这也是一种常见的心理现象和思维习惯。人们在评价人时，总是以为“正面人物”的一切都是肯定的，“反面人物”的一切都是否定的，犯模式化和刻板化的毛病。托尔斯泰描述说：“一个最习以为常的极其普遍的迷信，就是认为每个人都有一成不变的‘本性’，认为有的人善良，有的人凶恶；有的人聪明，有的人愚蠢；有的人热情，有的人冷淡；如此等等。其实，情况却不尽然。对某个人，我们可以发觉，他多数情况下聪明，少数情况下愚蠢；多数情况下善良，少数情况下凶恶；多数情况下热情，少数情况下冷漠；或者相反。实际上，人如同河流一样，不管在哪条河里，水都是一样的。但每一条河流，有时狭窄，有时宽阔；有时奔腾，有时平缓；有时清，有时浊；有时冷，有时热。人也是这样。一切禀赋，人皆有之，但有时表现如此，有时表现如彼，有时甚至面目全非，与平常判若两人，而这正是他的本色。”这段话的前半部分对我们有所启发，后半部分的比喻和解释则是值得商榷的。

三曰“马太效应”。这是美国哥伦比亚大学社会学教授罗伯特·默顿于 1973 年提出的概念。他根据朱克曼对美国诺贝尔奖获得者的调查，研究了科学家的声望、地位对人们心理的影响，发现社会对有声誉的科学家作出的贡献给予的荣誉越来越多，而未出名的科学家的贡献往往得不到社会承认。《圣经·马太福音》第 25 章写道：“因为凡有的，还要加给他，叫他有余；没有的，连他所有的也要夺过来。”从知人上说，就是一旦被奉为人才，各种赞扬、荣誉、头衔等重复多余的东西纷纷加到他身上，可谓锦上添花，身价越来越高。但在未被社会承认之前，人们往往对其视而不见，甚至被贬低。“马太效应”是一种社会通病，它无形中会促使人才提早衰亡，有些名人即因获奖后忙于签名、接待来访者、出席大会，导致智力枯竭，业务荒废；这也会压抑新人的产生，埋没人才。

四曰“以己度人”。就是用自己的好恶作为衡量人才的标准或尺度。黑格尔在《历史哲学》中引用一个故事说，主人本来满腹经纶，可仆人却说，老爷一肚子山珍海味。黑格尔以此来讽刺那些歪曲历史人物形象的评论家们，他们是犯了以己度人的错误。我国刘邵在《人物志》中也精辟地分析了类似的问题。他说“士无众寡皆自以为知人”，因为“以己观人，则以为可知也”。实际上“以己观人”的结果往往是“能识同体之善”，而“失异量之美”。意思是对与自己是同体的人，接触起来就会“情通意亲，忽忘其恶”。对和自己异体的人，虽比肩而不察，历久而不知，对其长处硬是发现不了。刘邵举例说，清廉守节之人，拿正直作为尺度衡量人，喜欢正直的人，而怀疑擅长法术的人。在他看来，只要守正就可以治国，要法术何用？术谋之人，以思谋作为尺度衡量人，能够看中谋略上的奇才，而不识法制方面的良士。伎俩之人，以邀功为尺度，只要你有邀功的伎俩，他就高兴，至于伦理道德，他是不管的。臧否之人，以是否善于观察窥探为尺度，对那些能吹毛求疵、将别人细微的过错也能窥探出来的人极为赏识；而对那些豪爽、洒脱、见识广博、多能的人，则看不入眼。如此等等，不一而足。上述以己观人、度人的现象，在今天的社会生活和某些领导者中，依然存在。

可见，领导者识人的慧眼，还应包括自身高尚的视野和一定的专业知识、能力，这就是主体在认识中的作用。古人所云“艰者知贤，能者知能”是有道理的。从哲学上说，你要被一种崇高的精神感动，自己首先要有美好的心灵。你要发现一种美好的事物，自己首先要有高尚、广远的视野。没有音乐修养的人，欣赏不了音乐，因为缺少一双听得懂音乐的耳朵。缺乏专业知识、才能的领导者，在识别、选拔各种专业和有特长的人才时，总会遇到一些困难。这就要求加强领导者自身主体的建设，从思想觉悟和业务能力两个方面发展自己。

领导者知人识人，除长期工作中的了解外，还要通过一定的考察方法和途径，主要有：与考察对象面谈、专家推荐、竞选自荐、考试、试用考察等。考察本身可以分经常性考察、年度考察、任前考察和为达到某一特定目的而进行的考察。考察的内容则主要把握三个方面：一是对本人的素质进行鉴定和测评；二是对其以往的劳动成果的评估；三是社会、他人对考察对象的认识和评价。

8.2.2　合理用人的原则

爱事业的人重人才，重人才的人有事业。邓小平指出，善于发现人才、团结人才、使用人才，是成熟的领导者的主要标志之一。成熟的领导者要有爱才之心，求才若渴，聚才之方，用才之能，容才之量，护才之魄，举才之德，育才之长。领导者合理用人的基本原则有以下几条：

1. 量才任用，扬长避短

人和人都是不同的。黑格尔说过，世界上没有两片相同的叶子，更何况人。每个人都有其长处和短处，不可能十全十美。有些才能卓越、专长精深的人，由于环境、性格和心理上的原因，其缺点、短处和个性往往也比较明显。如有创新精神和能干的人，往往喜欢发表见解，有朝气和锐气，但过于坚持已见，也就表现得固执和自傲。因此，要用人之所长，避人之所短，这样才能人尽其才。我们需要的是人才而不是全才，不能“因瑕掩瑜”，“因疵废人”，要不拘一格用人才。

在实际工作中我们看到，有的领导者总是抱怨部属不得力，怨天尤人；在用人上也是举棋不定，一误再误。这固然有客观上的原因，但从主观思想方法上说，恐怕就是犯了“求全责备”的毛病。理想中的完人生活中是没有的。“水至清则无鱼，人至察则无徒。”“录长补短，天下无不用之人；责短舍长，天下无不弃之士。”领导者自己也不可能十全十美，怎能用此要求下属呢？

2. 信任授权，放手用人

常言说，疑人不用，用人不疑，前提是要看准人，选好人。领导者因事择人，视能授权，一旦委以责任，就要坦诚交代，放手让其工作，并真正予以全心全意的支持，关键时刻为其承担必要的领导责任。这对被使用者来说，无形中也是一种激励的力量，从而增强其责任感和自信心，调动工作的自主性与积极性。韩信弃楚归汉，刘邦用人不疑，筑坛拜将，令其统率三军。

放手用人就要授之以权，使其真正有职有权，否则谈不到信任，还会造成工作推一推才会动一动的被动局面。在管理学上有一句话叫“有责无权活地狱”。授权包括两部分，一是下属在其位、谋其政应拥有的权力，这应全部授之于下属，领导者不要随意干涉、插手和包办代替。二是领导者将属于自己的部分权力授之于下属，这是超出下属职权的各种自主权，可以随机处置，先斩后奏。领导者授权要把握三条原则：一要大权独揽，小权分散。重大决策权、干部人事任免权等，领导者必须亲自掌握。二要按层次授权，考虑到下属的承受能力。一般不要越级授权，以免造成组织上的混乱。三要与指导、帮助结合起来。授权之后不能撒手不管，要给予必要的指导和帮助，以克服工作中的困难，解决工作中的问题。

放手用人要有容人的气量和胸怀，宽以待人，厚道为本。不能尖酸刻薄，气量狭小。一个领导者越成熟，就越可以兼容、认识和理解不同的人和不同的行为方式。凡有大作为者都有大的气量，干成大事者必有大的胸怀。这样才能团结人、使用人。

要坚定不移地放手用人，还必须排除嫉才之风的干扰。嫉妒是人类的一种痼疾，“木秀于林，风必摧之；石突于岸，流必湍之；行高于人，众必非之”，“事修而谤兴，德高而毁来”，这是自古即有的现象。从历史上看，嫉妒别人的人，常常是无所事事、无所作为的人。嫉妒心的实质归根结底乃是个人主义作祟。嫉妒心理严重的人，凡事以自我为中心，把别人的成功看作对自己的侵犯、威胁，对他人的幸福感到痛苦，对他人的灾祸感到高兴。要扫除嫉妒之风，必须反对自私自利的个人主义。

3. 提携新人，用当其时

长江后浪推前浪，一代新人胜旧人，这是自然规律。但要打破论资排辈的传统和惯例，使人才脱颖而出，后来居上，仍需领导者具有新的观念和视野，有破格用人的魄力和气派。实践证明，凡是自觉这样做的领导者，必然给单位带来生气和人才竞争的局面；反之，则是万马齐喑，人才受压抑和人才流失。这里指的新人是中青年人。青年人朝气蓬勃，正在兴旺时期，渴望干一番事业。及时起用，不但是用当其时，而且可以起到极大的激励作用，更快更好地造就人才。中年时期是人的能力发展的鼎盛时期。此时精力充沛，年富力强，心理健康，业务知识和社会经验丰富，既摆脱了稚气走向沉稳，又有创新魄力而不保守，正可以在事业上大展宏图。这就要求领导者一定要重视中年人，让他们挑重担，充分发挥他们的作用。中青年人与老年人相比也有弱点，相对来说磨炼少、经验少，尚不够成熟。中年人各种生活负担重，属于“活得累”的一族。许多年轻人喜欢“指点江山”，或指责上级的缺点，或揭露单位的落后面，碰了几回钉子，于是噤若寒蝉，或者大彻大悟，由“激进派”变为“消极派”。这里有不切实际的一面，但也有可贵的东西。针对中青年人不够成熟的特点，要多关心、培养和帮助他们，为他们提供用武之地和磨炼、实践的机会。从历史上看，很多干大事、成大业者，往往都是中青年人。马克思、恩格斯、毛泽东、周恩来、邓小平等政治家以及伽利略、牛顿、爱因斯坦等科学家都是在中青年就成就大业、取得巨大成就的。

道理很明白，一个人在年轻的时候如果努力向上，不浪费时光，不在思想上走入歧途，其独立担负工作并对社会作出贡献的年龄是可以大大提前的。代表着时代前进潮流和生命力的青年人永远不可被忽视。今天的社会条件与过去已根本不同，我们的领导者更有责任和义务提携、帮助和扶持中青年人，让他们的青春放出光芒。不要有意无意地压制，贻误他们的成长。

4. 监督检查，奖惩严明

领导者要根据领导机关确定的目标、任务，经常检查督促下属工作人员的工作，及时发现工作中的政绩或游离于目标的偏差，以便总结经验，纠正错误，推动工作。领导者的监督检查是绝对必要的，并且要在有效的时间内及时进行，这也就是对下属人员的真正关心与爱护。列宁的座右铭是：信任是好的，检查更重要。

监督检查要伴之以适当的奖惩，该表扬则表扬，该批评则批评，立功受奖，有过必罚，依工作表现和政绩晋升。只有这样，才能形成差别境界，使有作为、有贡献的人脱颖而出，受惩罚对象与之形成更大的反差，从而激励人们上进，调动下属工作人员的积极性。反之，干多干少一个样，干好干坏一个样，干与不干一个样，无法形成人才竞争、奋发向上的局面。在消极参照系数的影响下，能人也会变成庸人，勤人也会变成懒人。

8.3 领导绩效考评

8.3.1 绩效的含义及考评的意义

知人和用人都与绩效考评紧密相关。现代功绩制有两大支柱，即考评制和奖惩制，考评制又是奖惩制的前提。“绩效”一词由英文 performance 翻译而来。所谓绩效，就是成绩和成效的总称，是指一定的组织及其成员在组织活动中所获得的结果和贡献，它是组织结构及组织成员知识、能力、技能等各种因素的综合反映，是一切管理活动的出发点和归宿。

关于什么是公共行政领导绩效，目前学术界有三种观点。

第一种观点，贡献论。认为公共行政领导绩效，是领导个体或群体凝结在工作成果中的有效劳动量，以及他们在公共行政管理活动中所作出的成绩和贡献。因而主张领导绩效考评就是对领导个体或群体的工作成果进行测量与评价。

第二种观点，过程论。认为领导绩效的形成过程是领导者个人的能力发挥与形成效果的统一过程，是领导个体与外部环境进行有效的、能动的相互作用的过程。因而主张领导绩效考评既要对领导个人的工作成果进行测量与评价，同时也要对领导个人的行为表现和所处的工作环境进行测评。

第三种观点，目标论。认为领导绩效是领导个人在预定期限内实际达到预期目标的程度，因而主张用计划目标水平（任务标准）去测量领导个人的工作绩效。

我们认为，所谓公共行政领导绩效，是指在公共行政领导活动中，领导者在实现组织目标和完成其职责中所取得的实际效果和工作成绩。它具有以下几个方面的特性。

1. 变量多重性

公共行政领导绩效的形成和发展是受各种因素影响的，是多种因素相互交融、相互制约、共同作用的结果。从内部因素看，它取决于领导个体或群体的素质、能力状况，取决于领导个体或群体的主观努力程度。从外部因素看，公共行政领导绩效的形成受社会政治和经济环境、工作责任、工作基础设施等多种外部因素的影响。因此，公共行政领导绩效考评不是单因素考评，而是一项多种因素的综合性测评。

2. 动态变化性

一方面，公共行政领导群体或个体的绩效随着时间的推移而不断变化，另一方面，人的主观行为对社会经济发展的作用需要一定的时间才能显示出来，因而，领导者在不同的时间其工作绩效是有差异的。据美国组织行为学家的研究，在一周五天的工作时间里，往往是周一的工作绩效较低，因为刚刚度完周末，精力尚未完全集中到工作上来。周五下午的工作效率也较低，因为很可能会因考虑周末的安排而对工作心不在焉。即使在一天里，工作绩效也有高低之分。因此，要准确评价一个领导者的绩效，必须对他在一段时间内的绩效进行多次的评价和衡量，并且要根据工作性质的不同而改变绩效评价的次数。

3. 形式多样性

从事不同类型工作的领导者，其工作结果的表现是不同的，因而其工作绩效的表现形式亦有很大的差异。在进行绩效评价时，应考虑不同类型领导者的特点。如教育部门领导者和政府部门领导者绩效评价的指标就各不相同。一般而言，对于公共行政领导者的绩效考评应注重分等而不强求定量。

领导绩效考评是检验领导者领导水平、质量和效益的有效手段，是促进领导工作上水平、上档次的有力措施。以科学的态度和方法加以正确评价，对于深化行政领导体制改革、加强干部队伍建设具有十分重要的意义。

第一，为任用干部提供依据，有助于激励领导者努力创造新的绩效，及时把优秀人才提拔到各级领导岗位上来。合理使用干部的前提，是正确评价干部。正确评价的科学结论，来自对领导绩效的严格考评。领导绩效考评是发现人才、识别人才的重要途径和根本方法，通过严格的绩效考评，才能准确认定领导者履职效果的优劣，才能全面把握领导集体的整体水平和效能，才能为克服和杜绝干部任用工作中的主观主义、任人唯亲等不正之风创造条件，才能做到知人善任。

另外，严格进行绩效考评，可以为奖惩领导干部提供依据，有助于激励领导者努力创造新的绩效。在领导活动的实践中，仅仅依靠道德上、舆论上的要求，并不能对提高领导工作效率、创造领导业绩完全奏效。只有辅之以严格的绩效考评，并据此对领导干部在物质上和精神上严格实行奖惩，奖勤罚懒、奖优罚劣，才能激励领导个体的积极性，促使他们创造新的绩效。事实表明，没有对领导干部的绩效考评，就无法改变过去那种干好干坏一个样，相互扯皮、无人负责和效率低下的情况，就会严重压抑领导干部的积极性、主动性和创造性的发挥。

第二，为培训干部提供根据，有利于提高培训工作的效果。开展干部培训工作，是开发人力资源的重要任务和手段。通过培训，领导者能够进一步发挥和利用自身潜能，更大程度地实现自身价值，增强对组织的归属感和责任感。培训工作的效果取决于明确的目的性和具体的针对性，绩效考评所提供的资料和数据是增强目的性和针对性的最重要的依据，有了它，培训才能做到有的放矢，取得实效。

另外，对于做好培训工作，绩效考评不但可以发现和找出培训的需要，据此制定培训措施与计划，还可以检验培训措施与计划的效果，促使培训工作不断调整、改进和完善。

第三，为检测领导活动科学化程度提供重要手段。在领导活动中，领导者、被领导者、客观环境之间，各种领导职能、领导活动过程各环节之间的交互作用关系极为复杂。领导绩效的取得，都是在一定的领导环境下领导者综合运用各种领导方法和艺术的结果。领导者的领导绩效，能够在总体上综合地、直接或间接地反映领导活动科学化的程度。绩效考评实质上就是检测与领导活动全过程相关的各种因素的作用程度和各种职能的实际运用情况，检测实际结果与既定目标之间的吻合程度。因此，绩效考评成为检测领导活动科学化程度的重要手段。

通过绩效考评，还可以展示领导活动各要素、各环节、各种职能与领导绩效之间的相关性，找出影响领导者取得工作成效的症结所在，不断深化对领导活动客观规律的认识。把绩效考评中发现的问题和总结的经验反馈到领导活动的过程中，还便于领导者及时修订计划、改进工作，避免重复以往的错误，导致决策失误，从而进一步提高领导工作的科学化水平。

8.3.2　绩效考评的内容与原则

公共行政领导绩效考评的内容取决于领导者履职的目标、要求，主要包括德、能、勤、绩、廉五个方面。

德，是指政治思想素质、道德素质、行为品质和为人处世作风，是一个人的灵魂和本质，统率着做人的各个方面。因此，它不仅决定一个人的行为方向——人生观、世界观和价值观，决定行为的强弱——为达此目的所做努力的程度，还决定行为的方式——采取什么样的手段达到目的。在领导绩效考评中，德是第一位的、最重要的内容。考评领导者的德，其观察点主要是对党和政府的路线、方针、政策的态度和执行情况，遵循公共道德和职业道德的情况，对待事业和工作的态度，对待群众的态度等。设计具体观察点时，务必与领导者具体的工作岗位和职责联系起来，讲求现实性和可操作性。

能，是指能力素质，即认识世界和改造世界的本领，有现实的和潜在的之分。能包括一个人的观察能力、认识能力、思维能力、研究能力、创新能力、表达能力、组织指挥能力、协调能力、决策能力、操作能力等。考评领导者的能，其主要观察点是掌握本职工作的业务知识，了解现代科学管理知识和自然、社会科学知识的程度；接受新事物，思考问题、分析问题和解决问题的能力；口头和文字表达的能力和处理各种公文的能力；决策、指挥、组织和协调的能力；改造精神和创新意识；处理各种问题和矛盾，尤其是处理突发事件的能力；处理各种关系、团结协作的能力等。在设计这些观察点时，不仅要着眼于有没有相关能力，而且要着眼于发挥能力的效果。

勤，是指勤奋敬业的精神。主要指领导者的工作态度和责任心，具体体现为工作积极性、创造性、主动性和纪律性。不能把勤简单理解为出勤率，真正的勤意味着以强烈的责任感和事业心全身心投入工作，对群众负责，对事业负责；意味着有理想，有抱负，积极肯干，兢兢业业，任劳任怨，不断进取；意味着工作认真负责，一丝不苟，刻苦钻研，勇于承担责任；意味着深入群众，关心他人疾苦，帮助别人解决困难，助人为乐。

绩，是指领导者的实际工作成绩，包括完成工作的数量、质量、经济效益和社会效益。数量和质量之间，经济效益和社会效益之间，都是对立统一的、辩证的关系，在考核和评价人员的绩效时，应充分注意这一点。对不同职位，绩效考评的侧重点应有所不同，但效益应处于中心地位。在考“绩”时，不仅要考虑领导者的工作数量、质量，更应考虑其工作满足社会需要所带来的经济效益和社会效益，不仅要考虑领导者做什么和怎样做，更要考虑他通过努力实现的工作价值。

廉，是指遵纪守法、依法行政和廉洁自律等情况。考核领导干部是否严格遵守党和国家廉洁从政的有关规定；是否廉洁奉公、忠于职守，有无利用职权和职务上的影响谋取不正当利益的行为；是否严格遵守公共财务管理的规定，有无假公济私、讲排场、比阔气、挥霍公款、铺张浪费等行为。

搞好领导绩效考评的一个关键问题，就是确定有效的评价标准或尺度。为了准确反映领导者的实际工作绩效，绩效考评必须采取组合标准或尺度，形成合理的评价指标体系，这样的体系应具备以下特点：

一是可靠性。指标体系建立在科学研究和论证的基础上，内涵准确，观察点到位，轻重区别得当，体系完整，能够准确地评价对象，并产生真实的效果。

二是导向性。指标体系应是理性化的，不仅包含实际作为的含义，而且包含应该作为的含义，通过评价，树立追求的目标，引导领导者缩短差距，规范领导行为。

三是差异性。指标体系能够根据领导者的特点，在强调共同准则的前提下，区别差异，鼓励特色，为领导者创造性地开展工作留有充分的余地。

四是有效性。指标体系的操作结果，有利于实事求是、冷静客观地评价领导者的优缺点以及经验和教训，并对领导者改进工作产生积极的影响。

五是可行性。指标体系主线清晰，经纬分明，易于掌握，易于操作。

考评工作是一项政策性、原则性和灵活性极强的工作。要做好这一工作，应该遵循如下原则：

（1）客观、公正、全面、准确相结合的原则。

考评者应该以客观、公正的态度去观察、分析、研究反映考评对象的各种信息和材料，全面、准确地进行判断，做出结论。必须了解被考评者的政治、历史、知识、能力等背景情况，依据被考评者已有的绩效，来检测其对现任领导职务的胜任程度。在考评中，不能以一时一事论英雄，既要看被考评者的平时表现，又要重视其全部历史和全部工作。这就要求：1）在进行考评时要尊重事实、实事求是，切忌主观随意；2）要把被考评者放在当时当地的领导工作环境和条件中加以考察，正确对待那些不以考评者意志为转移的、影响领导绩效的客观因素；3）考评的结果应该基于对准确、完整的资料、数据和事实的正确分析，任何一个结论都以事实为根据，而不是以个人的好恶为准绳。

（2）领导、同事、群众评议相结合的原则。

在领导绩效考评中，必须坚持广泛原则和民主原则，发动领导、同事和群众参与评价，要充分相信群众，实行多渠道、多层次、多视角的考评，综合各种评价意见，得出符合实际的结论。这种方法能够广泛、深入地听取各方面对被考评者的意见，并将被考评者置于领导、同事和群众的监督之下，有利于避免评价过程中的各种片面性，求得准确的看法。

（3）科学性、可操作性相结合的原则。

评价指标体系是否符合科学性、可操作性相结合的原则，关键是看有没有较高的效度和信度。所谓效度，是指评价体系能否测评到设计者想要测评的东西。所谓信度，是指同一评价体系两次以上用于同一对象得出结果的前后一致性。在进行绩效考评时，主要从三个方面把握效度：1）观念效度，也称为结构效度，即评价体系的设计是否具有充分的理论依据；2）内容效度，指评价体系所测评的内容是否充分概括了领导者在实际工作中必须具备且客观存在的种种素质条件，并且具有时代性；3）标准关联效度，指评价体系测评结果与另一评价结果的相关程度。

（4）定性、定量相结合的原则。

任何事物都是质和量的统一体。领导绩效考评是对领导者总体情况的认识和评价活动，必须遵循人类认识发展的一般规律，按照从定性到定量，再到更高层次的定性考评，验证最初阶段考评的可靠性和准确性，最终对领导个体的类别、等级进行划分，对领导群体总的状况及其未来发展趋势做出预测和推断。定性考评是定量考评的基础，定量考评是定性考评的深化和精确化，只有把两者结合起来，才能使考评工作科学化。传统绩效考评偏重定性而忽视定量，这种局限造成难以准确把握评价的真实效果，在加强监督评价工作的今天，亟待调整。

（5）考评、任用相结合的原则。

考评领导者的目的不是为考评而考评，而是为了了解干部，正确使用干部。任用干部的标准是德才兼备，任用干部的原则是因事择人、用人之长。要想判断一个人的德才状况、长处短处，必须经过考评。绩效考评可以对人员的政治素质、思想素质、心理素质、知识素质、业务素质等进行评价，并在此基础上对人员的能力和专长进行认定。但是，考评的结果必须与干部的任用直接联系起来。经过考评，优秀干部就要鼓励、就要重用，不称职的干部，就要卸任、就要下岗。只有将考评与任用结合起来，考评工作才会产生实效，群众才会对考评工作树立信心，对参与考评工作有极大的积极性和主动性。

延伸阅读

原广州市委书记万庆良的“升迁密码”

2014 年 6 月 27 日，万庆良在广东省委常委、广州市委书记任上落马。他头顶“有魄力的实干家”、“年富力强”、“最年轻市委书记”等诸多光环；由宣传部干事步列省部级领导，仅花了 26 年，被公认为“火箭提拔”。

万庆良生于 1964 年，1984 年毕业于梅州嘉应师专并留校，1986 年进入梅县地委宣传部，正式步入仕途。梅州宣传系统一位退休老干部记得，进入宣传部时，万庆良很善于揣摩领导心思，同事们打扑克，“这个年轻人会观察领导脸色，故意输给领导”。梳理万庆良的升迁轨迹，无论主政蕉岭县、揭阳市还是广州市，其施政思路一脉相承：大搞城市建设和开发，上马大项目，迅速拉动当地 GDP 增长，其政绩频频获得上级的肯定。

改革开放以来，各地对选任干部提出考核评价标准，其中主要是进行干部量化考核和实绩考核，一度各地都出现“唯 GDP 论英雄”的选拔观。万庆良在梅州的多位老同事认为，在一定程度上，万庆良的施政思路正契合了这一考核标准。从蕉岭到揭阳，再到省府广州，万庆良的施政风格一脉相承，只是舞台越来越大：通过经营城市“生钱”；大搞城市建设，改善城市面貌；通过拉大项目落地和房地产开发快速拉动 GDP 增长。这正是万庆良的“升迁密码”。

上述老干部说，万庆良主政之地的城建轰轰烈烈，几乎重建一座新城。这与很多体制内官员求稳的心态不同，“与万庆良的出身有关。”他说。万庆良出身农家，少时岁月艰苦。多位老干部分析，出身带给了万庆良好学、隐忍、能吃苦、谦虚等良好美德，但也导致他“急于求成，不睡觉也要做好；非常渴望得到同事认可和领导赏识。这也是他做了很多‘有魄力的工程’的动因”。

此外，万庆良的口才出众以及年龄优势在个人升迁中也起到了非常大的作用。“他经常脱稿讲话，善用排比句；领导下来考察工作，汇报工作时讲得好就证明有水平。”梅州一位老干部说，“而在干部提拔体系中，年龄几乎意味着一切，一步快步步快。”

梅州一位退休干部说，万庆良经营城市、大搞城建的模式均涉及土地，很容易出问题。万庆良与房地产商的关系一直较好，这在揭阳、广州商界已成公开的“秘密”。

资料来源：周清树等：《原广州市委书记万庆良的“升迁密码”》，载《新京报》，2014-07-14。

8.4 领导绩效考评的方法与程序

8.4.1 绩效考评的方法

绩效考评的方法有很多，考评者应根据考评对象、考评目的等有针对性地选择使用。

一般说来，常见的考评方法主要有以下几种。

1. 目标管理测评法

目标管理测评法是在行为科学理论研究基础上发展起来的一种综合性绩效考评方法，是按照既定的可考核目标及其完成情况来评价被考评者的工作成效的方法。由美国管理学家彼得·德鲁克于 1954 年首创。

要使目标可考核，一方面，应该规定一系列数量指标，使目标获得抽象的数的性质和形式，与数的系统形成同构，使之能够计量和运算；另一方面，应该通过详细阐明目标的性质、特征、完成日期和途径来提高其可考评程度。比如，干部的“四化”目标，既有质的规定性，又有量的规定性，其中的革命化就是质的规定性，有着准确的、具体的要求，而年轻化、知识化和专业化则可用年龄、文化程度、专业知识水平等数量指标来表示。在总体目标确立之后，还要把总体目标分解为相互联系、相互制约、多层次、多样性的具体目标，形成目标网络。按可考核的目标来考评领导者，实际上就是观察和评价领导者确定目标、实现目标的能力和所作的贡献。

目标管理测评体系的构成一般可分为两大部分：

（1）工作成果评价体系。这是对完成任期目标的程度进行测评。采取个人自评，上级业务管理部门核定，并根据目标实现的难易程度对评定结果进行加权计算和分析，从而确定其工作绩效。

（2）工作行为评价体系。对被考核者完成任期目标或履行各项责任过程的行为表现、行为方式、价值观和态度进行测评。

目标管理测评法的优点在于，由于注重终极目标，而不是过程，有利于把握被评者的全面效能；有利于在评价中分清主次，区别现象和本质；有利于促进领导者增强战略与战术相结合的领导观念。这种方法的缺点是，在目标与过程的关系上一旦把握不当，容易导致重视宏观、忽视微观，重视结果、忽视过程中表现出来的有价值的作为和经验的倾向。

2. 因素评定法

因素评定法是通过调查分析与实测数据统计分析，提出领导绩效考评的有关因素，形成评价标准量表体系，从而进行评价的方法。这种方法简便易行，评定结果易于计算机处理，适用于大规模地评价各类人员，也适用于多层次、多维度的数量比较。因素评定法的标准量表体系的主要模式有以下几种：

（1）问卷式标准量表。就是将评价指标转化为一系列行为特征，并以问题的形式出现在量表中，每一问题赋予一个等级评判标准。评估者根据问题选择一个等级，对被评估者进行评价。

（2）参照标准式量表。将每个指标要素分为若干等级，形成规范化的等级模式，赋予每一等级模式一定的标准内容，并体现程度上的差异，将各指标和各组指标等级的划分标准综合起来，形成参照标准式量表。评估者在进行测评时，针对被评估者的行为表现，根据参照量表来确定被评估者在某个要素上所处的等级位置，进行评价。

（3）刻度式标准量表。就是运用刻度量表，直观地表现评价标准及划分标准等级。评价者可以直接在刻度表上选取与评价对象素质特征相对应的点，然后形成一条评价曲线。

（4）对应式标准量表。就是将标准等级分成两个极端，中间划分为若干等级的标准量表。这种标准量表的特点是便于在强与弱、好与坏之间进行分析比较。

因素评定法的评定角度主要有：

（1）自我评定。即由评定者依据标准量表，自己对自己的工作绩效进行评价。其特点是有利于被评者积极参与和自我调整、自我完善、自我发展。自我评定的约束条件是，要求自我评价者有较高的素质，能正确地理解评价要素和掌握标准。

（2）同级评定。即由同一职务层次的人员依据标准量表进行互相评价，被评定人的绩效应该是评定人能够了解和掌握的，否则会使评价不准确。

（3）下级评定。即由领导者的直接下级依据标准量表对其上级领导的绩效进行评定，这是民主集中制在绩效考评中的运用。这种测评角度有利于反映群众意见，表达民意，但这种方法往往受人际关系影响大，"老好人"式的领导往往会取得好的评价。

（4）直接领导评定。即由领导者依据标准量表对作为直接下属的领导者的工作绩效进行评价。

因素评定法的特点是评定项目设计严格，定义明确，计量方法统一合理，评估结果既可以反映一个人的实际水平，又可以与他人比较，因而是一种适应范围广而又简便、有效的绩效考评方法。

3. 比较排列法

这是一种以对个人特性或贡献进行相互比较为基础，排列每个人的绩效等次或优劣次序的绩效测评技术。其主要方法包括以下三种：

（1）交替排序法。即用来评价领导者某一单因素绩效特征或综合绩效特征的一种简便而又流行的测评方法，以最优和最劣两级作为标准等次，采用比较选优和汰劣的方法，交替对人员某一绩效特征进行选择性排序。

（2）配对比较排序法。这是一种比交替排序法更有效的绩效测评法，更能显示差别。这种方法不是仅仅给出一个人的总的评价，而是分别就各个因素，把每个工作人员与群体中每一个别的人员相比较，也不是仅仅反映一个人工作完成得好坏，而且说明这个人与所有别的人员相比干得怎么样。运用这种方法，在每个人都工作得很好时仍能断定谁处于最佳状态。

（3）代表人物评定法。这种方法首先确定若干考核要素，并确定每一考核要素在整个考核中所占的比重，继而从被考评者中选出代表人物，分别代表各要素的一定等级。然后按照各要素的顺序，把每一名被考评者与这些代表人物相比较，从对应中确定被评者的等级。最后，将各要素的得分加权合计，得出各被评者的总分，并据此确定优劣。

4. 强迫选择法

强迫选择法是划分被考评者的等级比例，并按照这种划分进行评价的方法。比如，可以将迫选等级标准定为：优秀占 10%，良好占 20%，一般占 40%，低于一般水平占 20%，差占 10%。如果被考评对象有 50 人，评估者必须按迫选比例把其中 5 人划为优秀，10 人划为良好，20 人划为一般，10 人划为低于一般水平，5 人划为差。通过这种方法，可以得出较为客观的评价结果，得出近似于正态分布的曲线，符合人员素质与功能特性的分布规律。

这种方法的优点是拉开了评价对象之间的等级差距，便于进行相互比较。缺点是容易导致表现相似的被评者因为迫选比例的限制，而被列到不同等级中去的偏差。

5. 领导行为效能测定法

这是在组织行为科学研究基础上发展起来的一种测量与评价领导者行为与工作绩效的新技术。它采用问卷调查的方式，从领导者、领导情境、被领导者等多方面对领导行为与领导者所处工作情境状况进行评价。例如中国科学院心理研究所在吸取国外有关研究成果的基础上所研制的 CPM 领导行为评价量表就是典型的这种方法。在 CPM 量表中，共含 71 项问题，分为两个方面，11 类因素：第一个方面是领导行为评价。包括三个因素：领导者的个人品德（简称 C 因素）；领导者的工作绩效（简称 P 因素）；领导者处理人际关系的能力（简称 M 因素）。第二个方面是单位工作情境状况评价。包括以下情境因素：工作激励；对待遇的满意程度；提薪及晋升的机会；心理保健；集体工作精神；会议成效；信息沟通；绩效规范。

6. 联系行为评级法

联系行为评级法在关键事件法的基础上加以改进，形成规范化的评价表格，以等级分值量表为工具，配之以关键行为描述，然后分级逐一对人员绩效进行测量与评价。这种方法使用更为方便，更具针对性和操作性。联系行为评级法通常包括五个步骤：

（1）由熟悉和了解工作性质、工作特点和工作内容的人，对高效和低效的行为做出规范性的说明或描述。这种规范性说明是绩效考评的准则和依据。

（2）要求这些人把这些说明合并为若干（通常是 5～10 个）绩效组成要素，然后赋予每个组成要素以明确的定义和限度范围。

（3）把这些组成要素的范围和关键细节交给另一组熟悉这些工作的人，要求他们审查其必要性，并重新把每一条说明归入适当的组中。

（4）要求第二组人对关键性说明所指的行为确定适当的分值，以代表绩效之高低。

（5）制定整套文件和表格，形成测评量表，用于对人员的评价。

联系行为评级法具有衡量标准明确，测评有效、可靠，易于考评人更好地了解所评价对象等优点。其缺点是费时费钱，不经济。

8.4.2 绩效考评的程序

绩效考评的程序就是进行考评的步骤及各个步骤之间的联系。虽然绩效考评的对象和方法千差万别，具体考评程序也不尽相同，但是，一般有如下共同步骤：

1. 准备

准备工作包括思想和物质准备。考评之前，要做好各种表格的制定、标准的确定和具体考评中的方法和步骤等各项物质准备工作。与此同时，应向被考评者和考评人员讲明有关考评工作的指导思想、目的意义和具体要求，做好思想发动工作，并提前通知被考评者，按要求写出书面工作总结。

在准备阶段，建立考评组织和培训考评人员是两个关键环节。

考评组织应该具备以下条件：有一定质量和数量的考评人员；有各种形式的考评机构；考评人员能为绩效考评这一明确目标而进行工作等。建立考评组织的原则有：各级组织考评的对象应同其人事管理范围相一致；考评组织成员必须具有代表性；考评组织具有相应的权力与责任。

考评人员的培训是可信性和有效性的保证，同时是考评普及推广的必要途径。培训可分为不同的形式。在一般培训的基础上根据在测评过程中的角色不同，可进行分级培训、专题培训和正规培训。分级培训包括基层管理人员培训、中层管理人员培训、人事干部培训、领导干部培训。专题培训是根据专题对各种人员进行的培训。正规培训是在大专院校进行的系统化、理论化、规范化的培训。考评人员培训的主要内容包括：（1）测评纪律和道德训练；（2）基础知识训练；（3）测评技能训练。考评人员培训的方法主要有课堂教学、电化教学、实例教学、现场训练。

2. 述职

述职是指被考评者向考评者、直接下级、直属单位负责人和本部门同级领导干部对自己前一段工作进行系统全面总结，陈述自己履行职责情况。其主要内容包括：（1）自己的岗位职责和工作目标；（2）完成任务的情况、工作成绩和经验；（3）工作中出现的失误及责任；（4）今后的打算。述职报告是考评的重要依据之一，必须认真对待，总结既不能夸大成绩，也不能掩饰问题，应该做到实事求是，反映实情。

3. 测评

测评是指运用现代化测评技术，对被考评者的素质、能力和业绩进行考评。考评形式因考评机构的组成不同而分为专家测评、群众评价和领导评价。

4. 核实

核实是指对评价过程中观察到的情况和发现的问题，通过适当的渠道和方法进行查对，加以落实。核实工作结束后，应该完善三个后续环节：（1）填写考核报告书；（2）将考核报告书和有关考核材料呈交主管机关领导审定；（3）考评者与被考评者本人谈话，反馈考评意见和建议。

5. 反馈

反馈即将考评的结果分别转达给被考评者主管领导、被考评者本人和群众，并向领导班子通报整个考评情况。对于民主评议、民意测评与组织考察结果出入较大的问题，要求在弄清事实的基础上，通报到一定范围的干部和群众，澄清事实真相。反馈可以根据具体内容的需要采用书面或口头形式进行，以及采用大会、小会或个别交谈形式进行。

6. 总结

考评工作结束后，必须写出考评工作的总结报告，并逐一填写“民主考评领导干部登记表”，按照干部管理权限，报干部任免机关存入本人档案，作为今后任用干部的重要依据之一。

7. 落实

考评的目的就是以评促建、以评促改。因此，在考评过程中或考评之后，要针对考评中存在的问题，召开领导班子成员民主生活会，集体总结经验教训，开展批评和自我批评，并本着“惩前毖后、治病救人”的态度有针对性地制定和落实整改措施，并认真加以落实。

8.4.3 影响绩效考评的因素

在绩效考评过程中，有许多因素会影响绩效考评的实际结果，从而给绩效考评带来误差。

1. 苛求、宽容及中间倾向性

在进行绩效考评时，往往有一种非常苛刻地评价每一个人的倾向，这种倾向性一旦发生，就会导致超级评价效应。相反的问题是宽容倾向性，这种倾向导致对被评者的评价结论降低要求。另外一种问题是中间倾向性，即不愿意使用评价指标中优劣的两端，认为评价都应集中在中间，其结果同样不能客观反映绩效考评的实际结果。

2. 晕轮效应

考评者往往倾向于在所有项目特点上都给出相似的评价值，因此，一个在工作数量上评价值高的人将会在工作质量、创造力和协作上得到较高的评价值，这就是晕轮效应。晕轮效应产生的问题是不能正确评价被评者的绩效，对总体上弱的被评者难以发现其强的地方，对总体上强的被评者难以发现其弱的方面。

3. 投射效应

投射效应是指游离被评者的情况（如个性、爱好、思想等），评价者将自己的特性"投射"给被评者，想象他人的特性和自己一样的效应。投射效应的运作虽然简单，但显然具有缺陷，即当评估者个性品质较好、品德高尚时，容易把别人想得过好，而使考评失之偏颇；反之，当评估者个性品质较差、品德恶劣时，容易忽视那些值得提倡的好人好事，甚至把这些看成虚假的表现，而在考评上失误或是非颠倒，使真正优秀的领导者得不到认定和鼓励。

4. 暗示效应

暗示效应是指评估者不加辨别地接受别人的语言、行为、表情的暗示，并据此改变自己对评估对象的评定意见或看法，从而引起评估误差。

5. 相互回报心理

相互回报心理是指人们喜欢那些其自认为喜欢他的人，讨厌那些其自认为讨厌他的人的心理倾向和行为。积极的相互回报行为，有助于人们相互关心、相互爱护、相互帮助、相互支持，有助于领导班子的团结和人际关系的和谐。消极的相互回报行为则容易导致不讲原则、拉帮结伙、任人唯亲、一团和气。这种心理或行为一旦对评价产生作用，必将损害评价的严肃性、科学性和权威性。

6. 近因效应

绩效考评的对象具有特定的时间跨度，考评时应注意考察整个时间跨度内的绩效。如果不是这样，评估者由于对被评者的近期状况比较熟悉，而把视野仅仅放在近期的范围，就会产生近因效应。这种效应产生作用的结果，必将使评价结论失去全面性、完整性和准确性。

7. 嫉妒心理

嫉妒心理是指对才能、名誉、地位或境遇超过自己的人心怀怨恨的心理。怀着这种心理去评价，只能破坏评价的公正性和客观性。

考评误差必然严重地降低领导绩效考评的实用价值，因此，必须加以克服和杜绝。具体措施有：（1）对各评价要素及其等级要明确地加以定义；（2）对评价者进行教育和训练，使其明确评价的目的、原则、程序和方法；（3）建立统一的评价标准和计量体系，调整评分差距，排除其他因素干扰；(4) 建立评价信息系统，做好评价的基础工作；(5) 建立评价申诉制度，并严格予以执行；(6) 对考评等级进行合理的限制。

本章小结

本章主要讲述的内容如下：

1. 用人上的两条路线。一条是任人唯贤的路线，一条是任人唯亲的路线。任人唯贤就是按照德才兼备和革命化、知识化、专业化、年轻化的标准用人。

2. 正确理解德与才的关系。德与才是相互联系和相互制约的，不能偏废一方而强调另一方。离开德，才就失去正确的方向；没有才，德就成为空洞的东西。

3. 知人的意义与识人的误区。领导者贵在知人，知人是善任的前提，领导者要用心于知人，有识人的慧眼，掌握正确的识人方法。识人的误区很多，重点把握本章指出的四点。

4. 合理用人的原则。主要有：量才用人，扬长避短的原则；信任授权，放手用人的原则；提携新人，用当其时的原则；监督检查，奖惩严明的原则。

5. 公共行政领导考评。这是知人用人中的重要问题，包括考评的含义、意义、内容、原则，都是需要重点掌握的。

6. 考评的方法与程序。本章列举了通用的六种考评方法，介绍了考评程序的七个步骤。有些因素会影响绩效考评的实际结果，应加以注意。

关键术语

任人唯贤　　任人唯亲　　知人　　识人　　用人　　绩效　　公共行政领导绩效　　绩效考评

复习思考题

1. 谈谈用人上的两条路线，结合现实说明这个问题的重要性。
2. 怎样正确理解德与才的关系？当前要特别注意哪些问题？
3. 领导者如何做到知人？
4. 在识人知人问题上容易把人引入歧途的有哪几种现象？
5. 简述领导者合理用人的原则。
6. 什么是公共行政领导绩效考评？它有哪些特征？
7. 公共行政领导绩效考评有哪些内容？
8. 公共行政领导绩效考评的方法主要有哪些？

本章阅读书目

1. 张超. 赢在管理：卓越领导用人管人的 18 项修炼. 北京：中国纺织出版

社，2013.

2. 刘锐. 图解领导用人. 成都：四川人民出版社，2004.

3. 黄胜. 冰鉴中的领导智慧：曾国藩识人、用人、管人的方法. 北京：中国经济出版社，2010.

4. [美] 史蒂芬·柯维. 高效能人士的七个习惯. 北京：中国青年出版社，2010.

第9章

领导活动中的人际关系

一个人事业上的成功，只有15%是由于他的专业技术，另外的85%要依赖人际关系、处世技巧。

——戴尔·卡耐基

引导案例

张九龄的巧妙劝谏

唐朝名相张九龄从不迎合皇帝，而是把直言劝谏当成了自己的标志。八月初五，玄宗过生日。张九龄的礼物是一个包裹得严严实实的布包，他高声说："臣敬献陛下一方宝镜。"可当他将布包打开时，有人一下子笑出了声，那不过是五册书，哪里是什么宝镜！

原来张九龄看到唐玄宗有些怠于政事，安于享受，于是埋首书案，耗时数月，撰写了《千秋金鉴录》，把它当作生日礼物，进献给皇帝。这部书引经据典，从历史的治乱兴衰事例出发，探究其中的经验与教训，给唐玄宗敲响了警钟。玄宗非常高兴，连声称赞这是他收到的最好的生日礼物，并且赐给张九龄一批珍贵书籍，以示嘉奖。

资料来源：王爱军：《一代名相张九龄》，载《领导文萃》，2014（4）。

公共行政几乎包揽了人们一生——"从摇篮到坟墓"的所有责任。当代公共行政的发展有三大组织特征：一是巨大的行政权力、广泛的社会职能；二是庞大的组织结构、紧张的内部关系，即组织内部的关系并不总是亲密和谐的；三是复杂的组织和管理。这就要求人们必须研究公共行政领导活动中的人际关系问题。

9.1　领导活动中的上级关系

9.1.1　领导活动中上级关系的重要性

领导者是做人的工作的人，通过和人打交道开展领导活动。在领导活动的上、中、下三层关系中，和上级的关系不是经常的、大量的，但却是首先应该重视的。

上级关系的重要性不言而喻，但为何重要，却鲜见论证。经调查发现，现实生活中，那些有事业心、有抱负、有能力的成熟领导者，都是认真、用心地处理并保持与上级的良好关系；相反，那些被降职或解职的、不得志的、不成熟的领导者，他们中的大多数人都不能同自己的同事和睦相处，特别是不能与上级领导和睦相处。

从理论上概括总结，上级关系的重要性表现为如下三点：

1. 上级的信任和支持是做好工作的重要条件

"一个篱笆三个桩，一个好汉三个帮。"领导者要做好领导工作需要各方面的支持，其中首要的是上级领导的信任和支持，由此，就可获得如信息、政策、人财物等各种资源，这是做好工作的必要条件。这是有形的资源，更重要的是无形的资源。上级的信任和支持会感染领导者所在组织和群体，增强凝聚力，形成团队精神，创造出一种上下同心，齐心合力，自信、必胜和乐观的情绪，这是领导者做好工作的精神条件。试想，如果一位领导者处理不好与上级的关系，他的下级很可能无所适从。

2. 处理好与上级的关系更有利于人才的培养和选拔

这不是针对领导者个人而言的，而是指领导者所在组织和群体而言的。一方面，处理好与上级的关系，工作做得好，效益突出，必然人才成长快，按照人才选拔注重实绩的原则，进步晋升也就快。很多重要、关键领导岗位的人选，都是来自英雄模范的组织群体，而不会到落后单位去选拔。另一方面，处理好与上级的关系，有利于上级对本单位的认识和了解，增加很多机遇，便于上级发现人才。对每一个在组织中工作的人来说，他的未来都受到他的上级乃至上级的上级的巨大影响。脱离了上级的视野，就谈不上被上级发现了。

3. 无法处理好与上级的关系会影响到个人的身心健康

美国华盛顿大学的研究人员设计了一种标尺，用以测定与各种类型的生活经历有关的心理压力。结果发现，与上级不和带来的心理压力处于标尺的中部，但这是公职生活中的最大压力，因为它就职业前景而言意味着一种危险甚至灾难。人际关系的质量会影响到人的身心健康，上级关系是人际关系中的重要内容，当然影响更大。

9.1.2　领导者如何处理与上级的关系

正因为上级关系如此重要，所以历来有许多关于如何与上级相处的理论、方法与艺术，有的台湾地区研究学者称之为"与上司共舞"，在美国专有理论研究如何"管理上级"和"领导上级"。所谓"领导上级"，是说下级虽然不能对上级直接下达指示和命令，但他们对上级的行为可能实施的控制一直在扩大。因为上下级总是互相制约的，即使在最专制的时代，如奴隶社会，奴隶也可以通过自己的行为，让奴隶主在一定程度上按自己的意愿行事，这就是“领导上级”。历史上上下级关系的演变，不断朝着有利于下级的方向发展，也就是说，下级的权力逐步得到加强。今天，上下级的关系越来越像一条双向的车行道，权力和影响力都可以向两个方向流动。下级虽然在形式上不能领导上级，而是受上级领导，但他们在实质上和某种程度上，却可以“领导上级”。

处理好上级关系，有许多要领，这里仅指出基本的几点：

1. 做一个服从领导的好下级

这是组织原则，也是下级的天职，领导者都是一身而二任，既是下级的领导，又是领导的下级。作为领导的下级，应该有这样的认识，即一般抽象而言，服从领导，就是服从组织；服从领导，就是服从真理。这个逻辑推论是任何头脑正常的人都可以得出的。

美国西点军校以培养最优秀的领导人才为己任，它所教授的领导课程的第一条原理就是，“服从为领导之母”。每一位领导人都必须先学会服从，因为无论在什么机构，领导者的权力都有其极限。领导者的地位再高，仍必须向一个更高的权威负责。不会服从，不会当被领导者，自然也就当不好领导者。

对西点人来说，服从乃自制的一种形式。服从就是遵照指示做事。服从的人必须暂时放弃个人的独立自主，全心全意去遵行所属机构的价值观念。所谓“服从为领导之母”，就是从零开始，明白自己不懂的地方有多少，将自己贬到最低点，而后再重塑一个新的自己。例如西点的新生遇到学长或军官问话，只能有四个标准答案：“报告长官，是”；“报告长官，不是”；“报告长官，没有任何借口”；“报告长官，我不知道”。当然，这是军队的服从方式，有其独有的特色，但我们从中也可获得“服从”的启示。

服从领导应基本做到：上级的指示认真记取；上级交给的任务愉快地接受；上级布置的工作努力地完成；工作中的重要问题常请示、多汇报。实际工作中人们常批评“领导脱离群众”，其实，也存在着“群众脱离领导”的弊病，应该引起注意，请示、汇报是下属主动争取领导的基本工作方法，也是做好工作的重要保证。请示汇报要充分准备，抓住中心，言简意赅，有自己的认识和见解。同时，请示汇报也不要过于频繁和琐碎。

请示、汇报要把握“关键”的“5W 法”，即 what（关键事情）、where（关键地方）、when（关键时刻）、why（关键原因）和 how（关键方式）。

关键事情（what）是指上级领导主管领域的事情，牵涉到其他部门的事情，以及影响面大、涉及利益关系或敏感问题的事情。关键地方（where）是指上级领导擅长的领域，活动安排的地点，甚至排名、座次等。关键时刻（when）是指请示、汇报的时机，尤其不能懈怠或拖延。关键原因（why）即请示不是随随便便的，一定要有原因，让上级感觉到请示、汇报的必要性。关键方式（how）是指选用恰当的请示、汇报方式，如口头、书面或电话、电传、电子邮件等，这表示着请示、汇报的严肃性和重要程度。

2. 做一个积极乐观的好下级

积极乐观是一种价值观，也是人格魅力。我们的上级都是积极乐观的人，所以他们能走上更高层级的领导岗位，承担起更大的责任。他们喜欢，也需要工作、生活中有同样态度的人。积极乐观是一个力量的加倍器，使人眼界开阔，能处处发现机遇，激发出战胜困难的勇气和激情。积极乐观具有感染力，它会传遍组织去感染更多的人，下属人员会以上级领导的态度和行为为模板，整个机构自上而下都会沉浸在一种昂扬向上和必胜的精神氛围中。

积极乐观的一种重要表现，是在正常的情况下，对本组织、本单位的工作总体上总是持一种肯定的、向前看的态度。多提建设性意见，少提否定性意见，在谈及他人或自己的下属时，多看到他们的优点，再指出他们的不足；以积极进取的态度向上级提要求，而不是用夸大困难、发牢骚的方式相要挟。有一项调查：你是情愿把钱投到具有80%成功机会的项目上，还是投到20%失败可能性的项目上？结果被调查的人都选择了前者。其实他们心里都明白，这两种截然不同的说法代表的是程度完全相同的风险。

可见人们都是倾向于积极乐观的态度。相反，没有哪个组织领导和成员喜欢牢骚满腹的人。牢骚发出来是要别人为之承担的，它会像传染病一样传染其他人，造成组织士气的低落。所以，谁都不愿意和情绪低落的人一起工作。那些牢骚专业户不解决实际问题，而是专门来挑剔的，自然也得不到领导的赏识。

积极乐观就要处理好报喜与报忧的关系。有些专家专门做过跟踪调查，发现在正常情况下，那些成熟的领导者在向上级汇报工作时，注意自觉处理好报喜与报忧的关系，多是报九个喜一个忧，或是八个喜，两个忧。这样能使汇报在高昂的基调中进行和结束，提出的问题也利于上级集中力量解决。这是符合唯物辩证法的“两点论”的。任何事物都是一分为二的，“两点论”中又有重点，即主流和支流、九个指头和一个指头的关系。在上级的正确领导下，在组织全体成员的共同努力下，一般而言，成绩总是主要的，而问题则是前进中的问题。有的领导者不懂得这一点，每次向上级汇报都是提一大堆困难和问题，专门报忧，这不但否定了上级领导和下属成员的辛勤工作，制造悲观低落的情绪，而且使上级领导无从下手解决问题。

积极乐观的下级要为上级创造良好的心态。有的领导者不但在会议上，而且在私下里也愿意向上级汇报各种不利反应，甚至是旁人对领导的议论，认为这是对上级的关心，是关系密切的表现，殊不知这恰恰破坏了上级的良好心态。即使最天真的下级也应清楚地知道，除非不得已，不要惹怒上级，不要将麻烦事一股脑儿推到他的头上，不要让他一天到晚忧心忡忡。一个没有好心情、情绪很糟糕的上级，是不可能周到地考虑工作和关心下属的。上级领导也和我们每个人一样，需要表扬和肯定，这就要有恰当的方法。

表扬和肯定不等于当面恭维。同事之间当面恭维是正常的，是相互间的鼓励，使人树立自信心。下级当面恭维上级领导却不同，一方面下级服从上级，不愿意这样做，认为有碍于自己的自尊；另一方面上级也可能不愿意接受，甚至加以拒绝，因为来自直接下属的恭维可能比较廉价。心理学家说，下级当面直接恭维上级，就像阳光直射一样，使人眼花缭乱，感觉不舒服。一个比较得体的方法是：及时向上级领导转达下属对他的良好反应。上级的决策、讲话及采取的行动，也渴望及时得到反馈信息。下属有了积极的反应，领导者及时转达给上级的领导，这是工作中的责任。它只是转告一个事实，而不是自己的评论和见解。这样会使领导者有一个积极的心态，也是在正确的方向上助他一臂之力，鼓励他继续前进。

下级领导要善于搭台，让上级领导唱戏，这是基本的工作方法。“如何使上级脸上光彩，是需要下级认真研究的问题。”在庆功、祝捷、表彰、典礼等重要活动时，请上级领导来参加，不但提高了活动规格，而且增加上级了解下级的机会。此时本单位领导者在做好各项准备工作后，就要退居次要位置，让上级领导唱主角，重要的活动如剪彩、颁奖、讲话等，都让上级领导来做。

3. 自己的问题自己解决，不要推给上级

所谓“自己的问题”包括两方面内容，一方面是工作职权范围内的工作问题，另一方面是权限之争、人际纠纷的问题。上级领导被迫中断自己的正常工作去解决下级提出的问题，不但耗费他的时间，浪费他的精力，而且降低他的工作效率。更重要的是，上级领导的权威也是有限的，上级被迫一次又一次地去解决下级的权限之争、人际纠纷，他的权威和影响力就可能被削弱。

所以，一位领导者将自己的问题交到上级的办公桌之前，要三思。这样做的结果，意味着自己失去了一次锻炼的机会，可能失去了一次机遇，而且在上级那里留下了一个不好的印象。特别是权限之争、人际纠纷，所有的领导者都厌烦处理这类事情，因为比较棘手，解决不好，就可能发展成为老大难问题。一位领导学家忠告说：如果问题确实是你自己的，那么，最好的办法是将它留给你自己，并且自己去解决它。

当然，有些问题是应该由上级来处理的，那就一定要交给上级。自己的问题自己解决，并不意味着不向上级请示和汇报。自己解决，包括请求上级的支持、帮助、借助于上级的经验和智慧。

4. 提建设性意见要积极而又慎重

几乎每个下级都对本单位的工作有一个或多个想法，都认为这些想法一经提出而被上级领导采纳后，会大大提高组织的效率。每一位领导者都欢迎下属提建设性的意见，认为这是主人翁精神和事业心的表现。但作为领导者本人向上级领导提建设性意见，积极的同时又要慎重。

积极是应取的态度，有建设性意见不提，采取明哲保身的做法是不适宜的。但领导者本人和一般下属不同，他的建设性意见必须是深思熟虑又没有负面作用，所以必须慎重。要考虑到这样几个因素：（1）从上级的角度看，下级自认为高明的建议、想法也许没有什么了不起，可能很不成熟，抑或根本不可能实行，因为有许多内在因素下级并不清楚。（2）提出一个改进工作的建议，事实上意味着提建议者认为目前的工作不理想。换句话说，这里面含有一种批评的弦外之音，接受这些建议就要上级承认工作中有不足之处，有时候上级领导还不能完全做到这一点。（3）下级最大的危险，是不慎卷入上级领导的人际纠纷旋涡，而提出一个重要的改进工作的建议就有这种危险。

所以，必须提的建设性意见，要选择适宜的时间和地点，讲究方式方法，收敛锋芒，避免表现自己的优点、特长而与领导形成对比。有时采用直截了当的方式，直接表达反对性意见，效果很好，也不必忌讳；有时采用请教、委婉的方式，站在对方的角度考虑问题，提出建议，则可能效果更佳。

5. 要了解上级，研究领导

做任何事情都要建立在了解和研究的基础上，与上级领导打交道也不例外。比如上级的籍贯、受教育背景、工作经历、兴趣、特长、工作方式和特点等，都应该知道，这样才能更好地适应上级领导的需求，配合上级领导工作。当然，这种了解和研究必须是从工作出发、在工作过程中进行，绝不能变成去打探领导者的隐私，或者为达到个人的其他目的。

9.2　副职要领

9.2.1　研究副职的意义

领导职位中最多的职务是副职，因此研究副职理论非常有实践意义。本书写作过程中曾做过大量调查研究，除了问卷，还与副职面谈和讨论。得到的一个普遍性结论是：副职标准模糊，期待模糊，角色难演。大家都认为副职有丰富的内涵，实际任职过程中又存在着许多问题，所以副职理论是当前迫切需要研究的课题。

1. 副职标准模糊

这是指正职的形象、标准很多，如焦裕禄、孔繁森，而到目前为止，领导和管理学的教科书、报刊、文艺作品及有关的规章制度等，并未从人们的日常工作和生活中概括出一个标准的副职形象，没有形成“副职就该像某某”那样清晰明确且在人们心中根深蒂固的标准或榜样。相反，很多文艺作品中副职的形象往往是不成熟的，是陪衬正职的。如影视剧中部队的副职常显得鲁莽，容易中敌人的圈套，关键时刻总是被正职一把拉住。

2. 副职期待模糊

这是指正职对副职的期待模糊，这与正职本人的素质、性格、工作方式有关系，也与副职自身的素质、性格、工作方式有关系。如有的正职就希望自己的副职有主见，有才干，能独立思考、处理问题，能独当一面。有的正职则比较看重副职的“德”，要求副职忠厚老实听指挥，能百分之百按正职的意图办事。下属群众对副职的期待也模糊，他们经常将正、副职作为一个整体来期待，典型的说法是“你们领导应该怎样”，“你们领导必须给我解决”，这对于没有人权、财权与决策权，只有事权的副职来说，有时就很被动。

3. 副职角色难演

这是指对正副职来说，正职比较主动，我们很少听说正职失职侵权的事。而副职就比较微妙，该管的事不管不行，不该管的事似乎管了也不好，有一位县级市市长的名言就是：不主事，不揽事，多干事。有人说，副职标准模糊，期待模糊，应该是角色好演，因为怎么演怎么像，实际上并非如此。群众心中有杆秤，随时随地都在用心中的标准评价副职，如“正职还没表态，他怎么就抢先发一通议论啊！”“单位这么大的事，他怎么不积极参与呢?”这又说明，副职角色是有章可循的，问题在于我们研究总结得不够，没有从副职实践中提升出系统的副职理论。

应当明确，副职是重要之职，不但是领导集体不可缺少的，而且是至关重要的。在一个领导集体中，正职的作用固然是第一位的，但没有作风正、专项业务能力强的副职分工开展各方面的工作，正职的能力难以充分发挥，领导功能也不能实现。在优化的领导结构中，要实现 1+1>2、1+2>3 的效应，副职的作用也是重要的。

9.2.2 做好副职的要领

处理好副职与正职关系的前提，是合理分工，明确各自的职责和权限。现代社会是分工与合作的社会，分工就是每个人都承担着一定的可能是互不相同的活动，合作就是要把这些活动协调统一起来。正、副职各司其职，是处理好彼此关系的制度保证，也是正、副职开展领导活动的舞台。我们总结了做好副职的几条要领。

1. 认清角色的地位，出力而不越位，即确立正确的“位置观”

副职和正职的地位、责任、作用不一样。正职主持全面工作，对本单位和上级领导机关负责。副职是负责、分管某方面的局部工作，是辅佐正职工作的辅助之职。副职一身而二任，既是下属的领导，又是正职的助手，在一定意义上也可以说是正职的下级。所以，当好配角，是对副职的基本要求，副职要有绿叶意识，陪衬红花、扶持红花。副职要自觉做到配合不争权，用权不专断，处事不越位，尽责不争功，核心的问题是处处尊重、维护正职的领导地位。在公众、社交场合开会、讲话以及顺序、座次等方面都要留心留意，显示出与正职的区别，自觉突出正职。不要越位拍板，抢先表态。奥斯卡有最佳配角奖，副职也要评最佳配角，即按照领导科学的脚本来演戏，不能抢主角的戏，又要演得有声有色。

不能“功高震主”是旧时官场中的为官之道，在今日领导者的词典中已经没有这个词汇，但这种现象在现实生活中并未完全绝迹，关键看怎样正确认识对待这个问题。“功高震主”从心理学分析并不神秘，不过是正职从维护自身权益出发所需求的一种安全感，是权力一元趋向的一种象征。如果副职取得了一定的成绩又不注意自己的身份和分寸感，过分突出和显露自己，在下属中培植自己的威信，使正职心理上感到一种威胁，无形中就形成对正职权力的挑战，从而引发不快、警惕、不满的感觉。这种感觉随着正职感受到的威胁或者说是副职功劳的增大而有可能增大，导致正职心理失衡。因功高而遭忌，导致不团结甚至招祸，不能说是普遍现象，但例证也总是有的。这一方面需要正职正确对待这个问题，鼓励副职建功立业，超过自己，做到“不要因过度关心自己的权力而忘记了仪态”；另一方面，需要副职认清“水满则溢，月盈而亏”的道理，工作干出成绩是应该的、必要的，但越是春风得意之时越要谨慎做人，勿“得意”而“忘形”，不要把成绩记在自己的功劳簿上。

主角和配角是相互转化的。副职对自己的角色应该这样理解：在职务上是配角，但在对下属部门的管理和协调时就是主角了；在班子内的决策上是配角，但在实施过程中就是主角了；在领导集体中的地位是配角，但在相互沟通中就应该是主角了。总之，到该出力的时候就是主角了。副职应该怎样出力呢？首先，是全力做好自己分管的本职工作，让正职不操心、不分心。其次，是尽力多做那些分工不甚明确的交叉边缘工作、脏乱差和费力琐碎的工作，拾遗补缺。再次，是善于起到缓冲作用，当碰到某方面的难题或较尖锐的矛盾时，有时需先由副职出面为宜，这样才有退身之路，为正职出面解决问题提供一个缓冲的机会。这时副职要“越是艰难越向前”，切不可有“什么麻烦事都推给我”的埋怨情绪。最后，是关键时刻挺身而出，为正职遮风挡雨，这就有了异乎寻常的效果。反之，不能躲在一边看热闹，甚至鼓动别人去跟正职找麻烦，那以后就不好合作共事了。“疾风知劲草，板荡识忠臣”，关键时刻的表现非常重要。

2. 自觉维护和强化领导集体的权威

副职在工作中无论分管哪方面的工作，公开场合都应以领导集体一员的面目出现，代表集体说话。凡是重要的工作，涉及群众利益的敏感问题，都应该是领导集体研究的结果，不能说成是个人的决定，更不能把领导班子决策的内情泄露出去，否则，会起到涣散领导班子凝聚力、战斗力的作用。一般来说，副职分管某一方面的工作，对这方面的工作比较熟悉，对这方面的人和事比较富于感情，这是正常也是应该的。在领导班子内部议事的时候，副职从自己分管工作的角度参加讨论，甚至据理力争，对发扬领导班子内部的民主和决策科学化有好处，当然，副职同时必须要有全局意识。但内外有别，在领导班子以外的场合就不能这样。副职要有这样的认识：拆领导集体的台就是拆自己的台，给正职抹黑就是给自己抹黑。一个局部色彩很浓的副职得不到全体群众的拥护，难以进一步担负正职的责任。

除了维护，还要强化领导集体的权威，特别是正职的权威，以正职为核心形成一个团结的集体。正职的权威和领导集体的权威紧密联系在一起，正职是领导集体的核心代表，又是单位的焦点人物，服从正职的权威就体现着服从领导集体的权威。从这个意义上说，正职无权威则领导集体无权威。正职在领导集体中最为关键，这可称为“一把手效应”。所以，副职一定要有意识地强化正职的权威。领导集体中的第一副职，尤其负有这方面的责任。在日常的工作中，在群众场合，在讲话的时候，副职要维护正职的权威，树立正职的威信，很多副职在这方面都做得很成功。

领导集体的权威要靠集体每个人精心维护和建设，这就要“互通情报”，经常地、定期地沟通工作情况。实践证明，领导集体的不团结很多源于沟通不畅、信息不通。一个各行其是的集体，“各吹各的号，各唱各的调”，就谈不到集体权威。在领导集体的沟通中，一般来说，副职要主动、及时地与正职沟通，多请示勤汇报，做正职的耳目参谋和臂膀。正职对副职的汇报不一定一一表态，更不一定一一采纳，副职不能因此耿耿于怀。而且要认识到，正职通盘考虑问题，和副职的责任不同，他“知道了”就是了。

维护正职的核心地位还要认识到，正职是单位、部门中和上级组织联系的纽带、沟通的主要渠道。副职一般不要超过正职擅自和上级组织联系，上级组织也不能随便向下级组织的副职布置工作或了解各种情况。总的来说，维护正职的核心地位就是顾全大局。

3. 期望值要适当

这里指的主要是两个方面。一方面对正职的期望值要适当，比如不要期望正职多么一贯正确，多么内行，多么民主，多么“十项全能”，那是不可能的。有高峰必有低谷，谁也不可能十全十美，正职也会有弱点和不足。我们说对人要宽容，包括副职对正职也要宽容，不要斤斤计较、寸土必争。一位副职老是站在挑剔的立场上与正职共事，甚至下属群众都能察觉出来，就不利于团结了。副职不能要求正职在工作方式方法等方面适应自己，而要自己主动去适应正职。副职要主动多补台，不要拆台。工作上的失误总是难免的，副职切忌老做“事后诸葛亮”，把失误都推到正职头上。人们常说，工作中的失败并不可怕，可怕的是相互推诿。当然，对正职自身的缺点，副职也不应一味“装饰”和袖手旁观，但最好多做“幕后工作”，不要当众议论和纠正。

另一方面是副职对自己的期望值要适当。一般地讲，副职努力工作，其各种个人问题，如职称、职务、调资、荣誉称号等，正职要一一记在心上，适时适当主动地予以解决。因为副职也是有血有肉的人，也有个人需求；同时副职又是领导，个人问题自己不便张口。所以成熟的正职必须是关心副职的正职。但副职本人对此要有正确的认识和态度。古人云，人的眼睛能看得见很远的东西，但看不见自己的眼睫毛。自己看自己，难免有主观的成分、感情的色彩，可能不客观。有时有些其他方面的因素，副职自己不了解，正职也不便于说明。副职自己觉得应该给自己解决某一问题了，比如评更高一级的职称，但实际上时机并不成熟。所以，副职要节制欲望，一般情况下不要为个人问题闹情绪，更不能闹到正职心理无法承受的地步。形象是易碎品，一位副职长期工作积累起来的威信，会因追求个人利益的愚蠢举动而毁于一旦。

4. 立才不立权

立才就是副职独有所长，在专项能力方面甚至强于正职，这样就能避正职之所强，补正职之所短，以自己的能力和业绩确立自己在领导集体和正职心目中的地位。历史上很多事例说明，凡是深得正职赏识、引为事业伙伴和左膀右臂的副职都具备某种正职所不具备的特长。他们通过在正职的特长之外另辟自己擅长的领域，辅佐正职，取得了并不逊于正职的事业成就。有的副职达到了这种程度：如果失去他，正职的整个事业都会受到巨大的损失。有人曾作过统计：绝大多数在业务上有实绩的副职都走上了正职的岗位，通过立才而获得了成功。

不立权就是不争权。副职靠争权扩大自己的权力，巩固自己的地位，争财权，争用人权，争决策权，乱表态，乱承诺，其结果是可能失去的更多，最终反而达不到自己的目的。必须清醒地认识到一个被人们隐讳了的事实，即任何一位领导者对权力都是很敏感的，因为正是权力使他成为一名领导者，所以对争权的行为都会本能地加以排斥。一位副职以立权为能事，表现出权力欲很强，手中握有的权力甚至超过正职，不仅不正常，而且不安定。例如，副职要“架空”正职，正职绝不会容忍。副职僭越职权，也会与其他副职发生冲突，引起其他副职的反感。一则谚语说得好：“通过争夺，你永远不会获得满足；通过让步，你的收获会比期望的还要多。”

有一个问题特别值得注意。在一个地方工作时间比较长、情况熟悉、手中握有一定权力的副职，对新到任的正职一定要主动介绍情况，摆正自己的位置，尽快缩短磨合期。不能装得满不在乎，以“老资格”自居，给正职出难题，看笑话，甚至处处刁难。更严重的是拉山头，搞帮派。新的正职到位，最需要的是副职的配合，“好的开始是成功的一半”。这对今后整个领导集体包括副职本人的发展都是有利的，也是至关重要的。这个问题是实践中反映出来的一个重要问题，也是对副职的考验。

5. 坚持有限忍耐与合理斗争相结合

副职谦虚谨慎甘当绿叶，不是唯唯诺诺当好好先生。没有原则，没有独立见解，这样的副职在正职眼中和下属心目中都没有斤两，所以要坚持有限忍耐与合理斗争相结合。有限忍耐，是指副职从维护良好的工作关系和大局的意愿出发，在一定限度内，对正职的一些不正确的做法所做的必要忍让，对自己的利益、欲望、情感所做的自我约束。要看到，几个人合作搭班子共事，是事业上的需要，也是生活中的一种缘分，争争吵吵是几年，和和睦睦也是几年，有时进一步“山崩地裂”，退一步“风平浪静”。正职感觉到自己做错了事，有愧于副职，会觉悟并找机会纠正和弥补的，所以要忍让。

合理斗争，是指副职从维护组织原则、正常的工作关系和个人的权益出发，对正职的某些领导行为和做法实行的必要抵制和斗争。忍耐是有限度的，超过一定的限度，先要抵制，继而要进行斗争。首先是在领导班子内部的斗争，召开组织生活会，开展批评和自我批评。其次还可以找上级领导机关或部门反映情况。最后是在群众场合、公开场合进行斗争。有时有这种情况：一位副职当着下属的面和正职拍了桌子，据理力争，结果不仅对事业有利，反而在正职眼里和下属的心目中增加了自己的分量，提高了自己的威信。有的正职反而更喜欢和佩服这样的副职，这对正职能起到制约和警醒的作用，从长远来看，对正职本人也是有益的。当然，斗争一定要合理，不能进行不合理的斗争。斗争要从团结的愿望出发，经过批评和自我批评达到新的团结。

不合理的斗争从类型到花样都很多，如果为了起警觉作用而加以总结概括，很有意义。不合理的斗争可以概括为：“明擒”和“暗箭”两种类型。“明擒”的极端形式，是新闻披露的副职雇用杀手谋害正职，以便“取而代之”。“暗箭”主要是要弄权求，施展摆不到桌面上的“手腕”等。不合理斗争的人可能得逞于一时，但不会长久。

6. 工作上的接触与感情上的交流结合起来

工作上的接触原则性很强，往往显得刚性十足，没有弹性，缺乏人情味。而作为社会人的交流是多元化的，人与人之间除了要进行工作上的接触之外，还要进行感情上的交流。丰富的感情交流可以为枯燥的工作起润滑作用，这特别适合副职与正职之间的相处。所以，副职在正职面前不一定总是非常“正式”，“言必谈工作”，更不能正职越严肃，自己越呆板，像戴着副面具。可以聊聊家常，开开玩笑，适当地对正职有一些关心体贴。人的一生，最多的时间是在工作单位与同事度过的，尤其副职和正职可以说是形影不离。感情上的交流，是互相理解和支持的前提，使人体会到工作中的乐趣，工作起来也更融洽。应记住：工作是生活的一部分，它不是要夺去人的乐趣，而是增加人的乐趣。

延伸阅读

副职典范房玄龄

自古以来，为君难，当君的助手更难。房玄龄，唐代初年宰相，追随李世民 20 年，最终获得他的信任，这与他作为谋臣知无不为、鞠躬尽瘁是分不开的。

辅佐君主，全心追随。房玄龄死心塌地跟随李世民，南征北战，出谋划策，一心一意辅佐君主，可谓鞠躬尽瘁。比如，在战场上打了胜仗，别人争着求取珍宝和美女，而房玄龄却四处打听和拜访当地高人，一旦发现合适人选，他必定摆出一副稳扎稳打的样子，直到此人答应参加李世民的幕府为止。公元 626 年，为了让李世民登上皇帝的宝座，他作为主力，全程参与了玄武门之变的策划与行动。

知人善用，不存私心。房玄龄举荐人才，不怕被举荐的人官位超过自己，只要有才，于朝廷有益，他便会竭力保举。比如，在秦王府时，隋朝滏阳尉杜如晦怀才不遇，弃官在家。房玄龄把他推荐给李世民，并进谏说：“至于杜如晦，王佐之才，大王欲经营四方，非如晦不可”。秦王采纳了他的请求，从此房玄龄出谋划策，杜如晦决断大事，二人同心协力，扶保秦王，“房谋杜断”一时成为一段佳话。

谦和恭敬，从不居功。房玄龄为官，从来不以功臣自居。公元626年，在房玄龄的策划下，李世民发动玄武门之变，做了皇帝。当上皇帝后，李世民自然要论功行赏。虽然在战场上冲锋陷阵、攻城拔寨者不少，如尉迟敬德、程知节、秦叔宝等人，但李世民却将房玄龄评为功居第一的大功臣。房玄龄推辞说：“陛下，您把我评为第一功臣，我实在是不敢当啊。”

对皇上，他始终恭谨有加，处处小心谨慎，时时如履薄冰。处事稍有不当，或皇上脸色不好，即叩头请罪，惴惴然如猫前的老鼠。对同僚，他则十分宽厚，特别是听说别人做了什么好事，他就会高兴得如同是自己做的一样。由于谨小慎微，宽怀待人，受到了大臣们的一致拥戴。

在一次宴会上，李世民让王珪评价房玄龄等大臣，并与自己做一下比较。王珪说：一心一意为国家效力，凡是知道了的事就没有不去干的，我不如房玄龄；能文能武，既可带兵打仗又可治理国家，我不如李靖；了解各地情况并能详细汇报，处事公平，我不如温彦博；担心自己的君主不如尧舜那么英明，以敢于向皇上说实话为己任，我不如魏徵；而能辨别是非，敢于抨击坏人褒扬好人，那就是我的一点长处了。李世民肯定了王珪的评价。对房玄龄“孜孜奉国，知无不为”这样高的评价得到李世民的首肯，可见房玄龄为贞观之治付出了多少心血。

资料来源：刘合强：《唐朝“大秘书”房玄龄》，载《领导科学论坛》，2014（16）。

9.3 处理下级关系的艺术

领导的指挥和领导活动，要通过组织系统中不同层次的下级进行。上级领导下级，下级服从上级。对下的层层指挥和对上的层层负责，构成有机的领导系统。在这个系统中，领导不得不依赖于下级的理解和支持。如果领导者处理不好与下级的关系，他指挥下级的权力就会缩小和减弱，甚至会被摆布和架空。有些领导者的失败，即在于此。

9.3.1 处理下级关系应把握的准则

1. 领导者处理下级关系，最根本的是坚持组织原则，起好表率作用

“一级做给一级看，一级带着一级干。”离开了正确的党政组织原则和个人应优于下属的先进性，这种关系艺术的研究就可能演变为谋略、权术和手腕，那不过是在为自己的垮台创造条件。因为这些不正当的要素一旦运用，任何下级人员都可以敏锐地感觉到和捕捉到。于是，正常、良好的上下级关系顷刻就会瓦解。

2. 处理下级关系的艺术，核心在于要和下级人员保持同等、适度的距离

上下级是组织概念，是工作关系，因此对下级人员必须一视同仁，保持同等距离；同时又疏密有度，距离不可太远，亦不可太近。有的领导者总结为“亲而不密，疏而不远”。

距离太远，缺乏凝聚力，领导容易失控。在这种情况下，下级一般都有缩短距离、改善关系的意愿。如果下级明显没有这种愿望，而是采取敬而远之的态度，其中必有值得领导体察、深思之处。距离过近，上下级的界限几近消失，领导者的尊严、权威和影响就会淡化，上级意志甚至有被下级意志取代的可能，还容易无形中形成一荣俱荣、一损俱损的帮派关系，扭曲组织关系和原则。在多数情况下，下级并不是拉开距离，而是主动缩短距离，希望不断密切与上级的关系，这是可以理解的。领导者对这些努力无疑应该持原则上欢迎的态度，同时又要保持清醒的头脑，既不能脱离群众，又不能把关系庸俗化。特别是较高层次的领导者，更要有一种既身在下级之中同甘共苦，又超然大度的风范，平易近人绝不等于没有距离。

与下级人员保持同等、适度的距离要特别注意“圈内人士”与“圈外人士”的问题，这是乔治·格里奥（George Graeo）和他的助手在“领导者成员交换理论”（leader-member exchange theory，LMX 理论）中提出的。该理论指出，领导者与下属中的少部分人建立了特殊关系，这些个体就成为“圈内人士”。他们受到领导的信任，得到领导更多的关照，也更可能享有特权；而其他下属则成为“圈外人士”，他们占用领导的时间较少，获得满意的奖励机会也较少，他们的领导与下属的关系是在正式的权力系统基础上形成的。

LMX 理论认为，领导者与某一下属进行相互作用的初期，就不知不觉暗自将其划入圈内或圈外，并且这种关系是相对稳固不变的。领导者到底如何将某人划入圈内或圈外尚不清楚，但有证据表明领导者倾向于将具有下面这些特点的人员划入圈内：个人特点（如年龄、性别、态度）与领导者相似，有能力，具有外向的个性特点。LMX 理论预测，处于圈内地位的下属得到的绩效评估等级更高，离职率更低，对领导更满意。①

LMX 理论提出的问题很平常又很重要。虽然这个理论尚待进一步证实，但从总体上说，它获得了很多证据的支持，十分明显的证据至少证明两点：第一，领导者对待下属的方式是有差异的，这种差异绝不是随机的；第二，圈内与圈外的不同地位与下属的绩效和满意度有关。

9.3.2　处理下级关系时应注意的问题

孟子说：“天时不如地利，地利不如人和。”人和就是和睦、和谐，上下级关系“人和”，是领导活动得以有效开展的保证。人和与串通、合流是有质的区别的，后者是堕落式的“和睦”、扭曲了的“人和”。一旦合作变成串通，或有某种串通的现象，就会陷入小团体和小圈子，失去对事物和人员的客观判断能力，甚至彼此袒护缺点，奉公以谋私。把握人和与串通的界限是个原则问题，但有时候又很微妙，介乎毫厘之间，领导者要警戒。比如，非正式地召集下级部分人员开会，商议包括自己在内的这部分人的特殊利益，这就有串通之嫌，而非正式召集会议便是光明正大的组织活动。再如，在组织正式召集的会议之后，以各种方式接触下级人员寻求支持，把握不好也会变沟通为串通。

有的下级有看法不愿在会上谈，专门喜欢找领导打小报告，这种人多半具有串通的性格。如果领导者在听取的过程中，也跟着随意发表议论，忘记了领导者的身份，日久天长

---

① 参见［美］斯蒂芬·罗宾斯：《组织行为学》，7 版，330 页。

就有可能形成一种串通关系。尤其要注意的是，领导者绝不能和下级密切到推心置腹、议论与自己同一层次领导的地步。这本身是个严肃的原则问题，但有时又确实是处理下属关系不当、无意识造成的。要记住：领导者永远也不要和下级说“我只对你一个人讲”、“我的话千万要保密”这类千叮咛万嘱咐的话，这话一说，就超出了正常上下级关系的界限。而且，越是叮嘱，往往越容易传播出去。

与下级保持适当的距离，并不排斥感情上的联系。恰恰相反，信任和关怀，进行“感情投资”，都是“适当距离”中必不可少的。有一句格言说：“能支配别人的人，是不遗余力协助别人的人，这远胜过地位和权力所形成的权威。”更何况，为人民服务，为下属排忧解难，这本来就是领导者的宗旨和责任。所以，作为领导者，要了解下属的愿望，关心他们的切身利益和亟待解决的各种困难，在他们自己不易说出口、自己不便或无力解决的时候，主动为他们尽到领导的责任。做一个把下属的冷暖时刻放在心上的领导者，其领导活动就会游刃有余，因为“行善是无意识的播种”。

相反，根据问卷调查，下列做法要不得，也是下级反映较差，领导形象损失较多的：

其一，缺乏人文关怀。明知下级家中有病人、出了意外等，但见面时从来想不起问，还喋喋不休地大谈工作，没完没了地交代任务，眉飞色舞，谈笑风生，令下级厌恶。通过对上级领导的比较，下级心中自然明白谁更关心自己。

其二，评价前后不符。当着下级的面讲肯定、赞扬的话，平时让下级工作全讲鼓励的话，可在背后却常讲不满、挑剔的话，在评定职称、提拔晋升、向上选送等关键时刻，专讲泄劲、扯后腿的话，让当事人失望（也可能暂时蒙在鼓里）、旁观者寒心。

其三，办事谄上骄下。对上级和下级两副面孔，两种态度。给上级办事，够不着，踮着脚尖也要办；为下级办事，一弯腰就能够着也不办。古人曰，“上产不谄，下交不骄”，此种人正是反其道而行之。

其四，工作难以担当。授意下级去干的工作，下级因种种原因受挫，处于进退两难境地，急需上级领导解围。而上级领导唯恐引火烧身，袖手旁观，无动于衷，甚至当众推卸责任，说些与当初授意截然不同或转弯的话。这样的领导，以后不会再有人为他努力工作。

领导者对下级要宽容。宽容是民主的伴随物，宽容的领导行为是以民主意识为基础的。它表明领导者具有良好的自信和应付任何挑战的能力，给下级创造最大限度释放其智慧和力量的良好环境，使他们始终处于积极的创造性的工作状态。宽容包括容人、容言、容过、容嫌等。容人、容言在此不多做阐释，就领导活动而言，主要对后两种情况加以说明。容过不是无原则地容忍错误，该追究的错误一定要追究；但也不是一味地用制裁主义、惩办主义对待下级的过失，而是要区别情况，明智处理。对无伤大雅的小错视若无睹、不加理会，是领导者待人处世不可多得的风度。当下级不慎失误或陷入尴尬境地时，要体面地给人以下台阶的机会，并尽可能为其保持和挽回面子。切忌为显示自己高明，抓住下级的不慎、失误当笑柄，大肆张扬。这会使人难堪，并产生反感和报复心理。容嫌的“嫌”字，是指人与人之间的仇隙、怨恨和不满，而不是挟嫌报复。《新唐书·尉迟敬德传》讲：“大丈夫以气相许，小嫌不足置胸中。”今天的领导者，更要有这种大丈夫的气度。“冤家宜解不宜结”，那种以怨报怨、以牙还牙的领导者，恰如《水浒传》里心胸狭窄的王伦，是不会得到群众真心拥戴的。

管子说："政之所行，在顺民心；政之所废，在逆民心。"领导者处理与下级的关系，要理顺人心，关心下级，善于站在下级的立场和角度思考问题。一位政治家说过："如果有所谓成功的秘诀，那就是有站在对方立场审时度势的能力，即由他人的观点看事情，如同你自己的观点看事情一样。""记住：先了解对方急切的欲望，能做到这点就左右逢源，否则会到处碰壁。"这也是领导者的经验之谈。要关心别人，就要设身处地从别人的立场出发，这才能关心到别人，以免变成利用、控制别人。管理历史上的人际关系学说，立足点在于为了提高劳动生产率而注重改善人际关系，就曾被讥讽为"母牛社会学"，即关心母牛的目的是为了挤母牛的奶。有的资产阶级政客说："领导的艺术在于不使下属知道而操纵摆布他们。"这样的"领导艺术"与我们格格不入，其所行之处势必使上下级关系扭曲变形。就是在资本主义社会，有作为的政治家也是深恶此道的。

人际关系是人生的网络。上下级关系对职业人生来说，十分重要。它影响人们的思想、感受和行为，影响人们一生的路径。很多成功和有作为的人常说，他们在事业的早期曾得到上级领导的理解、支持、提携和指引，从而成为人生的重要转折。我们每一位领导者都要记住这一点，别忘了自己的责任。

9.4　黄金定律与白金法则

美国学者托尼·亚历山德拉和迈克尔·奥康纳（Michael O'Connor）二人发现，处理利益与权力交叉的人际关系中，存在着黄金定律和白金法则。

所谓黄金定律指是一种古老的和值得尊重的论断，其内容是："你喜欢别人怎么对待你，你就怎么对待别人。"就像孔子所说的："己所不欲，勿施于人。"这个定律意味着在处理人际关系的时候，要从自身的角度看问题，即我们大家都是毫无差别的，我想要的或希望的也恰恰是你想要的和希望的。亚历山德拉和奥康纳认为，从今天信息时代的水准来看，黄金定律已不能解决纷繁复杂的所有问题，"夕阳西下的客观规律显然正落在它的头上"。因此，他们本着尊重黄金定律主旨的原则，对这一古老的信条进行了一点点修正，提出了"白金法则"。

所谓白金法则，简单地说，就是学会真正了解别人，然后以他们认为最好的方式对待他们，而不是自己中意的方式。这就意味着要善于花时间去观察和分析身边的人，然后调整自己的行为，以便他觉得更称心和自在。这还意味着要用自己的知识和才能去使别人过得轻松、舒畅。亚历山德拉和奥康纳提出，白金法则并不是游离于黄金定律之外而独树一帜的东西，相反，它是后者的一个更新的富有人情味的版本。

白金法则告诉我们，在今天高度民主、高度自立的社会，领导者仍旧以传统的一厢情愿的方式处理与下属的人际关系是远远不够的。白金法则建立在这样一种认识的基础上，即每个人都有自己的行为模式或个性风格，每个人也都有自己传达个性风格的方式和途径。学会"读"懂这些信息的"符号"，准确识别他人的个性风格，是领导者应具备的一种能力，其目的是据此调整自己的行为方式，减少不和，避免冲突和不愉快的事情发生。

当然，白金法则并非只是针对领导者，而是适用于人际关系中的每一个人。

白金法则的理论基础是对人的个性类型的认识，“人心如面，各自不同”。人性有别，这一点既是我们的福泽，使人与人的交往绚烂多姿，令人着迷；也是我们的祸源，使一厢情愿的为人处世方式麻烦不断，挫折频频。他们二人把人分为 4 种类型、16 种亚类型：

1. 指导者

个性固执而刚毅，充满自信和勇于挑战，遇事善作决断，果敢而不避风险。然而他们最缺乏耐心，心有所动则溢于言表。那些常常喜欢坐在桌子上首的人很可能就是指导者。

2. 社会活动者

开朗、乐观、热情，喜欢成为公众的中心。他们往往都有很多设想和主意，热衷于与别人交谈，特别是谈他们自己。这种人的特点是“务虚”长于“务实”，“处事”短于“为人”。

3. 亲善者

天生的团队活动者，他们更喜欢平稳的生活而不是冒险，最着重的是与他人关系的亲疏远近。他们很有人缘，但有时太过胆小，对变革从来都不积极。

4. 智觉者

有很强的自控制能力，为人小心谨慎，更喜欢理性分析，喜怒不形于色。他们喜欢做事有条不紊，凡事总讲“章法”，遇事总循原则但也不可避免会有一点死板。

亚历山德拉和奥康纳进一步将人划分为 16 种亚类型，以柔性—直性为横轴，以拘谨—豁达为纵轴：（1）亲善型的亲善者（服务者）；（2）社会化型的亲善者（和谐协调的人）；（3）亲善型社会活动者（助手）；（4）社会化型的社会活动者（演艺人）；（5）智觉型的亲善者（专家）；（6）有上进心的人；（7）智觉型的社会活动者（自我形象设计师）；（8）指导型的社会活动者（热心人）；（9）指导型的亲善者［能干、亲善型的智觉者（管理人）］；（10）社会化型的智觉者（顾问）；（11）亲善型的指导者（生产者）；（12）社会化型的指导者（冒险家）；（13）智觉型的智觉者（分析家）；（14）指导型的智觉者（谋略师）；（15）智觉型的指导者（先驱者）；（16）指导型的指导者（领导者）（见图 9—1）。

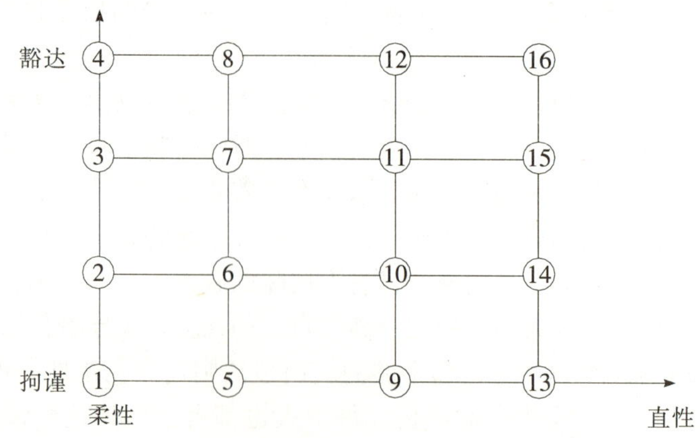

图 9—1　亚历山德拉和奥康纳划分的 16 种亚类型

作为领导者，应该了解四种类型的下属各自“最使之兴奋的是什么，最大的长处，最大的短处，最大的担忧”，对每一亚类型的人的行为趋向了然于胸，发现下属的发展机会，并能为下属提供个人指南。不仅如此，领导者还应该弄清楚各种个性类型的人员之间的关系如何才能协调，据此处理工作环境中的同事关系。白金法则要求领导者“知己知彼”，按照下属的特性区别对待。

应用白金法则的关键是“既顺应别人，又不失本真”。顺应力的价值是无法估量的，它是白金法则的核心。领导者自信，容忍内外有别，积极达观，大方得体，才能顺应下属；领导者要有柔韧有余、视野广阔，随机应变，见机行事的能力，才能够自我修正。但顺应并非就是奴颜婢膝失去本真，而是通过判断下属的个性及需求，调整自己行为的方法，从而和下属形成“共同语言”。

对于领导者来说，应用白金法则的必要性在于：

（1）巧妙利用个性差别建立最好的工作团体。通过了解工作群体的工作原理，以及各种性格类型的人之间的亲和力或排斥力，通过寻找工作的关键点，面对现实，寻求不同的解决之道，形成混合的或专一的有凝聚力的工作团体。

（2）形成领导者的超凡魅力。一般认为，魅力的基础是职位权威和个人权威，前者来源于领导者所在组织系统中的职位，后者则由领导者自己建立。应用白金法则，第一步是与下属建立共同的愿景；第二步是领导者善解人意，善于激发、引导、褒扬、规劝下属，开发下属潜能；第三步是领导者明白干好一项工作或者完成一项任务要有哪些条件，并能寻找和培养下属成为符合这些条件的人才；第四步是通过共同配合完成任务目标来建设领导者魅力。

（3）为下属提供个性化服务。领导者的根本是下属，领导要认可下属的价值，倾听下属的抱怨，并表示歉意，“以下属之心为心”，和下属共同寻求补偿办法。优秀的领导者要应用白金法则使自己成为一位优秀的导师和顾问，肯于为下属花时间，对症施药，使下属改正工作中的失误，获得成功。

本章小结

本章主要讲述的内容如下：

1. 领导活动中的上级关系。处理与上级的关系对于领导者来说非常重要，上级的信任与支持是做好工作的重要条件，有利于人才的培养与选拔，还有利于领导者的身心健康。应把握以下要领：服从，积极乐观，自己的问题自己解决，积极而慎重地提建设性意见以及了解上级、研究领导。

2. 领导工作的副职理论研究。副职不仅在领导集体中不可缺少，而且非常重要。但是在实践中存在着副职标准迷糊、期待模糊和角色难演的问题。做好副职需要把握一些要领：认清角色地位，出力而不越位；自觉维护和强化领导集体权威；期望值要适当；立才不立权；坚持有限忍耐与合理斗争相结合；工作上的接触与感情上的交流相结合。

3. 处理下级关系。处理好与下级的关系对一个领导者来说也是非常重要的，它关系到领导者工作的顺利开展以及权力的稳固。处理下级关系最根本的是坚持组织原则，起好表率作用；处理下级关系艺术的核心在于同下级保持同等、适当的距离；另外还要注意对下级要信任、宽容与关怀。

4. 人际关系中的“黄金定律”与“白金法则”。这是现代社会处理人际关系应考虑的准则，是指在处理人际关系中不能采取一厢情愿的方式，而应考虑对方的角度和立场。领导者要通过判断下属的个性和需求，调整自己行为的方法，从而达到一种“双赢”。

关键术语

领导活动中上级关系　管理上级　领导职位　副职　领导活动中下级关系　黄金定律　白金法则

复习思考题

1. 简述领导活动中上级关系的重要性。
2. 结合实际谈谈如何处理上级关系。
3. 做好一个副职应该注意哪些问题?
4. 试述如何处理下级关系。
5. 试述黄金定律与白金法则在领导活动中的应用。

本章阅读书目

1. ［美］科恩. 影响力：如何展示非权力的领导魅力. 北京：中国青年出版社，2010.
2. ［美］戴尔·卡耐基. 领导的艺术. 北京：中国宇航出版社，2012.
3. 孙科柳，姜婷. 读懂上司好办事. 北京：中国电力出版社，2013.
4. 财夫编著. 副手权力细节. 北京：时事出版社，2005.
5. 周仙，赵常诚编著. 中层领导的五项修炼. 北京：中央编译出版社，2009.

第 10 章

领导与沟通

管理者的最基本功能是发展与维系一个畅通的沟通管道。

——**切斯特·巴纳德**

引导案例

兰考县委常委的民主生活会

5 月 8 日的兰考县委常委“真刀真枪，刺刀见红”的民主生活会，多么被党和人民所热切期待。

自我批评：心里藏的，说出来，越发可敬。当第一个发言人县委书记王新军开腔不久，自我批评的火辣辣就让人心头一凛。“去年 1 月，袁厉害收养的孩子，在自己家烧死了 7 个，烧伤了 1 个，这是我们长期漠视群众疾苦的恶果，能不愧疚?!”他发出一连串拷问：守着焦裕禄精神，50 年却没根本改变兰考面貌！兰考群众那样可亲可敬，反而群众上访不断！……县长周辰良检查说，出差一般宾馆不想住，公交地铁不想搭，衣服不是名牌不想穿，下乡冬天怕冷、夏天怕热、风天怕沙。县委副书记毛卫丰检查说，心里面把自己看成官，把群众看成民，有时遇事先考虑个人职位安危。宣传部长李金光检查说，过去分管招商，开封五星级饭店一周去几次，老板服务员见了我都打招呼，感觉很有面子……

批评环节：谁啥样，人心都有一杆秤。常委们批评书记，作风武断，动不动拍桌子，批评人，“让人见你就怯，被骂得晚上睡不着”，“汇报还没等说完，你就定了调”，“手伸得远，政府性事务你拍了板，政府领导还不知道”。常委们批评县长，批他经验主义，“中军帐里发令牌”，贪大求洋却造成土地浪费，环境遭殃，一次水污染，“被处罚的钱比得到的税多得多”。批他不分情况，偏重结果，不问过程，拆迁压任务，“城关乡 60%上访与拆迁有关”。批他政绩观偏差，招商引资躁进，农业“嘴上重视”，“打了井没有电，至今农村还有危桥……”当有人批评组织部长、妇联主席位置长期空缺，没及时配备，县委书记抢着说，“这首先是我的责任”。当县长哽咽说不下去，好几个同志都跟着流泪。

红完脸，出完汗，待去工作中见实效。3个月来，他们白天工作，晚上学习，几乎都没有回过家，这样批评成了常态。在会下，尤其一对一的时候，批评更猛烈，更不留情面。县委书记严厉有余，柔性不足，过去大家怕他，现在他几乎求着大家向他“开炮”，说“一定要一针见血，算我求大家帮忙了”。

资料来源：王汉超、曲昌荣：《辣味十足，刺刀见红——兰考民主生活会亲历记》，载《人民日报（海外版）》，2014-05-12。

10.1 沟通的特点与功能

10.1.1 沟通的特点

沟通（communication），字面上是接触、联系、交流的意思。作为科学概念，它的内涵要深奥得多。沟通不仅是在人与人之间传递信息，还包括表达赞赏、不快，提出自己的见解等。沟通的基本内容是：（1）事实；（2）情感；（3）价值取向；（4）意见观点。上述内容可以概括为意义的传递。所以，沟通必须包括两个方面：意义的传递与理解。缺少任何一个方面，都不能达到沟通的效果。一位领导者头脑中有了再好的思想和方案，如果不善于把它推销出去，也毫无意义。

人是社会动物，沟通在人的活动中不可或缺，是人内在、本质的需要。对于每个人来说，大约用70%的时间（除了睡眠时间以外）进行沟通，包括听、说、读、写等。有沟通才能成长，人只有在沟通中才能学习知识、增长才干、开展工作。通过沟通，人际关系才能有所突破，从而享受生活的乐趣，成为一个成熟、快乐的人。对于当今的组织来说，它要生存和发展，领导者的沟通能力是关键。很多专家认为，一个组织取得工作绩效的最重要因素，在于有效的沟通。如果没有一个精于沟通的领导者，就不可能做到真正的领导，组织就会寿终正寝。对于人际冲突来说，所谓“十家就有九家吵”，沟通不良可能是最主要的原因。

沟通内容广泛，形式多样，但最根本的是语言，包括口头语言和书面语言、本地语言和异域语言以及电子语言和其他信息符号。语言是人际沟通的根本特点，也称言语沟通。在动物世界里，动物是通过感觉器官进行沟通的。而人正是因为有语言，才达到了动物沟通所不能达到的理性、广度和深度。不仅人与动物不同，就是不同人群中的沟通其用语和表达方式也有区别，不同的行业都有自己特定的规范用语，领导者也有角色的语言特征。还要指出的是，作为沟通工具的语言是不断发展的。联合国教科文组织对文盲重新作了定义，认为现代文盲包括不能识别现代信息符号、图表的人，不能应用计算机进行信息交流与管理的人。这些，都对领导者不断提出了新的要求。

沟通的另一个特点，是非语言沟通（nonverbal communication），也称非言语沟通，即通过非语言的方式进行沟通，包括衣着、外表、表情、姿势、形体动作以及身体距离等。非语言沟通产生在语言沟通之前，人类的舞蹈就产生在人类的语言之前。但对非语言沟通的研究却是一个相当年轻的领域。在西方，对身体动作进行的学术研究称为身体语言学（kinesics），研究者认为人的身体动作多是有意义的，或者本身虽无明确固定的含义，但作为对语言沟通的补充，当它和语言结合起来时就有了意义。这方面的研究还带有体验、推测或共识的成分，有待于科学、系统地证实。

非语言沟通要注意把握下列几点：

（1）非语言沟通具有地域的特征，即在不同的国家、民族中，非语言沟通的形式往往含有不同的意义。所以，在跨文化沟通中要“入乡随俗”。

（2）个体给自己留出的空间称为身体距离，它也是有意义的。距离的远近会给人以不同的感觉，不同文化圈的人对此也有不同的认识。

（3）人的形体语言很多，比如人在表示庄重、恭敬的时候，身体通常是左右对称的姿势。而人如果身体倾斜左右不对称，则可能含有懈怠不敬甚至攻击性的意味，或是给人这方面的感觉。

（4）非语言沟通中重要的是人的眼睛。眼睛是心灵的窗户，在很多情况下，眼睛比嘴巴的表达能力更强，视线给对方的感受可能比语言更强烈。西方就有人专门研究“视线文化”。

（5）非语言沟通也可以称为“静默语”，即在不知不觉中向周围的人发出的信号，这也就是形象。“在你开口以前，你已经把什么都说了”，它表露着人的文化、个性和身份。周围的人正是根据这些静默的信号，形成对某个人的印象，特别是初始印象的。

在实际沟通中，人们有时侧重于语言沟通，有时侧重于非语言沟通，但更多的是两种方式交织在一起。摄像研究表明，人在讲话和聆听他人讲话时，表情、姿势都很丰富。一般来说，语言沟通和非语言沟通同时进行时，它们表达的信息是一致的。如果不一致，人们倾向于认为非语言沟通表达的信息是真实的，行动比语言更响亮。

10.1.2 沟通的功能

沟通的功能可以从不同的角度来阐述。在组织中，它是把组织中的成员联系起来，把有组织的活动统一起来，以实现共同目标的手段和基本途径。具体来说，沟通有四项主要功能：

（1）控制。沟通可以通过有效的方式控制组织成员的行为，使之遵守组织中的权力等级和正式指导方针，按照组织的要求工作。

（2）激励。沟通通过下面的途径来激励组织成员：明确告诉他们做什么，如何来做，没有达到标准时应如何改进。在实现组织目标过程中的持续反馈以及对理想行为的强化都有激励作用，而这都需要沟通。

（3）情绪表达。组织工作场所也是主要的社交场所，成员们通过沟通来表达满足感和挫折感。因此，沟通提供了一种释放情感的情绪表达机制，并满足人们的社交需要。

（4）信息。这与决策角色有关。沟通为个体群体提供决策所需要的信息，使决策者能够确定并评估各种备选方案。

这四种功能都是重要的，无轻重之分。要使组织和群体运转完好，就必须实现上述功能。

反之，从另一个角度来看，一个组织缺乏良好的沟通，就等于失去了生存和发展的基本条件。这些条件主要有：

(1) 共同前进的方向。你要别人做事的时候，一定要让人家清楚，你到底要他们做什么。

(2) 共鸣和激励。心理学家德维瑞在其著作《领导之囚》中指出，领导和带动潮流的改变有很大的关系。领导者就像鼓手，众人皆听其节拍前进。这就需要上下共鸣的沟通。“如果前边的人打鼓，后面的人听不到，如何跟得上节拍呢?”

(3) 相互间的信任与协作。成员之间遍布“不信任的鸿沟”，组织就会恶化到难以收拾的地步。

一个组织内的任何风吹草动，都有迹可寻，往往会追溯到领导的决策和沟通上。①

10.1.3 领导与沟通的关系

领导与沟通的关系是一个应该深入研究的问题。上面的叙述已经说明，领导必须沟通，不沟通就不成其为领导。领导在沟通中促进组织发展，使组织群体的成员有更好的表现，同时自身也在沟通中完成角色任务。也就是说，领导与沟通之间有一种明显的逻辑关系，领导和沟通是携手并进的。

戴维·平卡斯和尼克·德波尼斯在《身在高层——世界上最卓越的领导者》一书中，提出了一个公式：领导＝建立关系＝沟通。② 这一公式对领导和沟通的关系提出了独到而深入的见解：领导和沟通都是建立关系，领导是建立承诺的关系，沟通是建立了解的关系，两者在现实过程中是相互联系和互动的，而在建立“有意义的关系”这一点上统一起来。

领导的过程是在建立一种基本承诺的关系：下属答应领导人发奋工作，双方一致为理想努力，为组织效劳，并保证不会违反诺言。沟通的过程则是在建立相互了解的关系，也就是了解对方的目的、信息、信息的来源和预期的结果。当前，随着时代的发展，人的意义增强，管理的人文因素越来越受到重视，管理的重心越来越从传统的计划、组织、控制等趋向“意义的管理”，领导者必须担负开展人际关系和建立有意义的人际关系的重要责任。这使管理相形之下大为逊色，而以人际关系为取向的“领导”更为凸显。要与下属建立有意义的关系，就要承诺，就要了解，就要领导和沟通双管齐下。或许有人认为，了解应该在承诺之前，因为只有深切的了解，彼此才会有承诺。然而实际上人与人之间的关系绝非那么简单，如果没有承诺，也就没有了解的必要，两者很可能同时发生或是次序颠倒。所以，它们在现实过程中是相互联系和互动的。硬要把领导和沟通划分为二，是不可能的事情。

基于上述认识，当今的领导者应是一个“新一代的领导人物”，这个角色的本质与范畴还在不断的演进当中。然而毫无疑问的是，这个角色的沟通能力和人际关系能力将越来

---

① 参见［美］戴维·平卡斯、尼克·德波尼斯：《身在高层——世界上最卓越的领导者》，27～30页，北京，时事出版社，1998。

② 参见孙耀君主编：《西方管理学名著提要》，2版，108页。

越重要。为此，戴维·平卡斯和尼克·德波尼斯为“领导”进一步定义，提出了当前“领导”的四项要点，这四项要点都与沟通紧密结合在一起，是相辅相成的。①

（1）提出未来理想与员工分享。这是沟通的首要步骤，也就是建立远程目标。许多研究结果显示，创造一个共同的理想，并沟通各种理念，对员工有相当大的影响。如果员工和领导人对未来有共同的期盼，自然上下同心同德，奋力追求。

（2）领导人要能取得他人的信赖。成为领袖的第一道考验，是能否建立相互信赖的关系。这是在领导与沟通的互动中逐渐形成的。沟通有两大要诀，一是一致——言行、内外都要一致；二是将心比心——仔细倾听员工发表的意见，并尽量揣摩他们的心态。“一致”和“将心比心”代表的是领导者的特质或根本的沟通原则，也是建立自己的可信度、赢得员工信赖的关键。

（3）推动并执行改革的每一个步骤。事业总是处在变动和发展中，组织也需要改革。领导要实现积极的改革就必须传输有关信息，营造改革的氛围。而当组织大变动的时候，员工人心不稳，容易受到伤害，领导就是安定的沟通中心点，员工此刻更希望从高层领导那里得到信息，要及时让员工知道组织的重大决策。

（4）赋予员工权力，并给予他们工作动机。领导者不只是做一个架构组织的建筑师，更应是个熟知社会的人类学家。他要让每一位员工都加入到组织的各项活动中并参与决策，这样才能引燃他们工作的动力，从工作中获得更大的成就感，并有自己独特的沟通风格、用心设计的工作形式、行之有效的奖励办法。

领导者在人际关系和沟通方面，是第一号人物。如果为领导者的责任开列一张清单，沟通肯定列在前面。领导者沟通能力的高低，会直接影响他所领导的组织的发展；沟通的成败，往往决定着领导者未来的命运。沟通应该是长期不懈的努力过程，不能一蹴而就。

10.2　沟通的机制与效率

沟通的机制是指沟通的途径、程序及自觉进行的沟通系统的设计和沟通方式的选择，主要包括沟通过程、沟通方向、沟通网络、沟通方式等。沟通机制是一种以组织结构设计和协调机制为基础的客观存在，本身也处在不断发展中，关键是根据沟通目的加以创新和灵活运用。

10.2.1　沟通过程

沟通过程也称沟通流程（communication process），是信息的发送者（信息源）与接受者之间传递信息的过程。这一过程包括七个部分：（1）沟通信息源（信息的发送者）。（2）编码（信息源把头脑中的想法进行编码而生成信息）。（3）信息（经过信息编码的物量产品）。（4）通道（传送信息的媒介物）。（5）解码（转化为可以理解的信息）。（6）接受者（信息指向的客体）。（7）反馈（信息被解码后又返回信息源）。

---

① 参见孙耀君主编：《西方管理学名著提要》，2 版，111～113 页。

沟通过程不是一帆风顺的，常常会因沟通要素的质量不高、沟通工具的运用不佳、沟通方式的选择不当、沟通渠道和网络的状况不良而使沟通过程不能如愿以偿。这里特别指出以下几个问题：

其一，信息的编码和解码受到四个条件的影响：技能、态度、知识和社会——文化系统。信息源应善于说和写，接受者应善于听和读，并都具备逻辑推理能力。技能、态度、知识和社会文化背景既影响着一个人传送信息的能力，同时也影响着他接受信息的能力。所以，要真正做到相互理解是很不容易的，必须做相应的努力。

其二，沟通过程中存在着诸多的情境因素，这些因素可能形成沟通的障碍，造成沟通失真。沟通中的障碍，即失真源主要有以下方面：

（1）语言障碍。如语言差异造成隔阂，语气不明造成歧义，语言结构不当引起费解等。

（2）观念障碍。如封闭观念排斥沟通，僵化观念窒息沟通，极端观念破坏沟通等。

（3）角色障碍。如年龄不同可能形成代沟，地位不同则可能形成“位沟”。

（4）时空和习俗障碍。如空间距离和时间限制，不同礼节习俗带来的误解，不同审美习俗带来的冲突等。

（5）心理障碍。现实的沟通活动还可能被人的个性、情感、态度等心理因素所左右。如人的气质、兴趣等方面的因素，比如情感失控、态度欠妥等。

（6）政治障碍。不民主的、压制性的政治环境会抑制信息沟通的自由流动。如有的部门形成先天性的沟通不良，老员工叮嘱新来员工谨言慎行，千万不要乱讲话等。

其三，一些人存在着某种程度的沟通焦虑（communication apprehension），这占总人数的5%～20%，虽然不少人都害怕当众讲话，但沟通焦虑所产生的问题比这严重得多，它涉及沟通技能多方面的发挥。如难以与他人面对面交谈，使用电话时感到紧张，写书面报告时也心事重重，尤其是见到上级领导就紧张、拘谨、不敢畅所欲言等。这一方面需要当事人加强锻炼，克服心理障碍；另一方面需要上级领导者注意营造宽松和谐的人际环境。如果领导者自恃“权力至上”、“领导高明”，权势感、优越感十足，必然造成人际沟通的不和谐。

10.2.2 沟通方向

沟通方向包括横向沟通与纵向沟通、单向沟通与双向沟通。需要说明的是，沟通绝非单行道——只是一方在输出信息；也不是僵化的双向道，像马路上你来我往、互不相关的车辆。真正的沟通像一连串化学作用，沟通双方都有反应和变化。

1. 横向沟通

横向沟通即水平沟通，指同一层级的工作人员、工作群体及其领导者之间的沟通。横向沟通对于加强组织内部的协调与合作、联络感情、增进理解十分必要。横向沟通可以是减小冲突的渠道，也可以是推诿责任、争权夺利的渠道。

2. 纵向沟通

纵向沟通即垂直沟通，指按组织的上下隶属关系和等级序列进行的上下沟通。在纵向沟通中，从一个水平向另一个更低水平进行的沟通称为自上而下的沟通；从低水平向更高水平的沟通称为自下而上的沟通。自上而下占主导地位的沟通程序效果是不佳的，成功的程序是自上而下与自下而上的沟通达到平衡。在实际工作中，自下而上的沟通特别应该得到领导者的重视。有的领导者认为沟通就等于发布信息，或是自上而下的信息传达，这是不对的。更有甚者，把下属员工视为泄密和走漏信息的祸首，热衷于关起门来密谈，连自上而下的沟通都很少做，这就更错了。

实践证明，真正实现有效的自下而上的沟通是困难的，而领导者最大的缺失，也是听不到下属的心声和真实意见。所以，领导者不仅要重视这个问题，还要建立正式的意见表达制度。这个制度的成败，关键在于领导者对征集上来的意见的诠释和回应，这不仅是领导者的责任，而且是职业道德问题。

纵向沟通中影响有效沟通的一个重要障碍是过滤（filtering)。过滤指信息发送者有意无意地操纵信息。如出于自己的特殊利益或思维特点，对信息加以筛选、改编等对自己无害的处理；对信息整合时，把个人的兴趣和自己对重要内容的认识也加进去；或者对信息予以滞留，使其效用降低以致无效等。一名下级向上级报告的信息都是上级爱听想听的，这名下级就是在过滤信息。过滤的主要决定因素是组织结构中的层级数目，组织纵向上的层级越多，过滤的机会就越多。

3. 单向沟通

这是指信息传导方向只有一个，没有或当下不需要反馈的沟通，如下命令、作指示、播出消息等。单向沟通有速度快、权威性强的特点。

4. 双向沟通

这是指信息交流的双方相互传递信息，直至双方共同理解为止的沟通，如座谈、协商、对话等。对于一些要求反应敏捷、行动迅速的部门或工作任务，单向沟通运用较多；对于活动比较复杂、影响因素较多且难以驾驭的部门或工作任务，双向沟通就十分重要。当然，实际上，完整的沟通都包括反馈，这里只是强调二者形式上的区别而已。如一些领导者作报告，一待报告完毕就宣布散会，不给人以提问的机会，沟通效果就减弱了。

10.2.3　沟通网络

沟通网络（communication networks）指的是信息流动的途径。信息流动的途径是多样的，但从特定角度可以区分为两种可能情况：正式的和非正式的。

正式沟通网络也称正式沟通，一般指在组织系统内，依据组织明文规定的原则进行的信息传递与交流。例如组织之间的公函来往，组织内部的文件传达、召开会议、上下级之间的定期工作汇报等。根据古典组织理论，沟通应遵循指挥或层级系统。严格地说，越级报告或命令，不同部门人员彼此进行情况交流，都是不允许的。因此，在组织内只有垂直纵向沟通，很少有同一水平的横向沟通。后来因组织的需要，逐渐产生了委员会、公文抄报等措施，以便在同级之间沟通。这仍属组织正式结构所安排的途径，属正式沟通性质。正式沟通包括五种形式：链式、环式、Y 式、轮式、全通道式。[①] 正式沟通的优点是比较

① 参见孙钱章、吴江、马抗美主编：《领导力全书》，上卷，714～715 页，北京，中共中央党校出版社、九州出版社，1998。

严肃、权威性强、容易控制、易于保密。重要的消息和文件传达、组织的决策等一般采取这种方式。其不足在于对组织机构依赖性较强而造成速度迟缓，沟通形式刻板，存在信息失真或扭曲的可能性。

非正式沟通网络亦即非正式沟通，也就是小道消息的传播，是指正式途径以外的信息交流。这些途径繁多且无定型，在美国常被称为“葡萄藤”（grapevine），用以形容它枝繁叶茂、随处延伸。非正式沟通的类型依常见度依次为：集群连锁、密语连锁、随机连锁、单线连锁。非正式沟通的内容往往是人们当下注意的焦点、热点问题，针对性强，不拘形式。非正式沟通能够发挥基础组织之中良好的人际关系作用。其缺点表现在沟通双方或多方都可以不负责任，因而也难以控制，容易失真，甚至会强化非组织活动，影响组织的凝聚力和正式沟通的权威性。

小道消息是领导者应着重研究的，小道消息有如下特点：（1）它在很大程度上与人们的切身利益有关，内容往往是当下关注的焦点问题。（2）很多人认为它比正式沟通网络传播的信息更可信、更可靠。（3）消息越新鲜、越为人们熟悉，则谈论得越多。

斯蒂芬·罗宾斯认为，人们常常以为小道消息来自搬弄是非者的好奇心，其实很少如此。小道消息至少有四个目标：建构和缓解焦虑；使支离破碎的信息能够说得通；把群体成员甚至包括局外人组织为一个整体；表明信息发送者的地位或权力。研究表明，如果情境十分重要，但又模棱两可，并因而激起人们的焦虑情绪，此时小道消息就会作为情境的反应出现。如在大型组织中保密性和竞争性司空见惯，对诸如新领导的任命、办公室的重组、工作任务的重新安排这些事件来说，都为小道消息的产生和延续创造了有利条件。如果小道消息背后人们的愿望和期待得不到满足或焦虑得不到缓解，那么它会一直持续下去。①

对于小道消息，领导者应把握这样几点：

（1）小道消息有过滤和反馈双重机制，领导者应该对它进行分析并预测其流向。小道消息并非空穴来风，它至少说明工作人员或部分工作人员在关心什么，他们认为哪些事情更重要，因而激起了他们的焦虑感。领导者可据此开展相应的工作。

（2）小道消息不可能彻底消除，简单禁止也无济于事，但领导者能够把其范围和影响限定在一定区域内，并使其消极结果减少到最低。为此就要提高正式沟通的效率，公布真实情况，增加透明度，保证民主渠道通畅，多做宣传、解释工作，加强引导。

（3）改善人际关系，形成感情融洽、相互关心、彼此信任、协商一致的群体气氛和组织情境，提高组织成员的成熟度和抗干扰能力。

（4）对有利于组织目标实现的非正式沟通网络，可以适当提倡利用，以弥补正式沟通网络的不足，如领导者之间在正式沟通前可适当进行非正式沟通，通过非正式沟通网络有意发送一些信息等。

10.2.4 沟通方式

沟通方式即对沟通通道（媒介）的选择。人们之所以选择某种沟通通道而不选择其他

---

① 参见［美］斯蒂芬·罗宾斯：《组织行为学》，7版，298页。

类型的通道，少部分是因为沟通焦虑，大多数则是由于客观上沟通媒介类型的丰富性和主观上沟通的需要。各种通道在传递信息方面的能力不同。一些通道比较丰富，拥有下列能力：(1) 同一时间处理多种线索。(2) 促进快速反馈。(3) 直接亲身的接触。另一些通道比较贫乏，能力方面得分也很低。从通道丰富性的角度上看，面对面交谈得分最高，因为它在沟通过程中传递的信息量最大，即它提供了大量的信息线索（语言、体态、面部表情、手势、语调）、即时反馈（言语和非言语两种方式）以及亲身的接触。依次排列下来是电话、电子邮件、备忘录和信件、广告和公告及一般文件。公告和一般文件这类非私人性质的书面媒体，丰富程度最低。

领导活动中信息不足和信息过量，都是应该注意的问题。后者指沟通通道信息超载，造成沟通中的噪音和沟通失真。不受限制的信息流动，如人们形容的“文山会海”导致信息过量，造成对重要信息的麻痹、处理中的差错和拖延，以及诸多信息彼此抵消等情况，不仅浪费人们的时间和精力，还会贻误工作。

对沟通通道的选择还取决于信息是常规的还是非常规的。常规信息通常是人们熟悉明确的，模棱两可的程度最低。非常规信息较为复杂，有潜在的误解可能性。领导者对前者宜采用丰富性程度低的通道进行沟通，对后者只有选择丰富性程度高的通道才能有效。

为了提高沟通效率，领导者除应注意上述问题外，还要做好下面两方面的工作：一是对组织机构进行改革，如重组机构、理顺关系、裁减冗员、提高素质、引进先进的沟通工具和设备。二是对信息沟通的机制和情况进行定期检查。检查可以采取观察、问卷调查、会议访谈以及对书面文件和组织的出版物、通告栏进行分析等方式进行，并提出相应的改进措施。

延伸阅读

肯尼迪决策中的沟通智慧

1962 年 10 月 18 日深夜，美国司法部部长罗伯特·肯尼迪挤到了他汽车的前座上，和他一起的还有美国中央情报局局长、参谋长联席会议主席和一名司机。其他 6 名高层官员则挤在车子后座上。这部拥挤的车子秘密地从美国国务院加速驶入白宫，与肯尼迪总统商讨制定重要决策计划——如何回应古巴导弹危机。

18 个月前，肯尼迪总统作了他一生中最糟糕的决策——支持一个考虑不周的计划，企图推翻菲德尔·卡斯特罗在古巴的政权。这个计划后来被称为“猪湾事件”。曾参加过那次决策过程的历史学家阿瑟·施莱辛格后来写道：“我们的会议在一种古怪的气氛中进行，所有人都认为达成了共识，没有人站出来反对。”

猪湾事件后，肯尼迪总统明智地重新制定了团队决策流程，并作了 4 个变化：(1) 每个参与者都要成为“持怀疑态度的全才”，大家应该作为一个整体，而不是从各自部门的角度看问题。(2) 为鼓励大家畅所欲言，智囊团应召开没有议程和协议的非正式会议。这样做是为了避免在白宫召开压力巨大的会议。(3) 智囊团成员应该被分成不同的小组。这样就能产生不同的方案，然后再重新讨论方案。(4) 有时智囊团应在肯尼迪总统不在场时讨论。

1962 年 10 月 15 日，肯尼迪总统和智囊团获悉苏联在古巴部署携带核弹头的导弹，导弹在发射后几分钟内就可能杀死8 000万美国人。

那天早晨，高级军事代表团主张立即采取大规模军事行动打击苏联的此次导弹计划。但这一次他们不再只是争辩一个计划，而是采取了全新的决策方式，这就需要更多的可选方案。所以，有人提出了替代方案——通过海上封锁来强迫苏联运走导弹。

随着新议程的展开，肯尼迪总统命令罗伯特·肯尼迪对两种方案进行全盘考虑。一个由十几个人组成的团队在国务院一个不起眼的办公室会面，并秘密穿梭于国务院和白宫之间。坦率的讨论继续进行。“当天的会议不分等级，事实上我们甚至都没有一个会议主席……那次对话是完全不受约束的。”罗伯特·肯尼迪后来回忆道。

最后，他们部署了一种新的决策方式：所有参会人员分成两组，主张军事打击的一组要写出作战方案，另一组则要写出海上封锁方案。然后两组互换方案，彼此剖析、批评。通过这种方式，智囊团能够研究每项决策的优缺点。两天之后，他们向总统提交了一份经过深思熟虑的方案——对古巴采取海上封锁。该方案取得了成功，避免了美国与苏联直接的核对抗。

资料来源：莫腾·汉森：《肯尼迪决策中的管理智慧》，载《领导文萃》，2014（5）。

10.3 领导者与有效沟通

10.3.1 有效沟通的要求

前面讲的沟通机制与效率，是针对组织内部而言的。公共行政领导者既要和部门内部的人员进行沟通，又要管理公共事务，和社会公众进行沟通，而且是代表政府和国家权力机关进行沟通。下面就从组织内部和外部结合起来的更广阔的范围上，阐述人际沟通对公共行政领导者的要求。

沟通的目的是为了达到某种目标或完成头脑中的一些想法，主要是：（1）建议；（2）影响；（3）提供信息；（4）获取信息等。沟通是人的重要社会行为，有效的沟通不会在杂乱无序的状态下进行。正如汤姆·阿代尔所说：“有效的沟通不是偶然的过程。”它和其他社会行为一样遵循社会行为的一般规则。

那么，为了提高沟通效率，公共行政领导者在人际沟通中应该注意什么问题呢？

首先，重视沟通，亲自抓沟通方面的工作，为下属人员树立鲜明的角色榜样。领导者从思想到行动都要确立人际沟通重要性的观念，并身体力行地贯彻到日常工作中。特别是注意现代沟通工具的运用，亲自过问并参与这方面的工作，如通讯简报、内部刊物、通告宣传栏、广播电话、报纸杂志、电视、电脑等。这些沟通网络一旦展开、畅通无阻，其作用不可估量。过去，毛泽东、周恩来、邓小平等老一辈领导人都非常重视这方面的工作，并经常亲自撰写、审阅报刊文章和新闻稿，为我们各级领导树立了学习的榜样。

公共行政领导者必须训练和提高自己阅读与写作的能力。哲学家培根说：“阅读可以造成一位完人，写作可以造成一位严谨的人。”优秀的领导者应具备快速阅读的能力，拿起文件、报告后，能迅速扫描全部内容，准确地把握住要点。还要能够亲自动手撰写讲话提纲和讲话稿，起草和修改文件，这样就能大大提高沟通效率。应该说，这也是领导者的基本功。有的领导者因为忙，自己动笔较少，但能品评别人的文笔，指导别人写文章；有的领导者从来都是让人家代笔，而后他又总是改得面目全非，文辞不通，令人不得要领，这势必影响沟通效率，降低领导者威信。

其次，优化自身形象，与沟通者建立相互信任的关系，这对公共行政部门的领导者尤其重要。这里说的形象，主要是外在感官的形象，即仪表、仪态。仪表这一概念有多种解释，通常认为人的相貌、服饰、外观都包括在内。仪态包括人的行为举止，也就是人们常说的“行为美”。现代人津津乐道的所谓“风度”，指的就是优美的仪表、优雅的仪态。

在《赢家形象》一书中，罗伯特·舒克曾经说过，一个好的自我形象不一定会带来成功，但却能够极大地推进成功的进程。有些人总以一种糟糕的自我形象作茧自缚，那样，要积极影响他人就很困难。形象与信任有着内在的联系，生活中我们每个人都受形象影响。研究者做过一项试验，让一个男子去闯红灯，当他西装革履去闯红灯的时候，跟随他闯红灯的人数要比他仅仅穿着普通干活衣裤时多出 3.3 倍。心理学家的实验说明，头衔作为地位权力的象征，能赢得尊敬，因为要获取它们并不容易。而服饰会像头衔一样起作用，服饰得体会带来威信。比如让一位指令者站在街头拦住行人，让行人按照他的话去做，他穿不穿制服大不一样。当他穿着安全警卫制服时，差不多每个人都按他的要求去做。而当他在普通打扮的情况下，照他的话去做的人还不到一半。

领导者的形象有双重性，既代表个人，又代表组织，而代表的组织形象远比个人形象重要。领导者的形象与常人不同，易受到人们的关注和议论，受到攻击伤害也是难免的。这里直接受损的是个人，背后受损和损失更大的是组织。公共行政部门的领导者代表官方，历来有成文和不成文的形象要求，现代高级领导人有形象顾问、形象设计师。中国封建社会取士、选官，有“身、言、书、判”的考量标准。身，谓形体，五官端正，否则难立官威。言，谓口齿清楚，言语明晰，否则有碍治事。书，谓字要写得工整漂亮，利于上级阅读他的书面报告。判，谓思维敏捷，审判明快，不然便会误事害人。其中“身”居首位，观瞻所系，十分重要。

我国改革开放以来，随着现代化进程的不断推进，社会对公共行政领导者的形象要求越来越凸显。从 1999 年 1 月 1 日起，地处改革开放前沿的广东省讨论任免干部时，凡呈报需经省委常委讨论的正处级以上干部，必须将干部本人的声像资料及信息软盘一并上报，即不仅要看文字、听汇报，还要观其形、听其声，要看被任免人选的形象、气质及口头表达能力等。声像资料包括站姿、坐姿、演讲等方面的内容。简单地说，当领导要有才有貌，“貌”就是形象，当然，形象主要不是指天生长得怎么样，而是指文化修养的形象，与身份相符的形象。在当前干部公开招聘、竞争上岗的面试答辩中，仪表仪态也成为一项重要内容。

再次，遵循人际交往的礼仪，公共行政领导者应该成为文明的化身。礼仪指礼节和程序两个方面。礼是人们在社会生活中相互交往时的行为规范；仪是按程序进行的礼节，即先做什么、后做什么的程序方面的规范化要求。“世事洞明皆学问，人情练达即文章”，公共行政领导者作为官方的代表，应掌握有关礼仪的理论、知识和技巧。在正式场合的一举一动、一言一行都合乎官场礼仪，这无论对于人际沟通还是社会的文明进步，都是非常重要的。

最后，研究电子沟通对当代领导者提出的挑战。20 世纪 80 年代初开始发展起来的新型电子技术和手段，包括互联网、传真机、电子邮件、实时信息、移动电话、视频会议、电话会议、便携式电脑等，正在深刻地改变着人际沟通的方式，对领导者的领导活动和有效沟通提出了挑战。电子沟通打破了时空界限、组织界限、传统的地位等级界限、工作范围与非工作范围的界限，整个社会系统的运作大大改善，工作节奏加快，作业周期缩短。电脑的运用提供了存储与加工信息的革命性技术手段，它的功能可以归结为两句话：高密度地存储信息，高速度地处理和加工信息。过去手工处理已经无法应付的浩如烟海的各类信息，现在依靠电脑瞬间就可以解决，极大地提高了沟通效率。同时，电子沟通也产生了一些新的问题，如它不能满足人们归属的需要，对有较高社交需求的人来说，过分依赖电子沟通会导致工作满意度降低等。总之，电子沟通应该是领导者认真面对和研究的问题。

10.3.2 沟通的学习与训练

过去的领导者可以躲在办公室里，不去接触公众，更不愿曝光。然而现在时代变了，沟通能力成为领导者履职的必要条件。一位领导者的沟通能力如果不够好，发展自然就有限。大量调查研究的结果表明，如何从众多的 MBA、MPA 人才中挑选出高明的领导者，沟通能力是重要因素之一。可见，沟通能力关系到领导者的晋升和选拔。

良好的沟通能力源自学习和训练。据专家调查，沟通教育在大学，包括管理专业中重视不够，有的还几乎是空白。很多学校误以为学生具有沟通能力，或是认为他们自会在正规的课程中学到沟通技巧。有的学校虽然开设了关于沟通的课程，但注重的是学生口头上的沟通和写作技巧，这些基本的训练固然必要，但又是很不够的。

现在这种情况正在得到改善。国外很多著名的大学，如美国的哈佛大学、耶鲁大学等不仅开设沟通课程，而且刻意对学生进行沟通技巧方面的训练。这些沟通课程包括领导、协调、媒体运用、公众讲演、危机处理、主持会议和小组座谈、书信沟通和一对一的面谈、说服、意见调查等内容，要求学生进行“沟通策略”的案例研究，并写出沟通课题的研究报告。在国内，很多大学的管理专业，特别是公共管理专业，开始注重沟通课程的学习和实际能力的培养，还引进了一些先进的教学设备和手段，这是很可喜的现象。

沟通能力的提高是一个实践过程，需要自觉进行训练。训练的方式方法有很多，这里仅介绍一种最为简便易行的方法——观察对照练习法。

第一步是观察。静心专注观察他人沟通情况，并作为案例予以详细评估。如两个人在进行公共事务方面的沟通，或在会议上各抒己见，这时就可以细心观察和体察双方沟通所用的方式方法、沟通所达到的程度及效果等，然后详列优劣点予以评估。

第二步是对照。对照自己提出问题：（1）如果当时角色是我，我是否会有同样的优点或缺点？（2）我会在哪些地方表现更好？哪些地方不如当事人？（3）如何改进会更好？（4）此案例最理想的沟通方法、步骤、程序应该是怎样的？（5）如果以最理想的模式沟通，会产生怎样的结果？影响如何？

第三步是练习。就是将观察、对照的结果付诸实施，在类似场合的沟通活动中自觉进行演练。演练的过程和结果也要自觉地作为案例，再总结，再演练，不断提高。

本章小结

本章主要讲述的内容如下：

1. 沟通的特点与功能。包括沟通的含义、语言沟通与非语言沟通、沟通的四项主要功能。

2. 领导与沟通的关系。领导＝建立关系＝沟通。新一代领导人的沟通能力越来越重要，戴维·平卡斯和尼克·德波尼斯提出了当前领导沟通的四项要点。

3. 沟通的机制与效率。沟通机制主要包括沟通过程、沟通方向、沟通网络、沟通方式。要特别注意沟通过程中的焦虑和过滤，以及小道消息的特点和领导者应如何把握小道消息等问题。

4. 公共行政领导者与有效沟通。有效沟通对公共行政领导者自身提出了一系列要求，如重视沟通、优化自身形象、遵循人际交往礼仪、研究电子沟通对当代领导者提出的挑战等，都是十分重要的。

5. 沟通的学习与训练。这主要是实践锻炼的问题，沟通能力的提高有赖于自觉的学习和训练，而不仅仅是掌握理论要领。

关键术语

沟通　　沟通机制　　沟通过程　　沟通方向　　沟通网络　　沟通方式　　沟通效率　　领导者　　领导活动

复习思考题

1. 怎样理解沟通？沟通的特点是什么？
2. 什么是身体语言学？它为什么重要？
3. 请指出沟通在组织内的功能，并从领导活动的角度分别举例说明。
4. 论述领导与沟通的关系，并举实例说明。
5. 描述沟通过程并说明在这一过程中影响沟通效率的主要问题。
6. 简述沟通中的焦虑和过滤，领导者应如何解决此类问题？
7. 小道消息有什么特点？哪些条件可以激发小道消息的出现？对于小道消息，领导者应该怎样做？
8. 请说明形象在有效沟通中的作用，并进一步阐明领导者应该如何对待这个问题。
9. 运用通道丰富化概念，举例说明哪些信息面对面沟通效果最好？哪些信息通过电子邮件传递效果最好？哪些信息采用书面文件的方式效果最好？

本章阅读书目

1. [美] 约翰·巴尔多尼. 卓越领导者的沟通技巧. 北京：电子工业出版社，2012.

2. [美] 莱夫顿，巴泽塔. 领导沟通力. 北京：华夏出版社，2005.

3. [美] 克拉克等. 领导就是沟通. 北京：中信出版社，2004

4. [美] 戴尔·卡耐基. 卡耐基沟通的艺术与处世智慧. 北京：中国华侨出版社，2012.

第 11 章

领导的语言艺术

语言不仅能宣扬政策，它还能传达、营造一种情绪、一种态度、一种氛围，或促成一次觉醒。

——约翰·肯尼迪

引导案例

向毛泽东学文风

毛泽东同志平易近人，其深入浅出、叙述准确、形象鲜明、笔调生动的写作风格曾成为一个时代的楷模。

反对党八股。毛泽东在他著名的《反对党八股》一文中，开宗明义地列举了党八股的“八大罪状”：空话连篇，言之无物；无的放矢，不看对象；甲乙丙丁，开中药铺；语言无味，像个瘪三；不负责任，到处害人；流毒全党，妨碍革命；传播出去，祸国殃民。他当年为改进文风敲响了警钟。他还大声疾呼：洋八股必须废止，空洞抽象的调头必须少唱，教务主义必须休息，而代之以新鲜活泼，为中国老百姓所喜闻乐见的中国作风和中国气派。

用群众语言讲话。毛泽东在延安整风会上，号召学习列宁用群众很熟悉的语言写宣传传单；他还称赞季米特洛夫在共产国际第七次大会上的讲话：应当学会不用书本上的公式而用为群众事业而奋斗的战士们的语言来和群众讲话，这些战士的每一句话、每一个思想，都反映出千百万群众的思想和情绪。他提出一个布尔什维克写作定律：当你写东西或讲话的时候，始终要想到使每个普通工人都懂得，都相信你的号召，都决心跟着你走。要想到你究竟为什么写东西，向什么人讲话。毛泽东在《论联合政府》一文中斗志昂扬地写道：“中国共产党和中国人民并没有被吓倒，被征服，被杀绝。他们从地下爬起来，揩干净身上的血迹，掩埋好同伴的尸首，他们又继续投入战斗了。”

准确性、鲜明性、生动性。他说，准确性属于概念、判断和推理问题，这些都是逻辑问题。鲜明性和生动性，除了逻辑问题以外，还有辞章问题。

观点和材料要统一。毛泽东指出，要学会用材料说明自己的观点，用观点去统率那些材料。他说，一个政治家要善于打起旗帜，旗帜就是纲领，要有鲜明的纲领，旗帜很高，面很大，色彩很鲜明，一下子把群众结合起来。观点从何而来，从事实中来。他曾称赞刘少奇同志一次给中央的信，为什么看起来很清楚，因为他提出的观点都有事实作证据。说红薯好吃，有事实，说红薯是高产作物，对解决当时粮食问题大有帮助，也有事实。

向鲁迅学习写文章。毛泽东说他的思想和读者是共鸣的。他从鲁迅复“北斗杂志社”讨论怎样写文章的一封信中，抽出四条原则提醒写作的同志：一是留心各种事情，多看看，不要看到一点就写；二是写不出来的时候不要硬写，不调查、不研究，提起笔来硬写，是一种不负责任的态度；三是写完后至少看两遍，竭力将可有可无的字、句、段删去，毫不可惜。宁可将作为小说的材料缩成速写，决不将材料拉成小说；四是不生造除自己之外，谁也不懂的形容词之类。

资料来源：李启明：《向毛泽东学文风》，见 http://www.qstheory.cn，2013-06-17。

11.1 领导者的语言智慧

11.1.1 语言是领导者的基本功

领导者靠语言开展工作，语言是领导工作的基本功，也是选拔领导者的重要条件，对公共行政领导者语言艺术的研究是行政领导学的重要内容。党的十六大后，新一届中央领导集体产生。《作家文摘》刊登长篇通讯《新一代大国政治家》列出了胡锦涛同志、温家宝同志的简历，值得我们学习：1979 年，宋平同志出任甘肃省委书记。时任甘肃省建委设计管理处副处长的胡锦涛同志已经在甘肃生活、工作了 11 年。有一次，宋平同志到省建委亲自主持座谈会，指示各处汇报工作。胡锦涛同志出面汇报。理工科出身的胡锦涛同志平时就很用心，又经常实地考察，了解基层实际情况。在一群汇报的干部中，胡锦涛同志条理简要、数据清楚的发言与众不同。当宋平同志问起一些方向性问题时，胡锦涛同志的观点与建议更让宋平同志激赏。第二年，胡锦涛同志出任甘肃省建委副主任。1982 年，仅仅经过三个月共青团省委书记职位上的历练，胡锦涛同志出任共青团中央书记处书记、全国青联主席。又过了两年，即 1984 年，胡锦涛同志出任共青团中央书记处第一书记，仅过一年即 1985 年便出任贵州省委书记，成为当时最年轻的省委书记（42 岁）。有意思的是，温家宝同志，也有和胡锦涛同志类似的经历。温家宝同志年轻时，在甘肃从事了十年的地质勘察技术工作。也是在一次汇报会上，当其他干部只是笼统介绍情况时，温家宝同志则摆数据、说思路，引起了中央领导人的重视。①

领导者面临着语言功力的考验，语言的驾驭和运用如何反映着一个领导者的思想水

① 参见《新一代大国政治家》，载《作家文摘》，2002-12-20。

平、认识水平、思维能力、逻辑表达能力和社交能力。历史上和现实中一些成功的卓越的领导者大多具有出众的语言才能，其中很多甚至是语言大师。他们的演说、谈话的魅力往往超越时空，脍炙人口，广为流传，成为自己业绩的一部分。当前广大群众的文化水平越来越高，话题越来越丰富，如果领导者不提高自己的语言驾驭功力和水平，只能说一些官话、套话，没有领导魅力，没有追随者，就不能有效开展领导工作。

明代冯梦龙编纂的《智囊》一书，集我国先秦至明代古典智慧之大成，深得世人喜爱。书中按部类分为十种智慧，其中第七部类即为“语言的智慧”，可见其自古以来的重要性。冯梦龙论述道：两个人进行舌战，有理的必然得胜；两个都有理的人发生争执，能言善辩的必然占先。张良因此而成为刘邦的老师；鲁仲连因此而成为战国的高士；庄子因此而旷达；张仪、公孙衍因此而富贵；端木赐（子贡）因此被孔子视为全才，而授以德行、言语、政事、文学四科；孟轲因此而继承禹、周公、孔子三位圣人的事业。所以，一句话有时重于九鼎，一个说客有时强于十万大军，一封书信有时胜过十部著作。谈判技巧、口舌之劳，难道就不重要吗？言谈微妙，一语中的，足以解除纠纷；语言乏味，缺乏文采，不能流传久远。君子之人，某一次的话可能是聪明的，另一次的话可能是愚蠢的。智慧滋润着心田，语言是它的自然流露。冯梦龙对语言作用的论述，很多是有道理的。

心理学家霍华德·加德纳提出了多元智慧理论，认为人有七种主要智慧值得我们认真探讨，第一种就是语言的智慧，以下依次排列是：数理逻辑的智慧；感受空间的智慧；音乐性的智慧；动作灵敏的智慧；人际交往的智慧；自我认识的智慧。语言的智慧在工作技能上的表现是：与人交谈、叙述、通知、教导、写作、用言辞表达、说某种外语、口译、笔译、教学、讲课、讨论、辩论、研究、抄录、校对、编辑、电脑文字处理、归纳、报告等。

语言是传递信息的工具，又有表达情感的功用。但丁说：“语言作为工具，对于我们之重要，正如骏马对于骑士的重要。最好的骏马适合于最好的骑士，最好的语言适合于最好的思想。”孙子曰：“赠人以言，重于珠玉；伤人以言，重于剑戟。”普列汉诺夫在《论艺术》一书中说：“语言对于人们，不只是表现他们的思想才有用，一样地为了表现他们的情感那也是有用的。”美国心理学家哈特曼结合竞选演说进行实验研究，比较了情感与理智在选举时对选民们行为态度的影响。结果表明，情感的号召力比理性的号召力大。曾任哈佛大学校长的伊立特说过：“在造就一个有教养的人的教育中，有一种训练是必不可少的，那就是——优美而文雅的谈吐。”周恩来总理非常注意各种场合的谈话用语。外国政治家评论说，周恩来有高度的语言修养和丰富的智慧，因而在谈话中能够纠正翻译的话，能够周密细致地区分隐晦的含义的细微区别，以更好地表达他的思想。

凡是高明的领导者，都深知语言的功力和作用。杰出政治家的口号、广告的精辟用语，可谓“一句话喊醒五大洲”。因此，很多领导人在语言的运用、表达上格外专心和认真。不然，是不会流传下来那么多启迪人心灵的名言佳句的。杜甫有诗云：“为人性僻耽佳句，语不惊人死不休。”苦吟诗人孟郊和贾岛有诗曰：“两句三年得，一吟双泪流”，“夜吟晓不休，苦吟鬼神惊”。雨果说：“语言就是力量。”俗话说：“一句良言三冬暖，半句恶语六月寒”，“舌头底下压死人”，可见语言的分量。领导者当然不是文学家，但对重要的演说和谈话，也应该有这种刻意的追求。汉代刘向《说苑》云：“辞不可不修，说不可不善。”

语言在日常生活和工作中非常重要，那么它有什么功能呢？具体来说，语言有以下三个功能：

（1）信息功能。语言是交流的工具、思想的载体，具有传递信息的功能。一位领导者要准确通顺地传达信息，必须有语言的基本功。

（2）激励功能。领导者的重要职责是激励和鼓舞，而激励和鼓舞最直接的是通过语言进行的，语言能有效地激励人心，鼓舞斗志。

（3）塑造形象功能。言为心声，领导者通过讲话展现自己的思想水平、政策水平、业务能力，塑造自身形象。例如领导者上任之初，保留发言权，经过调查研究，在一个众望所归的场合发表一次众望所归的演说，“新官上任三把火”的“第一把火”就是讲好一次话。

11.1.2 领导者的语言艺术

所谓领导者的语言艺术，实际上也就是领导者的口才，即讲话、运用语言的艺术，包括演讲的艺术、谈话的艺术、说服的艺术、批评的艺术、颂扬的艺术、谈判的艺术、倾听的艺术等。领导者的语言艺术体现在成功地运用角色语言，在不同的时间、地点和人群中，具有不同的用语和表达方式。

以“说话赚钱”的脱口秀节目主持人拉里·金根据自己的观察和研究，发现最擅长说话的人共有的特质有八点：（1）能从新的角度看事情，能就大家都已熟悉的事物提出令人意料不到的观点。（2）有宽广的视野。他们思考、谈论的题材超越自己生活的范畴。（3）充满热情，让人感觉到，他们对于生活中所从事的各种活动有着强烈的感情，而且你会觉得他们对你的话题兴趣盎然。（4）不会喋喋不休地谈论自己。（5）有好奇心。他们会问：“为什么？”表现出想要知道更多的兴趣。（6）有同情心。他们会试着设身处地去思索你所告诉他们的事情。（7）有幽默感，也不介意开自己玩笑。事实上，最擅长和人交谈的人往往常说关于自己的故事。（8）有自己的谈话风格。①

很多领导者都深谙此道。比如，有的领导者对自己的要求是，在各种会议场合不轻易讲话，更不能讲不痛不痒、毫无分量的话。而在关键时刻，如在电视收视的黄金时间里讲话，就一定要有语惊四座的效果。有的领导者讲话看似不紧不慢，边讲边思考，似乎在不断挑选着恰当的词汇，其实早已打好了腹稿，很多即兴妙语都是周密思考和准备的结果。还有的领导者在约人谈话的前一天晚上，待各种情况均了如指掌后，便闭门谢客，静思该怎样谈，从什么角度，如何进行，碰到不同的情况应怎样对答等。荀子说：“君子赠人以言，庶人赠人以财。”既然要和人家谈谈，就一定要给人一些有益的东西，达到双方都认为最满意的效果。绝不能该谈的问题未解决，反而给对方留下许多看法，甚至在未来的工作中制造一个潜在的对手。邓小平讲话以机智、坦率、干练、深刻、朴实、幽默著称。在十一届三中全会后的多年中，他的讲话、谈话不但指导着中国改革、开放，而且广为传播，深入人心，成为人们学习和研讨的精品，其中很多话还成为人们表达时代共

① 参见［美］拉里·金：《妙语12诀》，57～58页，海口，海南出版社，1996。

识的警句格言。

领导者的语言特征，是规范、顺畅，善于概括与总结，以理取胜。善于概括是领导角色语言的重要特征。概括主要有三种方法：一是哲理概括，透过现象抓住本质，得出具有指导意义的结论。二是浓缩概括，用寥寥数语，把复杂的事物说得一清二楚，简单明了。三是形象概括，借助于"打比方"，深入浅出地说明问题，既明晰易懂又生动难忘。毛泽东是善于概括的语言大师。他用"星星之火，可以燎原"来概括革命力量由小到大的必然发展趋势，用"百花齐放，推陈出新"概括我党的文艺方针，用"夺取全国胜利，这只是万里长征走完了第一步"来形象地概括说明社会主义建设的道路艰巨与漫长。他所说的"前途光明，道路曲折"、"枪杆子里面出政权"等许多话，都是高度概括的典范，再难以找出更合适、更精练的语言来表达同样的思想了。

领导者要区分权力性讲话和非权力性讲话。权力性讲话是突出领导者的领导地位和身份，申明代表组织群体讲话，多适用于上情下达，需要指挥控制的场合。一般来说，权力性讲话的影响力与领导者所拥有的权力、所处的地位成正比，权力越大，地位越高，与听者的差异越大，讲话的影响力越大；反之就越小。作权力性讲话时态度要严肃认真，语气坚定有力，言简意赅，准确无误，不出纰漏，不留疑点，讲话要点、重点可适当重复和强调，以给人留下深刻印象。

非权力性讲话正相反，是尽量淡化领导者的地位和身份，消除人们的敬畏心理。这种讲话方式多适用于上下沟通、交流思想感情的场合。领导者越是平等待人，与听者的差异越小，讲话的影响力越大；反之就越小。如某市市长在与大学生座谈改善伙食问题时说："看到大家，我就想起了我的大学时代，年轻了许多。那时我也很关心伙食的好坏，我想你们也和我那时候一样。今天，我就是来和大家商谈伙食问题的。"在这段开场白里，这位市长没有标榜自己的权力、地位，而是在学历、经历、态度、价值观念乃至年龄等方面寻求相似因素，尽量缩小彼此之间的差异，以便平等地进行交谈。市长的讲话使大学生们无拘无束，畅所欲言，座谈会气氛热烈。

非权力性讲话要态度谦和，待人热情，口气谦虚，说话亲切和蔼，多启发诱导，开展生动活泼的讨论。总之，要与听众在感情上打成一片，并用幽默、诙谐的话语调节气氛，表达不便于明说的观点或意见。

11.2　领导者的演说艺术

11.2.1　演说的类型与要素

演说是领导者就某一问题向一定范围的听众发表讲话，即一个人讲、其他人听的说话方式。凡是在公众社交场合中的独白式说话，如作报告、致迎送辞等，都可归纳到演说范畴，成为演说的一种形式。演说又称讲演、演讲，顾名思义，有"演"有"讲"，是讲与演相结合的口语表达的最高方式。它既要运用表演、手势、姿态等体语动作给人以表象，又要运用口语进行论述与论证。"讲"与"演"之间，以"讲"为主，以"演"为辅。演讲具有声形同步、以声带形、说服力强、鼓动性大等特点。

演说具有悠久的历史，对演说的研究很早就开始了。我国春秋战国时代诸子争雄，百家争鸣，演讲艺术空前发展，还产生了专门研究说辩的诡辩学派。西汉刘向撰写的《说苑》中《善说》一卷，就是专门论述演讲与口才的。在古希腊，演讲被誉为“艺术之女王”，在国家活动、社会活动中占有很重要的地位。亚里士多德在其著作《演说术》中，把演说称为“说服人的艺术”。近代，特别是20世纪中期以来，演讲作为一门学科，在西方取得了很大发展，当前在我国也非常普及。

演说从不同的角度可以区分为不同的类型。按事先准备以及准备的程度，可区分为有准备的演说和无准备的演说，后者也称即兴或即席演说，演说者需要有较高的社会文化修养并且机智过人。实际上即兴演说也需要准备，最起码要打好腹稿。即兴演说要特别注意不说“本来没准备，随便说两句”之类的套话。注意讲话简短，不要滔滔不绝。

按演说内容，可区分为政治演说、工作演说、礼仪演说等。政治演说要求以鲜明而坚定的政治立场，确实而雄辩的说理，来说服或征服听众。如侧重于思想工作方面的演说就属于这一类，应该是观点鲜明或新颖，分析深入，具有一定的理论深度，能够启迪人的智慧。工作演说要事实充分、数字准确，摆事实讲道理，从中得出应有的结论。学术演说必须传达新的信息，提出新的成果，具有学术水平。礼仪演说则要礼貌、周到、真诚，富有感情和感染力。在上述演说中如果是具有辩论性质的演说，就要有论点、论据，进行论证和辩驳，并且做到自圆其说，无懈可击。

按演说的风格与节奏，还可区分为轻快型、庄重型、高昂型、伤感型等。不同的场合采用不同的方式。

演说有不同的类型，但任何演说要得以实现，即成为现实的演说，都依赖于三个基本要素，这三个基本要素是：演说的内容、演说者个人的演说能力、演说的听众构成。下面分别加以简要阐述。

1. 演说的内容

演说的质量首先取决于内容，即演说者所要传播的信息。只有演说的内容是真实的、新鲜的、有价值的，才有演说的必要，使演说成为可能。而这些内容必须组织得有条理，顺畅清楚，易于理解，甚至精彩生动，才能被听众接受并产生相应的效果。对于听众来说，听演说也主要是关注内容，即获取有用的信息和知识。如果演说的内容空洞无物，绝不可能成为成功的演说。

2. 演说者个人的演说能力

演说的质量与演说者个人的演说能力密切相关。演说的内容要通过演说者的实际演说传达给听众，演说者是演说内容与听众之间的传播媒介，所以演说者自身演说能力如何，直接关系到演说的质量与效果。演说能力包括语言表达能力、形体表达能力、演说技巧的综合运用能力，它们共同形成演说者的风度与魅力，是演说者综合素质的体现。

3. 演说的听众构成

演说必须有听众，听众对演说的关心程度、满意程度最终决定着演说的质量。所谓演说的听众构成，一是成分构成。不同职业、性别、年龄、职务层次、文化水准的听众，对演说的内容有不同的要求和不同的理解，接受的程度也不同。二是数量构成。听众人数不同以及随之而来的会场的气氛不同，演说的方式和音量也应有所区别。所以，演说要看对象，根据对象的具体构成有的放矢地准备和进行。

11.2.2 演说的方法与技巧

公元 95 年，古罗马人昆体良撰写了《演说术原理》，提出了人们至今普遍公认的演说的基本模式。他把演说术依次分为五大部分，也就是五个阶段：首先是创意，也就是立意，确定主题和收集材料；其次是处置，亦即安排结构，拟订提纲；再次是编织，把材料变成连贯的语言，或是形成文字；复次是熟记，即熟悉讲稿，甚至牢固地记在脑子里；最后是演说，发表准备好的演说。演说本身也有五个阶段：先用前言赢得听众的好感；提出论点；以论据证明论点；反驳对立的论点；结论，即扼要说明要点，以听众从感情上能接受的论点作为结束语。

群众对领导者的演说提出了他们认可的基本模式。一是言之有时，领导者演说应该有时间观念；二是言之有序，演说要有逻辑顺序；三是言之有物，即有内容；四是言之有理，领导者讲话要站在理上，以理服人，以理打动人心，这是领导者讲话最重要的特点；五是言之有味，即领导者讲话有味道，有个人的风格，有个人的特点。

从方法上分析，任何成功的演说都具有清晰、简洁、生动、自然的特征。因此，这也就成为演说必须把握的最基本的方法。

1. 清晰

清晰即清楚明白，顺畅易懂。这是演说的内在价值，而不单纯是外在的语言表达问题。演说的主题、思想在它的发源地——头脑中就要进行净化，形成明确的观点，搞清内在的联系，理顺结构条理和前后次序。只有这样，表达出来才会清楚、顺畅。通俗地说，就是想好了再说，而不是讲起来再想。

2. 简洁

简洁即说话干净利索，遣词造句准确精练。简洁绝不意味着简单，也不是单指简短，而是指丰富、充实、深刻的内容与准确、精练、流利的表达恰当地结合起来。在内容上没有离开主题的不相干的东西，语言上也没有多余的附加物。贯彻简洁原则要做到两点，一是善于归纳概括和抽象，这是领导者角色的语言特征；二是惜语如金，即尽可能节省每一个字、每一句话。

3. 生动

生动即演说生气勃勃，讲话富有魅力和趣味。诸如演说的题目、内容有生气，演说用语热情、热烈、清新、有力、欢快、形象、幽默，以及具有个性特征等，都属于生动的范畴。

4. 自然

自然即演说时神态、举止、语调、节奏都要自然。演说时一方面不要紧张拘谨，致使举措失当；另一方面也不要过于松弛，缺乏演说者应有的风度与气质。演说时要保持与听众视线上的交流，即使要参看文字，也要不时抬头与观众保持视线上的接触。虽然演说是事先充分准备的，但在演说时要去掉人工雕琢的痕迹，把关键时刻的语气、手势顺其自然地表达和表现出来。

演说还有许多具体技巧，从实际情况看，着重强调如下三点：

一是善于使用麦克风。如麦克风音量调得较大时，嘴巴要离麦克风远一些，免得听众连演说者的喘息声都能听到。另外还要注意不要让翻讲稿、翻书、喝水、放水杯等不该有的声音经麦克风传出去。一般来说，运用麦克风进行演说时语速应适当放慢，也不要对着麦克风喊，这样既便于听众听清，又给人以平心静气之感，也是演说者的风度之所在。

二是善于使用辅助道具，如黑板、图表、视听设备等。要事先准备好，包括必要的试用和演练，免得临时出错或临场找不到该用的资料而浪费时间。再有就是使用的时机要适当，与演说的内容恰当地配合起来，过早过晚都达不到应有的效果，还会分散听众的注意力。另外要特别注意，用辅助道具作讲解说明时，应站在侧面，不要背着听众讲话。

三是善于停顿。停顿既可以使演说者和听众都略为放松和稍作休息，也可回想和消化一下所讲内容。所谓善于停顿，是要着重把握下列情况的停顿：（1）为让听众思考的停顿。（2）为掀起高潮的停顿。（3）为强调要点、重点的停顿。（4）为做结论的停顿。

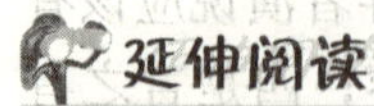

奥巴马的演讲艺术

奥巴马是个天生的演讲家，有着“令政客妒忌的嗓音”，加上其个人魅力无穷，调动现场气氛能力一流，演讲中带着某种直指人心的魔力，每每能使得群情激昂。

2004 年 7 月 27 日，奥巴马在美国民主党全国代表大会上发表题为《大无畏的希望》的“基调演讲”，他充满激情地宣示：“不存在一个自由主义的美国和一个保守主义的美国，而只有一个美利坚合众国。不存在黑人的美国和白人的美国、拉丁裔的美国和亚裔的美国，而只有美利坚合众国。”这次演讲使很多年轻的民主党人欣喜若狂，也让名不见经传的奥巴马声名鹊起。

善用排比。2008 年 1 月 3 日，奥巴马在艾奥瓦党团会议选举获胜之夜发表演讲，连用排比句，激情澎湃，气势磅礴，很具感染力：

> 我会是这样一位总统：让每个人都能看上病和看得起病。我在伊利诺伊州就通过民主党人和共和党人的携手合作实现了这一目标。我会是这样一位总统：终止所有把工作运往海外的公司的税收优惠政策，并给美国最值得享受减税的中产阶级减税。我会是这样一位总统：让农场主、科学家和企业家发挥他们的创造力，使我们国家一劳永逸地摆脱石油的主宰。最后，我会是这样一位总统：我要结束伊拉克战争并让我们的士兵回家；我要恢复我们的道德地位。

爱讲故事。奥巴马喜欢以生动的故事承载深奥的政治理念。比如下面这段演讲词：

> 我记得在匹兹堡遇到的提姆·韦勒夫妇，他们正在想办法为自己年幼的儿子寻找供移植的肝脏；我还记得伊利诺伊州西北部东木连市的谢默斯·阿赫，一个正准备去伊拉克报效国家的美国青年，以及他父亲脸上洋溢着的对儿子的自豪感。我还记得在圣路易斯碰到的一个黑人女孩，她说她正在努力考大学，尽管她家祖祖辈辈连一个中学毕业的人都没有。感动我的不仅仅是他们的奋斗精神，更在于他们在艰难时刻所表现出来的大无畏的决心、乐观主义精神和自强不息的意志。这种精神使我想起我曾听

到的一次牧师布道时说的一句话：大无畏的希望，这就是美国精神的最好表现。

语言通俗。2008 年 3 月 18 日，面对自己的牧师发表谴责美国的布道录像被公开后引起的轩然大波，奥巴马选择在美国宪法诞生地费城，发表了一篇具有历史性意义的演讲。他指出，黑人的愤怒是过去种族隔离政策的产品，50 年前，歧视黑人被合法化，到现在黑人与白人之间还是贫富悬殊。因此，“愤怒是真实的，是强有力的，要凭主观愿望使之消失，及对其作出谴责，只会令不同种族之间的误解造成的裂痕扩大”。

资料来源：周光凡：《奥巴马的演讲艺术》，载《教育》，2009 (21)。

11.3　领导者谈话和倾听技巧

11.3.1　谈话技巧

领导者演说艺术中的很多技巧和方法都适用于领导者的谈话，领导者的谈话范围比较广泛，形式也多种多样，诸如相互间的交谈、会谈，在一定场合发表看法、回答问题，对下属工作人员布置工作等都属于领导者谈话的范畴。那么领导者应如何进行谈话呢？怎样把握领导者谈话的技巧呢？首先我们从问题的反面开始。一般情况下，有几类话不能随意说出口。

第一类是定性的话。如“你不诚实”、“你没水平”、“你不行”、“你办不到”等。这种话说得太硬、太死、太绝对，没有回旋的余地。有些话只能点到为止，不要撕破脸面，否则裂痕日后弥补起来就困难了。

第二类是指摘人的弱点、揭人疮疤的话。这种话让人很没脸面，必然会激怒对方。

第三类是指使、责难的口吻和字眼。如“你怎么这样干”、“你错了”、“我证明给你看”等，这等于说“我比你更聪明，你不如我”。这在客观上起到了向对方挑战的作用，这样在你未入正题之前，对方就已经准备迎战了。

第四类是于事无益、于事无补的煞风景的话。一样话，十样说。有些非说不可的话只要换个角度和方式，照样能够传达信息，而且能收到截然不同的效果。

领导者最差的谈话方式，就是利用对方的每一个弱点，抓住对方的每一个失误，来证明、论证对方的不对，说明自己谈话的正确。这样谈的结果，即使表面上获得了胜利，对方的弱点被驳得千疮百孔、一无是处，但实际效果却是使他自惭，伤害了他的自尊心，这反而很可能激起对抗情绪，不仅口服心不服，还怨恨你的胜利。所以领导者得理时更要饶人，要宽容地给人家以体面撤退的余地和机会，切忌把对方逼入困境。如果是自己错了，交谈中更要老老实实地向对方承认自己的错误，甚至赔礼道歉，这本身就缓解了对方的紧张和防卫心理。除了需要唇枪舌剑的特殊场合，领导者不要存有通过谈话战胜对方的心理。

当然，这绝不意味着领导者去做无原则的谦谦君子，也不是毫无见解或虚假地搞语言奉承，而是在坚持原则、表达自己见解的前提下，注意谈话的方式和方法。

下面谈谈领导者应如何回答棘手的问题。随着改革开放的深入和扩大，领导者社交、涉外活动增多，运用语言工具与各方人士周旋，应答各类提问，已经成为领导者工作内容的一部分。这方面虽然没有一劳永逸、绝对好的模式，但也有基本的规律可循。应答棘手的问题，除了要随机应变外，在很多方面还是有规律的，下面介绍几种基本方法。

1. “非真实性前提”类型的问题

如果对方提问以一个不真实的事情为前提，要立刻纠正它，不要让它毫无意义地滑过去，否则会给人留下你同意这个前提的印象。如果必要的话，甚至可以打断对方，或举手示意对方别再讲下去。然后稍稍提高嗓音，澄清事实。

2. “假设”类型的问题

“假如单位整顿搞不好怎么办?”这种提问容易把人逼得走投无路。因为一旦你陷入“如若……怎么办?”之类的逻辑轨道，就将很难自拔。所以积极的回答应该是离开这种思维定式，从正面重申自己的信息和见解。例如可以这样回答：我们花六个星期筹划单位整顿事宜，我想是可以搞好的。对更加难以正面回答的问题，则干脆直接阐明：我从不回答虚拟的问题。

3. “你认为某某会怎么想”类型的问题

一般情况下应避免对任何人会说什么或做什么作出预言，可取的回答是：“关于他的情况我确实了解不多，你们得问他本人。”

4. “非此即彼”类型的问题

“你是改革派还是保守派?”“你们目前是放还是收?”没有必要必须选择此或彼，因为这本身可能就是一种形而上学的单向思维方式。实际上，非此非彼的事物也是很多的。

5. “何者为最”类型的问题

“你最关心的问题是什么?”对此种问题要小心，若是误以为简单，随便应答，可能后悔莫及。因为未提到的问题可能会被误认为是不关心，或不够关心。要避免陷入两难境地，不妨这样回答：“我们最关心的是这样一些问题，比如……”或者说：“让我给你讲讲我们关注的几个最大的问题，那就是……”

总而言之，应答问题事先一定要有充分准备，不能仓促上阵。临场答问时要沉着冷静，适当放慢语速，防止因情绪激动而言语失当。如遇到当时未曾预料到的问题，以尽可能答得简短为宜，避免言多语失。

11.3.2 倾听要诀

倾听是领导者开展领导工作的基本功，也是领导者必须加以开发的基本技能。很多领导者都认识到讲话即口才的重要性，殊不知倾听和讲话是相互关联的，而且同样重要。古希腊哲人泰勒士说过：“多说话并不表明有才智。”人有两只耳朵，却只有一张嘴，所以要多听少说。墨子对他的学生说，宁学雄鸡，莫学塘蛙。池塘里的青蛙整日整夜地叫，弄得口干舌燥，却没人注意它。鸡棚里的雄鸡只在天亮时啼叫，雄鸡一唱天下白，反而一鸣惊人。这就告诉人们要善于掌握说话的时机，不到火候不急于发表见解和看法。

如果认真观察，生活中能说会道的人很多，耐心的听众却相对少，不少人乐于畅谈自己的想法而不是听别人讲话。自古以来，人们就把这种极端的现象——“喜欢自己独白的人”、“爱听自己讲话的人”列为社会公害之一，可见公众对它的厌烦程度。一个领导者最需要警惕的，就是利用领导地位所带来的讲话优势，以自我为中心，旁若无人，高谈阔论，不给别人说话的机会，堵塞交流渠道。据调查，领导者最易犯的毛病就是“一言堂”，领导工作中的误听误信，决策、指挥的失误等，很多都与不善倾听有关。一项统计表明，商界 60%左右的误会可以在不善倾听方面找到根源，而来自笔误的误会仅占 1%。

西方有句谚语：倾听是最高的恭维。英国学者约翰·阿代尔说：“对于真正的交流大师来说，倾听和讲话是相互关联的，就像一块布的经线和纬线一样。当他倾听的时候，他是站在他同伴的心灵的入口；而当他讲话时，他则邀请他的听众站在通往他自己思想的入口。”① 精神生理学的研究则表明，一个人的说话方式、习惯对健康有很大影响。人在说话的时候，血压会适度升高，脉搏会适度加快，神经质的人尤甚。可是在听人说话的时候，血压脉搏就会逐渐降下来，形成一种有规律的节奏，这种节奏能保护心脏，使人平衡。要做到既享受与人谈话的乐趣，又保持身心的健康，就要多听，并且在说话时保持平衡和均匀的呼吸。所以培养良好的讲话习惯同吃健康食品、锻炼身体是一样重要的。

很多人把听和倾听混为一谈，认为倾听是理所当然具备的天然能力。其实，听主要是对声波振动的获得，倾听则是弄懂所听到的内容的意义，它要求对声音刺激给予注意、解释和记忆。所以，倾听不是单纯的身体反应过程，它同时需要作智力上的、情感上的努力。要真正欣赏别人和别人的话，就需要提问，需要反馈，需要保持话题，需要分清已说的和未说的，甚至他人的体态语言也需要加以观察和读解。马修·麦凯和玛莎·戴维斯在他们合著的《人际沟通技巧》中说：“倾听是一种确认和一种赞美。它确认了你对他人的理解，对他人如何感受、如何看待世界的一种理解。它也是‘一种赞美’，因为它对别人‘说’：‘我对发生在你身上的一切表示关心，你的生活和你的经历是重要的。’”

倾听是一种能够加以开发的技能。美国学者基思·戴维斯和约翰·纽斯特龙提出了改善倾听的十条指南：(1) 自己不再讲话。(2) 让谈话者无拘束。(3) 向讲话者显示你是要倾听他的讲话。(4) 克服心不在焉的现象。(5) 以设身处地的同情态度对待谈话者。(6) 要有耐心。(7) 不要发火。(8) 与人争辩或批评他人时要平和宽容。(9) 提出问题。(10) 自己不再讲话。第 (1) 条和第 (10) 条是相同的，也是最重要的，在领导者能够倾听意见之前必须自己不再讲话。

为了检验倾听的效果，卡尔·R·罗杰斯和罗特利斯伯格提出了一个简单的试验规则：只有在准确复述原先发言者的思想和感觉并感到满意之后，你才可能发言。这个规则看似简单，但试验证明真能做到并非易事。一个疏于训练的倾听者，往往只能理解和保留谈话的 50%的内容。而在经过 48 小时之后，这一保持率可能就会降到 25%。

《魅力的七把钥匙》的作者托尼·亚历山德拉博士在听众的分层中，把听众分为四种典型类型：(1) 漫听听众。这类听众其实很少在听，经常打断别人说话，而且总觉得应该由自己来下断语。(2) 浅听听众。这类听众流于浅表，喜欢避开艰难的话题，对于问题的实质他们深入不下去。(3) 技术性听众。这类听众会很努力地去听别人说话，他们重视字义、事实和统计数据，但在感受、同情和真正理解方面却做得很不够。(4) 积极听众。这

① ［英］约翰·阿代尔：《领导艺术》，288 页，北京，东方出版社，1988。

类听众会为倾听付出许多，他们在智力和情感两方面都做出努力，因而他们也觉得特别累。

亚历山德拉博士最后提出了积极倾听态度的三点要求：第一，把听和说看得一样重要。换句话说，人家对你说的，和你要对人家说的一样重要。第二，善听有助于节省时间和精力。善听者较少犯错误，也较少误解人家。第三，认真听别人说，不仅重要，而且值得。要从碰到的每一个人身上，去寻找值得你效法的东西。

本章小结

本章主要讲述的内容如下：

1. 公共行政领导者语言的重要性。语言具有信息功能、激励功能、塑造形象功能。古往今来，有许多关于语言重要性的论述。公共行政领导角色也具有独特的语言特征。

2. 公共行政领导者的演说艺术。演说有三个基本要素，即演说的内容、演说者个人的演说能力、演说的听众构成。古罗马昆体良提出了演说的基本特征：清晰、简洁、生动、自然。同时，还要掌握演说技巧。

3. 公共行政领导者谈话和倾听的技巧。倾听和说话密切相关，领导者要善于倾听，把握改善倾听的十条指南，牢记亚历山德拉提出的积极倾听态度的三点要求。

关键术语

语言　语言艺术　演说　演说艺术　演说方法　演说技巧　领导者谈话　倾听技巧

复习思考题

1. 举例说明领导者语言的重要性。
2. 谈谈语言有哪些功能？
3. 你如何理解演说的三个要素和特征？
4. 试述演说的基本模式与技巧。
5. 如何理解倾听的重要性？怎样才能做到倾听？

本章阅读书目

1. 部卓绮．邓小平的语言艺术．北京：中国文史出版社，2013.
2. ［美］莫里恩·哈里森等．一句话改变世界．合肥：安徽人民出版社，2012.
3.《朱镕基答记者问》编辑组．朱镕基答记者问．北京：人民出版社，2009.
4. ［美］金·吉尔伯特．沟通现场．北京：中国人民大学出版社，2006.

第 12 章

领导与媒体

把美的形象与美的德行结合起来吧，只有这样，美才会放射出真正的光辉。

——培根

引导案例

铁道部逐一回应温州动车追尾事故质疑

铁道部发言人王勇平 24 日晚在“7・23”事故新闻发布会答记者问。

记者：事故原因还在调查中，为什么就对上海的三个铁路局官员进行了处理？这次事故是否会对高铁造成影响？

王勇平：作为上级主管部门，不管事故以何种原因发生，都应当负有领导责任。我们是不是对高铁仍然有信心，我在这里再次承诺，尽管这次发生的事故，对铁路的形象造成了影响，而且也会有很多人认为这是高铁产生的安全问题。我刚才说，事故还在调查之中，肯定有它特殊的原因。我们仍然跟社会说一声，中国高铁的技术是先进的，是合格的，我们仍然具有信心。

记者：能否按照购票实名制公布死者名单？为什么要在现场掩埋车体？是不是想毁灭证据？

王勇平：我可以负责任地告诉你，在把工作都做到位的情况下，我们会公布死者的名单。车体为什么被掩埋？其实，我今天下飞机的时候，接机的同志说，在网上已经看到有这样的信息。在此之前，我在飞机上还没有掌握到。我就问他，怎么会发生这么愚蠢的事呢？这么一个举世都知道的事故，难道能够掩埋得了吗？他告诉我，不是想掩埋，事实上这个事故是无法掩埋的。我们已经不断地通过各种途径，向社会澄清这一点。但是掩埋，后来他们做了这样的解释：因为当时在现场抢险中，环境非常复杂，下面是一个泥潭，（机械）施展开来很不方便，还要对其他的车体进行处理，所以把那个车头埋在下面，盖上土，主要是为了便于抢险。目前，他们的解释理由是这样。至于你信不信，我反正信了。

记者：你在以前接受媒体采访的时候说死了41个人，而刚才你说只死了35个人，这是怎么回事？

王勇平：作为铁道部新闻发言人，我掌握的情况就是死了35个人，至于网上说我发布了死亡41个人的数字，我在这里说一声，我没有接受过相关的采访，没有在网上提供这样的数据。

记者：遇难的35人包括失踪人数吗？

王勇平：这是已经证实死亡的数字。

记者：为什么在你们宣布救援行动结束后，在拆解车体的时候仍然还能发现生还的女孩子？

王勇平：这是一个奇迹。这个事情确实发生了，我们确实在后面的工作当中发现了一个活着的女孩，事情就是这个样子。

资料来源：吴伟：《铁道部逐一回应温州动车追尾事故质疑（实录）》，见 http://news.ifeng.com，2011-07-25。

社会已经步入传媒网络及其多元化和发达的时代，各种媒体形式无论是对私人领域还是公共领域都产生了或正在产生变革性的影响。面对日益动荡与复杂的外部环境和日益加深的媒体对组织的影响，组织领导者与媒体建立积极互动关系，对提升组织工作质量和改善领导行为都具有现实意义。特别是对于公共行政领导者来讲，政府与媒体既相互合作又相互制约，不断提高运用媒体的意识与能力，接受媒体监督，自觉地提供高品质公共服务，进而实现善治具有重要意义。

12.1 领导与媒体的关系及实践意义

媒体主要包括报纸、杂志、广播、电视以及电子互联网络。媒体已成为现代社会生活重要的组成部分，在对社会公共事务进行管理的活动中，各种媒体发挥着重要作用。伴随着民主社会的建立与发展，政府已经不再可能处于封闭状态，而是不断地与外界进行信息交流与物质循环。信息交流的一个重要载体就是媒体。政府的各级领导者，上至最高行政首脑，下至基层官员，都必须面对媒体，通过媒体开展工作。中国有报纸近2 000种，杂志8 000多种，广播电台、电视台各有2 000多个频道，拥有10亿多电视观众，而据波士顿咨询公司的最新报告称，我国网民的数量在2009年达到3.84亿。随着互联网和卫星电视等新技术的发展，媒体变得越来越重要：媒体可以促进政治、经济、社会各领域的发展；但若处理不好，也可能成为发展的障碍。

12.1.1 政府与媒体的关系

公共行政领导者与媒体的关系，根源于政府与媒体的关系，是这一关系的具体展开与运用。

政府与媒体有着天然的联系。因此，媒体在西方被称为“第四部门”。在现代社会，政府与媒体既相互合作又相互制约。从相互合作的角度来看，媒体，特别是新闻媒体是政府的“臂膀”和“喉舌”，是政府掌握的一种社会治理工具；从相互制约的角度来看，政府对包括新闻媒体在内的各种媒体进行规范管理，同时政府自身也要接受社会媒体的监督。

从政府自身来看，任何一个特定的政府都是一个过程，而不是一个静止机构。政府要想正常运转和推进，必须依靠完备的保障机制，其中之一就是信息传输与监督。信息传输与监督的保障机制要求充分的意见表达和意见综合，要求在此基础上形成高水平、高效率的决策施行机制，有一个与其密切协同的信息传输机构，有相对独立的社会监督机构和过程。上述机制、机构、过程都依赖于媒体，离不开媒体。从意见表达到意见综合，再从决策到施行，是一系列依次递进的环节。在此过程中，媒体传达政府政策方针，向公众表达政府决策；同时，对公众零碎的意见看法加以综合，传递给政府，让政府了解公众的反馈意见，从而在此基础上作出有效合理的决策。尽管政府和媒体间存在着一定的界限，但二者并不是完全独立的，而是互相影响、互相促进的。

从媒体方面看，媒体之所以会关注政府及其领导者，有其自身发展需要的目的。从传播内容的角度来划分，媒体的动机和目的可归纳为：(1) 传播新闻；(2) 传播有用信息；(3) 传播理念和价值观。从媒体的定位来划分，媒体的动机和目的可划分为：(1) 追求社会效益最大化；(2) 追求社会效益和经济效益的双重最大化；(3) 追求经济效益最大化。正是媒体的这些动机和目的，使得政府及其领导者成为媒体关注的重点对象。媒体需要政府这个巨大的新闻源，政府掌握着大量的公共信息，对媒体而言，这些信息往往都是重要的新闻线索。

正是政府与媒体之间既合作又制约的关系，以及媒体自身的发展动机和目的，决定了公共行政领导者必须具备较高的媒体运用能力，并建构起其与媒体之间的积极互动机制。

12.1.2　媒体的功能

政府与媒体之间的合作关系是二者关系的重要方面。在现代社会，媒体是领导者进行公共管理的工具与手段。具体而言，媒体具有守望环境、形成决策支持系统、教育引导、协调整合、危机处理、塑造政府形象等功能。

1. 守望环境

守望环境是指政府通过媒体观察检测公共环境的变动，据此作出分析和判断。这要求领导者一要注意把握信息的真实性，二要注意信息的预警性，根据相关信息作出及时反应并采取对策。著名传播学家威尔伯·施拉姆（WilburLang Schramm）把媒体的这种环境监视功能比喻成“社会雷达”（social radar），因此要求信息必须客观、准确、及时，这也是媒体报道最起码的要求和准则。如果媒体背离这一要求和准则，就会给社会和人民带来不利影响甚至灾难。

2. 形成决策支持系统

形成决策支持系统是指政府通过媒体发布决策信息，进行民意测验，动员受到该项决策影响的社会公众参与讨论和监督。同时这也是一个公民参与的过程。作为集传输与反馈功能于一体的媒体，在阐明事实的同时，还深入社会公众了解其看法和态度，并以评论的方式提出解决问题的建议和看法，为政府决策提供宝贵的意见和建议，在决策中起到集思广益的参谋的作用。

3. 教育引导

教育引导是指政府通过媒体对社会公众进行说服教育，加以引导，使社会公众明了公共管理对他们的要求，又让他们有效仿和学习的榜样。一般来说，政府领导者比社会公众更能得到更多更新的信息，因此在决策和管理措施上往往有超前意识和超前性。但仅仅是政府及其领导者的思想认识是远远不够的，必须反复对社会公众进行宣传、解释、劝说，使他们认同和理解，进而转化为自觉行为。

4. 协调整合

协调整合是指政府通过媒体提高公共管理某个问题的知晓度，在普遍知晓的基础上，形成社会公众关怀讨论的热点和共同议题，进而得出共同的结论，使社会公众统一起来，一致行动。这项功能侧重意见沟通，它通过新闻评析和言论，把政府和公众联系到一起，协调二者间乃至社会各部分之间的关系，使意见能在社会的最大范围内得到沟通，实现最大程度上的理解和共识。人们常把媒体比喻成"桥梁"、"纽带"，就是指媒体联系社会、协调关系的功能。例如，中央电视台《焦点访谈》以深度报道和新闻评论见长，通过报道社会普遍存在的热点、焦点、难点问题，以及对这些问题背景的分析评论来解释疑惑、引导舆论，就起着重要的协调社会的作用。

5. 危机处理

危机处理是指政府通过媒体对公共领域发生的危机进行管理，从而化解危机。公共领域的危机主要是信任危机，它会演化为公众舆论谴责，形成对领导者不利的舆论影响，最终导致领导者失去内部、外部公众的支持。所以，领导者必须借助媒体澄清有关事实，营造有利的舆论形势。危机事件中，媒体同政府站在统一立场还是对立面，对危机处理有重要影响。以2003年我国"非典"事件为例：当时我国"非典"疫情严重，如果不妥善及时处理好该问题，很有可能导致埋藏隐患和失去民心的严重后果。对此，国内媒体迅速采取积极措施，充分发挥舆论功能，在最短时间内稳定了民心，恢复了公众对政府和生活的信心，这对维持整个社会的稳定与发展都起到了重要作用。媒体在危机事件中所扮演的角色主要有以下几个方面：一是发现并向政府通报危机事件；二是及时向公众通报危机事件真相和政府处理危机事件的政策与措施；三是积极配合政府行为，有效引导社会舆论，为政府树立良好形象，以赢得公众的支持。

6. 塑造政府形象

塑造政府形象是指政府通过媒体影响社会公众，形成对政府的认识、情感和评价，即政府形象。政府形象包括政府领导者及其工作人员的形象，政府领导者及其工作人员的形象是政府形象的重要组成部分。良好的政府形象是政府所拥有的重大资源和无形财富，也是政府作用有效发挥的一个重要前提条件。如同货币是经济市场上的硬通货，是政府合法性和政府权威的重要来源，是政府推行改革并发生效果的关键因素。反之，一个缺乏良好形象的政府，必然会丧失其公信力和支持。① 政府形象如何，根本上取决于政府的实际作

---

① 参见胡宁生主编：《中国政府形象战略》，上卷，2页。

为，也就是说，政府形象只是政府客观实在在社会公众心目中的反应和投射。但媒体的评价和舆论的传播，却对政府形象有着举足轻重的重要影响。西方有的政府因威信扫地而垮台，领导人因丑闻缠身而辞职，首当其冲的就是媒体掀起的风暴。当前，政府形象战略以及对政府形象的优化过程，都需要借助媒体的作用。

12.1.3　对媒体的管理

政府与媒体也存在相互制约，甚至会发生冲突。政府对社会公共事务进行管理，以实现社会的公平、正义和整体利益时，也包括对媒体的管理。而媒体作为社会组织和团体，有自己观察社会问题的视角和观点。一些不负责任的媒体报道严重失实的情况，给政府的决策和行政管理工作带来了极大的困难和障碍。由于实行市场机制和企业化经营方式，媒体也有自己的经济利益，会出现一些不合乎社会公平、正义和整体利益的行为。因此政府必须对新闻媒体进行管理，并应注意以下问题：

（1）媒体为了经济利益和商业利润，必须有很大的发行量、收听收视率和大量的广告。有些新闻媒体为此竭力加强能吸引人的内容，而不大注意社会公众的真正需要，忽视对社会公共事务的报道。领导者对此要加以引导和加强管理，提倡把经济效益与社会效益统一起来，并出台相应的管理措施。

（2）有些媒体对社会公共事务的报道常常是枯燥乏味的，这是由于篇幅和时间的限制而必须压缩内容，取消了应有的解释和分析。更重要的原因是他们缺乏对公共管理的必要知识，因而只能按照时间、地点、人物、事件的固有程式报道公共管理方面的内容，把人们本来很关心的社会公共问题简单化了。

（3）消除媒体的某些消极负面影响。媒体的消极负面影响，就在于它不经意间发挥的“提示性”作用。一般人是习于模仿的，尤其是青少年。因此，公共行政领导者应对媒体报道的倾向性给予必要的指导。

（4）领导者应该维持正常的管理秩序，而不是让媒体搞乱管理秩序。政府部门的领导者应该根据自己的部门及公众的实际情况，确定议事日程，而不是由新闻传媒来随意影响议事日程，从而打断或打扰正常的管理秩序。因为媒体追求戏剧性和轰动效益，有时刻意炒作，有时甚至炮制新闻，在很大程度上决定着人们在一定时期内讨论问题的热点。

（5）保守国家和政府部门的秘密，不该泄露的绝对不能泄露出去。例如，政府决策是一个博弈过程，需要保密的内容涉及多方面，政府多有明确的纪律规定。领导者必须在各利益群体和各种权力之间进行权衡，在决策取得一致意见之前甚至之后，决策内幕也需要保密。媒体往往认为，在达成一致意见时发生的冲突富有戏剧性，是吸引人的，因而渴望报道。

12.1.4　自觉接受媒体监督

政府必须自觉接受媒体的监督，这是当代公共管理越来越显著的一个重要特征。媒体在现代被称为“无冕之王”，其自身就负有监督政府的责任。因为政府也会出现偏离公共利益，追求本部门利益的行为，出现官僚主义乃至腐败现象；同时由于工作的复杂性和人员的素质等多方面原因，也会有决策失误和管理不当等现象发生。所以，必须加强媒体对政府的监督和批评。领导者要自觉接受媒体监督，并对媒体的质问、批评和有关报道做出负责任的答复。

媒体的舆论监督也是促使政府改进工作、克服工作失误的有效方式。这种监督提高人民的民族意识，增加政治生活的透明度；清除腐败现象，促进为政清廉。新闻媒介在批评报道中，反映人民群众的呼声和愿望，并对政府的工作提出批评和建议，提高政府工作绩效，避免各种工作失误，密切政府和群众的关系。任何一个对人民负责的政府，都欢迎媒体广泛发表人民的意见，对政府的工作提出批评，从根本上消除社会的不安定因素和隐患，最终带来社会的繁荣与稳定。

12.2 领导者的公共形象

树立良好的公共形象，是领导者与媒体互动的一个重要目的，直接关系到政府内部和社会公众对于领导者的总体评价和信任程度。领导者公共形象是指领导者在领导活动中，在公众心目中留下的综合印象以及得到的总体评价。谈及领导者的公共形象，也应该注意各个领导者形象之间的配合从而形成领导群体形象，领导群体形象象征着该部门的公共形象。

12.2.1 领导者公共形象的特征

一般说来，领导者公共形象具有客观性、综合性、稳定性等特征，但是在高密度的媒体网络背景之下，领导者在公众心目中的形象往往要通过各种媒体来进行塑造和传播，这就决定了在传媒政治时代领导者的公共形象具有与以往时代不同的特殊性。因此，领导者应当充分利用媒体进行公众形象的建构与传播。当代高密度媒体网络背景下领导者公共形象的特征主要包括以下五个方面。

1. 较强的代表性

政府领导者的公共形象与政府形象是联系在一起的。社会公众对政府形象的认知总是通过特定的外在特征（如建筑物、标识）、领导人、组织机构、人员行为、重大事件或亲身感受等得以实现。在现代社会，政府领导人的公共形象对政府整体形象具有尤其突出的示范和识别作用。政府形象常常通过领导者形象来体现和代表，领导者公共形象成为政府形象的灵魂和代表，具有标识、标签、符号的作用。这种标识作用影响着民意、行政效率和政治合法性，有头脑、有眼光的政治家们都注重以自己的形象效应来凝聚民心民意。领导者公共形象还可以上升为社会公众的“政治偶像”，政治偶像在现时代仍具有巨大的公众效应，人们会受到政治偶像的影响，从而决定他们的价值取向和公共政策取向。海瑞克·史密斯（Hedrick Smith）在其荣获普利策奖的著作《权力游戏》中指出：“今天选民们决定对政客的支持，不是看政策的内容，而是由他们对政客的感觉来决定，像政客的信念、感情、品德及工作热忱等”，“他们寻求一位银幕英雄”①。

---

① ［美］海瑞克·史密斯：《权力游戏》，338页，北京，中国言实出版社，1997。

2. 广泛的传播性

现代科技的发展使领导者运用多种媒体传达政府治理信息、施加领导影响、干预社会的幅度大幅增强，领导者公共形象的传播范围更加广阔，媒体形象的空间效应更为明显，发达的公共资讯系统可以将领导者的行为迅速而全方位地传播到地球的任何一个角落。当年拿破仑死于圣赫勒拿岛时，消息传到法国本土用了两个月时间，而现在人们在地球的一端观看另一端领导人的政务活动，时间只相差两秒。1998 年 9 月 11 日，全球网民在同一时刻看到了美国总统克林顿的性丑闻调查报告全文。这充分展现了互联网作为一种新媒体所独有的特点：广泛的面积造就了大容量的信息储存，空前快速的信息传播速度令传统媒体望尘莫及，它同步覆盖全球观众，不受中间环节的干扰，直接展现信息本身。这种传播的广泛性为领导者带来了一定的舆论压力，但同时也为领导者影响力的进一步拓展提供了可能性，使领导者形象辐射的范围更加广阔。

3. 高度的透明性

政府领导者是社会公众人物，受到媒体格外关注。媒体具有追求新锐、追求受众吸引力、追求可读性的天然冲动，每时每刻都捕捉可能引起社会关注的公众人物，政府的各级领导者们自然处于密集的媒体视野的交叉注视之中。他们的言行举止乃至业余生活、个人嗜好等，都会进入传播渠道，成为公众茶余饭后的谈资。高度发展的现代媒体技术，使领导者大面积地暴露在公众视野中，客观上，这使得领导活动的透明度大幅度增强，为不同地区甚至不同国度的受众尽收眼底。前英国首相布莱尔在 2003 年 11 月《读者文摘》的一篇专访中表示，自己感到工作最大的挫折，是所说的任何话都通过媒体传播出去。现代传媒技术的突飞猛进，使公共舞台上的领导者群体，已经被置于更为透明的可视系统中。所以领导者应当意识到，如果没有良好的媒体素养与媒体表现，是很难真正成为一个名副其实的现代领导的。

4. 增长的受制性

与透明性相联系的，是领导者公共形象的受制性。拉斯维尔曾提出媒体有三个显著功能：监视、联系、传播社会文化，而监视周围环境为媒体功能之首。由于现代媒体极为发达及其高密度触角，政府领导者们时时都处在媒体的监视之下，受社会大众的监督。这使得受制性成为领导者公共形象的又一特征。媒体对领导者公共形象的监督作用最典型的范例，莫过于 1972 年震惊全美乃至全球的水门事件。尽管世界各地都难以杜绝政治腐败现象，但在信息披露机制日益健全的现代社会，这种受制性随社会发展而增长。公共活动和公众权力的受制性正在与日俱增，这种受制性还表现为，由于强大的媒体系统的存在，领导者要为作出的承诺负责，督促领导者为自己的言行负起切实责任。比如，2003 年在美国加州州长竞选中胜出的施瓦辛格，上任州长的第一天，为实现自己竞选中作出的诺言，砍掉了人们怨声载道的汽车税，为此加州每年财政收入要减少 42 亿美元。如果不这样做，其公众形象将立即受损。

5. 加大的风险性

在传媒政治时代，对于领导者来说，媒体是高收益的场所。公共行政学家弗雷德里克森（H. George Frederickson）在《公共行政的精神》一书中指出：长期以来，对媒体的有效运用被认为是一种高超的政治技巧。在公共行政的舞台上，颇具传奇色彩的胡佛曾运用电影、杂志及早期电视，来引发人们对联邦调查局（FBI）的兴趣；肯尼迪在其任上院议员期间由于在议会中独善演讲的个人魅力而一举成为总统候选人；克林顿周旋于以华盛顿媒体为中心的全美各地刚刚诞生的媒体机构之间，充分运用其脱口秀，在更广泛的意义上赢得民心，这比电视新闻宣传更有效。[①] 毫无疑问，当代发达的媒体为领导者塑造公共形象提供了平台和技术支持，这使一些有着表演强势和理念的领导者们获得了一种形象空间，注重运用媒体，注重在建构形象上做各种形式的投资。领导者通过媒体建构起公共形象，作为一种投资，它的回报和收益很高。但媒体又是双刃剑，高回报的背后往往是高风险，其主要表现如下：

（1）大部分的领导者表现的往往是他们的某一单一特点，这种特点所吸引受众群体的效能是有限的。一旦公众的印象定位确定，形成了晕轮效应，领导者可以变化或者重塑的机会就大大减少。而领导者的素质缺陷往往会约束其所在组织的发展空间，并且会因为个人的失误而牵累组织的公共形象。按照木桶理论来解释，一个组织的“水位”高低往往为其领导者的素质缺陷所约束。

（2）在新闻传媒界中，存在着浓厚的针对公共人物的“挖粪”兴趣。这种兴趣与媒体追求新奇、追求受众的吸引力、追求可读性的天然冲动相结合，搜寻与美化了的领导者相反的材料。它不仅具有社会心理上的刺激性，提供人们茶余饭后的消遣，还更符合与领导者相对独立的竞争者的利益。

（3）正如对于任何事物的时尚兴趣一样，社会大众对于公共人物的口味和兴趣也在不断变换。因此领导者要想在公众心目当中树立起长久而稳定的公共形象，就必须能够根据社会环境以及公众心态的变化进行相应的调整。但是，政府的领导者又不能随波逐流去追求时尚，像演艺明星那样，而应当恰当使用各种手段，对公众的心态以及价值观给予积极的教育和引导。

综上所述，领导者要注意自身形象信息与形象保护。在一个多元社会中，形象作为一种特定符号，负载着一定容量的信息，通常社会公众依据这种信息来识别公共人物。因此领导者对其公共形象信息要给予高度重视，要有保护自身形象的高度敏感性，出于对形象功效价值的认识而在意与呵护自身形象。

12.2.2 领导者塑造媒体形象的原则

根据上述领导者公众形象的新特征，面对高密度的复杂媒体网络，领导者在塑造媒体形象时应当遵循以下原则：

第一，“量身定做”原则。即在公共形象的塑造上不要试图硬性地、根本性地改变一个人原有的生理、心理铸成的条件基础。公共形象的塑造，不是要打破一个人原有的生理和心理条件，而恰恰是要从一个人既定的基础条件出发，作出全面的考虑。

第二，“个性”原则。虽然我们不强调领导者在公共形象塑造上要过于突出自我而忽视公众的角色期待，但是科学的领导者公共形象塑造不是要纯粹的掩饰个性，而是应当恰当地显现出领导者的个性光芒，突出领导者的人格魅力。在公共舞台上表现出色的领导

---

① 参见［美］乔治·弗雷德里克森：《公共行政的精神》，61页，北京，中国人民大学出版社，2003。

者，往往都是个性十分鲜明的人。这种个性一方面具有某种社会引导价值，另一方面对所关联的事物有其实际的影响和功效。

第三，“情境”原则。在领导学领域，美国学者罗伯特·贝尔斯（Robert Bales）等人在做了大量研究以后提出一种理论，认为领导行为基本上是情境的产物。这是一种典型的权变领导理论观点，主张提高情境因素与领导行为的匹配程度。

第四，“把握时机”原则。中国古代有所谓“因势利导”、“时势造英雄”等主张和说法，主张审时度势。领导者公共形象塑造上的时机，常常有着如何把握契机、将危机变为机遇的含义，它是对政治智慧的一种考量。很多成功的领导者公共形象塑造都很好地利用和把握了时机。比如，美国总统布什以“反恐”来树立形象并竞选连任（虽然事实上，他发动伊拉克战争的合法性一直颇受争议）。

第五，“逻辑性”原则。无论是领导者的形象塑造还是对于领导行为、领导风格的公共传播，都应该遵循其自身的内在逻辑。好的形象设计和形象传播，应该有稳定的、前后大体一致的逻辑。例如，撒切尔夫人任首相期间，英国国内失业人数创第二次世界大战后的最高纪录，罢工运动此起彼伏，但撒切尔夫人坚持自己的经济改革主张。在国际事务中，她采取维护英国利益的强硬路线，坚持“铁娘子”的行动逻辑。姑且不论其意义积极与否、结果残酷与否，撒切尔夫人在这一事件中的行动理念和逻辑线条，是清晰的、前后连贯的。从政治决策看，不稳定的、易于变动的政治决策所带来的后果将是极其严重的。从公共形象建构原理来说，撒切尔夫人保持了她那一贯的抵住压力、坚持政治原则、不屈不挠的精神。

第六，“受众”原则。对于领导者的形象塑造来讲，关键不是在于塑造本身而在于塑造之后表现出来的效果；重点不在于塑造主体，而在于塑造客体及公众的感受、接纳和认同，这才是形象塑造的主旨所在。

第七，“适度”原则。领导者公共形象设计的适度原则，是指形象包装的适度、传播方式的适当、传播频率选择的适量等。毫无疑问，在多元化媒体高度发达的时代，领导者公共形象有很大的操作性，是可以通过技术加工而“制作”的，可以通过有一定强度的传播公使，促成公众对于公共人物的认知、认同和推崇。然而，出色的领导者公众形象的塑造却多半不是“刻意包装”和“强势输出”的结果，成功的领导者形象还是要靠内在的、本色的东西，而不是纯粹依赖于外在的技术手段。高水准的领导者公众形象策略，绝非是单纯追求领导者的高曝光率，而是制定周密的多角度分进策略，同时及时监测公众反应，并以此作为调适和塑造公共人物行为的重要依据。总之，领导者的公共形象塑造和传播要把握好度的原则，贵在自然，恰到好处。

在媒体发达的今天，领导者时刻都在传播自己的形象。领导者应当注意传播形象的方式，传播的方式有很多，这要视领导者自身的特点、能力而言，要扬长避短，把握与媒体打交道的机会，借助媒体的优势开展工作，迅速、真实、大范围地在公众中树立和传播良好形象。

领导者的公共形象在经过精心塑造和传播之后，还要不断维护和创新。一方面，公共形象容易受到伤害，偶尔的疏忽会造成自毁形象，而且人们往往把领导者在表现不当时的举动看作领导者的本来面目，而不会把领导者精心设计的形象当作真实、真正的领导者。

领导者应当选择恰当的媒体渠道对容易引起公众误解的领导行为和决策予以必要而及时的解释，消除公众对领导者的不信任感。另一方面，领导者应当通过及时察觉公众对领导者的角色期待并在不违反公共利益的原则下采取必要的措施，调整领导者的公共形象以维护领导者在公众心目中稳定的可信赖的形象。

延伸阅读

习近平主席首次出访

刚刚过去的9天时间里，中国新任国家主席习近平应邀对俄罗斯、坦桑尼亚、南非和刚果四国进行国事访问，并出席在南非德班举行的金砖国家领导人第五次会晤。这是中共十八大和全国“两会”后，中国新一任最高领导人首次出访，亦是首次在重要多边舞台亮相，世界为之瞩目。

在俄罗斯“中国旅游年”开幕式上，习近平将中俄称作“好邻居、好伙伴、好朋友”，冀望“旅游年”“像春天一样百花齐放”。在莫斯科国际关系学院演讲中谈到国家发展道路问题时，他说出了“鞋子理论”——“鞋子合不合脚，自己穿了才知道”。

在南非德班金砖国家领导人峰会上，他引用古话“志合者，不以山海为远”回应“金砖褪色”的质疑。

直面民众，直入人心。演讲中，除使用大量“中国式语言”外，习近平还广泛援引到访国家的谚语。“大船必能远航”，他用俄罗斯谚语冀望中俄关系定能继续乘风破浪、扬帆远航。“河有源泉水才深”，他用这句非洲谚语形容中非友好交往的源远流长。此外，习近平还注重通过讲故事，拉近中国与到访国民众之间的距离。他在坦桑尼亚的演讲中，讲述了一对中国年轻人把蜜月旅行目的地选在坦桑尼亚的故事，称“中非人民有着天然的亲近感”。在这场演讲中，习近平还用斯瓦希里语问好，并提到中国电视剧《媳妇的美好时代》在坦桑尼亚热播，其间掌声不断。

在刚果的演讲中，习近平用两则感人故事赞扬“两国人民在患难与共和真诚互助中结下了深厚的兄弟情谊”：2010年中国青海玉树地震，刚果政府向灾区捐建“中刚友谊小学”；2012年12月一天夜里的特大暴雨中，3名本已脱险的华侨冒生命危险救出12名刚果邻居。

资料来源：马学玲：《习近平主席首访解读：为中国公共外交树典范》，见 http://www.chinanews.com，2013-03-31。

本章小结

本章主要讲述的内容如下：

1. 政府与媒体的关系。媒体已成为现代社会生活重要的组成部分，政府与媒体之间存在着既相互合作又相互制约的关系。在公共行政管理中，媒体具有守望环境、形成决策支持系统、教育引导、协调整合、危机处理以及塑造政府形象的作用。但是媒体有自身的利益追求。因此政府部门应该加强对媒体的管理，及时消除媒体报道带来的负面影响并自觉接受它们的监督。

2. 领导者的公共形象。领导者的公共形象直接关系到政府内部和社会公众对于领导者的总体评价和信任程度，媒体是领导者塑造公共形象的一个重要渠道。在高密度的复杂媒体网络中，领导者塑造公共形象时应坚持以下原则：量身定做原则、个性原则、情境原则、把握时机原则、逻辑性原则、受众原则与适度原则。然后，领导者还要借助媒体传播与维护领导公共形象。

关键术语

媒体　　媒体功能　　媒体管理　　媒体监督　　公共形象　　领导者公共形象

复习思考题

1. 结合实践谈谈领导与媒体之间的关系。
2. 媒体在公共行政管理活动中有哪些功能?
3. 政府应该从哪些方面对媒体进行引导与管理?
4. 公共行政领导者的公共形象具有哪些特征?
5. 公共行政领导者在塑造公共形象（即媒体形象）时应把握哪些原则?

本章阅读书目

1. 王石泉. 公共行政与媒体关系——领导干部媒体沟通的智慧. 北京：人民出版社，2012.

2. 秦德君. 领导者公共形象艺术：领导力建设与领导生涯成功策略. 北京：研究出版社，2009.

3. 洪向华编. 媒体领导力：领导干部如何与媒体打交道. 北京：国家行政学院出版社，2013.

第13章 领导发展

人的天才只是火花，要想使它成熊熊火焰，那就只有学习！学习！

——高尔基

引导案例

顶层课堂：中国最高层领导集体学习

截至2013年10月29日，十八届中共中央政治局已进行了10次集体学习，习近平总书记亲自做“主持人”，“教室”就设在怀仁堂的一个会议室内。

新一届领导班子上任后，集体学习有了一些创新——强调自学和互相学习。在其已经进行的10次集体学习中，有两次都是自学。第一次是2012年11月17日，主题为“学习贯彻十八大精神”，第二次是2013年6月25日，主题为“中国特色社会主义理论和实践”。

其他几次集体学习的主题各不相同。2012年12月31日第二次集体学习的主题是“坚定不移推进改革开放”。随后的几次集体学习，则又更进一步，核心聚焦于转型中国当下的热点问题——外交、法治、反腐、海洋发展、科技、住房等——主题分别为“坚定不移走和平发展道路”、“全面推进依法治国”、“我国历史上的反腐倡廉”、“建设海洋强国”、“实施创新驱动发展战略”、“加快推进住房保障体系和供应体系建设”等。在2013年4月19日的“反腐”集体学习时，习近平更是居安思危，告诫大家要牢记“蠹众而木折，隙大而墙坏”的道理，保持惩治腐败的高压态势，做到有案必查、有腐必惩、坚持“老虎”“苍蝇”一起打。在7月30日第八次集体学习中，就中国如何建设海洋强国问题进行了学习。

9月30日的第九次集体学习的主题是“实施创新驱动发展战略”，课堂第一次搬出中南海，在中关村进行，更贴近学习主题。习近平在主持学习时强调：科技兴则民族兴，科技强则国家强。党的十八大作出了实施创新驱动发展战略的重大部署，强调科技创新是提高社会生产力和综合国力的战略支撑，必须摆在国家发展全局的核心位置。这是党中央综合分析国内外大势、立足国家发展全局作出的重大战略抉择，具有十分重大的意义。

10 月 29 日的第十次集体学习，主题聚焦一个热点问题，即“加快推进住房保障体系和供应体系建设”。习近平在主持学习时强调，加快推进住房保障和供应体系建设，是满足群众基本住房需求、实现全体人民住有所居目标的重要任务，是促进社会公平正义、保证人民群众共享改革发展成果的必然要求。

资料来源：陈无净：《顶层课堂：中国最高层领导在中南海怀仁堂当学生》，载《领导文萃》，2014 (5)。

13.1　领导发展的含义及特征

13.1.1　领导发展的含义

领导发展是指领导者根据时代和环境变革的需要，对自己和下属进行教育和培训，对组织实行干预，以提高领导绩效，获得发展。领导发展涉及领导自身发展、领导者所领导的组织的发展和领导者的下属发展三个方面。

领导自身发展是领导发展的关键。实践表明，优秀的领袖人才，不论是在政府机构，还是在其他公共部门都会吸引和笼络到第一流的人才。反之，那些不能发展而落伍的领导者会把迅速发展的下属挤走，使他们不能担任要职，造成行政部门人才枯竭，发展也就成了无本之木。所以领导者必须发展自我，发展自己。

组织发展是领导发展的保证。组织作为一种合作系统，是领导者和下属之间共同工作的场所，组织发展旨在培训整个组织的自我更新与自我塑造，它是系统取向和权变取向的，通过组织发展，组织结构、运作过程、战略和组织文化等更好地配合，从而使之能够有效地共同工作，促进整体的发展。组织发展的方法也是权变的、灵活的，为特定的需要而灵活地选择多种干预技术。

下属发展是领导和组织发展的基础。领导者的思想需要下属积极地接受和贯彻，政策需要下属认真地执行。组织的改革需要下属的支持和参与，组织的运转需要下属的合作。离开了优秀的下属，领导发展只能是空谈。当前，时代的进步、知识的更新都要求领导者不断地提高下属的素质，使其得到发展。只有高素质的下属，才有可能承载竞争的压力，提供组织发展的动力，促进领导者和组织本身的发展。从这个意义上说，人力资源被称为组织的“第一资源”。

领导发展作为领导者的一项重要任务在领导者工作中十分重要，对组织和下属也很有意义。

第一，领导发展有助于提高领导的影响力和领导的绩效，减轻领导的负担。现代社会的许多领导者感到责任大、担子重，付出巨大努力，但绩效并不明显。通过领导自身的发展，可以直接提高影响力和领导绩效；通过领导下属发展，使下属有经验、有能力，可以分担领导责任，使领导者的效率倍增；通过组织发展，设立明确正式的目标、严格科学的工作程序，或形成内聚力高的工作群体，都可以减少对领导者的要求，从而扩大领导者的绩效。

第二，领导发展有助于提高公共部门效率和生产力。有许多公共部门，机构臃肿，人浮于事，效率低下，官僚主义严重，影响公共部门对社会提供公共物品和服务。通过领导发展，使公共部门的组织富有活力，如建设团队、化解部门冲突、合并部门和精减人员，都可以提高效率。人员素质的提高、工作相关知识和技巧的培训，也能提高部门的生产力和效率。

第三，领导发展适应民主行政的要求，将有助于推动民主的发展。领导发展强调下属的发展，强调授权，注意行政参与，让下属参与决策，这些对下属的职业发展将有很大的帮助；领导的组织设计也是民主取向的，由等级森严的金字塔形组织向扁平组织发展，并进一步向网络形组织发展。公共部门直接面向公众，对内的民主行政也将影响民主的发展，这将提高和推动政治民主的发展。

13.1.2 领导发展的特征

领导发展在知识经济时代对领导者提出了新的要求，有其鲜明的特征。

1. 时代性

领导发展就是人力资源的开发，强调人力资本是第一资本，这是知识经济时代的新观念。工业社会前，土地是主要的资本；工业社会中，资本是组织发展的动力；而在后工业社会中，美国经济学家舒尔茨认为，人力资源是社会进步的决定资源，开发人力资源已成为世界共识，在这样的时代背景下，强调下属发展和领导者发展就具有鲜明的时代特征。

2. 长期性

现代社会知识更新期大大缩短，以知识发展为第一推动力的社会也是迅速变革的社会，这种变革是长期的和持续的。这就要求领导发展保持动态性，要求领导者和下属成为“终生学习的人”，要求组织成为“学习型组织”，要求领导者不断根据时代和环境的发展，调整发展的方向和方式，保证发展的正确性和持续性。

3. 系统性

领导发展包括领导者自身、组织和下属的发展，它是一项系统工程。三方面要统筹兼顾，共同发展；反之，则不易达到目的。领导者自身素质不高，决策的科学性难以保证，可能使发展出现方向上的错误；领导下属发展不力，可能造成人浮于事，办事不力，效率低下；领导组织发展滞后，可能使组织僵化，各部门发生冲突，不能有效整合组织各方面的人力，不能适应环境的变革。所以，领导发展是系统发展，是全面推进。“单打一”只能降低发展速度和质量，甚至导致发展失败。

4. 灵活性

领导发展涉及环境、组织人员等多方面的因素，具体到每一个发展措施，都要考虑当时的环境变量、组织变量、人员变量，乘势随时，因地制宜，采用恰当的方法。而且，随着时代的进步，领导者也应该创造新方法，灵活多变地推动发展。领导风险的选择、组织结构的设计、下属培训的内容，均应合乎时势的要求灵活确定，而不是墨守成规、抱残守缺、不知变通。

13.2　领导自身发展

13.2.1　领导自身发展的含义

在领导发展中，最关键也最困难的是领导自身发展。许多研究者认为，真正优秀的领导者凤毛麟角。公共部门尤其需要优秀的领导者，而优秀的领导者只能来自领导自身发展。所谓领导自身发展，是指领导者进行有目的的学习和锻炼，更新思想观念，开发领导能力，增进领导责任，从而不断提高领导绩效。可见，领导自身发展包含两个方面，一方面是领导者内在的思想观念和领导能力的发展，另一方面是领导者外在的职务发展即职务的晋升和责权的扩大。

领导思想观念发展是领导发展的内在要求，它是领导者内在素质变化的肇始，也是领导发展的先导。领导者的行为风格、领导能力和领导艺术都将随之发展。领导职务发展是领导者外在影响的开端，领导者影响范围、指挥力度和行为有效性也将随之增大。

领导者职务发展是指潜在的领导者获得领导职位或领导者由原来的领导岗位调任到另一个承担更大责任的职位，相应地，其权力和责任也得到扩大。随着社会发展、行政扩张，公共部门客观上需要选拔领导者来带动公共事业的发展；另一方面，德才兼备的人才也只有进入领导岗位或上升到更高一层的领导岗位才能充分地施展才华，带动公共部门的发展。

13.2.2　领导自身发展的过程

领导自身发展的过程可以从思想观念发展、能力发展、职务发展分别进行阐述。

1. 领导自身思想观念的发展

领导自身思想观念的发展，主要有以下方法：

（1）理论学习方法。领导者通过阅读典籍，从中寻找解决问题的办法。领导者应“澄怀观道”，结合现实，汲取精华，淘汰不合时代的观点，推陈出新，“古为今用，洋为中用”，从而获得正确的指导思想。

（2）实践尝试方法。领导者的思想首先来自他的实践活动。领导实践的成功与失败直接对领导者原来的思想造成冲击，促使领导者思考其中的原因，总结经验教训，从而获得新的思想。

（3）接受建议方法。在领导者的周围，一般应有智囊团或参谋机构，也有自己的老师、同事、朋友，还有下属中的优秀分子，他们一般会对领导提出建议，领导者则应该虚心纳谏，从善如流，扩展或革新自己的思想。

（4）参照改进方法。“他山之石，可以攻玉”，公共部门的领导者则应该参照其他部门的领导者的成功思想，进行适当“嫁接”，来促进自己思想的发展。这些部门不仅包括公共部门，也包括私营部门和其他组织；不仅包括本国本地区的部门，也包括国外的部门。

2. 领导能力的发展

美国著名的领导能力培训专家杰伊·康格经过大量实证研究，指出领导能力发展的过程可以分为五个阶段：（1）先天遗传因素。对领导者能力的研究已经从社会实验室、行为实验室进入到了生物实验室、化学实验室。领导者的素质，其智力、体格与先天遗传因素有关。（2）早期生活经历。早期生活经历一般是指学龄前的经历，有的论述也扩展到小学或者中学，这个时期对领导能力的形成有着潜移默化的影响。（3）学校教育。主要是高中、大学阶段的教育。（4）工作场所的经验，这是最重要的。（5）机遇与运气。五个阶段当中，工作场所最锻炼领导者才干。据调查，那些卓越的领导者都有一笔共同的财富，那就是经验，这些经验就转化为分析问题、处理问题的能力，而这些经验只有在工作第一线才能学到手。五阶段理论告诉我们，在各个阶段，都应该加强领导能力的训练与开发。这样才能造成大量领导人才的储备，从中涌现出杰出的领袖人才。

3. 领导职务的发展

领导职务的发展是领导能力发展的外在形式。自古以来，公共行政领导者成长的道路有三条：一是参军，金戈铁马，塞外边关，艰苦卓绝的军旅生涯，历经九死一生的征战，才能一步步走入统治阶级的行列，及至站到最高统治者的身旁。二是读书，寒窗苦读，悬梁刺股，成为统治阶级意识形态坚定不移的信奉者与实行者；学会统治阶级所要求的语言方式与行为方式，即所谓的“礼”；掌握经国治世的本领，学而优则仕，步入仕途。近代资本主义兴起后，随着市场经济的发展，又有了第三条道路，即经商。通过经济上的发展，谋取政治上的地位，由市场进入官场，登上政治舞台。这三条道路，源源不断地向统治阶级输送领导人才，实现政府与社会之间的良性循环。具体到每个领导者的领导职务发展，可以从升、降、转、辞四个维度来考虑。辞职和转任也可以为领导职业生涯带来新的机遇，降级也可能为领导者的事业发展埋下伏笔。领导者的升级能带来权责的扩大，是领导者所关注的，但不能忘记了另外三个方面。

所谓领导职务发展的“升”，是指领导者权力和责任的扩大，领导者必须得其任，方能显其才、尽其能、伸其志、成其功。升的方法和途径多种多样，有的学者说，要从做好工作、取得上级领导信任和与同级搞好关系三方面着手。具体来说，首先，要求领导者为政以才，因绩而升，政绩乃晋升之本。其次，要有良好的人际关系，要择主而仕，以忠而升，又要赢得部属的追随和支持。最后，要因时因势，随机应变。领导者要顺潮流而动，必须抓住事物变化之机，积极努力，使事物沿着有利于职权发展的方向变化。

所谓领导职务发展之“转”，既包括领导者的平级调动，也包括领导者在行业之间所进行的重新选择，如弃官从文、投笔从戎等。

领导职务发展之“降”，是指领导者职务级别降低。领导者既要勇于进取，积极有为，又要慎其所处，守身自律，避免降职和罢免。领导者被降级的原因是多方面的，如渎职失职、徇私舞弊、贪财爱色、遭人猜忌等。领导者受到降级处分乃是领导职业生涯的陷阱和暗礁，必须加以注意，避免遭受更大的挫折。

领导职务发展之“辞”，是指领导者出于各种原因辞去职务。辞职和任职都是领导者所应该研究的。任职是积极进取，建功立业，造福民众；辞职则是适时隐退，持盈保泰。

在领导职务发展的过程中，领导者的才能很重要，领导者的品德也很重要，但这些是内因。领导职务发展的外因也是多方面的，其中很关键的一点就是时机。如果没有时机，就可能出现“冯唐易老，李广难封”的现象。

领导职务发展的时机也是权力跃迁的时机。王安平等主编的《领导权力学》指出了有利于领导者晋升的八种机会：(1) 领导班子更替；(2) 领导成员出缺；(3) 德才绩效出众；(4) 工作停滞不前；(5) 形势处于危难；(6) 社会急剧变革；(7) 伯乐极力推荐；(8) 上级意欲提拔。当前，除了上述八种时机外，还涌现了一些新的机会，如社会公开招聘、工作需要借调、选送学校进修等。这些，都需要认真加以研究。

13.3　组织发展

13.3.1　组织发展的含义及程序

所谓组织发展，就是指领导者引导个人、群体和组织对组织的战略、结构、流程以及组织的心理和精神文化等方面进行改革和更新，从而提高组织的绩效。一般认为，组织发展有两条途径，一条是人际过程途径，强调人员参与组织发展的过程，目的是通过人际关系建设，使得组织成员能够实现自我，并且完成任务；另一条是技术结构途径，强调通过组织中的技术及结构，完成组织任务。

随着由工业社会向信息社会的过渡，人们对组织的看法也逐渐深化，最初以为组织是实现生产的工具，被喻为简单的机器。后来发现组织包含战略、结构和报酬制度，现在人们又发现了组织深层次的文化、价值观、心理和精神，所以组织发展也产生了新的理念。

1. 组织结构趋向有机化

组织设计有两个极端，一个极端是机械模型，它与官僚机构是同义词，其特点是僵化的部门制、高度正规化、明确的指挥链、集权化；另一个极端是有机模型，它实施分权化和低度正规化策略，信息自由流通，以多功能团队或跨等级团队为基础。20 世纪 80 年代以来，组织机构逐渐由机械模型过渡到有机模型。在公共部门，虽然官僚组织仍然很主要，但工作团队已经成为它的补充，并且官僚组织内的各种界限也逐渐被打破。

2. 组织运行的民主化

新组织在运行过程中，逐步呈现民主化的优势。领导者强调授权和分权，给下属以更多的自主权，让下属实施自我领导；同时，组织更着重员工的高度参与，这意味着信息、知识和报酬转移到组织的基层，诸如质量圈、调查反馈、自我管理团队等干预措施均体现了这个趋势。

3. 组织更加具有人文性质

组织发展更加关注员工的心理及精神的需要，更加重视员工的职业生涯计划和事业计划，尊重、信任和支持员工。它不仅视员工为第一资源，而且以员工为目的，人是组织发展的出发点，也是组织发展的回归点。组织将为员工的成长提供新空间，如家庭式友好组织、女性组织、内部创业组织均强调这个理念。

4. 组织发展强调组织的学习能力和自我组织能力

领导者要创造学习型组织，将学习、调迁及变迁能力转化为组织的竞争力，关注组织、群体、个人的学习能力，它是一种集体性的、开放性的以及跨越组织部门的学习型组织。同时，组织发展还强调来自下属个人、基层组织和群体的自生自发的尝试和冒险，相信群体能够自我组织、自我监控、自我纠正。领导者应该推广这种自发作用产生的有效干预方式和组织形式。

组织发展有其固有的程序。组织发展程序是指一次完整的组织发展活动所经历的一系列阶段与步骤。这种程序首先要收集信息，然后在信息分析的基础上选择组织发展的干预技术，包含以下五个阶段：

1. 诊断

当领导者发现组织不能适应环境或组织不能正常运转时，领导者需要对组织进行初步考察，通过与下属面谈、观察记录、调查研究等方式收集信息，从而大致确定问题及其性质。领导者也可以聘请顾问，由他们从组织成员那里获得信息，然后界定问题。

2. 分析

领导者要对诊断时收集的信息进行分析，下属认为哪些过程是关键的，这些问题以什么样的形式出现，领导者再把这些信息分成几个方面，包括主要关心的问题、要达到的目的、对未来状态的期望。并在此基础上制定行动方案，决定干预技术和发展计划。

3. 动员

任何发展计划，都涉及资源分配和利益分割，领导者必须动员下属、协调各方，减少冲突和阻力，让下属知晓行动方案，进一步鼓励下属的发展热情。

4. 干预

领导者要贯彻发展思想，执行发展方案，应采用一种或几种干预措施；同时要联合群体，进行指挥、沟通、协调和控制，确保发展计划的成功。

5. 评估

这是领导组织发展的最后阶段，领导者建立评估机制和流程，目的是衡量组织发展之干预措施的有效性，在多大程度上达到了预定目标，还有哪些问题尚未解决。评估的结果将直接影响下一轮组织发展的进行。

13.3.2 组织发展的方法

一般而言，组织发展的方法可以概括为技术结构型的发展方法和人际过程型的发展方法。

1. 技术结构型的发展方法

（1）工作再设计。工作再设计是根据组织成员的需要，重新决定工作的任务和权力，设计更加自治、自由的工作，使之多样化和丰富化，更具反馈性。工作再设计能够提高员工的绩效、适应性、满意度。

工作再设计包括工作轮换、工作扩大化和工作丰富化三个方面。工作轮换是使员工从一个已不再具有挑战性的岗位轮换到同一水平、技术相近的另一个岗位，它能丰富员工的工作技巧，提高积极性。工作扩大化的核心是使职务范围增大，增加一项工作所完成的不同任务数目，提高工作多样性，强调工作培训。工作丰富化是增加工作深度，丰富化的工作允许员工有更大的自主权、独立性和责任感，这种工作也能提供反馈，使员工在工作中获得进步。

（2）职位期望技术。职位期望技术，简称 JET，即确定在组织中成员应扮演的角色。组织角色是指与人们在组织中占据位置相一致的一整套权利、义务的规范与行为模式，它是人们对具有特定身份的人的行为期望。角色是构成组织的基本单元，如果角色不清、角色冲突，则使组织的运转发生混乱；如果角色扮演失败，则可能造成组织失灵。

领导者发现组织中存在角色模糊等问题时，则应选择 JET 技术，让成员明白其目的在于澄清并界定组织中成员的职位角色，通过会议和角色说明书来阐明职位期望，让员工明晰职位期望和界定，促使每个人对他人的角色也加以思考和认识，提高角色认同感，消除彼此之间因缺乏了解而产生的沟通障碍。

（3）社会—技术系统方法。领导组织包含社会系统和技术系统，社会系统包括群体行为、个人行为、人际关系和非正式组织等人的因素；技术系统包括工具、器械等各种设备技术因素。二者都是一个完整的组织不可或缺的、应该均衡考虑的因素。

组织出现问题的一个原因是社会系统和技术系统之间失衡。在现代社会，技术系统呈加速度发展，组织中技术系统的变迁一般要快于社会系统，造成二者失衡。

作为一种组织发展干预技术，社会—技术系统方法主张在正规的大型社会系统中另外组建适应技术进步的工作小组，它们具有相对独立性和自主性，是建构组织的“砖块”。

2. 人际过程型的发展方法

（1）敏感性训练。敏感性训练又称 T 小组训练，是指组织成员通过无结构小组的相互作用改变行为的方法。敏感性训练强调经验学习和过程导向。在训练中，成员在一个自由开放的环境中表达自己的观点、态度和信仰。成员根据相互之间联系的多少分为家庭组、亲属组和陌生人组三个类型，其中领导者是要虚位的，组织背景中的逻辑理性、决断性和政治性也应回避。其训练的目的在于增加受训者的敏感性，能更清晰地了解自己的行为以及这些行为对其他组织成员的影响；同时使受训者提高对他人的移情作用，提高倾听技能，更加真诚坦率，改善自己与同事之间以及与群体之间的关系模式，从而达到令人满意的结果。该训练还能加强组织成员对群体的运转程序的了解，诊断群体内的种种问题，改进冲突处理技巧。

如果组织成员不善于反省，也不善于了解别人如何看待自己，那么 T 小组训练可以帮助他们进行自我定位，并使群体之间的凝聚力增强，冲突也将减少，个人和组织更加一体化。

（2）群体间关系开发。领导者不但要注意群体内的组织发展干预，而且要注意群体间的组织发展干预，关注群体间功能失调所造成的冲突。群体间关系开发致力于改变群体间的态度、成见和观念，消除部门主义和职业偏见。

群体间关系开发的第一步是领导者让每一群体独立列出一系列冲突的原因，其中包括对自己的认识，对其他群体的认识；第二步是领导者召开会议，让各群体信息共享，讨论并确定发生分歧和冲突的原因；第三步是整合阶段，寻求解决方法并改善团体间的关系，制定一个解决问题的进度表和具体的处理步骤，在领导者的协调下各自执行。

群体间关系开发也可以经常化和制度化，由来自每个冲突群体的代表参加，共同组成协调委员会、多方代表会议等各类亚群体，进一步深入诊断并找出各种可行性活动方案，以改善群体间的关系。通常，领导者也应该列席这种亚群体会议。

(3) 团队建设。团队建设是组织发展的有效办法。专家们认为团队能提高成员的积极性和忠诚度，增强下属的满意感，改善沟通状况，拓展工作技能，增加组织的灵活性。建立团队，领导者应从以下方面着手：

首先，普及团队意识。领导者首先要普及团队意识，让下属明白团队的概念、种类、利弊，分清团队与群体的区别。工作团队通过其成员的共同努力能够产生积极协同作用，其团队成员努力的结果会使团队的绩效水平远远大于个体成员绩效的总和。而工作群体则是成员通过相互作用，共享信息并作出决策，帮助每个成员更好地承担责任。

其次，培养团队选手。包括选拔、培训、奖酬。

1）选拔。要使下属成为一名团队选手，必须具备两种技能，一种是完成工作所需的技能，另一种就是成为有效团队成员的人际技能，后者尤其重要。

2）培训。领导者自己或者请培训专家通过种种练习，让员工体会到团队工作带来的好处，通常是让下属参加培训班，帮助下属解决问题，与下属沟通、谈判、处理冲突并指导他们提高技能。

3）奖酬。领导者通过奖酬鼓励下属合作，而不是鼓励下属之间的竞争。组织中的晋升、加薪和其他形式的认可，应该给予那些善于合作的人、对团队作出无私贡献的人，并且领导者也要让下属从团队中得到奖励。

再次，塑造高绩效团队。主要做法有：

1）分配角色以增强多样性。高绩效团队能够给下属分配不同的角色，这些角色的分配要求领导者识别下属的优势劣势，并把他们安排在适当位置上。一系列研究认为，组织中需要产生新思想的创造者、支持并拥护新思想的探索者、分析决策的评价者、建构团队的组织者，以及生产者、检查者、协调者和联络者等，通过团队角色的多样化达到团队的高效性。

2）寻求共同承诺。每个团队总要有其存在的目的，它是一种远见，领导者要使团队成员有共同承诺，为他们指引方向、提供动力，让团队成员为它贡献力量。通常团队成员被邀请和领导者一同花费大量的时间和精力来讨论和完善共同承诺的目标。

3）培养相互信任精神。信任是高绩效团队存在的黏合剂，团队成员彼此相信各自的正直、个性特点、工作能力。领导者可从正直、能力、惯性、忠实和开放等方面来考察信任。领导者宜首先和团队领导之间保持信任，要表明既为自己的利益也为别人的利益而工作，用自己的言语和行动来支持团队。还要开诚布公，讲出自己的感觉，并且为下属保密。

最后，使成熟团队保持生机。领导者在进行组织发展时，必然会注意到组织的老化。团队也有老化的时候。有效的团队也可能会陷入停滞不前的状态，最初的热情可能为冷漠所替代。成熟的团队其内聚力增强，也会遭受群体思维之害，多元化团队带来多样性观点的优势就会丧失。因此，领导者应该提醒下属认真对付成熟问题，并着手进行新型培训，如沟通和人际互助技能，培养下属解决复杂问题的技能，或者调整角色分配和团体结构，引入新的成员，为团队的不断学习和发展提供动力。

13.4 下属发展

13.4.1 下属发展的含义

所谓下属发展，就是指领导者和下属在组织要求的范围内，共同设计下属的职业发展计划，通过培训、教育和实践提高下属的才能，并提供机会，使下属实现发展。我们知道，下属追随领导者，在组织中从事多种职业，必然有各种职业目标，为增长知识、能力和技术而进行各种学习，要使这种学习更有效益，需要制定一个发展计划。这是一个自我洞察、分析资源、判断机会、考虑后果、做出选择的过程，也是领导者和下属共同寻找、确定下属的发展道路，通过工作、教育与培训实现发展目的的过程。

在现代以人为本的领导思想指导下，领导者必须关心下属的需要和利益，关心他们的工作生活条件和生理状况，重视下属潜在的需要，帮助下属发展领导者成长，从而赢得下属的尊敬和信赖。同时，下属也应该服从领导者的指挥，服从组织的安排，融入组织文化，把自己的发展和领导者及组织的发展联系起来。

13.4.2 下属发展的方法

下属发展的方法很多，这里仅根据有关材料和著述，主要介绍培训方法、职业开发、职业生涯开发、培养副职、培养下一代领导人、培养下属的自我领导能力等几个方面。

1. 培训方法

(1) 在岗培训。大多数培训都是在工作现场进行的，因为在职培训简单易行，成本较低。在职培训最适用于特殊技能，领导者可以亲自示范，也可以请其他专家培训下属，还可以请部门内业务熟练的成员来培训，这些下属以徒弟身份向他们的老师学习。

(2) 轮岗培训。为了丰富下属的经验，可以让下属在各种各样的工作岗位上工作，依次接触每项工作，使每个下属学会从事部门各项工作的本领，掌握更为通用的工作技能，也更加熟悉机构，成为“多面手”。我国有关法律规定，下属在提升之前一般要有在同级的三个不同部门工作的经历。

(3) 交换培训。领导者应和另外部门的领导者达成协议，互相替对方培训下属。交换培训可以发生在不同的国家和省区之间，也可以发生在不同的行业之间、公共部门和私营部门之间，目的是更新下属工作环境，跳出本部门，更新下属思考问题、解决问题的思路和方法，吸取对方部门的长处，发现并改正本部门的缺点。

(4) 脱产培训。典型的脱产培训是让下属到高等院校、行政学院等专门培训机构参加学习，从日常生活中脱离出来，集中精力学习。脱产培训可以采取课堂教育方式，学习理论知识；也可以通过专题会议与研讨会，讨论交流与工作有关的问题和解决方案。

2. 职业开发

职业开发是指领导者在下属职业确定后，分析其优势与劣势，并制定个人发展策略，以促使下属发展。职业开发只涉及一个职业，但其时间跨度较大，比培训复杂，一般分为四个基本阶段：

（1）入门阶段。下属刚刚加入时，领导者对下属进行入门培训，使下属迅速达到熟练程度，以胜任工作要求。

（2）专家阶段。该阶段中下属的主要精力用于研究和发展特殊技能，能够完成技术性强和工作技能高的各种任务。

（3）通才阶段。领导者在认为下属成为专家之后，应该发展他的全面才能，如人际交往能力、在工作中与其他人员合作的能力等。

（4）领导阶段。经考察，领导者认为下属已经充分成熟时，可以让下属承担领导和管理工作，自行设计组织机构，制定工作计划。在职业开发的各个阶段，都需要一定的培训加以支持，使下属顺利完成该阶段的任务，同时准备设计走向下一阶段的计划，直至最高阶段。领导者应该让下属明白通往最高层的职业发展道路，从而激励下属努力发展。

3. 职业生涯开发

职业生涯是指一个人一生中的所有与工作相联系的行为与活动，以及相关的态度、价值观、愿望等连续性经历的过程。职业生涯开发是指为达到职业生涯目标而进行的有关知识、能力和技术的发展活动，它包括职业选择、职业定位、职业转换和职业生涯危机管理等一系列活动。

（1）职业选择。领导者和下属进行职业生涯开发的第一步是职业选择，领导者应该对下属进行职业咨询，通过面谈、问卷和讲课方式，帮助下属明确职业目标和期望，帮助他应付工作中的模糊性，适应工作中的不断变化，同时，应该协助下属分析自我的个性，建立自我意象，在此基础上初步选择职业。

（2）职业定位。下属在经过初步选择职业后，经过一段时间，会逐渐形成对自我职业选择的认识，对自己的才能和能力、动机和需要、态度和价值观的认识，逐渐使自己的职业稳定化，正如船抛锚可以防止船漂得太远，这就是职业锚理论。一般认为有下面五种“职业锚”：

一是技术型。这种职业锚注意工作的实际内容，如工程技术、财务分析等职业。

二是管理型。这种职业锚注意对事例的分析，有人际交往能力，善于使用权力，如政府机构、企业管理等职业。

三是安稳型。这种职业锚关注工作的稳定性，强调高福利待遇和退休金等，如教师、医生、研究员等职业。

四是创造型。这种职业锚关注下属的创造能力，让下属建立或创造某种东西，如发明家、产品开发人员等。

五是自主型。这种职业锚强调下属的独立性和自由，领导者和组织很少干预下属的工作和生活，适合小型的有机组织。

当下属认清自己的职业锚之后，就可以进行较准确的职业定位，也可以及早确定自己的职业道路，这对挖掘潜力、加快发展来说委实重要。

（3）职业转换。一般认为，职业转换包括晋升与横向流动。职业转换可以使下属在不同的职业间转换，拓展更宽的工作领域，为他们发展新技能和才能创造机会。通常，职业转换是指下属从专业技术人员转到管理者、领导者，这需要领导者对专业技术人员进行培训，教会下属更清楚地理解职业转换阶段中自己当前所处的地位和新职业的要求，制定出合适的应对策略。

(4) 职业生涯危机管理。下属在其职业生涯中，可能出现种种危机，或许是由于身体健康状况恶化，或者是家庭出现意外，或者是组织和职业的意外变化，或者是晋升或调换的标准变化造成的升迁无望。面对职业生涯危机，领导者应该帮助下属，向下属讲授有关职业生涯危机的知识以及应对危机采取的态度和方法，帮助下属继续保持积极成长取向，并提供时间、资金等条件协助下属渡过危机。

随着人力资源开发越来越被重视，从培训到职业开发，从职业开发再到职业生涯设计，领导者所关注的范围越来越大，程度越来越深。培训只涉及一小段时间，而职业开发涉及的时间更长；职业开发只是在一个职业内求发展，职业生涯发展可能涉及两个或更多的职业。但是，职业开发离不开培训，职业生涯开发也包含职业开发，领导者应根据需要灵活运用。

4. 培养副职

与领导者关系最密切的下属莫过于副职，副职是领导集体重要的组成部分。领导实践证明，当今领导工作非一人所能胜任，需要组建一个优秀的领导团队。副职作为正职的助手，负责自己权限内的工作，为领导者排忧解难，成为领导者的先锋和尖兵。同时，副职在工作过程中也能得到锻炼，树立形象，获得发展。管理大师彼得·德鲁克认为成功的领导者不害怕副手比自己强，相反会为此而感到高兴。

正职培养副职，其前提是要处理好关系，加强团结，减少内耗，和谐相处。正职不能唯我独尊，个人说了算；不能事必躬亲，专权独断；也不能对副职自由放任，不管不问；更不能遇到棘手问题，就退居“二线”。而且，副职也不应该争权越权；不能在工作上过分依赖正职，消极被动；也不能争功诿过，出了问题推给下属，不负责任。

正职培养副职，更多采取 OJT 方式，意即工作教育或在工作岗位的教育。这种教育由领导者随时随地进行，大部分处于领导位置的人都是在日常工作中有意无意地教育着别人。OJT 具体有三种方式，第一种是一对一的个别指导；第二种是通过会议等方式进行的谈话指导；第三种是通过示范进行的态度教育。OJT 的核心是示范、感化教育，通过长时间的熏陶来改变副职的领导作风，使副职从领导者的示范行为中感悟领导的艺术。

一般来说，领导者作为正职在工作中培养副职要做到以下三点：

(1) 统揽而不包揽。正职要总揽全局，抓方向、抓重点、抓主要矛盾，对于事务性、个别性的工作和问题，让副职去处理。正职要抓住大事，放开小事，在这个过程中多与副职商量，并随时指点，言传身教。

(2) 授权而不撒手。正职应当授予副职实权，让副职感觉到自己的权力和责任、压力和动力，敢作敢为，独当一面，在实践中受到锻炼，取得成绩。同时，领导者仍是教导者，在授权之时，就要清楚地告知副职所应完成的任务、达到的目标，并检查考核其行为，发现并纠正副职在运用权力过程中出现的失误和偏差，排解难题，把握方向，保证副职不犯太大的错误，并能从错误中汲取教训，从中学习领导和工作的艺术。

(3) 决断而不独断。领导者必须多谋善断，不可遇事模棱两可，莫衷一是，让副职不知所措或自行其是，造成领导班子不协调。在决断过程中，正职要广开言路，让副职知无不言，言无不尽，做到既言之，则听之，择其善者而从之，统一思想而决之。在决策时，正职应向副职解释理由，教导决策的方法和技巧。

培养副职，就要求正职信赖和支持他们。正职和副职之间很容易产生冲突和矛盾，造成隔阂和猜忌，所以正职必须胸怀宽广，不怀疑和非议副职，和副职建立起相互信任的状态和氛围。信任副职，也表现为依赖副职，在工作中鼓励副职出谋划策，开拓创新；依靠副职排除阻碍，克服困难。

领导者不仅要信赖副职，而且要全力支持副职，使副职觉得进有权、退有路，充满信心。一般要做到以下几个方面：

（1）予以帮助。当副职遇到棘手问题时，领导者要给予鼓励和帮助，在必要的时候可以亲自出面解决或协调。

（2）维护权威。副职也应该具有相当的尊严才能开展工作，副职的权威也是领导集团的权威，正职应该善于树立和维护副职的权威。

（3）承担责任。副职在开拓创新中难免会出现问题，正职切忌过分责备，而是要弄清原因，主动承担指导不力的责任，必要时，正职要承担全部责任，揽过于己，解脱副职。

（4）不争副职之功。副职在工作中取得功绩之后，正职不能据为己有，应把功劳记在副职的功绩簿上，应予以奖励，大加褒扬。

正职栽培副职，就应该促使副职成长和发展。正职不能嫉贤妒能，压制打击副职，而是应积极寻找机会，使副职脱颖而出。经过 OJT 教育和在各个方面锻炼成熟之后，领导者应向上级机构推荐副职以使之得到提拔，或让副职到自己的下级机构担任正职，也可以采取其他方式让副职超越自己。领导者还应该支持副职的事业，在资金、人才和经验等各个方面给予帮助，让他们开拓创新，取得事业上的成功。

5. 培养下一代领导人

领导者有一个主要的工作，即培养接班人。培养领导者本身就是一种领导责任，领导者应该创造一个有利于天赋、才干的培养与发展的良好氛围和环境，培养出优秀的领导者。负责培训发展方面工作的人力资源专家，试图通过系统和项目的设计，培训领导者，但由于种种原因往往很难达到目的。事实上，培养领导能力与技巧的基本课堂是在职工作的经验，而这种极为重要的资源是由领导者控制的。

美国南加利福尼亚大学领导学家摩根·麦考尔提出了他的培养领导天赋和才能的普遍模式。①

麦考尔认为，培养不是把所有卓越领导者的特有素质以简明清单形式加以概括和描述，然后照单培训，也不是让那些潜在领导者经过“达尔文式”的选择而自我生存、发展和完善，而是根据未来的战略挑战，寻找出未来领导者，给予各种条件和机会，证实其潜在的能力，继而实现潜在的能力，并发展新能力，这是一种“农业式”的发展观念。

麦考尔认为，未来的领导者都具有某些天赋，从这些天赋可以在早期鉴定出潜在领导

① 参见［美］摩根·麦考尔：《培养下一代领导者》，5版，243页，北京，经济日报出版社，1998。

者，包括 11 个方面：（1）寻求学习机会；（2）正直诚实的行为；（3）适应文化差异；（4）要求对组织承诺并显示热情；（5）寻求广泛的事业知识；（6）在人际中产生最好的关系；（7）富有洞察力，从新的角度看待事物；（8）具有承担风险的勇气；（9）寻求并应用反馈；（10）从失误中学习；（11）接受批评。

这些天赋会促使他们脱颖而出，但也可能造成他们“脱轨”——从成为未来领导者的发展轨道中脱离出去，因为每一个天赋都有其反面，有潜在的副作用，可能转化为缺点，所以仅有天赋还是不够的。

经历则可以弥补天赋之不足，麦考尔提出了四个方面的工作经历：

第一是工作任务。七种工作任务被证实具有独特的培养作用：早期工作；初次管理；开创新事物；彻底转变形势；首次进入高层；执行特别计划和任务；为工作配备人员。

第二是与人接触的经历。尤其是长期接触不同风格和工作方式的上级，学习他们的技术知识和人际关系技巧，与他们积极合作。

第三是困难和挫折。这是下一代领导者的重要经历，对潜在的领导者来说，特别重要的艰难之处是事业的失败和失误，不被调动或错过提升，承担改变事业发展方向的风险，以及个人的感情创伤。

第四是正式培训计划及工作以外的事件。领导者广泛应用现有的任务来培养下一代领导者，制定培训计划；也可以让他们承担新的工作项目。

“调动的技巧”可使有天赋的人获得恰当的经历。这是培养潜在领导者的关键。一般而言，在先进地区、单位工作，职务晋升就快些。相比之下，后进地区、单位难以很快出成绩，晋升机会少，速度也慢一些，所以作为上一级领导就要通盘考虑。领导者建立一个正式的连续过程，辨别出已准备好的候选人下级和为以后准备的候选人储备小组，正式地进行关键的培养任务，确保对资源的控制，跟踪培养经历和长期的进步。

但潜在的领导者并非都能转变成真正的领导者，正如缺乏催化剂，有些化学反应不能发生一样。催化剂的作用是帮助把经历改变为学习，从而促成潜在领导者向领导者转变。麦考尔认为有以下三种催化剂：

催化剂 1：增加信息。领导者对有天赋的人的行为要做出明确的、及时的、坦率的反馈，尤其是对严重的失误要给予真实的反馈。领导者还应提出组织的期望，指明培养的方向和目标。

催化剂 2：提供资源和激励未来领导者。成长需要成长资源，领导者应培训他们，给他们各种机会以丰富其经历，增长其才干。在提供资源的同时要善于激励。要建立起培养过程中的奖励支持系统。

催化剂 3：支持变革。个人的变革是一项连续化的任务，恐惧、损失、伤害自尊以及遭受公开羞辱都需要领导者为培养对象提供感情慰藉和支持环境。

麦考尔认为培养未来的领导者也是组织的战略任务之一，优秀的领导计划使组织持续竞争优势，具有优良素质的领导者能保证组织的持续繁荣。

6. 培养下属的自我领导能力

在 21 世纪，领导者所面对的下属是新一代的下属，他们有学识、有思想、有抱负。领导者应该和下属们一起运用大脑和智慧去实现梦想，把他们培养成自我领导的下属，领导者因而成为超级领导者。美国领导学者理查德·J·里德认为："最终的领导目标是自我领导。"

所谓"自我领导"，是一个注重下属发挥自我影响的行为和想法的策略集合。一方面，它以行为为中心，让下属自定目标、自我提示、自我排练、自我检查、自我奖惩；另一方面，它以认知为中心，注重有效的思想和感情，从工作和任务中获得快乐和回报，并从中产生胜任感、成就感和自我控制感，树立正确的信念，形成建设性和积极性的思维。

所谓"超级领导"，就是领导者指导下属去领导他们自己。超级领导者引导追随者去发现他们自己的潜力，使他们成为积极有效的自我领导者。当任务的结构清晰，解决问题的方案必须被下属接受，并且下属的目标同组织目标相一致，时间又很充分时，可以实施自我领导。培养下属自我领导能力的方法主要有以下几种：

（1）示范。示范被认为是一种积极的或者具有建设性的学习方法，它是一种通过观察领导者并模仿他们而发展下属的自我领导能力的过程，示范可以通过两种方式得到应用。一种是建立新的行为方式，另一种是鼓励下属在今后的工作中继续从前学习到的行为。示范学习虽然是不系统的和带有随意性的，但它实用并且有效。

示范是一个包含注意、记忆、行为复制和动力四个反复循环的过程。领导者第一步是吸引下属的注意力；第二步是促进对于示范过的自我领导行为的亲身体会和回想；第三步是促进自我领导行为，并为之提供机会；第四步是为自我领导提供动力，促进外部的和自身产生的刺激成为动力。

（2）制定目标。领导者的主要目标是通过培养下属的自我领导能力来提高他们的工作业绩。我们知道，自我领导的一个重要因素是制定自我目标。因此，领导者要做的主要努力就是鼓励下属制定他们自己的目标。制定目标是一种在工作中学到的行为，是下属在一段时期里培养出来的技能或者一系列相关活动。

教导下属制定目标时，应该遵从以下程序：首先是给下属提供一个可以效仿的模型；其次是允许下属有指导地参与；最后是让他承担起自我领导的重任。领导者应该对下属效仿的目标行为亲自进行说明，以让他们制定更加明确的目标，并且使自定目标与整个组织的目标保持一致。

（3）奖励和惩罚。领导者用以培养下属进行自我领导的最有效的策略就是奖励和支持他们。领导者不仅要注重物质奖励而且要注重精神奖励，不仅要注重外在奖励，而且更应强调下属的自我奖励以及来自工作的自然奖励。

惩罚也是培养下属自我领导能力的有效方法之一。领导者必须注意惩罚的技巧，应尽可能在不合需要的目标行为发生时马上实施，应直接与特定的不合需要的目标行为联系在一起，让下属懂得期望他做什么。但领导者不能因惩罚而让下属丧失信心，而是要让下属把错误当成一次学习的机会。

（4）创造自我领导的组织文化。组织文化就是一个相互关联并被广泛接受的有关思想行为的定式系统。领导者应该建立、鼓励、引导、促进与巩固培养下属的定式，这些定式既可以是具体的，也可以是普遍的，它将自我领导哲学、价值和信念转化成实际的行动，以激发创造性、树立个人奋斗目标，设立正常的奖励机制，形成建设性的思维模式。通过将自我领导定式融入到整个组织中，领导者就可以推进一种强有力的自我领导文化。

延伸阅读

全国十佳优秀大学生村官张军明成长记

2012 年 9 月，24 岁的西吉娃张军明通过公开选聘，成为青铜峡市的大学生村官，在经过两个村的村书记助理岗位锻炼后，2013 年 2 月，被组织派往银光村任职。该村曾经是出了名的“后进村”：淌水难、行路难，干部群众互不信任、互相埋怨，群众上访接连不断，村党支部 9 年换了 12 任书记。

走马上任之初，“老大难”问题成箩成筐地现形，村民发难、干部作难更让张军明措手不及，但张军明却迎难而上。

坚持多走多看多想多问，深入了解群众诉求。张军明早出晚归，蹬着单车，走村串户，最广泛地了解群众的诉求。不清楚情况时，他就真心拜村民为师，避免在工作中走弯路。一年多来，他骑坏了两辆自行车，走访了 460 多户村民，村里的大事小事记满了整整两本“民情日记”，实现困难群众“微心愿”25 个，终于找准了“后进”的症结：村干部办事不公平、不作为，村级事务管理混乱，经济发展滞后，班子“软”，管理“乱”，经济“穷”，人心“散”。

认真谋事干事成事，赢得群众信任支持。一是诚心为群众“谋事”。通过大量调研走访，确定了发展玉米制种、特色养殖和外出务工三大产业，成立了银光村农民专业合作社和劳务输出专业合作社，由过去分散经营向“合作抱团”方向发展。二是真心为群众“干事”。建立了便民服务站，为村民开展一站式代理服务。一年多来，为村民办理 260 多件实事。三是办“成事”。张军明积极跑项目，争资金，先后在农渠上做节水闸 3 座、修农路 6 条 7.5 公里、砌护农渠 14 条 6 000 多米、搭建农桥 4 处、化解矛盾纠纷 18 起，有效解决了村民淌水难、行路难的问题。四是“不出事”。组织村民推选了 35 名在村里有威望、有文化、有责任心的代表和 5 名村监会成员，对村级重大问题进行决定和全程监督。

做到不冷不躲不拖不欺，当好群众贴心人。一是不敢“冷”。热情、耐心对待村民反映的每一个问题。二是不能“躲”。敢于到村民意见最大、问题最多、矛盾最突出的地方去解民忧、排民难。三是不可“拖”。及时妥善化解村民的各种矛盾纠纷，从根子上维护农村的稳定。四是不要“欺”。把村民托办的事哪怕再小都要当成自己的事情用心去办好。

“一件小事，凝聚人心。”2014 年 2 月的一天，张军明在走访回族党员马文斌家时得知，马文斌家庭困难，常年骑摩托车出门打工，女儿马欣茹一直想给父亲买双棉手套。第二天，张军明专程进城买了一双皮棉手套送来，帮孩子实现了“微心愿”。此后，马文斌对村里工作更加支持，经常出面帮着做回族群众的工作。

资料来源：谢斌：《用汗水粘牢与村民的感情，用泥土垫起成长的基石——记全国十佳优秀大学生村官张军明》，见 http://cpc.people.com.cn，2014-09-01。

本章小结

本章主要讲述的内容如下：

1. 领导发展的含义及其特征。领导发展包括领导自身发展、组织发展、下属发展三个方面，是一个系统的整体，应辩证理解三个方面发展的关系。领导发展具有时代性、长期性、系统性、灵活性的特征。

2. 领导自身发展。包括思想观念的发展、领导能力的发展、领导职务的发展三方面。领导能力的发展是内容，领导职务的发展是外在形式，二者也是辩证统一的。

3. 组织发展。组织发展主要有两条途径：一条是人际过程途径；另一条是技术结构途径。组织发展的程序包含五个阶段，相应地具有技术结构型发展方法和人际过程型发展方法。

4. 下属发展。把握下属发展的含义与方法。下属发展的方法很多，本章主要介绍六个方面的方法。

关键术语

领导发展　　领导自身发展　　组织发展　　下属发展　　职业生涯　　自我领导　　超级领导

复习思考题

1. 简述领导发展的含义及其相互间的关系。
2. 领导自身发展有哪些内容？简述领导能力和领导职务的发展，并说明这二者的关系是怎样的。
3. 简述组织发展的新理念及发展方法。
4. 简述下属发展的方法，你认为还有哪些新方法？
5. 正职应该怎样培养副职？
6. 麦考尔是怎样论述培养未来的领导者的？请发表你的建设性见解。

本章阅读书目

1. ［美］拉塞尔·帕尔默．终极领导力．北京：中国人民大学出版社，2009.
2. ［英］安德林．领导力实践手册．北京：电子工业出版社，2012.
3. ［美］加德纳．论领导力．北京：中信出版社，2007.
4. ［美］乔治·曼宁．领导的艺术．北京：电子工业出版社，2011.
5. 张国庆．做最出色的中层领导：让问题到你为止．北京：人民邮电出版社，2014.

第 14 章

领导者修养

夫君子之行，静以修身，俭以养德。非淡泊无以明志，非宁静无以致远。夫学须静也，才须学也。非学无以广才，非志无以成学。淫慢则不能励精，险躁则不能治性。

——诸葛亮

引导案例

国家主席习近平如何读书

2 月 7 日，习近平在索契接受俄罗斯电视台主持人布里廖夫的专访时，谈到自己的爱好，“我个人爱好阅读、看电影、旅游、散步”，“现在，我经常能做到的是读书，读书已成了我的一种生活方式”。

习近平爱读书至少可推溯到 1969 年。那年他 16 岁，在黄土高坡上，开始知青生涯，读书不辍。“爱看书”、“好学”，是他留给陕北梁家河村老乡们的印象之一。他们记得，他“带一箱子书下乡”，在煤油灯下看“砖头一样厚的书”，“有时吃饭也拿着书”。

2013 年青年节，他同各界优秀青年代表座谈，说道，我到农村插队后，给自己定了一个座右铭，先从修身开始。一物不知，深以为耻，便求知若渴。上山放羊，我揣着书，把羊圈在山坡上，就开始看书。锄地到田头，开始休息一会儿时，我就拿出新华字典记一个字的多种含义，一点一滴积累。

习近平曾说“历史是最好的教科书”。在索契接受专访，习近平说，克雷洛夫、普希金、果戈理、莱蒙托夫、屠格涅夫、陀思妥耶夫斯基、涅克拉索夫、车尔尼雪夫斯基、托尔斯泰、契诃夫、肖洛霍夫，他们书中许多精彩章节和情节他都记得很清楚。2013 年 5 月 17 日，习近平在与希腊总理萨马拉斯会谈时，谈到年轻时阅读了不少希腊哲人的书籍，与东方文明的古老智慧一样启迪着世人。

中国现代文学，也是其关注领域。在回忆作家贾大山的《忆大山》一文中，习近平谈到贾大山的小说《取经》，并说，我曾读过几篇大山的小说，常常被他那诙谐幽默的语言、富有哲理的辨析、真实优美的描述和精巧独特的构思所折服。

经史典集，也是习近平的阅读对象。“适当引经据典”，是习近平讲话的重要特点。1月14日，中纪委全会上，习近平多次引用成语、典籍，如“猛药去疴、重典治乱”，“见善如不及，见不善如探汤”等。习近平在其他讲话中，则提及《史记》、《春秋》、《诗经》、《礼记》、《管子》等书或书中的故事、名句。

2009年5月13日，习近平在中共中央党校2009年春季学期第二批进修班暨专题研讨班开学典礼上说：“我讲三个观点：一是领导干部要爱读书，二是领导干部要读好书，三是领导干部要善读书。”系统阐释了对读书的观点。习近平认为，领导干部普遍应当读三个方面的书：当代中国马克思主义理论著作；做好领导工作必需的各种知识书籍；古今中外优秀传统文化书籍。

资料来源：陈振凯：《国家主席习近平读过哪些书？怎么看待读书？——“我最大的爱好是读书”》，载《人民日报（海外版）》，2014-02-14。

14.1 读　书

14.1.1 读书的益处与方法

修养要从读书开始。关于读书，名人大师们留下许多哲理深刻、耐人寻味的教诲。托马斯·卡莱尔说：“书籍——当代真正的大学。”歌德说：“读一本好书，就像和许多高尚的人谈话。”考尔登说：“仅次于选择益友，就是选择好书。”凯勃司说：“书是随时在近旁的顾问，随时都可以供给你所需要的知识，而且可以按照你的心意，重复这顾问的次数。”凯勒说：“一本新书像一艘船，带领着我们从狭隘的地方，驶向生活的无限广阔的海洋。”皮罗果夫说：“书就是社会。一本书就是一个好的社会，它能够陶冶人的感情和气质，使之高尚。”赫尔岑说：“不去读书就没有真正的教养，同时也不可能有什么鉴别力。”高尔基说：“书籍鼓舞了我的智慧和心灵，它帮助我从腐臭的泥潭中脱身出来，如果没有它们，我就会溺死在那里面，会被愚笨和鄙陋的东西呛住。”

书籍里面保存着人类文化、智慧的结晶。著书立说，弘扬文化，传授经验、智慧，不是一件轻松的事情。凡是有价值的书籍，都是作者呕心沥血写成的，值得我们每一个人认真读，虚心学习。这正是向社会、向他人求教的一条捷径。北宋司马光编撰的《资治通鉴》，历时19年，共有294卷，另有考异、目录各30卷，共354卷。全书贯串1 362年的史事。作者除参考大量正史外，还翻阅野史、笔记、小说222种，共完成3 000多万字。书中的唐代部分，原稿有600多卷，删改后仅留81卷。成书时作者已“骸骨癯瘁，目视昏近，齿牙无几，神识衰耗”，两年后即与世长辞。再如，洪升写《长生殿》耗时9年，曹雪芹写《红楼梦》耗时10年，司马迁写《史记》耗时15年，李时珍写《本草纲目》耗时27年，达尔文写《物种起源》耗时20年，哥白尼写《天体运行论》耗时36年，马克思写《资本论》耗时42年，歌德写《浮士德》耗时60年。巴尔扎克计划创作社会长篇小说《人间喜剧》137 部，每天子夜即起，日落而眠，写得手指麻木，眼睛流泪，太阳穴悸动，写到 90 多部就耗尽了精力。我们用短得不可比拟的时间，即可领受作者心血的结晶，品尝精神的佳品，何乐而不为呢？

读书还可以延寿。有人挑选 16 世纪以来欧美伟人 400 名，看其中哪类人寿命最长，结果是读书人居首，平均寿命为 79 岁。我国也有资料对秦汉以来13 088名著名知识分子的寿命进行统计分析，其平均寿命为 65.18 岁，远远超过其他职业人员的平均寿命。因此说："关心莫如静心，静心莫如读书，读书使人延寿。"

读书何以使人延寿？首先在于它能使人知识渊博、明辨是非、懂得科学、趋利避害。其次在于语言文字本身具有调节情感、解除烦恼、淡化抑郁的功能。我国自古便有杜甫的诗能祛除病痛的传说。据南宋胡仔的《苕溪渔隐丛话》记载："世传杜诗能除病，此未必然。盖其辞意典雅，读之者悦然，不觉沉疴之去体也。"现代医学发现，精神刺激可调节人体的免疫功能。美国心理学家勒纳倡导"诗歌疗法"，认为吟咏诗歌能改善心理和情绪状态，有益身心健康。在意大利，医学家和诗人联袂成立"诗药有限公司"，出版具有不同主治功能的诗集，供患有不同心理疾病的病人对症选用。德国有病人图书馆，慢性病人特别是神经系统及心理疾病的患者阅读不同情感色彩的书刊，可以康复得很快。

读书是生活中最值得和最合算的活动，支出最少，收获最大。读书的益处与必要性可以概括为以下几点：

一是读书明理。常言道，书山为路，就是通过读书探求真理、接受真理。不读马克思主义的书的人，是不可能掌握马列主义真理的。各种科学的真理，也要靠读书获得。马克思最喜欢的事情，就是"啃书本"。列宁说，任何一个有学问的人，在他的一生中都阅读过大量的图书。

二是开阔视野，增长见识。人的时空和实践范围都有限，不读书的人的天地是狭小的，等于禁锢在周围的环境里，只能看见眼前的景物。"文章是案头之山水，山水是地上之文章"，读书是咫尺之间游世界，海阔天空，尽收眼底。一位哲学家说，不读书的人充其量只能活一辈子，读书的人能活上三辈子：过去、现在和未来。

三是启迪思维。读书会把人带到思考的世界里，并与生活中的感受、经验融会起来，产生思想上的灵感和火花，保持新鲜活泼的思想。宋朝学者黄山谷说："三日不读书，便觉语言无味，面目可憎。"语言无味皆因思想僵化，面目可憎就是一看便知毫无思想和智慧。有句格言说，伟大的想法造就了伟大的人物，有成就的人都是有思想的。

四是指导工作。情况总是在不断地变化，要使思想适应新的情况，就得学习。根据工作的具体需要，有目的、有计划地读书，就像用新鲜血液补充身体一样，可以提高自身素质，发挥聪明才智，眼明心亮。刘向说："少而好学，如日出之阳；壮而好学，如日中之光；老而好学，如炳烛之明。"要活到老，学到老。只知埋头工作荒于读书的领导者，进步不会快。

总之，读书能改变人的命运，确立人生的目标，攀登事业的阶梯，丰富生活的情趣，进入高尚的境界。

曾任中共吉林省委宣传部长、中共中央党校教务长的宋振庭，生前曾对人谈过他的读书生活，话题是"我是一块干海绵"，颇有启发性。他说：

"我来到这个世界上，就要认识和理解这个世界，对各种各样的事物，都想明白明白。

我一直保持着干海绵的状态，在知识的海洋里，尽情地吮吸着水分。我读书成瘾，有点像抽烟一样，要是一天不读书报，感到日子是很难过的。这是我自小养成的习惯。即使后来到根据地打游击的年月里，我总是随身带着一个小布口袋，里面装着书、本子和笔，在行军打仗的间隙，抓紧时间读和写。解放后，工作和学习的条件好了，我读书更多更广。无论是出差，甚至住医院，我总要挑一些书带着。有时候，临时通知我去开会，急忙之中也不忘捎上一张报纸。工作中常有一些'陪绑'的会，我的笔记本下总有一本书。

"我主张开卷有益，喜欢读各种各样的书，大的如经典著作，小的到小学课本，我都看。知识不要怕杂，它有举一反三、殊途同归的特点，各门学科之间都有内在的联系，互相渗透，相辅相成。在我的读书生活中，世界哲学史和中国哲学史是两个主纲，花的功夫最多，最得力的就是这两门学科。在我的知识仓库里，没有一条是无用的学问，都是按照历史的顺序、哲学的逻辑来分类的。需要运用的时候，便可以随意调动。

"我常常说，我所以能得到一点知识，最得力的是两条：一是胆子大，二是脸皮厚！我是个傻大胆，有股子不服气、敢想敢干的傻劲，什么都想学，什么都想干，不被任何庞然大物吓倒。另一方面，我又是厚脸皮，不怕丢面子，很少有虚荣心，不懂就不懂，老老实实，不装不吹。我没有进正规学校上学，主要是靠自学出来的，难免念白字、讲错话，在大庭广众出洋相。有一个词'造诣'，我在书本上经常读到，意思懂得，也会运用，但我一直念半边，读成'造旨'，听起来成了'造纸'。人们听了很别扭，又不敢跟我指出来，有顾虑，我是宣传部长，会不会伤了自尊心，引起不快。因此我在大会上老是'造纸造纸'的，'造'了好多年。后来，有一位老教授跟我熟了，看我没有什么架子，就鼓起勇气私下对我说：'宋部长，这个字嘛，也可能有几种读法，不过一般来说是读造诣，不是读造纸。'我听了'哎呀'一声，急忙紧紧握住老教授的手说：'感谢感谢，太感谢了，我确实念了白字，一定马上改正过来，您是我的一字师，今后请老师多加指教！'我的诚恳态度，使老教授深受感动。这件事在群众中也引起了很好的反响。人们对提出什么意见和批评，就没有顾虑了。我无形中增加了许多老师。

"我觉得自己没有虚此一生，读到了那么丰富的书籍，结交了那么多心灵美的朋友，确实知道了一些别人不大容易得到的东西。我为此而感到骄傲和欣慰！"

上述谈话是宋振庭身患绝症时讲的，如今他已离我们而去。但他所谈到的读书的必要性、读书的情趣，以及对知识、学问应取的态度，却是那么亲切和实在。这里无须再多加一字的解释，已足以使我们领悟和肃然起敬。

有识之士提醒，当前社会生活呈现的趋势，读书的人不是在增多，而是在减少，有些人干脆放弃读书。因为人们生活在电视与互联网的包围之中，知觉分散，各种眼花缭乱的信息不胜负担，无法集中精力读足够的书。还有些青年人是在看电视与上网中长大的，没有养成良好的读书习惯，有的从小就厌恶读书。据调查，现在有些家庭一年到头买不上一本书，有些有阅读能力的人至多只是浏览一些报纸和流行的画刊，后者被称为"精神快餐"。由于电子出版物的出现，有人认为书籍"是一种濒临灭亡的交流形式"，哀叹"书籍的经典时代已告结束"。但实际上电子出版物仍是书的一种形式，并不会取代图书。正如专家们所言："网络只会跟你已经在用其他方式做的事情竞争。你可以使用网上的参考资料，但你也会在家里收藏这些书。这只是用另一种方式做同一件事。"根据调查，还没有迹象表明网络对图书构成威胁。有知识的人都明白，不读书的人不能充实自己的内心世界，必然流于肤浅。那些事业心强、积极进取的人都在努力读书，而工作中水平不高的人与读书少也有直接的关系。所以领导者要督促下属读书，自己带头读书。读书还要有选择。苏轼说："书富如入海，百货皆有。人之精力，不能兼收尽取，但得其所欲求者尔。"马克·吐温说："不读好书的人与不能阅读的人相比，没有任何优势。"领导者每年都及时、认真地读几本好书，就是在进步的阶梯上攀登，心智就永远不会枯竭。

14.1.2　文艺作品的功能

在读书方面有一点值得提倡，就是无论哪个领域、哪个行业的领导者，在工作之余都应该读一些文艺作品，特别是古今中外的文学名著，以及反映当前现实生活、在社会上有一定反响的力作，其中也包括观看这方面的影视戏剧。毛泽东说过，人的认识，在物质生活以外，还从政治生活、文化生活（与物质生活密切联系），在各种不同程度上，知道人和人的各种关系。领导者用心读文学作品，对于开阔视野、了解社会、洞察世事、认识人生、陶冶性情、汲取领导方法和艺术的营养，都是大有裨益的。在摆脱繁忙的公务之后，津津有味地读读小说，看看影视戏剧，进入另一个喜怒哀乐的世界，也是一种积极的休息和调剂。久而久之，自然成为一种修养。

文学艺术的功能是多方面的，对于领导者来说，应该明确以下几点：

1. 揭示社会生活中的新动向

生活中尚未出现、正在孕育或刚刚萌生的新事物、新变化，包括政治、经济、世态、科技、器物、情感等，被艺术家依据生活和科学的逻辑提升、想象、预言、描绘出来，指出社会发展的前景，创造出理想的、未来的世界，启示和激励人们超越凡庸，站在社会、时代和科技发展的前列，并为之去努力和奋斗。

2. 展现和营造新的社会时尚

艺术源于生活，生活也源于艺术，这是双向建构关系。艺术作品着意设计的人物仪表、言谈、举止、服饰，乃至居家环境布置、社交形式礼仪等，以其魅力和艺术特有的具体性、形象性风靡一时，令世人争相模仿，改变社会时尚，影响社会风习。

3. 提供理想的生活方式

艺术所表现的高尚生活，以及这种生活所具有的和谐美好的吸引力，比实际生活更高、更强烈、更有集中性、更典型、更理想，必然成为推动人们职业生活、闲暇生活及至整个生活方式提高、更新的富有朝气的动力。它调动人们的实际和现实生活向理想的、期望的生活学习，既有的生活向应有的生活看齐，这就是艺术的生活化和生活的艺术化。

4. 润泽心灵，陶冶灵魂

艺术是人类的精神食粮，它养育和泽惠着人类多姿多彩的精神生活，丰富滋润着人类的心灵世界，激活人性，净化灵魂。多少人掩卷沉思，驻足观赏，凝神聆听，或者在剧场影院发出会心的笑声，流下真诚的泪水，从中得到智慧启迪、情感陶冶、思想升华，从而变得更加成熟和高尚。从美学上说，艺术美是自然美、社会美之上的最高层次，艺术审美具有令人解放的性质，使人在双重意义上得到解放，进入怡然自得的自由境界和意气风发的自觉境界。

5. 推出新的理想人物

这种人物或者有新的思想、新的道德、新的风貌，或者有其独特的内心世界和人格魅力，堪称楷模，令人为之倾倒。赫尔岑说过：“在 19 世纪末，所有德国男人都要学点维特，所有德国女人都要学点夏洛蒂；在 20 世纪初，大学里的维特们又纷纷变成强盗，当然不是真正的强盗，而是席勒的‘强盗’。1862 年以后上场的俄国年轻人几乎都是《怎么办》中的人物，外加若干巴扎罗夫的特征。”文学革命、美学革命从来是社会革命的先导，很多人（尤其近代）都是在文学艺术作品，包括其中的革命性人物的影响启迪下，走上革命道路的。

6. 透视人性，改善心理

每个人事业上的成功与挫折，命运的奋进与沉落，爱情的悲欢与家庭的离合，既有社会的原因，也有个人人性的、心理的、性格的、气质的原因。相同的能力和机遇，有人能“凭借好风上青云”，有人却屡屡与其失之交臂而受挫；有人常常能战胜和超越外部世界的艰难险阻，却无法战胜和超越自身内部人性弱点和心理误区，难以摆脱自我。艺术既外观社会世界，认识个人与外部社会世界的关系，又反观自身，认识人与自身内部的关系，自审与自省人性的弱点与心理的误区。这对于人们的自我认识和诊治，恢复心理平衡和健康心态以及精神建设，都极其有益。

毛泽东一生酷爱读书，在战事倥偬的马背上、担架上，在日理万机的国事活动之余，总是手不释卷。他在倡导领导干部多读马列著作的同时，也要求读些古典文学名著。他自己读这些名著时的一些感受与见解，至今对我们的领导工作及领导者应如何读书，都有着深刻的启示。如他在谈到《西游记》时说，要看到他们有个坚强的信仰。唐僧、孙悟空、猪八戒、沙和尚，一起上西天取经，虽然中途闹了点不团结，但是经过互相帮助，团结起来，终于克服了艰难险阻，战胜了妖魔鬼怪，到达了西天，取来了经，成了佛。这里主要讲的是不要怕有不同意见，不要怕有争论，只要朝着一个目标，团结一致，坚持奋斗，最后总是会成功的。

毛泽东对《三国演义》评价很高。他说，看这本书，不但要看战争、看外交，而且要看组织。北方人——刘备、关羽、张飞、诸葛亮，组织了一个班子南下，到了四川，同“地方干部”一起建立了一个很好的根据地。毛泽东说，外来的干部一定要和地方的干部很好团结，才能做出一番事业。他还讲，曹操下江南，东吴谁当统帅成了问题，结果找了个“青年团员”周瑜，29 岁当了都督。大家不服气，后来加以说服，还是由周瑜当，结果打了胜仗。他借这件事说明选拔干部，不能按资历，要按能力。

14.2 自处与自尊

14.2.1 自处

领导者善于自处是甚为要紧的事。古语云，贵不期骄，富不期侈。随着地位和经济条件的变化，有些人就不知不觉地放松要求，骄傲自满，奢侈铺张起来。因此，领导者一定要自己把握住自己。陈毅有诗曰："手莫伸，伸手必被捉。党与人民在监督，万目睽睽难逃脱。"这是讲要正确对待名利、地位等问题，也是说要善于自处。

领导干部利令智昏，违法乱纪的案件令人触目惊心，很多确为"史无前例"，令人深思。如胡长清、成克杰、慕绥新、马向东等，都是警世的反面案例，说明很多问题。

善于自处的前提，是贵有自知之明。老子曰：知人者智，自知者明。只知彼，不知己，虽称得上是智者，但还算不得明白人。领导者不但要尽可能了解他人，更应该充分地了解自己，清醒地认识自己。具体地说，就是要客观地和辩证地看待自己的长处和短处，恰当地评价自己的成就与不足，实事求是地决定自己能做的力所能及的事情和不能做的力所不能及的事情。一位领导者总结说，不要高估自己的形象，不要低估自己的潜力，这样想，这样做，较为有利。这是很有见地的经验之谈，使人自信而不自满。

知人难，知己更难。古人说，人的眼睛能看清楚远处的东西，却看不见近处的睫毛，要正确地认识自己很不容易。因为自己看自己，难免带有主观的成分、感情的色彩。从实践中来看，在就任之初，位子尚未坐稳时，领导者通常比较谨慎，能恰当地估计自己。但当工作打开局面、取得成绩、受到上级表扬和群众赞扬的时候，往往有些人就不冷静，容易产生自负情绪，飘飘然起来。领导者因此而变得不谨慎，周围的人都能感觉到，这就是脱离群众的开始，最后难免要犯错误。严格地说，脱离群众本身就是犯错误。

自以为是、盛气凌人、夸夸其谈、自我炫耀，在会议上或到群众中去时，总是自己先说一大通，把别人想说的话都堵回去，自己把自己封锁起来，是缺乏自知之明的典型表现。唐代给事中孔颖达向李世民讲过一段话："若位居尊极，炫耀聪明，以才凌人，饰非拒谏，则下情不通，取亡之道也。"明朝洪应明所著《处世修养篇》中，也有"持盈履满，君子兢兢"的警句，全句是"老来疾病，都是壮时招的；衰后罪孽，都是盛时造的。故持盈履满，君子尤兢兢焉"。这是讲"得意勿忘失意日，上台勿忘下台时"，越是官运亨通、顺风如意、物质享受美满充裕之际，越要取小心谨慎的态度，战战兢兢，如临深渊，如履薄冰。这话很有些消极避祸的味道，其中包含的要给自己留条后路的思想，亦不足取。但权大位高、物质生活的优越和改善，确实会腐蚀某些意志薄弱、忘乎所以的人，古今中外的无数事例都说明了这一点。故"持盈履满，君子兢兢"这句话，是可以注入新的内容，为各级领导者所警戒的。

要做到具有自知之明和善于自处，必须乐于自省，严于解剖自己。省是查看、检查的意思。自省即是自身的内省和反省，这既是自身修养完善的手段，也是通过修养而达到的一种习惯美德。孔子曰："吾日三省吾身。为人谋而不忠乎？与朋友交而不信乎？传不习乎？"意思是说，我每天都要多次反省，为人做事是不是忠实？与朋友交往是不是讲信用？教师传授我的学业是不是复习了？领导者通过自省，进行自责，也就是自我批评，能够及时检查发现自己的每一细小过失，进一步有目的地严格要求和提高自己，防微杜渐，净化自身素质，做到警钟长鸣，鞭策自己前进。毛泽东说："我们决不能一见成绩就自满自足起来。我们应该抑制自满，时时批评自己的缺点，好像我们为了清洁，为了去掉灰尘，天天要洗脸，天天要扫地一样。"① 季米特洛夫说："要找出时间来考虑一下一天中做了些什

---

① 《毛泽东选集》，2 版，第 3 卷，935 页，北京，人民出版社，1991。

么，是正号还是负号。假如是正号——很好，假如是负号，那就采取措施。”

乐于自省的人是工作、生活中深思熟虑的人，乐于自省是自觉性的表现，能这样做，其进步必然快，因为能及时总结经验教训。古人云：“反已者，触事皆成药石。”一个人只要多做自我反省，做任何事都可以变成自己的借鉴，作为自己行为标准的药石之言。自省可从以下三个方面进行：

一是对自己的思想活动、言行表现等进行反省，冷静地分析对错得失，明确努力的方向。很多领导者都有这方面成功的经验，如每天下班后、就寝前“过过电影”，坚持写日记、周记等。有一位老教育家说过：“日记虽小课，然作时多在深夜，追省一日所为，无异衡其功过防患未然，悬崖勒马皆在此时。若日日无间断，虽无意自省已尽自省之功矣。”

二是从自己的工作对象——周围人和事的反映中，来反思自己的表现和形象。心理学家柯里说：“人与人之间可以互相作为镜子，都能照出他面前的人的形象。”别人对自己的态度、评价等都是自我认识的参照点，有心人在群众中随时会捕捉到，从而警醒。这是在群众中照镜子，从中客观地评价自己。当群众中赞誉之声鹊起时，要会“正面文章反面看”，及时“返璞归真”，找出差距。当群众中有怨言时，要认真仔细分析，怨言中有民情可察，有民意可知，有时往往是不满情绪的预兆。尤其在不足和不良倾向方面，要做到见微而知著。生活中不乏这样的领导者：群众意见较大，甚至有点“四面楚歌”的味道，可自己自我感觉良好，把批评和自我批评的传统，演变成了表扬和自我表扬，这就太愚钝了。

三是与别人相比较对照检查自己。孔子所云“见贤思齐焉，见不贤而内自省也”，就是这个意思。人都是在一定的社会关系中生活的，只有把自己与其他的社会成员进行比较，才能确定自己的社会位置以及长处和短处。有比较才有鉴别，没有其他人作为参照，就不能有效地认识自己，认识自己是要经历一个社会比较过程的。自省更要自觉地放开眼界，特别注意向历史上和现实中的英雄模范人物学习，因为他们的优点长处更为集中，学习起来也更明确。领导者要做学先进、赶先进的带头人，不能光动员群众学，自己不学。

14.2.2 自尊

善于自处的关键，从修养上说，是保持自尊。古希腊哲人毕达哥拉斯在《金言》中指出：“最要紧的是自尊。”黑格尔在《小逻辑》中认为：“人应该尊敬他自己，并应自视能配得上最高尚的东西。”简单地说，自尊就是自觉地做一个高尚的人。这有两方面的内容：从人与物的关系而言，人是主人，物是从属，人操纵和支配物，人高贵于物，而不是相反。古语云：“富贵不能淫，贫贱不能移，威武不能屈。”三条中的两条讲的都是金钱财富，也就是物欲对人自尊的考验，正确取舍就保持了自尊。例如有些人毕生搜集某种文物，喜爱得不得了，但到头来却可以悉数捐献给国家，眼睛都不眨一眨。这就叫“物物而不物于物”，即做物质的主人，不做物质的奴隶。从人与人的关系而言，自尊是人群中的自我承认、自我肯定、自我尊重，它是由自主的意识和独立的人格所形成的，并因自尊的行为而得到他人的尊重，人做什么样的事，也就成为什么样的人。因为人与物的关系也要在人与人的关系中才能建立起来，实际上也贯穿着人与人的关系，所以后一方面的内容更重要。

自尊意味着对自己的思想行为负责，所以首先要有自主意识和独立人格，前者是内在的自尊心，后者是外在的尊严。自主意识是自我依据对真理的认识，对社会生活中的是非善恶等进行独立的判断。恩格斯认为，人的思维具有至上性，人们不知道有任何一种权力能够强制那处于健康而清醒的状态中的每一个人接受某种思想。自主意识要求的是独立思考，追求真理，不能人云亦云，随声附和，更不能屈从于权威或多数人的意见，违心地放弃自己的主见，人的尊严就在于思想。在原则性的争论中，那些左右逢源的骑墙派，社会风云突变中朝三暮四的“风派”人物，都是失去了最可宝贵的自主意识。当然，自主意识也绝不意味着自以为是、固执己见，这恰恰是自主意识差的表现。因为人是社会的人，人的意识离不开社会意识。实际上，自主意识是对社会，包括自己所从属的社会群体的价值观念、道德原则、行为规范的自我抉择、自我认定和自我坚持，这些社会和群体意识如党性、民族气节等存在于人的自主意识中，也只有通过人的自主意识才能得到现实而生动的表现。如果人的自主意识只反映个人私欲，不反映社会和群体的要求，绝谈不到自尊心和人的尊严。

自主意识直接决定着人的独立人格。人如果丧失自主意识，或者有意趋炎附势，依附于他人，受他人支配和摆布，也就失去了独立的人格。如妄自菲薄、阿谀谄媚、卑躬屈节、丧失国格等，这也就没有什么尊严可谈了。有的领导者在上级和下级面前有两副面孔，召开群众大会时不是面对台下的群众讲话，而是一味侧身面向上级来的领导讲话；还有的领导者对上级的批评即刻快速反应，或虚表同意，或沉痛检讨，显得轻率。这都有失自尊。总之，自尊具有社会的标准性，人的行为只有符合社会标准，受到社会的褒奖，才会有自尊。自尊实质上是人以社会的价值观念、道德标准来约束自我、控制自我、指导自我和评价自我。

自尊的人需要得到别人的尊重，也最知道尊重他人，这恰恰是自尊的表现。作为领导者，要特别注意尊重下属工作人员的姓名、肖像、面容、职业、隐私、成就、声誉、人格尊严，不允许讽刺、挖苦、歧视、嘲笑哪怕是做错事、犯了错误的人。“士可杀而不可辱”，侮辱他人是自贬人格。需要批评下属时，为维护下属的尊严，可多强调下属工作的重要性，如“你是单位的关键人物”，“你的工作直接关系单位的荣誉”，“有多少双眼睛在盯着你”，“你更该给那些新同志做出榜样来”，等等。一个人感觉自己举足轻重，就能以积极的态度对待批评，更加完善自己。

尊重别人不等于搞庸俗的关系学。庸俗的关系学扭曲了独立的人格，是不自尊自重。有的领导者总怕下属不拥护自己，因此处处去讨别人的喜欢，如有意无意说些不切实际的恭维的话，过分地附和别人的意见，做出不必要的亲昵举动等，总之是取悦于人。这种做法的代价就是放弃了自尊和别人对他的尊重。领导者不必过分关心别人是否对自己有好感。要知道，多么漂亮的鲜花和轰动的戏剧，也仍然有人根本不喜欢。无论多么完善或有作为的人，也会有人看着不顺眼。要让每个人都满意是不可能的。领导者自尊就要自信，不能因为众人好之，我便师之；有人非之，我便避之。这就会被各方面的闲话好恶搞得手足无措，无所适从。领导者当然要尊重群众，建立良好的人际关系，但廉价的屈尊要不得。

自尊的人自珍自爱，绝不会自暴自弃，怨天尤人。诸葛亮在《出师表》中说：“恢弘志士之气，不宜妄自菲薄。”每个人来到这个世界上，都是一个独特的个体，有自己的面貌特征和个性特点。无论是高个子还是矮个子，长相漂亮还是不漂亮，躯体强健还是残疾，自尊的人都会正视自己的特点，自豪地接受自己，也接受他人。并不因自己的自然相貌和特征而感到羞愧，掩饰自己的外貌，人为地改变自己的自然本色，舍弃自己拥有的身心而去刻意模仿别人。东施效颦，矫揉造作，正是缺乏自尊者所为。还有，自尊的人承认自己的价值，相信自己的能力，必然有坚强的耐受力，无须抱怨他人。有的人整天牢骚满腹，怨天尤人，这是失去自尊的表现。如有的人“叫苦”，有的人“喊累”，这些说说未尝不可，但成为一种怨言，让别人去承受，实际上是把他人作为依靠，忘记了自己的责任。很多情况下，这种抱怨的消极作用对自身影响更大，不如埋头去做些切实的事情。

自尊的人希望得到应有的社会地位、荣誉、名望，这种自尊心无论对领导者还是群众，都无可非议。“天生我材必有用”，人人都能对社会作出自己应有的贡献，得到社会应有的肯定。问题在于要通过自己勤奋努力、创造性的劳动去获得，并从中实现和体现自己的尊严。“天助自助者”，不但是“天”，人也是一样，喜欢帮助那些勤勉奋进的人。反之，通过不光彩的途径、不道德的手段去猎取，如靠关系，走捷径，“朝中有人好做官”，多半只能求得一时的幸运，经不住考验，仍然会从高处跌下来。纵然侥幸成功了，也是以牺牲自己的人格为代价的。真正求实、务本、自尊的人不去羡慕他们，享有真正属于自己成就的人，才是可敬和快乐的人。

自尊的最高境界是慎独。领导者必须是严于律己的人。严于律己就要做到慎独，这是自身的自觉需要，而不是做给人看。这也是领导者修养的最高境界。《礼记·中庸》中说：“莫见乎隐，莫显乎微，故君子慎其独也。”意思是说，不要以为没有人看见，不要以为事情很微小，就可以放松对自己的要求，品行高尚的人在任何情况下都不能越轨，即使只有一个人的时候也应该谨慎从事。古语云：“行不愧影，寝不愧衾。”形容日夜扪心自问，毫无惭愧。《三国志》记载刘备的话说：“勿以恶小而为之，勿以善小而不为。惟贤惟德，能服于人。”目前在我们的社会生活中，有许多关于领导者慎独的美谈，他们得到了群众的真心拥护和赞誉。历史上也流传下来不少慎独的记载，那些历史人物的人格至今仍放射着光彩。

自尊自重，这是领导者最可宝贵的品质。领导者做工作，一靠真理的力量，二靠人格的力量。领导者人格的力量，也就是领导者在群众心目中的形象和威信。古语曰：“有威则可畏，有信则乐从，凡欲服人者，必兼有威信。”领导者的形象和威信，是领导者以自己自尊的言行长期塑造和培植起来的，绝非一朝一夕之功。但要损害和破坏其形象、威信，降低人格的力量，由于领导者所处的特殊地位，只需一个有失检点的行为即足矣，这恰似千里之堤，溃于蚁穴。所以，领导者更要加强修养，谨慎处之。

14.3 自　控

14.3.1 自控的含义

自控是抑制自己的感情和情绪，控制自己的行为，使自己以最合理的方式行动。自控的反面是失控，如感情冲动、表情异常、言行出格、一反常态、魂不守舍等。苏轼《留侯论》中说："天下有大勇者，猝然临之而不惊，无故加之而不怒。"古语云："大量能容，不动声色。"这就是自控。教育家马卡连柯说："伟大的意志不仅善于期待并获得某种东西，而且也善于迫使自己在必要时拒绝某种东西。没有制动器就不可能有机器，没有抑制力也就不可能有任何意志。"

自控不等于凡事都无动于衷。该喜不喜，该悲不悲，该怒不怒，没有脾气个性，"一锥子扎不出血来"，那是麻木不仁。人的正常的喜怒哀乐的反应都是理所当然的。领导者在工作中表现出来的喜怒哀乐，对于被领导者的情感、行为能够产生较强的导向作用，也是一种感染力和驱动力。问题在于这种喜怒哀乐要围绕和服从于组织目标，并且适度，不因此而丧失理性。

良好的自控能力是领导者重要的意志品质，也是衡量领导者的涵养气度的尺度。例如，邓小平在风云变幻的政治风云中出生入死，搏击了半个多世纪，锤炼得非常达观，临危不惧、遇喜不亢、含威不露、沉稳内向，平时言谈不多。1971 年 11 月 5 日，邓小平听到林彪叛逃国外、机毁人亡的消息后，内心十分激动，陷入沉思，许久才说了一句很能反映他性格的话："林彪不亡，天理不容。"在领导我国改革开放的过程中，邓小平喜欢在餐桌上向子女询问社会上的情况和动向，打听各种消息，但他只问不答，亦不加以评论。从这类小事中，也可见他极强的自制力。作为中层和基层的领导者，也要时时处处注意自控，否则，不仅自毁形象，还会把事情搞糟。如有的领导者本来志向不高，一旦为官便似范进中举，难以自持，令群众失望。有的领导者城府不深，小有成功便喜形于色，小有挫折便垂头丧气，给人以难当大任的感觉。还有的领导者童心未泯，越是露脸和捧场的事越按捺不住，总是一马当先去干，这也不好。

长于自控有气质、性格上的因素，但主要是后天实践、修养的结果，与德性、气量、才识均有关系。经多识广，看通看透，理性清明，再加上心底无私天地宽，有"会当凌绝顶，一览众山小"的视野和有容乃大的胸襟，自然处乱不惊，处惊不乱，能容常人难容之事，善待常人难待之人。常言道："宰相肚里能撑船。"所谓"肚量"，也就是"度量"，或曰"气（器）量"。《论语·八佾》说："管仲之器小哉。"蔡邕作郭有道碑文："夫其器量弘深，资度广大，浩浩焉，汪汪焉。"杜甫诗曰："此乡之人气量窄，误竞南风疏北客。"气量恢弘，是领导者成功的秘诀，自控的根基。德性、气量、才识三者是相互关联的，"德随量进，量由识长，故欲厚其德，不可不弘其量，欲弘其量，不可不大其识"。

14.3.2　自控的内容

领导者的自控包括很多方面，下面主要阐明几点。

1. 危机时保持冷静

危机可以锻炼人，也可以毁灭人。工作中的危机和个人的危机，都是对领导者的考验。而且，越是在危机中，"政敌"往往也就出现了，因此更是慌乱不得。尽晓危难于心，祖露镇静于态，这是危机中需要的领导品格。在生活中常见两种人，一种是遭遇一点不幸，就捶胸顿足，呼天喊地；另一种是对于面临的横逆，尽管也不免感到痛苦，但绝不会因此而失态，更不会一蹶不振。他们知道，如果不能克制自己，势将招致更大的不幸。即使在面临不可逆转的命运的时候，也能泰然自若，保持豁达的心境，领导者在部属面前，理应如此。

沧海横流，方显英雄本色。从一定意义上说，危机正是给领导者提供了大显身手的舞台，危机中恰恰常包含着转机。在困境和逆境中，镇定自若，沉着应对，稳健地处理问题，才能稳住阵脚，掌握时机，保持主动，适时化劣势为优势。如果领导者显露惊慌失措或悲观失望情绪，就会像疾病一样迅速传染他人，局面愈发不可收拾。我们中国共产党及老一辈革命家，就是在危境中崛起，艰苦奋斗，一步一步夺取胜利的。周恩来在“文化大革命”的危难时期，更充分表现了他卓越的领导才能和高超的斗争艺术。在第二次世界大战中，斯大林在法西斯侵略者兵临城下时，照样举行节日庆典和阅兵典礼，不愧为雄才大略的军事统帅。历史上还有许多失败的英雄，他们的镇静和自尊保持到生命的最后一刻，令后人钦佩、景仰。

2. 不为内耗所干扰

领导工作中最令人头痛的事情之一是内耗。内耗原是专业技术术语，指机器或其他装置本身消耗的没有对外做功的能量。后被移用来说明人际群体处于某种无序或不协调状态下，指系统内各种力量之间的相互抑制和冲突，从而使有用力量减损和抵消的现象。换言之，内耗是一种无组织力量，它瓦解群体的内部结构、削弱群体的外部功能。群体内的争权夺利、争斗不休，是不以人的主观意志为转移的客观存在，所谓“树欲静而风不止”。有的领导者不得不把相当多的时间和精力，用于考虑如何应付复杂的派系关系。有的被闲言碎语束缚，被他人撺掇和左右，被内耗“耗”得心灰意冷，难以施其才、达其志，失去了工作的进取心和锐气，失去了自我。内耗是值得专门研究的问题，其中可能有原则性争论不能回避。但既为内耗，大量都是无关大局、摆不到桌面上的无原则纠纷，或兼有上述两方面的因素，因处置不当，才演变为内耗，及至把领导者自身也牵卷进去。因此，对这类问题一方面要通过正常的组织途径、组织生活来解决，另一方面要善于自控。

荀子在《荀子·致士篇》中提醒人们：“凡流言、流说、流谋、流誉、流愬，不官而衡至者，君子慎之。”意思是说，凡不是公开途径传来的，君子之人要慎重对待。不能听风就是雨，为其所左右。更不能四面出击，纠缠不已。领导者在单位都是处在中心显著的位置上，就像戏曲舞台上的主角一样，从这个意义上说，被人议论倒是正常的现象。京剧大师梅兰芳生前就不怕人骂，相反，却最怕人不骂和不谈及他的艺术，因为那等于把他当作根本不存在。国画大师齐白石亦有句名言：“人誉之，一笑；人骂之，一笑。”他之所以任人笑骂，是因为当时他的篆刻正突破前人与世人规范，不拘一格，自成流派，推陈出新。今天，内耗中一些流言蜚语的实质，仍然是对新人物、新创见看不惯，或者不过是诋毁别人的成功而已。如果对此有清醒的认识，就要显示凛然正气，泰然处之，行止在我，不为所动。鲁迅说，最大的轻蔑就是连眼珠都不动一下——这话说出来都是多余的。这绝不是无视别人的批评，故步自封，而是问心无愧、讲原则、守纪律、有主见的表现。只要自己坚定不移，就不怕风吹浪打。有个性、有建树的人，永不会被人说倒和骂倒。

据报刊介绍，很多领导者，特别是有成就的领导者，都曾受到内耗的困扰。他们信奉的信条和喜爱的格言是：“走自己的路，让别人去说吧。”“当我像陀螺一样高速运转时，也就排除了外界的干扰。”他们把这种干扰，看作推动自己工作的动力。郑板桥有诗说：“咬定青山不放松，立根原在破岩中，千磨万击还坚劲，任尔东西南北风。”这应该成为领导者长于自控、坚忍不拔的写照。

大家熟知一句话：小不忍则乱大谋。此语出自《论语·卫灵公》，子曰：“巧言乱德，小不忍则乱大谋。”意思是花言巧语会败坏德行，小事上不能忍耐，就会坏了大事。作为政治谋略，人们对之多给予贬义的理解。但在现代社会，人们从修养的角度，也可以有褒义的理解，即应在小事上谦让忍耐，不要因计较鸡毛蒜皮而影响大局。在人民内部、同志之间，应提倡有气量，想大事，顾大局，以团结和工作为重。苏轼所说“夫君子所取者远，则必有所恃；所就者大，则必有所忍”，也是这个意思。

3. 尽快摆脱坏情绪

月有阴晴圆缺，人有吉凶祸福，每个人的情绪都有好和坏的时候，专家认为，情绪可以影响一个人的前景，短则几小时、几天，长则几周、几个月。好情绪一般对人是大有帮助的，如乐观和自信使人充满活力，积极进取的心境像磁石一样吸引人，把人引向成功；而悲伤、焦虑、气愤、冷漠、失望、内疚等坏情绪，其影响就是消极负面的了。它消耗人的精力，使人陷入泥潭，裹足不前。领导者要善于控制情绪，调节自己，尽快摆脱坏情绪，不要被坏情绪支配。

只要有时间，世间没有不可医治的心灵创伤。但要尽快摆脱坏情绪，还要依赖当事人自己。一位诗人写道：“你的心可创造一个天堂，也可以创造一个地狱。”这有文学夸张的味道，但通过自我控制和调节，的确会重新发现一个自我，内心世界也会成为一个崭新的世界。这就需要在不良情绪侵袭时，理智地分析不良情绪形成的原因，然后具体问题具体对待，最好从根本上加以解决。如果与不良情绪相联系的实际问题不存在了，不良情绪自然也就消失了。此外，也可通过适当的交谈、转移注意力等方式改变心境。如领导者有自己的业余爱好，看看文艺演出、听听音乐、打打球等，还可以在周末与好友、家人一同去逛逛街，消遣一番，用周末的轻松愉快调节一周的紧张烦恼。

生活是立体的，在它的每个侧面和交叉点上，都蕴含着成功的契机，不要把自己囿于一件事情上，应该使自己的愿望灵活一些。这样，一旦遇到了难遂人愿的情况，就有思想准备放弃原来的想法。举一个可能不太恰当的例子：一个人到剧场去看戏，希望能见到自己喜爱的演员，可在开演前宣布那位明星病了，由她的替角出场。假如这个人死死坚持原来的愿望，就会为演员的变动唉声叹气并满腹牢骚地走出剧场，事后想起来心情也会不愉快。但她的愿望如果是灵活的，则很可能会喜欢这场演出，从中得到另一番享受，甚至会对替角演员的演技品评一番。其他事情不也同样是这个道理吗？

人生像波浪，总有高潮低潮。在人生的每个时期都有生活、工作的特定内容和希望，所以也总有不同程度的失望。失望情绪就像普通感冒一样，对每个人都是正常的。可是连续不断的失望却像连续不断的感冒，会带来很严重的后果，必须尽快加以自我解脱。解脱的积极方式是化为力量。无数事例说明，成功总是在失望与奋起、挫折与苦干中诞生的。历史的每一页都记载着战胜挫折、驱逐失误，从而获得成功的故事。司马迁下狱受腐刑而发愤写成《史记》，他在致别人的信中说：“盖文王拘而演《周易》；仲尼厄而作《春秋》；屈原放逐，乃赋《离骚》；左丘失明，厥有《国语》；孙子膑脚，《兵法》修列；不韦迁蜀，世传《吕览》；韩非囚秦，《说难》、《孤愤》；诗三百篇，大抵圣贤发愤之所为作也。此人皆意有所郁结，不得通其道，故述往事，思来者。”从来没有失败过的人，不可能成熟、伟大并取得突出的成就，哪个领域都是如此。领导者，更应该成为生活的强者。

4. 发怒得当，善于制怒

这是领导工作中最普通和常见的问题。在一些讨论领导者修养的书籍中，人们囿于固有的思维定式，总是认为凡是领导者，其待人接物永远应该端庄稳重，平易和蔼；发怒与领导角色的行为规范不符，会损害领导者的形象。有的领导者在工作中即使碰到怒不可遏之事，也强迫自己抑而不发，似乎这样才算有修养。其实，这和动辄发怒一样，都会贻误工作，损害领导者的形象。“气血之怒不可有，理义之怒不可无”，不应当凭个人意气发火，但为真理、正义动怒却是理所当然、必不可少的。在原则问题上，在事关重大的紧迫问题上，在部属失职渎职等问题上，领导者发怒对当事人具有刺激性和震撼力，对旁观者也有警戒作用，有利于问题的解决和推动工作的进展。这类动怒是领导者忠于职守的表现；适当宣泄自己的感情，也不能算是失控。在很多部门和工作岗位上，如果领导者没脾气，虎气不足，猴气有余，不会发怒，反而成不了好领导。当然，这和骄横、刚愎、暴躁是两回事。

不过，发怒毕竟是一种烈性情感，会使对方感到难堪或羞辱，无端地发脾气和不适当地动怒，也确实对工作、对同志、对自己都不利。所以，领导者还有个制怒的问题。一是要慎用发怒。发怒对其对象来说，具有批评惩戒功能，是偶一为之的。经常对部属发脾气，就会失去其威力，造成承受者的疲倦和麻木感，甚至成为笑柄。二是发怒要亲疏有别。对熟悉亲近的同志和下属人员发怒，因为比较了解，容易谅解；反之，就容易破坏相互间正常的人际关系，使对方产生不平等的感觉。三是发怒要轻重适度。人在发怒时，由于神经紧张、情绪激动，容易在语言和行为上产生出格现象。记住这一告诫：“无论你怎样地表示愤怒，都不要做出任何无法挽回的事来。”四是发怒后要注意补救。领导者发怒后，或多或少给有关人员带来心理压力和思想负担，因此要及时利用各种机会向有关人员进行解释或表示歉意，使其放下思想包袱，恢复心理平衡。

制怒的有效方式是预防。从心理上说，就是对周围的人和事有客观的认识，不抱有不切实际的幻想和希望。只要去掉这些幻想和希望，愤怒便不易产生。作为一位领导者要明白，你不会得到所有人的赞许，任何时候都会有人反对你，世界本来就是如此。工作也不会一帆风顺，总会有这样那样的波折，都按你预想的那样发展是不可能的。有了这种思想准备，就能应付不如意的、预料不到的事情，不会轻易发怒。如果意识到自己要发脾气，就要努力推迟愤怒，比如推迟 15 秒，然后再发作。等到下一次又要发脾气时，则推迟 30 秒。这样多次的延长就是最好的控制，逐渐把不必要的发怒减少到最低限度。

从日常工作中容易引起某些领导者气恼的事情上看，领导者要注意心平气和地对待工作中与自己不一致的见解、意见。主要有两类：一类是对开展哪些工作、如何开展工作、怎样评价工作所取得的绩效等，有不同的看法；另一类是公开、正式场合直截了当给领导者提意见，或者用间接的方式提意见，侧面流露不满等，后者更易使领导者面子上挂不住。总之，不是顺耳之言，而是逆耳之言。对这些见解、意见不应该动怒，动怒也无济于事。要允许人家讲话，更要让人把话讲完，做到不仅表面不怒，内心也确实不怒，叫作拿得起，放得下，睡得着，当然不是不重视，不思索。这就是修养的问题。

工作中有不同意见，哪怕是针锋相对的意见，都是正常现象。不能要求所有人考虑问题都和领导者一样，那反倒是怪事了。一位领导说得好："你的地位越高，就越要听取正反两方意见。如果你的人只会对你一味称是，你们两人就肯定有一个是多余的人。"领导者听到不同于自己的意见就坐不住，或拍案而起，激烈反击，或事后耿耿于怀，不仅做不好工作，还失去了领导者的气度。正确的做法应该是，各陈己见，相互讨论，尽可能求得一致，或者求大同、存小异。当场不能解决的争论或问题，亦不必强求，不妨暂放一放，事缓则圆。

延伸阅读

刘邦的自我控制

公元前203年，刘邦与项羽战于荥阳，刘邦中箭受伤，情势危急。当时韩信在山东，军力雄厚，派使者见刘邦，请求允许他代理齐王。刘邦正在危难之际，见韩信不但不来救援，反而野心十足，欲称王割据，不禁一时"失控"，十分恼怒地骂道："吾困于此，旦暮望若来佐我，乃欲自立为王!"身边的张良和陈平赶忙去踩刘邦的脚，暗示他不可发怒，并轻声劝他说，汉军正在困境，是无法阻止韩信自立为王的，不如暂且答应，以防韩信有变。刘邦听了觉得很有道理，理智终于战胜了感情，他赶忙改口，假意嗔怪韩信道："大丈夫定诸侯，即为真王侯，何以假为?"即刻派张良带着印绶封韩信为齐王。韩信被立为齐王后，十分高兴，立即率领军队来支援刘邦，不久，便在成皋打败了项羽。

资料来源：王元瑞：《谈领导者的自控能力》，载《决策借鉴》，1990（2）。

本章小结

本章主要讲述的内容如下：

1. 书籍里面保存着人类文化、智慧的结晶。读书明理；开阔视野，增长见识；启迪思维；指导工作。电视和网络并不能取代读书，读书要有选择。

2. 领导者善于自处甚为要紧。自处的前提是自知，因此要乐于自省。自处的关键是保持自尊，自尊的最高境界是慎独。

3. 自控是抑制自己的感情和情绪，控制自己的行为，使自己以最合理的方式行动。领导者自控要做到：危机时保持冷静；不为内耗所干扰；尽快摆脱坏情绪；发怒得当，善于制怒。

关键术语

修养　读书　自处　自省　自尊　自控

复习思考题

1. 什么是修养？怎样理解修养？

2. 读书的益处是什么？文艺作品有何功能？结合具体实例说明领导者读书与不读书的差异。

3. 领导者应该怎样自处？自尊的内容是什么？你认为应该怎样做到自尊？

4. 何为自控？请结合具体实例说明自控及其意义。

5. 你怎样理解内耗？应该怎样对待内耗和减少内耗？

6. 简述领导者制怒问题。

7. 你认为领导者应该怎样加强修养？

8. 结合当前社会生活中的实例，讨论领导者应该怎样自处与自尊。从反面来看，少数领导者堕落的原因何在？是通过哪几种方式堕落的？

本章阅读书目

1. 李学诚. 领导中国的智慧：做官的修养与学问. 北京：东方出版社，2013.

2. 左手编著. 人民语录. 北京：华文出版社，2011.

3. 李瑞环. 学哲学　用哲学. 北京：中国人民大学出版社，2005.

4. 李伟权. 领袖思维：政治领导艺术. 北京：中国社会科学出版社，2007.

参考书目

1. 国家行政学院领导科学教研部编. 毛泽东 周恩来 刘少奇 朱德 邓小平 陈云 江泽民论领导方法和领导艺术．北京：党建读物出版社，1997

2. 中共中央党校，国防大学，国家行政学院，中国人民大学联合编写组编．邓小平领导理论学习纲要．北京：中共中央党校出版社，2000

3. 夏禹龙，刘吉，冯之浚，张念椿．领导科学基础．南宁：广西人民出版社，1983

4. 王乐夫．领导学：理论、实践与方法．广州：中山大学出版社，1998

5. 王乐夫. 领导学通论．北京：当代世界出版社，2001

6. 刘峰．领导大趋势．北京：中国言实出版社，2003

7. 邱霈恩．领导者素质．北京：中国言实出版社，2003

8. 朱立言主编．中国 MPA 简明知识读本．北京：中共中央党校出版社，2004

9. 朱立言主编．领导科学与领导艺术．北京：中国人事出版社，2008

10. 田广清等．中国领导思想史．北京：九州出版社，2002

11. ［意］马基雅维里．君主论．北京：商务印书馆，1985

12. ［英］伯特兰·罗素．权力论．北京：商务印书馆，1991

13. ［德］马克斯·韦伯．经济与社会．北京：商务印书馆，1998

14. ［美］詹姆斯·麦格雷戈·伯恩斯．领袖论．北京：中国社会科学出版社，1996

15. ［美］约翰·加德纳．新领导力．台北：天下文化出版股份有限公司，1992

16. ［美］约翰·科特．变革的力量．北京：华夏出版社，1997

17. ［美］约翰·科特．现代企业的领导艺术．北京：华夏出版社，1997

18. ［美］华伦·班尼斯．领导艺术全书．北京：海潮出版社，2002

19. ［美］F. 赫塞尔本等主编．未来的领导．成都：四川人民出版社，1998

20. ［美］斯蒂芬·罗宾斯．组织行为学（第七版）．北京：中国人民大学出版

社，1997

21. ［美］约翰·纽斯特罗姆，基斯·戴维斯．组织行为学（第十版）．北京：经济科学出版社，1999

22. ［美］劳伦斯·彼德．彼德原理．北京：中国文联出版公司，1996

23. ［美］戴维·平卡斯，尼克·德波尼斯．身在高层——世界上最卓越的领导者．北京：时事出版社，1998

24. ［美］乔恩·皮尔斯，约翰·纽斯特罗姆．领导者与领导过程（第二版）．北京：中国人民大学出版社，2003

25. ［美］托尼·亚历山德拉．魅力的七把钥匙．北京：经济日报出版社，1998

26. ［美］詹姆斯·库泽斯，巴里·波斯纳．领导力（第三版）．北京：电子工业出版社，2004

27. 胡宁生．中国政府形象战略．北京：中共中央党校出版社，1998

28. 吴建民．交流学十四讲．杭州：浙江人民出版社，2004

29. 李仁虎．如何与媒体打交道．北京：新华出版社，2005

30. 秦德君．领导者公共形象管理．太原：山西人民出版社，2005

31. ［美］加里·尤克尔．组织领导学．北京：中国人民大学出版社，2004

32. ［美］约翰·加德纳．论领导力．北京：中信出版社，2007

人大版公共管理类教材

公共管理类专业教材——学科基础课教材

书名	作者
现代管理学原理（第三版）（“十一五”国家级规划教材）	娄成武　魏淑艳
一般管理学原理（第四版）	张康之　周　军
管理学基础（第三版）	方振邦
管理学教程	方振邦
政治学原理（第三版）	景跃进　张小劲
现代政治学原理（第四版）	石永义　刘玉萼　张　璋
政治学教程	舒　放　刘琼莲
公共管理学（第二版）	陈振明
公共管理学——一种不同于传统行政学的研究途径（第二版）	陈振明
公共管理学（第二版）（“十二五”国家级规划教材）	蔡立辉　王乐夫
公共管理学（精编版）	王乐夫　蔡立辉
公共管理学（第二版）	张康之　郑家昊
公共管理概论（第二版）	朱立言　谢　明
公共管理学概论	曹现强　王佃利
公共管理学导引与案例（第二版）	王丛虎
公共管理案例	中国人民大学公共管理学院
公共政策导论（第四版）（数字教材版）	谢　明
公共政策概论（第二版）	谢　明
公共政策学——政策分析的理论、方法和技术（“十一五”国家级规划教材）	陈振明
公共政策学	杨宏山
政策科学——公共政策分析导论（第二版）	陈振明
公共政策学导引与案例	陈季修
公共政策案例	中国人民大学公共管理学院
公共经济学（第三版）（“十二五”国家级规划教材）	高培勇
公共经济学教程	秦立建
政府经济学（第四版）（“十一五”国家级规划教材）	郭小聪
政府经济学（第四版）	潘明星　韩丽华

公共管理类专业教材——方法课教材

书名	作者
管理定量分析：方法与技术（第二版）	刘兰剑　李　玲
公共管理的方法与技术（第二版）	魏　娜
公共管理实用分析方法	汪明生　胡象明

公共管理类专业教材——行政管理、公共事业管理专业教材

书名	作者
行政法学导论	姜晓萍
行政法学	朱新立　唐明良　李春燕
公共部门人力资源管理（第四版）	孙柏瑛　祁凡骅
公共部门人力资源开发与管理（第四版）（“十二五”国家级规划教材）	孙柏瑛　祁凡骅
公共部门人力资源开发与管理（第三版）	孙柏瑛
公共部门人力资源管理（第三版）	滕玉成　于　萍
公共部门人力资源管理	方振邦
公共部门人力资源管理概论	方振邦

书名	作者
公共部门人力资源管理案例	周均旭
公共人事制度	刘俊生
行政管理学（第四版）	郭小聪
公共行政学（第五版）	彭和平
公共行政学	张康之 张乾友
行政学导论（第三版）	齐明山
行政管理学导引与案例	陈季修
管理心理学（第二版）	范逢春
公共组织行为学（第三版）（“十一五”国家级规划教材）	孙 萍 张 平
公共组织学（第三版）	李传军
行政组织学（第二版）	张 昕 李 泉
公共事业管理概论（第三版）	朱仁显
公共事业管理概论（“十一五”国家级规划教材）	娄成武 李 坚
公共组织财务管理（第三版）（“十一五”国家级规划教材）	王为民
国家公务员制度（第四版）（数字教材版）（“十二五”国家级规划教材）	舒 放 王克良
国家公务员制度概论	郗永勤 刘碧强
公务员制度概论	李如海
公务员制度导论	孙德超
行政领导学（第三版）	朱立言 李国梁
领导学（第四版）	邱霈恩
领导学	王自亮
领导学：理念、行为与艺术	祁凡骅
领导学	孙 健
现代市政学（第四版）（数字教材版）	王佃利 张莉萍 高 原
市政管理学（第四版）（“十一五”国家级规划教材）	杨宏山
市政学导引与案例（第二版）	李燕凌
社区管理（第三版）	汪大海 魏 娜 郇建立
社区管理原理与案例	魏 娜
电子政务教程（第三版）（“十一五”国家级规划教材）	赵国俊
电子政府与电子政务（第二版）（“十一五”国家级规划教材）	张锐昕
电子政府概论（第二版）	张锐昕
管理信息系统	张维明 黄金才
行政伦理学教程（第三版）（“十二五”国家级规划教材）	张康之 李传军
公共危机管理导论（“十一五”国家级规划教材）	肖鹏军
公共危机管理概论	王宏伟
公共危机管理	唐 钧
公共危机与应急管理：原理与案例	王宏伟
行政决策学	许文惠 张成福 孙柏瑛
非营利组织管理	吴东民 等
非营利组织管理	康晓光
非营利组织管理导引与案例	崔向华 张 婷
当代中国政府与政治	景跃进 陈明明 肖 滨
当代中国政府与行政（第三版）	魏 娜 吴爱明
当代中国政府（第二版）（“十一五”国家级规划教材）	吴爱明
地方政府学概论（第二版）	方 雷
地方政府管理（第二版）	陈瑞莲 张紧跟
管理秘书实务（第三版）	赵锁龙
行政秘书学	唐 钧
公文写作与处理	赵国俊
机关管理的原理与方法（第三版）	赵国俊 陈幽泓
公共部门绩效管理	方振邦

书名	作者
政府绩效管理	方振邦　葛蕾蕾
政府绩效评估	蔡立辉
公共关系概论（第二版）	邹正方
政府公共关系（第二版）（“十一五”国家级规划教材）	廖为建　张　宁
社会管理	汪大海
社会管理——理论、实践与案例	陈振明
西方行政学理论概要（第二版）（“十一五”国家级规划教材）	丁　煌
公共行政学史	何艳玲
公共行政学经典理论导引与案例	付小均
西方公共管理名著导读	汪大海
管理思想史教程	方振邦　葛蕾蕾
文化管理学（第三版）（“十二五”国家级规划教材）	孙　萍
文化创意产业导论	魏鹏举
卫生事业管理（第二版）（“十一五”国家级规划教材）	李　鲁
教育经济与管理（第二版）（“十一五”国家级规划教材）	娄成武　史万兵
现代公用事业管理	崔运武

公共管理类专业教材——劳动与社会保障专业教材

书名	作者
社会保障概论（第六版）（教育部推荐教材）	孙光德　董克用
社会保障管理（“十一五”国家级规划教材）	邓大松　刘昌平
劳动经济学（“十一五”国家级规划教材）	董克用　刘　昕
劳动法与社会保障法	黎建飞　李　静
人力资源管理	彭剑锋
社会保险学（第三版）	孙树菡　朱丽敏
社会保障基金管理	李春根
社会保险精算原理与实务	王晓军
社会保障国际比较	仇雨临
国际社会保障制度教程	穆怀中
员工福利概论（第二版）（“十一五”国家级规划教材）	仇雨临
医疗保障	王虎峰

公共管理类专业教材——土地资源管理专业教材

书名	作者
土地经济学（第七版）（“十一五”国家级规划教材）	毕宝德
土地法学	王守智　吴春岐
土地科学导论	叶剑平
土地资源管理学	张正峰
土地利用规划学	张占录　张正峰
不动产估价（第二版）（“十一五”国家级规划教材）	叶剑平　曲卫东
土地信息系统	曲卫东　韩　琼
地籍管理（第五版）（“十一五”国家级规划教材）	谭　峻　林增杰

公共管理类专业教材——城市管理专业教材

书名	作者
城市管理学（第三版）	杨宏山
城市管理法	王丛虎

书名	作者
城市总体规划原理	郐艳丽　田　莉

公共管理硕士（MPA）教材——核心课教材

书名	作者
全国公共管理硕士（MPA）核心课程教学指导纲要	全国公共管理专业学位研究生教育指导委员会
社会主义建设理论与实践（第三版）	李景治　蒲国良
公共管理英语（修订版）	顾建光
公共管理学（修订版）	张成福　党秀云
公共管理学原理（修订版）	陈振明
公共管理导论	竺乾威　朱春奎　李瑞昌
公共政策分析	陈振明
公共政策分析导论	陈振明
公共政策分析概论（修订版）	谢　明
政治学：基本理论与中国视角	任剑涛
公共部门经济学（第三版）	高培勇　崔　军
公共经济学	唐任伍
行政法学（修订版）	皮纯协　张成福
行政法学概论（第三版）	胡锦光
非营利组织管理概论（修订版）	王　名
非营利组织管理	王　名　王　超
公共管理伦理学（修订版）	张康之
社会研究方法	陈振明
定量分析方法（第三版）	谭跃进
电子政务理论与方法（第四版）	金江军
电子政务	吴爱明　何　滨
信息技术及其应用（第三版）	张维明

公共管理硕士（MPA）教材——专业方向必修课、选修课教材

书名	作者
公务员制度教程（第五版）	舒　放　王克良
比较政府与政治（修订版）	卓　越
当代中国政府与政治（第三版）	吴爱明　朱国斌　林　震
公共部门人力资源管理及案例教程（第三版）	陈天祥
领导学	祁凡骅　刘　颖
领导学教程	常　健
领导理论与实践	邱霈恩
西方公共行政管理理论精要	丁　煌
社会管理概论	唐　钧
公共部门绩效评估（修订版）	卓　越
公共危机管理（修订版）	王宏伟
公共部门危机管理（第三版）	张小明
公共部门战略管理（修订版）	陈振明
城市管理理论与实务	杨宏山
公共冲突管理	常　健
MPA 学位论文写作指南	汪大海

图书在版编目（CIP）数据

行政领导学/朱立言，李国梁主编．—3版．—北京：中国人民大学出版社，2015.6
新编21世纪公共管理系列教材
ISBN 978-7-300-21310-1

Ⅰ.①行… Ⅱ.①朱… ②李… Ⅲ.①行政管理-领导学-高等学校-教材 Ⅳ.①D035

中国版本图书馆CIP数据核字（2015）第109034号

新编21世纪公共管理系列教材
行政领导学（第三版）
主　编　朱立言　李国梁
Xingzheng Lingdaoxue

出版发行	中国人民大学出版社		
社　　址	北京中关村大街31号	**邮政编码**	100080
电　　话	010－62511242（总编室）		010－62511770（质管部）
	010－82501766（邮购部）		010－62514148（门市部）
	010－62515195（发行公司）		010－62515275（盗版举报）
网　　址	http://www.crup.com.cn		
经　　销	新华书店		
印　　刷	北京密兴印刷有限公司	**版　　次**	2004年8月第1版
规　　格	185 mm×260 mm　16开本		2015年6月第3版
印　　张	16.25	**印　　次**	2019年12月第4次印刷
字　　数	371 000	**定　　价**	32.00元

教学支持说明

（教学课件）

中国人民大学出版社政治与公共管理出版分社秉承“出教材学术精品，育人文社科英才”的出版宗旨，多年来，出版了大批高质量的公共管理、教育学、政治学、政治理论公共课教材和学术著作。

我们为本教材制作了相应的 PPT 教学课件，任何一位采用本书作为授课教材的教师均可免费获得该课件。为了确保该课件仅为授课教师获得，烦请您填写如下材料，并将相关信息通过 E-mail 发送给我们，我们将在收到相关信息后通过 E-mail 给您发送该课件。欢迎您加入我们的 QQ 群（全国政管教师交流群，群号为 236159213），或登录我社官方网站（www. crup. com. cn），注册并认证成为教师会员，以获得更好的服务。

我们的联系方式：

地址：（100872）北京市中关村大街甲 59 号文化大厦 1202 室
　　　中国人民大学出版社政治与公共管理出版分社

电话：（010） 82502724　62514775（传真）

E-mail：ggglcbfs@vip. 163. com

QQ 群：236159213

兹证明____________大学/学院____________院/系____________专业____________学年第____________学期开设的____________课程，采用中国人民大学出版社出版的________________________（书名、作者）作为本课程教材。授课教师为____________，授课班级共________个、学生________人。授课教师需要与本书配套的教学课件。

联 系 人：________________________
通信地址：________________________
邮　　编：________________________
电　　话：________________________
E-mail：________________________

系/院主任：____________（签字）
（系/院办公室章）
________年______月______日